경제학자, 교육혁신을 말하다

경제학자, 교육혁신을 말하다

김상곤·김윤자·강남훈 외 지음

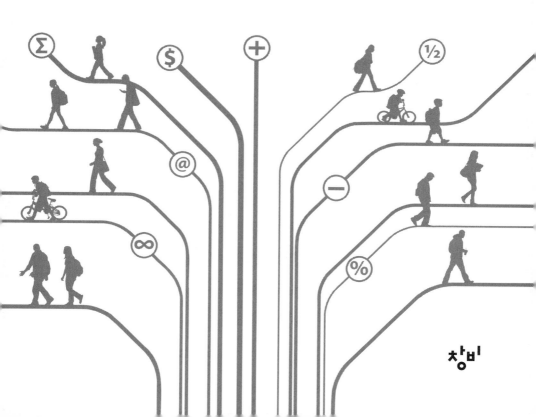

창비

책을 펴내며

1980년대 이후 금융세계화는 국경을 넘어 전지구적인 규모로 세계를 묶어내면서 정보통신(IT)산업과 더불어 전세계에 새로운 번영을 가져왔다는 평을 듣는다. 근래엔 쏘셜네트워크(SNS)가 확산되면서 아프리카와 중동 지역에까지 민주주의의 '재스민혁명'이 퍼져나가고 있다. 가히 산업혁명에 비견되는 인터넷혁명이라 할 만하다.

다른 한편으로 이 번영은 빈부격차의 심화를 불러왔고 세계인들을 '20 대 80의 사회'로 몰아넣음에 따라 지구 곳곳에서는 여러가지 갈등이 잇따랐다. 그 크고 작은 소용돌이를 겪고 새로운 세기로 접어들면서 세계는 이제 지속가능한 성장과 더불어 진보하는 정의로운 세계에 대해 고민하기 시작했다. 그리고 대안세계의 핵심영역으로 교육에 주목하기 시작했다. 오늘날 교육은 한국뿐 아니라 두 강대국인 중국과 미국이 지속가능한 경쟁력을 놓고 겨루는 핵심영역이 되었다.

식민지지배를 거치고 분단과 한국전쟁을 치르면서 힘겹게 근대를 통과해온 한국은 이렇다 할 자원도 없이 '한강의 기적'을 이루어내고 세계적인 민주화 모델을 이룩해냈다. 그 바탕에 우리 부모세대의 눈물겨운 교육열이 있었다. "개천에서 용 난다"는 말은 힘껏 노력하는 개인을 북돋는 말이자 근대 한국의 모질고 거친 역사 속에서도 우리 사회 전체가 오늘보다 나은 내일을 꿈꿀 수 있게끔 만들어준, 건강한 역동성의 상징이 아니었던가.

그러나 오늘의 현실은 사뭇 다르다. 이른바 SKY(서울대, 연세대, 고려대)나 각종 고시 합격자의 면면을 보면 외고·특목고 출신 학생의 비율이 갈수록 늘어나고, '그들만의 리그'가 정계와 재계를 휩쓸고 있는 실정이다. 이제 교육은 부와 특권을 세습하는 수단이자 양극화의 주범으로 지목받고 있다. 그리하여 누구도 공교육의 붕괴를 부인하지 못하는 현실은 아이들에게 물려줄 미래에 대한 준엄한 책임을 우리 세대에 묻고 있다.

이러한 책임으로부터 나 자신이 자유롭지 못하다는 깨달음은, 2009년 4월 처음으로 치러진 주민직선 경기도교육감 선거에 나서게 된 주된 계기였다. 오랫동안 교육운동과 사회운동을 함께해온 교수단체의 동료들과 시민사회단체 선후배들의 권고와 설득에도 계속 망설이다가 결국 선거에 나서게 된 것은, 나 또한 이 책임을 다른 이들과 함께 질 수밖에 없다는 고민에서였다.

이 책은 그러한 고민의 소산이기도 하다. 저 초롱초롱한 눈망울의 아이들에게 우리는 어떠한 미래를 물려줄 것인가. 저마다의 개성으로 빛나는 저 아이들을 한줄로 세우지 않고, 로봇 연구가 재미있어 특기생으로 입학한 대학에서 영어강의에 부담을 느껴 자살하는 일이 없도록 하기 위해 우리는 무엇을 할 것인가.

경제학·경영학·법학·사회학·정치학 등 전공은 각기 달랐지만 더 나은 사회를 희구하는 사회과학도로서 우리는 힘껏 고민했다. 그리하여 교육을 바꿔야 정치와 경제, 문화가 바뀌고 아이들의 미래가 바

뛸 수 있다는 것, 더 나은 세상이 비로소 가능하다는 문제의식을 공유하고 미진하나마 이 책을 내놓기에 이르렀다.

공공부문연구회(이하 연구회)는 그동안 통합 에너지 거버넌스(전력·천연가스를 비롯한 에너지를 민주적으로 운영할 방안), 공항산업 등에 대해 연구해왔다. 2004년 3월 연구회가 전력산업과 에너지를 주제로 첫번째 연구총서를 낼 때, 우리는 앞으로 교육, 의료 등의 공공부문으로 연구영역을 확대해나가겠다고 밝혔다. 이 책은 그러한 약속의 작은 결실이다.

필자들 대부분이 교육학자나 교육전문가가 아닌 탓에 우리는 최종 모범답안으로서가 아니라, 얽히고설킨 교육문제의 실타래를 다함께 풀어가는 모색의 화두로서 이 제안들을 제시한다. 교육문제의 해결은 우리 사회의 다양한 문제를 함께 풀어가는 속에서 비로소 가능하다는 문제의식을 바탕으로 여러 방안을 제시하고자 했다.

이 책 제1부는 한국교육 전반에 걸친 문제를 하나씩 점검해본다. 제2부에서는 근래 논의가 활발해진 대학문제를 다룬다. 제3부는 초중등 개혁의 방향과 성과, 제4부는 교육과 연결된 사회적 이슈를 다루고, 마지막으로 연구회 소속 필자들의 좌담이 마련되어 있다.

사회적 관심 정도에 따라 대학문제를 먼저 다루고 이어서 초중등문제를 다룬다고 해서 우리가, 흔히들 오해하듯 초중등문제를 대학문제의 종속변수로 보고 있는 것은 결코 아니다. 오히려 초중등교육을 바꾸어 대학입시를 바꾸고 노동시장의 인력선발 패러다임을 바꾼다는 것이 우리의 문제의식이다.

제1부는 교육이 한국사회의 각종 경제적 병리현상을 해소하기는커녕 이를 부추기는 것은 아닌가라는 문제를 제기한다. 이런 문제의식을 토대로 학벌경쟁게임의 배후에 숨어 있는 경제심리학을 분석

하고(류동민), 높은 교육열이 과연 얼마나 경제발전에 도움이 되었는 지를 살펴본다(홍장표). 또한 8학군으로 대표되는 강남의 교육열풍이 부동산투기와 어떻게 연관을 맺어왔는지를 분석한다(전강수).

제2부 '대학개혁을 위한 5가지 제안'에서는 학벌게임을 끝내기 위한 차선책으로 대학개혁이 선행되어야 한다는 주장(이건범)과, 근래 논란이 되고 있는 대학의 구조조정문제(박도영), 전문대학의 개혁방향(남기곤) 등을 짚었다. 개혁의 구체적인 내용으로는 국가연구교수 제도를 지식재생산의 방안으로 제시했고(강남훈), 사교육과 학벌경쟁을 줄이기 위해 국립교양대학 안을 제시했다(강남훈).

제3부 '초·중·고 개혁을 위한 5가지 제안'에서는 초중등교육의 행복한 배움을 위해 평준화를 학력과 수월성의 출발점으로 제시했고(안현효), 경기도에서 시작된 혁신학교를 통해 창의지성교육의 방향을 모색했다(송주명). 이어서 창의학력을 꽃피울 대학입시 개혁방안(이성대), 아동인권 보장의 토대로서의 무상급식(조흥식), 민주시민을 육성하는 학생인권 조례(김인재)를 다뤘다.

제4부는 '교육은 사회개혁의 견인차'라는 정언을 다시금 긍정적으로 되돌아보며, 사회와 교육이 손잡는 길을 모색해보았다. 각 필자들은 21세기 정보지식사회에서 교육과 복지가 성장의 동력임을 확인하고(김윤자) 교육재정을 늘리는 길을 다각도로 검토했다(오건호). 또한 무상급식운동의 사회적 파장과 농촌과 도시의 연대 가능성 등을 가늠해봤고(최영찬) 마지막으로 현정부 들어 고조되고 있는 남북 간 긴장 속에서 동북아 평화교육의 중요성을 논했다(김상곤).

끝으로 제5부 좌담을 통해 본문에서 미처 살피지 못한 다양한 교육관련 주제들을 짚어보았다. 세상을 바꾸려면 교육을 바꿔야 하는데 향후의 그 정치적·사회적 과제들을 점검한다는 의미도 있었다.

이 책이 나오기까지를 돌이켜보면, 개인적으로는 2009년 4월 정든 교정을 떠나 직선 교육감이 된 후 마음 한편으로 늘 그리던 연구자의 자리로 돌아와 함께 책을 읽고 쎄미나를 하고 글을 쓸 수 있었던 뜻깊은 시간이었다. 오전에 시작해 저녁시간이 되도록 늦게까지 함께 토론하고 때로 격론을 벌인 동료들, 서로의 의견이 엇갈릴 때마다 우리는 현장의 교사, 학생, 학부모가 되어 의견을 모으려고 애썼다.

필자들의 의견을 모으려고 되도록 노력했으나 그렇다고 이 책이 현안에 대한 통일된 의견을 제시하고 있지는 않다. 사안에 따라 필자들간에 조금씩 다른 의견은 그대로 드러냈다. 앞으로 우리의 고민이 더 진전되고 우리가 던진 화두에 대해 비판들이 모아지면서 최적의 대안이 나오기를 기대한다. 또한 더욱 많은 이들이 읽고 더욱 좋은 답을 함께 모색할 수 있도록 논문식의 서술보다 쉬운 글쓰기를 하려고 모두들 나름으로 노력했다.

지난 2년여 동안 교육감으로서 교육현장에서 만난 학생들, 마음이 뜨거운 교사들, 청춘을 교단에 바친 교장선생님들, 아이들의 미래를 걱정하는 학부모님들, 그분들의 기대를 다 채우기에는 아직 여러모로 미흡한 책이지만 이제부터 꾸준히 함께 나아가자는 제안으로 받아주시기를 바란다.

2011년 6월
공공부문연구회 필자들을 대표하여
김상곤

차례

제1부
교육은 계층이동의 사다리인가

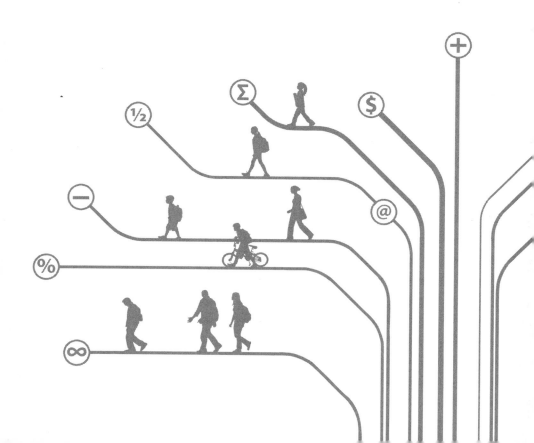

학벌경쟁게임의 경제심리학

—

류동민

—

국적은 바꿔도 학벌은 못 바꾼다?

알랭 드 보똥(Alain de Botton)이 날카롭게 지적한 것처럼, 근대사회로 넘어오면서 사람들이 경쟁을 통해 승자를 가려내는 방식은 더 이상 힘이나 재산이 아닌 '능력'으로 바뀌었다.

능력주의 사회라는 새로운 이데올로기는 대안이 될 만한 다른 두가지 사회조직 개념과 경쟁했다. 하나는 사람들에게 물자를 분배하는 데 완전한 평등을 요구하는 평등주의 원리였다. 또하나는 작위와 자리(…)가 부자들에게서 그 자식에게로 자동으로 옮겨가야 한다고 믿는 세습원리였다. 능력주의자들은 상당한 불평등을 받아들일 용의가 있다는 점에서 과거의 귀족과 생각이 같았으며, 처음 일정기간에는 기회의 완전한 평등이 이루어져야 한다고 주장한다는 점에서는 급진적인 평등주의자들과 생각이 같았다. 만일 모든 사람이 똑같은 교육을 받고 똑같은 직업선택 기회를 가진다면, 수입과 위신에서 차이가 나는 것은 개인의 재능과 약점에 비추어 정당화될 수 있다고 본 것이다. 따라서 수입을 평등하게 만들 필요는 없었다. 특권은 능력을 따라가고 곤궁도 마찬가지였다.[1]

'능력'을 결정하는 기준은 때로는 청록파 시인의 시를 읽고 핵심주제와 요지를 찾아내는 것일 수도 있고, 때로는 케네디(J. F. Kennedy)의 미국 대통령 취임연설을 읽고 가정법 과거의 정확한 동사변화를 찾아내는 것일 수도 있다. 어쨌든 모든 형태의 학력주의(credentialism)의 밑바닥에는 객관적으로 측정될 수 있을 뿐만 아니라 자신의 노력으로 획득 가능하다는 의미에서 '순수한 실력'으로 승자와 패자를 가려낼 수 있다는 믿음이 깔려 있다.

한국사회에서 학벌이 중요하다는 것은 누구나 안다. 학벌이 가져다주는 효과, 정확하게 말해 '좋은 학벌'을 가진 사람이 얻는, 눈에 보이거나 보이지 않는 이익에 관해서는 경험을 통해 이미 대부분의 사람들이 잘 알고 있다. 역시 가장 중요한 것은 좋은 일자리, 즉 높은 수입과 평판을 얻을 수 있는 일자리를 얻을 가능성이 높아진다는 데에 있다. 똑같은 시간 동안에 똑같은 노력을 투입하더라도, 명문대학을 졸업한 사람은 비명문대학을 졸업한 사람에 비해 훨씬 더 쉽게 좋은 직장에 들어갈 수 있고, 들어간 다음에도 더 높은 자리에 더 빨리 올라갈 확률이 크다. 명문대학을 나온 대부분의 사람들이 그러하므로, 명문대학 졸업자에게는 좋은 직장에서 높은 자리에 올라 있는, 다시 말해 출세한 선후배나 친구가 있을 확률이 더 크고, 이것은 '학연'이라 불리건 '인맥'이라 불리건 간에 세상을 살아가는 데 중요한 힘이 된다.

 학업성적이나 지식의 양에 의해 승자와 패자를 가리는 방식 그 자체에 대해 이의를 제기할 수도 있다. 스스로 통제할 수 없는 유전자의 차이에 따른 선천적인 재능의 차이를 인정하지 않을 수도 있다. 그렇지만 이 모든 것을 다 받아들인다 하더라도, 명문대학을 나온 것과 비명문대학을 나온 것의 차이가 대학입학 시점에서의 학업성취도의 차이만을 반영하는 것이 아니라 그 이상의 차이를 가져온다면, 경제학에서 말하는 렌트(rent)가 발생하게 된다. 렌트는 원래 지주가 땅을 빌려주고 얻는 수입인 지대(地代)를 가리키는 말에서 나왔다. 똑같은 브랜드에 똑같은 수준의 커피를 만들어 파는 커피점이라 하더라도 유동인구가 많은 곳은 그렇지 않은 곳에 비해 더 많은 수입을 올린다. 그런데 이 수입의 차이는 커피의 품질이나 써비스의 차이가 아니라 오직 목좋은 자리에 있다는 그 사실 하나 때문에 생기는 것이다. 그러므로 이 수입은 결국 그 목좋은 자리를 소유한 사람, 즉 건물주에게 돌아가게 된다. 이것이 바로 지대다. 렌트는 공급량이 한정된 생산요소가 기회비용을 초과하는 수익을 얻는 경우에 생겨난다. 박찬호처럼 정확하고 빠르게 공을 던질 수 있는 능력이나 현빈이나 김태희처럼 멋지고 좋은 인상은 아무에게나 주어지는 능력이 아니기 때문에, 그러한 능력을 가진 사람들은 많은 수입을 얻을 수 있다.

 학벌은 또한 경제학에서 말하는 위치재(positional goods)라는 성격을 지닌다. 위치재의 경우에는 그 재화가 주는 절대적인 만족이나 쓸모보다도 전체 재화의 서열 속에서 어디에 위치하느냐가 더 중요하다. 사람들이 서울대학교에 가고 싶어하는 가장 큰 이유는 교육시설이 더 훌륭하거나 교수들이 더 잘 가르치기 때문이라기보다는 다름 아닌 '서울대학교'이기 때문이다. 즉, 특정 대학에서 무엇을 어떻게 배울 수 있는가보다는 그 대학이 전체 대학서열에서 몇번째에 자리하고 있는가가 더 중요한 것이다. "식민지에서는 누구도 자유로울 수 없다"고 노래했던 어느 시인의 말처럼, 학벌체계에서는 누구도 자유로울 수 없는 이유도 그 때문이다. 이른바 이류대학 출신은 이른바 일류대학 출신에게 상처받고, 지방대학 출신은 수도권 대학 출신에게 상처받으며, 고등학교 졸업자는 대학졸업자에게 상처받는다.

결국 누구나 학벌사다리에서 조금이라도 높은 쪽으로 올라가는 것이 이득이 되므로 수단과 방법을 가리지 않고 그렇게 하려고 한다. 그런데 순수하게 경제적 논리로만 따져보더라도 여기에서 확인해야 할 두가지 문제는 생산성과 수익성이다.

먼저 생산성, 또는 경쟁력에 관해 생각해보자. 치열한 경쟁을 통해 뛰어난 자만이 살아남는 적자생존의 구조가 집단 전체의 경쟁력을 과연 증가시킬 것인가? 좋은 학벌을 얻기 위한 치열한 경쟁, 때로는 불법과 탈법까지도 서슴지 않을 정도의 경쟁이 교육의 '경쟁력'을 향상시킬 것인가? 경쟁의 결과 학업성취도가 향상되어, 그에 따른 사회적 비용을 상쇄하고도 남을 만큼 사회 전체의 생산성이나 경쟁력을 높이는 것일까?

한국사회에서 40여년 가까운 역사를 가지고 있는 고교평준화를 둘러싼 오랜 논쟁은 이 문제를 다루고 있다. 흥미롭게도 많은 교육학자들은 평준화가 학업성취도의 향상을 가져왔거나 최소한 하락을 가져오지는 않았다는 분석결과를 내놓은 반면에, 대부분의 경제학자들은 반대로 평준화가 학업성취도의 하락, 흔히 말하는 하향평준화를 가져왔다고 주장한다. 그런데 이러한 연구결과들이 축적되는 것은 현실을 이해하는 데는 어느정도 도움이 되겠지만, 어느 한쪽의 주장을 결정적으로 지지해주는 증거가 되지는 못할 가능성이 크다. 도

대체 학업성취도의 초점을 어디에다 맞출 것인지, 더 본질적으로는 과연 교육의 목적이 무엇인지에 관한 입장의 차이를 좁히기란 쉽지 않기 때문이다.

예를 들어 평준화에 따라 전체 학생의 평균성적이 향상되었다는 분석결과가 나왔다고 하자. 이것이 평준화를 지지하는 하나의 논거는 될 수 있다. 그러나 평준화에 반대하는 사람들을 설득시킬 수 있을까? 아니, 그것은 고사하고 대다수의 학부모나 학생들조차 설득하기 어려울 수도 있다. 학벌을 둘러싼 게임 자체가 '우리' 아이들보다는 '내' 아이를 먼저 생각하는 심리에서 생겨나는 것일 뿐만 아니라, 좀 더 적나라하게 말하면 한국사회의 학벌구조에서 전체 평균에 해당하는 예컨대 상위 50% 수준의 성적을 가진 학생이 갈 수 있는 대학은 결코 '좋은 대학'이 아니라는 것을 누구나 잘 알고 있기 때문이다.

한편, 평준화를 깨고 공부 잘하는 학생은 '좋은' 고등학교에 들어가서 공부하면 학업성취도가 올라간다는 연구결과가 나왔다고 하자. 일단 '공부 잘하는 학생'을 상위 10%로 잡느냐, 상위 1%로 잡느냐, 심지어는 상위 0.1%로 잡느냐에 따라 얘기는 얼마든지 달라질 수 있다. 즉, 상위 10%의 성적은 올라가지만 상위 1%의 성적은 떨어질 수도 있고, 그 반대일 수도 있기 때문이다. 그렇다면 결국 '공부 잘하는 학생'을 어디까지로 잡느냐도 어떤 절대적이고 객관적인 기준이 있는 것이 아니라, 일종의 사회적 합의의 문제인 셈이다. 만약 사회적 합의가 중요한 것이라면, 그래서 예컨대 상위 10%에 초점을 맞춘다면, 문제는 나머지 90%는 버리고 갈 것인가라는 문제가 제기된다. 대체적인 연구결과는 상위권 학생일수록 따로 모아놓고 가르치면 학업성취도가 약간이나마 올라가는 것으로 나타나긴 하지만, 그와 반대로 중위권 학생들은 공부 잘하는 학생들과 섞여서 공부할 때 그에 못지않은 성적향상을 나타내는 것으로 나오기 때문이다. 물론 학업성취도 이외에도 다양한 출신계층과 지적·문화적 환경을 가진 학생들이 섞여 공부하는 것이 지니는 장점과 단점에 대한 정교한 분석 또한 필요할 것이다.

다음으로는 수익률의 문제를 생각해보자. 좋은 학벌을 얻기 위해 들여야 하는 직·간접적인 비용을 투자라 생각하고, 좋은 학벌 때문에 얻는 여러가지 잇점을 수익이라 생각하면, 투자대비 수익률을 계산할 수 있을 것이다. 물론 학벌 때문에 들이는 비용이나 얻는 이익에는 눈에 보이지 않는 것도 많이 포함되어 있기 때문에, 기업의 이윤율을 계산하듯 명확하고 객관적인 크기를 재기는 쉽지 않다. 그러나 이론적으로 생각해보면 수익률이 높은 부문과 낮은 부문이 있게 마련이고, 약간의 오차는 있을지언정 장기적으로 보면 사람들은 수익률이 낮은 곳에서 높은 곳으로 움직이는 경향이 있다. 흔히 졸업장으로 취직하기도 어려운 4년제 대학에 입학해 등록금과 학비로 몇천만원을 쓰느니 그 돈을 고등학교 졸업할 때 사업자금으로 주는 것이 더 낫지 않느냐는 식의 얘기들을 한다. 그러나 적어도 지금까지 한국사회에서 대부분의 학부모들은 그렇게 하지 않고 자식들을 대학에 진학시키려 한다. 이것은 거꾸로 생각하면 여전히 '대학을 나왔다는 사실'이 주는 유·무형의 편익이 그 비용보다 크기 때문이라고 할 수 있다.

최근 두드러지게 나타나는 현상 중 하나는 우수한 이과계 학생들이 너도나도 의약계열에 입학하려는 현상이다. 입시학원 등에서 만드는 이른바 대입배치표에 따르면, 많은 이들이 기피하는 지방대학에서도 놀랍게도 의약계열만은 일류대학의 기초과학이나 공학계열보다도 높은 성적을 받아야 들어갈 수 있다. 이 또한 경제학적으로 설명하자면, 의약계열에 '투자'하는 것이 다른 어떤 분야보다도 수익률이 높다는 것을 대중들이 경험에 기초해 깨달았기 때문인 것이다.

'국적은 바꿔도 학벌은 못 바꾼다'는 우스갯소리는 바로 좋은 학벌에 기초한 높은 수익이 경제학적으로는 렌트의 성격을 가진다는 것을 날카롭게 지적한다. 설사 '실력'이 승패를 결정한다는 근대사회의 원칙을 그대로 받아들인다 하더라도, 만약 그것이 절대로 바꿀 수도 없고 접근도 제한된 그 무엇에 의해 결정되는 것이라면 심각한 문제가 아닐 수 없다. 우리 사회에 존재하는 수많은 써바이벌게임 중에서도 학벌게임이 가장 심각한 문제가 되는 이유가 바로 여기에 있다.

지하철 환승역에서 빠져나오기: 학벌게임의 구조

출근시간 엄청나게 많은 수의 사람들로 가득 찬 지하철 환승역을 생각해보자. 예를 들어 서울의 1호선과 2호선 지하철이 만나는 신도림역의 하루 유동인구는 100만명이라고 한다. 서울 인구를 1000만명이라고 하면, 줄잡아 그 1/10이 이 역을 지나는 셈이다. 사람들을 전동차 안으로 밀어넣는 푸시맨이 필요할 정도로 혼잡한 역 구내에서 지상으로 빠져나오려면 그저 앞사람의 어깨를 바라보며 묵묵히 걸어가는 수밖에 없다. 방향을 틀어 반대쪽으로 가려 해도 혼자서는 여간 어려운 일이 아니다.

한국사회에서 좋은 학벌을 얻기 위한 학생, 학부모들 사이의 경쟁은 마치 신도림역 구내에서 인파에 떠밀려 앞으로 조금씩 나아갈 수밖에 없는 상황과도 같다. 이것은 흔히 게임이론에서 말하는 '죄수의 딜레마'(prisoner's dilemma) 상황에 해당한다.[2]

자녀에게 학원이나 과외 같은 사교육을 시키는 학부모의 상황도

죄수의 딜레마와 똑같은 논리구조를 지닌다. 사교육의 학습효과가 어떠한 의미에서건 성적향상에 약간의 도움이라도 된다고 가정하자. 물론 많은 교육전문가들은 실제로 사교육이 학업성취도 향상에는 별다른 효과가 없거나 심지어는 역효과가 난다고 주장한다. 그런데 이런 주장이 사실이라 하더라도 사정은 별로 달라지지 않는다. 사교육을 시키는 그 순간만이라도 뭔가 준비하고 있다는 마음의 평화를 얻을 수 있다면, 그것이 바로 사교육이 주는 편익이기 때문이다.

한국 같은 학벌사회, 대학입시 성적이 인생의 꽤 많은 부분을 결정하는 사회에서 개별 학부모나 학생에게 가장 바람직한 상황은 무엇일까? 우리가 공적 영역에서는 차마 입에 올리지 못하더라도, 가슴속 은밀한 곳에 감추고 있는 욕망은 바로 지금 같은 구조가 그대로 유지되면서 내가 (또는 내 아이가) 학벌사다리의 가장 높은 곳으로까지 올라가는 것이다. 이러한 욕망에 가장 도움이 되는 상황은 게임의 다른 참가자들은 학벌을 추구하지 않는(즉, 사교육을 받지 않는) 동안에 나 혼자만 학벌을 추구하는 것(즉, 사교육을 받는 것)이다. 그러나 내가 이렇게 생각하는 것처럼 다른 이들도 이렇게 생각한다! 따라서 결론은? 게임의 모든 참가자들이 앞을 다투어 학벌을 추구하는(즉, 사교육을 받는) 상황이 전개되는 것이다. 물론 모든 게임참가자들에게 이보다 더 나은 상황이 없는 것은 아닌데, 바로 학벌사회의 구조를 어쩔 수 없이 받아들인다 하더라도 사교육에는 참가하지 않음으로써 사회적 비용을 줄이는 것이다. 제5공화국이 강력한 국가권력에 기초해 실행했던 과외금지정책은 말하자면 이러한 상황으로 강제로 옮아가도록 시도한 것이었던 셈이다. 물론 이러한 정책은 민주주의적 절차가 확립되어 있는 정상적인 사회에서는 더이상 실행할 수 없다.

각자 입장은 달라도 결과는 마찬가지?: 행위자별 분석

사회적으로 어떤 제도나 씨스템이 유지되기 위해서는 그에 참가함으로써 이득을 얻는 이들이 있어야 하기 마련이다. 한국사회의 학벌추구 메커니즘, 그로부터 파생되는 사교육 열풍이나 입시지옥, 공교육 붕괴 등의 문제 또한 예외일 수 없다.

이제 이러한 거대한 게임에 참가하고 있는 각 행위자들의 입장을 살펴보자.

1) 학부모 및 학생

이 경우, 학벌추구를 위한 노력은 바로 전형적인 '죄수의 딜레마' 상황이다. 그렇지만 소득수준 등 계층에 따라 서로 다른 대응방식을 나타내고 있다.

① 대체로 금력이나 학력 등에서 기득권을 가지고 있는 상층부의 학부모 입장에서는 이른바 '순수한 실력'보다도 오히려 '정보'나 '전략' 등의 문화자본(culture capital)이 큰 힘을 발휘할 수 있는 단계에서의 경쟁을 선호한다. 프랑스의 사회학자 부르디외(P. Bourdieu)가 제기한 문화자본이라는 개념은 출신계급이나 교육수준 등에 따라 나타나는 문화적 취향의 차이가 마치 자본 같은 역할을 수행하게 되는 현상을 지적하는 것이다. 이를테면 영어회화능력이 상급학교 진학에서 중요한 역할을 하게 되면, 구어(colloquial English)에 노출되는 환경이 많을수록 유리할 가능성이 커진다. 승패가 일찍 결정될수록 문화자본이 힘을 발휘할 가능성도 커진다. 즉, 대학입시보다는 특

목고 입시, 특목고보다는 국제중, 사립초등학교나 영어유치원 등으로 선발경쟁의 시점이 당겨질수록 유리해질 가능성이 큰 것이다. 입학사정관제 도입이 한국적 환경에서 지니는 부작용도 바로 여기에 있다. 동네에서 자원봉사 일자리 하나 구하기 어려운 환경의 학생과 방학을 이용해 아프리카 난민 구호를 패키지여행상품으로 떠날 수 있는 환경의 학생을 '봉사점수'라는 추상적인 스펙(specification, 학력·학점·토익점수 등을 취업기준으로 통칭하는 말)으로 비교하는 것이 어떤 의미를 지니는가 생각해보라. 상층부에서는 선발방식의 변화까지도 주도할 수 있으며, 학벌피라미드의 변화를 앞장서서 이끌기도 한다. 예를 들어, 이른바 SKY대학보다 미국 아이비리그 대학으로의 진학을 선호한다든가 하는 것이 그 좋은 예다. 문제는 이러한 변화가 학벌사회라는 구조 그 자체에는 영향을 미치지 않으면서, 아니 오히려 강화하면서 그 내용만 바꾸어나간다는 것이다. 결국 상층부의 학부모가 추구하는 것은 경제학적으로 말해 위험기피자(risk-averter)의 행동이라 할 수 있다. 기득권을 많이 가진 사람일수록 위험을 감수할 필요가 적어진다. 현재의 구조를 최대한 유지하면서 자신의 기득권을 지키는 것이 이득이기 때문이다.

② 다음으로 흔히 말하는 중산층은, 비유하자면 지하철 환승역에서 떠밀려 앞으로 나아갈 수밖에 없는 사람들이다. 사실 대부분의 경우 경쟁에서 승리할 확률은 객관적으로 그다지 크지 않다. 더구나 그 객관적 확률은 계층고착화 등의 현상으로 인해 점점 낮아지고 있는 실정이다. 문제는 별다른 뾰족한 대안이 없다는 것이고, 비록 낮은 확률이지만 앞서 지적한 렌트로 인한 초과수익률 때문에 승리하면 얻을 수 있는 보상, 즉 기대수익이 매우 크다는 것이다. 이는 이겼을 때의 수익이 매우 크나 그 확률은 낮은, 그리고 평균적인 투입비용에

비해 기대금액은 훨씬 적은 불공정한 도박이다. 그렇지만 경제학적으로 말해, 위험애호자(risk-lover)들은 불공정한 도박에도 기꺼이 달려든다. 이른바 '기러기아빠'처럼 소득의 거의 대부분을 학벌추구게임에 올인(all-in)하다시피 하는 현상은 바로 이로부터 생겨나는 것이다.

③ 마지막으로는 게임참가 자체를 포기하거나 절망에 빠지는 계층이다. 물론 이것이 반드시 소득수준이 낮은 계층의 문제라고만 말할 수는 없다. 서울시내 고등학교에서 한 학급 학생 40여명 중에서 30여명은 수업을 포기하고 '담요공주'(무릎담요를 덮고 잔다는 뜻)가 된다는 현실은 이른바 공교육 붕괴의 중요한 단면을 보여준다. 학벌피라미드에서 의의가 있는 대학에 들어가기 위해서는 상위 4~5명 안에 들어야 한다. 그것이 객관적으로 불가능한 하위의 학생들은 사실상 게임 자체를 포기할 수밖에 없다. 그러나 '전원진학'의 시대에는 '담요공주'가 되어도 입학할 수 있는 대학은 있다. 따라서 이들이 학교 수업에 관심을 가질 유인은 거의 없는 것이다.

이렇게 세 계층으로 구성된 학부모 및 학생이라는 게임참가자들의 구성은 앞으로 어떻게 변화해갈 것인가? 충분히 많은 시간이 지나고 나면, ②의 일부가 ①에 동승하고 상당수는 ③으로 추락해, 최종적으로는 ①과 ③으로의 양극화가 이루어지면서 일종의 '균형'을 찾아갈 수 있을 것이다. 물론 이것은 경제학에서 말하는 '균형'일 뿐, 한국사회가 지향해야 할 바람직한 모습이라고는 결코 말할 수 없다.

2) 사교육자본

학원으로 대표되는 사교육자본의 경우, 궁극적인 목적이 돈벌이에 있다는 것은 자명한 사실이다. 사교육의 유일한 목적은 이윤추구이므로 공교육이나 입시출제경향 등을 이윤추구에 맞는 방향으로 선도하게 된다. 대표적인 것이 초등학생이 심지어는 고등학교 과정까지 미리 공부하는 선행학습의 악순환이다. 선행학습은 '학교에서 가르쳐주지 않는 것'을 가르치고 테스트함으로써 학생들로 하여금 학습이 부족하다는 '충격과 공포'(shock and awe)를 심어줌과 동시에, 남들보다 먼저 아는 것을 통해 그 충격과 공포를 해결함으로써 '위안'을 가져다준다. 신자유주의적 자본주의의 원리가 '충격과 공포'에 있다는 지젝(S. Žižek)의 지적[3]은 바로 여기에서 정확하게 작동한다.

한편, 입시제도가 복잡하고 선발방식이 다양할수록 이윤창출의 여지는 오히려 커진다. 예를 들면, 제5공화국 시절처럼 전체 수험생이 한번의 전국단위시험을 통해 대학진학을 결정하는 경우, 사교육의 이윤창출 여지가 오히려 적어질 소지가 있다. 첫째, 사교육의 학업성취도 향상 효과, 엄밀하게 말하면 시험성적 상승 효과를 객관적으로 측정하기가 쉽기 때문이다. 둘째, 모든 학원이 획일화된 시험에 대비해야 하므로 경제학에서 말하는 완전경쟁에 가까운 상태가 될 가능성이 크다. 완전경쟁에 가까워질수록 이윤의 크기가 작아진다는 것은 상식이다. 그런데 예컨대 논술시험이나 입학사정관제 등의 다양한 입시방식이 도입되면, 일단 사교육 투입과 산출의 관계가 반드시 명확하지는 않게 된다. 다음으로 이른바 '실력'보다 '정보'나 '전략'의 여지가 커지게 된다. 이는 경제학에서 말하는 정보가 비대칭적으로 분포되어 있는 상황이다. 정보를 많이 가지고 있는 쪽은 그렇지 않은 쪽에 비해 유리한 결과를 얻을 수 있는 여지가 크며, 따라서 정보가 부족한 쪽은 정보를 얻기 위해 절망적으로 매달리게 된다. 즉,

선발방식의 다양화 정책은 오히려 게임의 규모를 크게 만드는 효과를 낳을 수도 있으며, 심지어 금융자본까지 투입되면서 일종의 버블까지 형성된다. 학원기업들이 사모펀드나 창업투자회사로부터 수백억원에 이르는 자본을 유치해 공격적 경영에 나서는 상황에까지 이른 것이다.[4] 물론 이러한 버블을 뒷받침하는 것은 학부모 및 학생의 학벌경쟁게임이 죄수의 딜레마적 성격을 지니기 때문이다.

한편 이렇게 판이 커지는 것은 공교육의 붕괴와도 밀접한 관계가 있다. 이른바 '우수한' 교사들은 공교육 현장에 머물기보다는 훨씬 높은 소득에 금융수익까지 보장하는 사교육산업으로 기꺼이 진출하고자 하기 때문이다. 과학고와 일류대학을 거치면서 영재 소리를 듣던 많은 인재들이 대치동 학원가의 강사가 되는 것도 비슷한 이치다. 스타강사가 되는 것이 가져다주는 엄청난 수익률은 과학영재가 교수나 연구원이 되어 어린시절 꿈꾸던 과학자가 되는 경우의 그것보다 훨씬 높기 때문이다. 주관적으로 '좌파'적인 정체성을 간직하고 있어 때로 보수언론의 집중공격을 받기도 하는 몇몇 386세대 운동권 출신 강사들이 물질적 존립기반을 사교육에서 찾고 있는 현실도 이와 관련이 있다.

또하나 간과하면 안되는 것은 같은 사교육 안에서도 이른바 메이저학원과 보습학원으로 상징되는 중소자영업 수준의 사교육 간의 모순이 격화된다는 점이다. 이는 마치 재벌과 하청기업의 관계를 복제한 듯하다. 이른바 버블의 이익은 소수의 대규모 학원자본 및 인기강사로 집중되고, 영세자영업 규모의 동네학원 등은 자기 노동력을 착취하는 수준으로 재생산 유지에 급급한 상황인 것이다. 이른바 인강(인터넷강의) 스타강사는 연봉 수십억원을 벌고 그것을 기반으로 사교육기업의 주식상장을 통해 금융적 이익까지 얻는 반면, 동네 학원들은 사교육 열풍 속에서도 개업과 폐업을 반복하는 수준에 머무는 것이 현실이다.

3) 교육관료

교육관료가 예산 같은 자신의 이익을 극대화하기 위해 움직인다는 것은 정치경제학의 상식이 되어버렸다. 이렇게 생각하면 과거 정권에서 이른바 3불정책을 내세우며 고교평준화 유지 입장을 고수하던 교육부(현 교과부)가 지금은 정반대로 행동하는 것도 전혀 이상한 일이 아니다. 즉, 구체적인 정책은 평준화에서 자유경쟁 등으로 얼마든지 변화하면서도, 전체적으로 교육에 대한 통제라는 기득권을 유지하는 방향으로 움직이는 경향이 강력하게 작용하는 것이다.

4) 대학

학벌추구경쟁의 중요한 대상이자 스스로가 경쟁참가자이기도 한 대학의 경우를 생각해보자. 이른바 상위권 명문대학일수록 우수한 학생을 선발하고자 하는 경쟁에 몰두하게 되는 것은 당연하다. 그런데 '우수한 학생'의 의미는 시대적 상황에 따라 얼마든지 달라질 수 있으며, 실제로 최근에 그러한 변화가 진행되고 있다. 이를테면 순수한 의미(?)에서의 '실력'에서 네트워크 등의 문화자본을 갖춘 인력을 확보하는 것이 해당 대학의 입장에서 훨씬 유의미한 전략이 될 수 있는 것이다. 수시선발제도 등을 통해 '영업기밀' 운운하는 불투명한 방식으로 특목고 출신 학생에게 유리한 방식을 선택한다거나 고교등급제 등을 통해 특정 지역 출신을 우대한다거나 하는 것은 학벌구조 속에 놓인 해당 대학의 입장에서는 일종의 최적화의 결과라고 할수 있다. 한국사회처럼 학벌피라미드가 결정적인 의미를 지니는 곳에서 이른바 비명문대학에게는 독자적으로 전략을 추구할 수 있는 능력이 주어지지 않는다. 그러므로 중상위권 대학은 마치 '지하철 환승역에서 떠밀려 앞으로 나아갈 수밖에 없는 사람들'처럼 이 게임을 따를 수밖에 없게 된다. 그 결과 학벌피라미드의 가장 꼭대기에 위치한 사립대학의 전략은 곧바로 대학 전체의 전략을 규정하는 역할을 수행하게 되는 것이다.

한국사람이라면 그 누구라도 적어도 공적 담론의 영역에서는 학벌사회가 지닌 폐해에 관해 비판해 마지않는다. 그럼에도 왜 학벌사회의 구조는 세월이 흐를수록 더욱 강화되는 것일까? 바로 학벌경쟁게임에 참가하는 행위자별 유인이라는 측면에서 보면, 누구라도 게임을 거부하기보다는 참가함으로써 이익을 얻을 수 있는 구조가 존재하기 때문이다. 즉, 학벌사회의 구조는 쉽사리 사라지지 않을 견고한 물질적 기반을 가지고 있는 셈이다.

다르게 생각하면 다르게 살 수 있다

학벌경쟁게임의 구조를 개선하거나 해체하기 위한 대안으로는 여러가지가 제시되어왔다.

그런데 앞에서 말한 '죄수의 딜레마'를 생각하면, 학벌구조가 깨지지 않은 상태에서 부분적으로 보완을 시도하려 드는 것은 자칫 상황만 악화시킬 수도 있다. 즉, 대학의 서열이 엄연하게 존재하고 명문대학 졸업자의 수익률이 매우 높은 상황에서 대입 선발방식이 '정확한 학력서열'을 반영하지 못하는 경우, 게임참가자들의 결과에 대한 승복을 어렵도록 만든다. 예를 들어 학교간 학력격차가 존재하는 상황에서 내신점수의 반영비중을 높이는 것이나, 수능시험을 쉽게 출제함으로써 변별력이 떨어지거나 하는 것이 그 예다. 얼핏 생각하면 게임참가자들의 대다수가 게임의 공정성에 대해 의심을 품고 불복하게 되면 씨스템 전체가 무너질 것처럼 보인다. 그렇지만 죄수의 딜레마 게임의 구조상 각자 이기적으로 행동할 가능성이 더 크다. 실제로도 대학입시제도가 여러차례 변화하면서 다양화된 지난 십여년 동안 사교육은 오히려 팽창일로를 걸어왔다는 사실이 이를 웅변으로 증명해준다.

고교평준화로 돌아가는 것도 이미 거의 모든 '명문'학교가 사립이라는 점에서 혁명적 조치 없이는 현실적으로 불가능하다. 1970년대에 고교평준화가 가능했던 것은 강력한 국가권력 탓도 있지만, 당시의 명문고교가 대부분 국가의 통제가 가능한 공립이었다는 점도 작용했다.

국립대 통합네트워크를 구성하는 것은 게임의 과열을 식히는 역할을 어느정도는 수행할 것이다. '국립대 통합네트워크'란 한국의 진보정당들이 제시하는 해결책 중 하나로 서울대를 포함해 전국 국공립대 26곳을 '거대대학체제'로 통합해 신입생을 공동 선발하고 졸업학위도 공동으로 주는 방안을 말한다. 그렇지만 서울대학교를 제외한 지방국립대학교들이 학벌피라미드 안에서 차지하는 지위가 현실적으로 중상 정도 레벨에 지나지 않기 때문에, 게임참가자들의 최종적인 목표가 아니라는 점에서 충분한 유인을 제공해주지 못하는 한계가 있다.

'능력주의'의 원래 정신으로 돌아가서 소득이나 지역 등 출신계층에 따른 격차를 균등화하는 정책은 매우 중요한 의미가 있음에 틀림이 없다. 예컨대 선천적인 능력은 뛰어남에도 불구하고 자라난 환경이 열악해 학업성취도가 낮아지는 경우에는 근대사회의 기본원리를 해치지 않고서도 얼마든지 보정해줄 것을 요구할 수 있다. 지역균형 선발제도 같은 것이 그 좋은 예다. 물론 이 경우에도 국가가 통제할 수 없는 명문 사립대학들이 이러한 정책을 받아들이도록 어떻게 유도할 것인가가 문제가 된다.

잠깐, 본론에서 벗어나는 얘기일 수도 있으나 학벌체계가 허물어지는 하나의 예를 들어보기로 하자. 1970~80년대에 야구나 축구를 잘하는 고등학교의 스타급 운동선수들은 대부분 '좋은' 대학에 진학하는 것이 중요한 목표였다. 심지어는 '좋은' 대학 안에서도 '인기' 학과에 진학하는 것이 일반적이었다. 그래서 명문대학 법학과를 졸업하고도 한자를 못 읽는다는 식의 비아냥까지 들어야 했다. 그러나 지금의 스타선수들은 더이상 '좋은' 대학에 진학하려 애쓰지 않는다. 심지어는 고등학교를 중퇴하고도 해외의 빅리그에 진출하는 것을 선호한다. 운동선수에게는 그다지 실용적인 필요가 없는 학벌보다는 고액연봉과 명성을 얻는 것이 더 이익이 되기 때문이다. 물론 스타급 프로선수가 얻는 수입은 또다른 형태의 렌트이기는 하지만, 이는 학벌체제의 해체에 대한 중요한 시사점을 던져준다.

결국 문제는 학벌경쟁게임이 지닌 자기파멸적 성격을 사회구성원들이 제대로 인식하면서 그 게임에 기득권을 가진 이들의 저항을 효과적으로 제어할 수 있는 사회적 합의를 이끌어내는 일일 것이다. 마치 정치논리가 전혀 작용하지 않는 순수한 경제논리라는 것이 하나의 환상인 것처럼, 사회적 합의 없이 진공상태로 존재하는 '순수한 실력'이나 '순수한 학업성취도 및 경쟁력' 같은 것은 있을 수 없음을 깨달아야 한다. 예컨대 무상급식 논쟁이 보편적 복지라는 중요한 의제를 이끌어내는 계기가 되었던 것처럼, 학벌경쟁게임의 구조가 지니는 사회적 낭비, 결국은 상위 1%만이 성공할 수밖에 없는 게임에 나머지 99%의 참가자들도 어쩔 수 없이 끌려가야 하는 그 성격에 대한 인식이 대중적으로 확산될 때, 우리는 비로소 새로운 게임의 구조를 만들어낼 수 있을 것이다. 게임의 구조가 바뀌면 게임참가자들의 유인체계에도 변화가 생길 수 있고, 견고해 보이기만 하는 학벌체계의 틈새에서 변화의 움직임을 만들어낼 수 있을 것이다. 우리들 대다수가 다르게 생각하면 다르게 살 수 있는 것이다!

교육열이 높으면 경제가 발전하는가

—

홍장표

—

교육열이 높은 데에는 다 이유가 있다

한국사회에서 입시는 부모가 개입된 가족 전체의 일이다. 자녀의 성적과 입시 결과로 한 가족이 울고 웃는다. 대입 순위결정전에서 1등급을 올리기 위해 엄청난 투자가 이루어지고 있다. SKY를 꿈꾸는 학부모들의 열망으로 학원가는 밤을 잊은 지 오래다. 대학입시에 부모가 개입할 여지가 없었다면 입시경쟁은 이처럼 심각하지 않았을 것이다. 이런 가운데 눈덩이처럼 늘어만 가는 사교육비로 서민들의 가계는 더욱 빠듯해졌고, 높은 대학진학률을 보며 과잉교육 아니냐는 우려도 있다. 하지만 이런 높은 교육열을 비정상적이라고만 보고 그 원인 분석을 등한해선 안된다. 높은 교육열은 경제적 근거가 뚜렷한 사회현상이기 때문이다.

사람들은 미래의 수익을 기대하고 주식이나 채권에 투자한다. 자녀교육도 마찬가지다. 교육은 현재의 소비에 쓸 수 있는 시간과 돈을 미래의 소득과 좀더 나은 삶을 위해 사용하는 투자의 일종이다. 교육투자도 주식처럼 수익률에 영향을 받는다. 교육투자의 수익률을 보면 우리나라에서 교육열이 왜 높은지, 또 대학진학률이 왜 이렇게 높은지 알 수 있다. 교육투자의 수익률이란 교육에 들어간 비용과 교육을 받은 뒤에 얻는 소득 사이의 비율을 말한다. 교육투자의 비용에는 사회가 부담하는 공교육비, 개인이 부담하는 사교육비, 재학기간 취업이 포기됨으로써 상실되는 소득이 포함된다. 이와 같은 교육투자로부터 개인이 얻는 수익률은 대체로 개발도상국일수록 높고 선진국일수록 낮다고 알려져 있다. 외국 학자들의 연구에 따르면 이 수익률은 개발도상국이 평균 11%, 경제협력개발기구(OECD) 선진국이 7.5%다.[5]

우리나라의 수익률은 어떨까? 한국직업능력개발원의 2009년 연구결과를 보면, 한국의 교육투자 수익률은 8.7%로 선진국과 개도국의 중간 수준이다. 교육수준별로는 고등학교보다는 대학, 전문대보다는 일반대 졸업자의 수익률이 더 높다.[6] 대학교육의 연평균 수익률은 9% 정도로 시장이자율보다 더 높다. 교육은 투자하면 투자할수록 수익률이 높아지는 것이다.

게다가 이 교육투자 수익률은 1990년 중반 이후 줄곧 상승해왔다. 우리나라 학력간 임금격차는 1990년대 중반까지 줄어들었지만 1990년대 중반부터 다시 늘어났다. 2007년 현재 고졸 임금이 100이면 대졸 임금은 160으로 크게 벌어져 있다. 학력간 임금격차는 OECD 회원국 가운데 동유럽 국가를 제외하면 미국 다음으로 크다. 이처럼 자녀교육에 투자하면 투자할수록 이익이 커지기 때문에 학부모들의 높은 교육열은 전혀 이상한 일이 아니다. 고등학교를 졸업하고 80% 이

상이 대학에 진학하는 높은 교육열은 이런 높은 교육투자 수익률에
서 비롯된 것이다.

교육을 많이 시키면 나라도 잘산다?

모든 학부모들이 자녀에게 큰 희망을 걸듯이 높은 교육열은 우리
미래사회에 큰 희망을 걸게 한다. 교육을 잘 시키면 개인은 물론 나
라도 잘살 수 있다. 외국의 많은 연구들은 교육이 개인에게 이익일
뿐 아니라 사회에도 이익이 된다는 것을 보여주었다. 교육투자는 직
접적으로는 인적 자본의 증대, 간접적으로는 기술진보와 제도개선을
통해 경제발전에 기여한다. 이런 경제적 효과 이외에도 교육은 보육
의 질을 높이고 범죄율을 낮추며 시민의 정치의식을 높여 민주주의
를 발전시키고 사회의 이익을 증진하는 효과도 있다.

우리나라를 비롯한 동아시아 국가들은 교육이 경제발전에 중요한
역할을 한 대표적 사례로 정평이 나 있다. 이들 국가는 세계에서 유
례가 없을 정도로 압축적으로 성장해왔으며 높은 교육열과 교육투
자가 그 성장을 뒷받침했다는 평이다. 우리나라에서도 한국전쟁 이
후 신분상승의 새로운 키워드로 학력이 등장하면서 높은 교육열과
교육투자가 뒤따랐고 이는 경제발전에도 영향을 미쳤다. 교육은 또
한 한국사회의 미래를 이끌어갈 원동력으로 간주된다. 지식기반경제
가 도래하면서 과거 물적 자본과 노동투입 증가에 의존하던 경제성
장에서 혁신주도형 경제성장으로의 전환이 요구되고 있다. 이에 따
라 사람에 대한 투자가 그 대안으로 부상했고 그 한가운데 교육이 자
리한다.

이런 평가에 경제학자들이 모두 동의하는 것은 아니다. 세계 각국

의 교육통계자료와 국민소득 사이의 관계를 분석한 연구들을 보면, 위와 같은 결과만이 아니라 나라가 부유해지는 데 교육이 별다른 영향을 미치지 못한다는 결과도 있다.[7] 2010년 발간된 아시아개발은행(ADB)의 「아시아의 경제성장」 보고서에서도 동아시아 경제성장에서 물적 자본과 노동의 양적 투입이 큰 역할을 하고 교육이나 인적 자본은 그다지 큰 역할을 하지 못했다고 결론짓고 있다.[8] 이런 연구결과와 함께 영국 케임브리지대학의 장하준 교수처럼 교육이 우리나라와 동아시아 경제기적의 원동력이었다는 신화에 의문을 품는 학자도 있다.[9]

경제학자들이 이런 논란을 벌이는 데에는 그만한 이유가 있다. 교육이나 인적 자본 같은 무형자산이 경제발전에 미친 효과를 측정하기란 그리 쉬운 일이 아니다. 경제발전에 영향을 미치는 요소는 교육 이외에도 물적 자본, 기술, 사회제도와 정부정책 같은 다른 중요한 요인들이 많다. 또 교육이 나라를 부유하게 할 수도 있지만 거꾸로 나라가 부유해지면서 소득이 늘어 교육을 많이 시키는 것일 수도 있다. 소득이 증가할수록 교육수요도 늘어나기 때문에 교육이 경제발전에 미치는 영향만을 별도로 알아내기란 쉽지 않다. 닭이 먼저냐 달걀이 먼저냐의 문제와 같다. 더 나아가 개인이나 사회의 생산성을 높여 나라를 부유하게 만드는 것이 교육의 원래 목표인가라는 교육의 본질 문제까지 들고 나오면 이야기는 더욱 복잡해진다.

이런 논란이 벌어진 것은 교육의 역할이 모든 국가에서 일률적이지 않으며 나라별로 큰 차이를 보이기 때문이다. 필리핀이나 아르헨띠나처럼 경제성장 초기에는 교육수준이 꽤 높았지만 이후 경제발전에 성과를 내지 못한 나라도 있다. 그런가 하면 스위스처럼 국민들의 교육수준이 높지 않지만 세계에서 가장 부유한 나라 중 하나가 된 경우도 있다. 참고로 스위스의 대학진학률은 아직도 우리나라의 절반인 40%대에 머물고 있다.

결국, 교육을 많이 시킨다고 해서 나라가 잘살게 된다는 보장은 없다. 또 교육을 덜 시킨다고 해서 그 나라가 못사는 것도 아니다. 경제발전에서 교육의 기여도는 그 사회에서 교육열이 얼마나 높은가, 얼마나 많은 사람이 대학에 진학하는가라는 양적인 면보다는 교육의 내용과 기능이라는 질적인 면에 크게 좌우된다. 교육은 많이 배운 사람과 덜 배운 사람이 두루 잘살도록 이바지할 수도 있고, 배운 사람만 잘살고 그렇지 못한 사람을 불행하게 만들 수도 있다. 왜 그런가? 교육의 경제적 기능에 초점을 맞추어 그 이유를 알아보자.

경제학자들은 교육의 사회경제적 기능을 크게 인적 자본 형성, 사회적 자본 형성, 신호 보내기 기능의 세가지로 구분한다. 교육은 인적 자본을 형성하는 기능을 담당한다. 개인은 생애에 걸쳐 얻는 수익을 기대하고 교육에 투자한다. 개인은 교육과 훈련을 통해 지식을 축적하고 기술능력과 생산성을 높인다. 교육과 훈련을 받은 사람은 높은 생산성을 보여주고 높은 소득과 수입을 올린다.

교육은 또한 사회적 자본을 형성하는 기능을 한다. 사회적 자본이란 사람들 사이에 협력을 촉진하는 사회규범이나 가치를 공유하고 상호이해를 높이는 사회적 네트워크를 말한다. 학생들을 가르침으로써 그들에게 다른 사람들의 가치나 관점을 이해하도록 하고 건전한 시민으로서의 역량을 형성하고 삶의 질을 높이도록 돕는다. 이처럼 다른 사람에 대한 배려와 의사소통능력을 배양하고 공동체를 위한 시민의식과 협동심을 기르는 것이 교육의 사회적 자본 형성 기능이다.

그런가 하면 교육은 노동시장에서 사람을 뽑거나 대학에서 학생을 선발할 때 순위를 매기는 선별기능도 한다. 기업에서 사람을 채용할 때 어떤 사람의 능력이 우수한지 알기 어렵고 지원자 또한 자신의 능력을 알리기도 쉽지 않다. 이때 교육수준은 지원자가 자신의 능력을 알리는 신호(signal)이고, 기업은 이를 선발수단으로 활용한다. 좋은 대학을 나왔다는 사실은 보통수준의 대학을 나온 사람들이나 대학을 가지 않은 사람들보다 더 똑똑하고 능력이 있다는 신호가 된다.

이 세가지 기능 가운데 개인과 사회에 모두 유익한 기능은 인적 자본과 사회적 자본 형성 기능이다. 인적 자본은 사회구성원 개개인의 지식과 기술능력을 기르고 사회적 자본은 구성원간 협력을 촉진한다. 교육이 인적 자본과 사회적 자본 형성 기능을 충실히 담당하는 나라에서는 교육의 사회적 이익이 크다. 교육투자로 개인이 습득한 지식은 다른 사람에게도 전달된다. 교육이 협동심을 기르고 사람들 사이에 지식전수가 활발해지면 개인이 얻는 이익보다 더 큰 이익을 사회에 가져다준다.

반면 신호 보내기 기능은 순위를 매기는 제로썸(zero-sum)이기 때문에 사회의 이익은 발생하지 않는다. 졸업장이 개인의 생산성을 높이지 못하고 신호로만 사용된다면, 개인은 이익을 얻지만 사회의 이익은 없다. 신호 보내기에 성공한 사람은 이익을 보지만 실패한 사람은 손해를 보기 때문이다. 물론 유능한 사람을 선발하려면 교육의 신호 보내기 기능이 불가피한 면이 있다. 하지만 이 기능이 지나치면 교육투자의 사회적 이익은 적어진다.

교육이 신호 보내기 기능에 과도하게 치중하게 되면 인적 자본이나 사회적 자본 형성 기능이 약해진다. 극단적으로 교육이 인적 자본이나 사회적 자본을 전혀 형성하지 못하고 신호로만 활용된다면 교육에 제아무리 많이 투자한다고 해도 사회의 이익은 전혀 발생하지 않는다. 신호 보내기 기능만을 추구하는 교육은 나라를 잘살게 하지 못하는 셈이다. 반면 인적 자본과 사회적 자본을 형성하는 교육은 개인과 나라를 모두 잘살게 한다. 이런 교육이 미래의 희망이다.

한국 교육은 왜 사회적 이익에 기여하지 못하는가

선진국에서 교육은 개인의 인적 자본 형성과 사회적 자본 형성 기능에 충실해 지속가능한 사회경제 발전의 튼튼한 토대가 되고 있다. 이 때문에 선진국에서는 교육투자가 경제발전에 미치는 효과가 매우 크다. OECD 선진국의 경우 국민의 평균 교육년수가 1년 늘어나면 1인당 국내총생산(GDP)이 3~6% 증가한다고 한다. 또 교육을 통한 인적 자본 형성으로 기술혁신이 촉진되는 측면까지 고려하면 그 효과는 더욱 커진다. 평균 교육년수가 1년 증가하면 기술혁신으로 국내총생산 성장률이 1%포인트씩 계속 높아진다는 것이다.

선진국에서는 교육투자의 사회수익률이 개인수익률보다 높다. 개발도상국은 이와 반대다. 선진국일수록 교육투자로부터 개인이 얻는 이익보다 사회에서 얻는 이익이 더 큰 데 비해 개발도상국은 그렇지 않다는 말이다. 중남미나 사하라 이남 아프리카처럼 사회수익률이 개인수익률보다 작은 개발도상국에서는 교육받은 사람은 큰 이익을 얻지만 그렇지 않은 사람들은 이익이 별로 없거나 손해를 보기도 한다.[10]

그렇다면 우리나라의 높은 교육열과 교육투자는 경제발전에 얼마나 기여했을까? 한국 교육투자의 경제발전 기여도를 추정한 연구들을 보면, 교육이 경제성장에 도움이 된 것은 사실이지만 기여도는 그다지 크지 않음을 알 수 있다. 2002년 한국개발연구원이 교육수준의 변화가 국내총생산 성장률에 미치는 효과를 추정한 결과를 보면, 1963~2000년 기간 한국의 교육투자가 경제성장률을 0.28%포인트 높여 미국(0.40%포인트)이나 일본(0.34%포인트)보다 낮았다. 이 기간 우리나라의 전체 경제성장률 가운데 교육의 기여도는 4.0%에 불과하다는 것이다. 1975~2003년간 우리나라 교육의 경제성장 기여도를 추정한 또다른 연구에서는 이보다 낮은 3.0%로 나타났다.

2010년 한국교육개발원에서도 1970~2007년 교육수준별 경제성장의 기여도를 추정한 결과를 발표했는데, 초등교육이 0.2%포인트, 중등교육이 0.45%포인트만큼 경제성장률을 높였다고 한다.[11] 정작 기여도가 가장 높을 것으로 예상한 고등교육은 어떨까? 이 연구는 고등교육이 경제성장에 얼마나 기여했는지 정확히 알 수 없다고 말한다.

종합해보면 이 연구결과들은 교육이 경제성장에 보탬이 된 것은 사실이지만 교육투자의 사회적 이익은 크지 않다는 것을 말해준다. 개인은 선진국보다 큰 이익을 얻지만 정작 사회 전체로 보면 선진국에 비해 이익이 작은 것이다. 왜 이런 현상이 나타나는가?

그 원인으로 흔히 지나치게 높은 대학진학률과 과잉교육을 꼽는다. 대학에 가는 사람들의 비중이 사회적으로 일정수준을 넘어서면 괜찮은 일자리를 얻기 위해 대학에 가지 않으면 안되는 분위기가 형성된다. 이런 사회분위기 속에 적성과 능력이 없는 학생들까지 대학에 진학해 고졸자의 일자리를 잠식하는 하향취업 같은 사회적 낭비가 나타나기 때문이라는 것이다.

오늘날 우리 사회에서 학력 인플레이션의 부작용을 부정하기는 어렵다. 실제로 학력 인플레이션으로 우리나라 대졸자 노동력의 질이 떨어지고 있다는 연구결과도 있다. 하지만 대학을 졸업해도 변변

한 일자리 하나 제대로 구하기 어려운 현실을 감안할 때 높은 대학진학률만 탓할 수는 없다. 선진국 가운데 스웨덴, 미국, 핀란드는 대학진학률이 우리처럼 높지만 교육과잉이라는 말은 들리지 않는다. 대학진학률이 100%라 하더라도 제대로 배우고 개인과 사회의 생산성을 높인다면 뭐가 문제가 되랴. 교육을 많이 받는 것이 문제라기보다는 교육의 기능이 왜곡된 것이 더 큰 문제일 것이다. 한국 교육이 인적 자본과 사회적 자본의 형성이라는, 개인과 사회에 도움이 되는 교육의 기능에서 크게 이탈해 신호 보내기에 지나치게 매달리고 있는 것은 아닌가?

점수 따기와 스펙 쌓기에 매달리다보면 정작 생산성을 높이는 교육은 뒷전으로 밀린다. 또 성적이 부모의 경제력에 비례한다면, 그 성적은 자신의 능력이 아니라 부모의 숨겨진 경제적 능력을 보여주는 값비싼 신호 보내기에 불과하다. 이런 신호 보내기 탓에 교육의 기능이 왜곡된다면, 교육의 사회적 이익은 기대하기 어렵다.

교육이 인성을 함양하고 능력을 키워 개인과 사회의 생산성을 높인다면 교육은 미래사회를 여는 희망이다. 그렇지 않고 개인과 사회의 역량개발에 전혀 쓸모없게끔 시간과 돈을 들이고 있다면, 교육은 결코 희망이 될 수 없다. 우리는 교육의 홍수 속에 사는 것처럼 보이지만 사실은 제대로 된 교육의 맛을 보지 못하고 있다고 해도 과언은 아닐 것이다. 도대체 어떤 이유로 우리의 교육이 본연의 기능에서 크게 벗어나게 되었을까. 한국사회의 양극화된 노동시장, 학벌과 대학 서열, 그 속에서 벌어지는 전가족이 동원된 입시경쟁은 희망의 교육을 절망의 교육으로 만들고 있다.

개천에서 용이 나기는커녕 용만 쓸 뿐

한국사회는 IMF외환위기를 거치면서 두개의 사회로 확연히 분리된 '모래시계형 사회'로 변모했다. 노동시장 역시 그 성격이 판이한 두개의 시장으로 뚜렷하게 양분되었다. 글로벌시대에 전문직 노동시장과 지역의 중소기업 중심의 노동시장이다. 의사, 약사, 변호사, 금융기관과 대기업 전문직의 소득은 과거에 비해 크게 올랐다. 고급 전문직종의 소득은 가파르게 상승해온 것이다. 이에 비해 지역경제와 생산기반 중소기업을 중심으로 하는 대부분의 노동시장은 예전과 크게 달라지지 않았다. 여기에 1998년 외환위기 사태 이후에 임시직, 계약직 같은 비정규직이 늘면서 고용불안이 가세했다.

이 두 시장으로 가는 길목에 대학입시가 자리하고 있다. 둘 가운데 어디로 갈지가 대학입시로 사실상 결판이 난다. 스무살도 안된 나이에 거치는 대학입시라는 갈림길에서 이후의 인생경로가 결정된다. 그러다보니 고소득 전문직으로 가는 상위 1~2%에 진입하는가, 아니면 88만원 세대로 가느냐를 결정하는 순위결정전에서 SKY는 모든 학부모들의 로망일 수밖에 없다.

경제학자들은 입시에 성공해 서열이 높은 일류대학에 가면 어느만큼의 이득이 있는지를 수치로 상세히 보여준다. 우리나라에서 출신대학, 학과의 입학성적, 대학졸업 후 소득 사이의 관계를 조사한 연구결과를 보면, 대학순위가 높으면 높을수록 더 많은 소득을 얻는다고 한다. 수능성적 100위 미만 대학 졸업자의 소득을 기준으로 할 때, 상위 1~5위 대학은 31%, 6~10위 대학은 23%, 11~30위 대학은 14%가 더 높다는 것이다.[12] 여기에 입시에 실패하면 영원히 패자로 살아가야 한다는 심리적 좌절감까지 감안한다면, 일류대학 입학에 성공한 사람과 그렇지 않은 사람 사이의 수익률 차이는 그보다 훨씬 크다고 봐야 옳다.

물론 일류대학을 졸업한 사람들이 그만큼 능력이 뛰어나기 때문에 더 많은 소득을 얻는다는 반론이 있을 수 있다. 능력대로 버는데 뭐가 문제냐는 것이다. 그런데 이런 반론을 무색하게 하는 연구결과가 있다.

2007년 한국개발연구원의 연구는 개인의 능력이 우수하다는 것을 감안하더라도 일류대학 출신일수록 자신의 능력 이상의 소득을 얻고 있으며, 이는 서열이 높은 대학일수록 더욱 그러하다는 것을 보여준다.[13] 어느 대학을 졸업했는가라는 요인에 따라 이후 40여년에 걸친 미래의 수입이 영향을 받는 것이다. 이때 개인의 능력 이상의 수입을 얻도록 하는 것이 바로 학벌의 위력이다.

명문대 졸업생은 동문이라는 연결망을 통해 취업에 유리한 정보를 획득하고 더 나은 사회적 지위를 확보할 수 있다. 동문회 조직이나 끈끈한 동문관계가 형성된 학벌사회에서 동문들끼리 필요한 정보를 서로 교환하고 때로는 돈과 명예와 권력을 나누기도 한다. 이처럼 학벌사회에서는 개인의 능력과 관계없이 명문대학을 나왔다는 이유로 이익을 얻고 서열 낮은 지방대학을 나왔다는 것 때문에 불이익을 받는다.

물론 선진국에도 명문대학이 있다. 그곳에서도 명문대학을 졸업한 사람은 좋은 직장과 높은 연봉을 받는다. 하지만 능력있는 사람이 명문대학을 나오지 않았다고 해서 불이익을 받지는 않는다. 명문대학은 있지만 학벌사회와는 거리가 있다는 뜻이다. 앞서도 살펴본 것처럼 경제학에서는 이렇게 자신의 능력과 무관하게 지위나 신분으로부터 얻는 이득을 지대(rent)라고 부른다. 전근대 사회의 양반이나 지주계급처럼 자신의 노력과 관계없이 사회적 신분 때문에 얻는 소득과 별반 다를 게 없다는 말이다. '김예슬 선언'이 사회에서 많은 주목을 받았던 것도 아마 고려대라는 명문대생이 이런 사회적 특권에서 나오는 이득을 포기한다고 선언했기 때문일 것이다.

학벌은 좀처럼 변하지 않는 대학의 서열과 입시경쟁을 통해 유지된다. 그리하여 어릴 때부터 높은 서열의 대학을 목표로 입시경쟁 준비에 들어간다. 중학교와 고등학교는 입시경쟁에 대비한 점수 따기와 스펙 쌓기의 무대가 된 지 오래다. 점수 따기에 매달리면 정작 사회적 자본과 개인의 인적 자본을 높이는 교육의 기능은 약해진다. 교육이 신호 보내기에 주로 활용된다면, 교육제도 전반에 부정적인 영향을 미칠 수밖에 없다. 점수와 스펙이라는 신호 보내기 때문에 건전한 시민을 양성하고 사회의 생산성을 높이는 교육 본연의 기능은 정작 뒷전으로 밀려난다. 결국 초중등교육이 담당해야 할 시민양성 교육과 사회적 자본 형성은 이루어지지 않는다.

선진국에서 교육은 건전한 시민 양성과 사회적 자본 형성 기능을 중시한다. 지식은 사회와 분리되어 습득되는 것이 아니라 다른 사람과의 교류와 사회체험 속에서 형성된다고 보고 자기주도학습을 대단히 강조한다. 이렇게 체험과 교류를 통해 자기 것으로 완전히 소화된 신념과 지식은 돈이나 지위 같은 외부의 유혹을 뿌리치게 한다. 반면 점수 따기 위주의 입시대비 교육에서는 체험학습과 자기주도학습을 통한 지식의 내면화가 제대로 이루어질 수 없다. 결국 교육의 사회적 자본 형성 기능이 크게 떨어질 수밖에 없다.

한국의 사회적 자본 실태를 분석한 2009년 한국교육개발원 보고서에 따르면, 선진국에서는 학력수준이 높아질수록 정치와 사회 참여, 신뢰, 공정성, 인적 유대관계 같은 사회적 신뢰수준이 높아지지만 우리나라는 학력수준이 달라도 사회적 신뢰도에는 차이가 거의 없다고 한다.[14] 우리나라의 교육이 사회적 자본의 형성에 별다른 도움이 되지 못하는 문제는 체제전환국인 러시아에서 나타나는 현상과 비슷하다는 충격적인 결과도 함께 보고한다. 교육을 많이 받아도 자신의 신념을 버리고 외부 유혹에 쉽게 빠진다는 것이다. 학벌과 대학서열 속에서 우리의 교육은 사회적으로 아주 값비싼 비용을 치르고 있는 것이다.

문제는 여기서 그치지 않는다. 자녀의 입시경쟁에 부모가 개입하면서 신호 보내기와 선별기능조차 왜곡된다. 대학입시에서는 잠재적 능력이 우수한 사람을 선별해낸다. 그런데 사교육이 만연하면서 부모의 능력 덕분에 좋은 성적을 얻은 학생을 능력이 우수한 사람으로 잘못 선별하는 결과를 빚어낸다. 서울의 최상위권 4개 대학 재학생 1000명을 대상으로 조사한 결과에 따르면, 고3 때 사교육을 많이 받은 학생일수록 대학입학 후의 성적어 나쁘다. 대학의 수를 이보다 늘려 조사한 한국은행 보고서도 역시, 사교육으로 수능점수는 높아지지만 대학진학 후의 성적은 떨어진다고 말한다.[15]

사교육의 힘으로 입학한 학생들은 대학에서 좋은 성적을 내지 못하는 것이다. 여기서 사교육으로 먹칠된 두뇌에 대한민국의 미래를 맡길 수 없다는 우려도 나온다. 부모의 경제력이 입시에 미치는 영향력이 커질수록, 자질은 뛰어나지만 가정형편이 어려운 학생의 진학은 어려워지고 대학졸업자의 능력은 그만큼 떨어진다. 이와 같이 사교육은 대학과 노동시장에서 올바른 선별기능을 왜곡하고 노동력의 질을 낮추는 악영향을 끼친다.

학벌사회에서는 대학의 경쟁력도 떨어진다. 대학서열은 인적 자본의 형성을 전담하는 고등교육 본연의 기능을 위축시킨다. SKY를 정점으로 하는 우리나라 대학의 서열순위는 대학의 연구나 교육성과보다는 입학생의 입시성적에 좌우된다. 이렇게 대학의 순위가 입학성적에 따라 매겨지면 대학교육이 인적 자본을 형성하는 기능은 취약해진다.

물론 대학졸업자가 늘어난 반면 괜찮은 일자리가 줄어들면서 대학의 학점도 취업에서 신호로 활용되고 있다. 하지만 학벌사회에서 학점이 가지는 신호로서의 기능은 제한적이다. 학점은 동일한 서열의 대학을 졸업한 사람들 사이에서만 영향을 미칠 뿐이다. 취업에 영향을 미치는 요소는 출신대학, 전공, 학점 등 다양하지만, 이 가운데 단연 중요한 것은 출신대학이다. 입시성적에 좌우되는 대학서열이 인적 자본을 형성하는 고등교육의 기능을 위협하는 셈이다.

학벌사회와 대학서열의 폐해는 비단 교육에만 머물지 않는다. 우리나라 가정에서 가장 중요한 두개의 숫자가 자녀의 성적과 아파트 값이다. 이 둘은 아주 밀접한 관계가 있다. 부모의 소득은 자녀 교육에 대한 투자를 통해 자녀 소득에 영향을 미친다. 본래 교육은 신분상승의 도구 역할을 해왔다. 하지만 이는 과거의 얘기일 뿐 이제는 부모의 경제적 부를 자식에게 전수하는 수단으로 전락하고 있다. 우리나라처럼 고등교육의 투자수익률이 높고 교육비 지출이 부모의 경제적 지위에 비례한다면, 소득불평등은 영속적이다. 불평등한 교육기회 탓에 부모의 경제적 지위가 자녀에게 전수되면서 부모의 부와 가난은 대물림된다. 부모의 경제적 지위가 교육투자 기회를 결정하는 상황에서 교육을 통한 저소득층의 지위상승은 원천적으로 봉쇄되고 빈곤으로부터 탈출하기란 요원해진다.

우리 사회는 교육이 소득을 불평등하게 만드는 사회로 빠르게 변모해가고 있다. 개천에서 용이 나기는커녕 용만 쓰고 있을 뿐이다. 일류대학 진학에 성공하지 못한 대부분의 사람들이 개천에서 용쓰며 살아야 하는 현실에서 교육이 사회평등을 낳는다는 말은 이제 빛바랜 신화로 남아 있다.

더불어 사는 공정한 사회는 가능한가

개인의 사회적 지위가 태어날 때의 신분에 따라 결정되는 전근대 사회와 달리 근대사회는 자신의 노력에 의해 사회적 지위가 결정되는 사회다. 근대 능력주의 사회가 성숙할수록 형편이 어려운 학생도 풍요로운 가정의 학생과 똑같은 기반에서 경쟁하도록 교육기회가 고르게 제공된다. 또 그 기회는 인생의 전기간으로 확장되어 성인이 된 뒤에도 언제나 마음만 먹으면 인생역전이 가능하다. 이런 공정한 능력주의 사회에서 교육은 인적 자본과 사회적 자본을 형성하는 기능을 담당한다. 교육투자는 개인과 사회의 생산성을 높이고 기술진보와 지식전파를 촉진해 경제발전에 기여한다. 그뿐 아니라 교육은 더 나은 건강과 육아를 보장하고, 낮은 범죄율, 공동체 참여와 환경 보호활동을 북돋아 사회의 지속가능한 발전을 뒷받침한다.

한국사회는 공정한 능력주의 사회로 가고 있는가, 아니면 신분사회로 되돌아가고 있는가. 양극화된 두 노동시장으로 가는 길목에 대학입시가 서 있다. 인생의 승자와 패자는 어린시절의 입시에서 판가름난다. 부모의 그늘에서 보호받는 시기에 그것도 인생의 거의 모든 것을 걸고 벌이는 이런 순위결정전 위에는 신분세습과 학벌이라는 전근대 사회의 그림자가 짙게 드리워져 있다.

부모의 경제적 지위가 승패를 좌우하면서 교육은 불평등을 재생산하고 신분을 대물림하는 통로로 변질되고 있다. 양극화 사회, 학벌 사회에서 신호 보내기 위주의 교육이 한국전쟁 이래 최대 규모의 이산가족과 가족사의 불행을 초래하면서 막대한 사회적 비용을 치르고 있다. 이런 사회에서 교육은 미래를 여는 희망일 수 없다.

교육을 통한 지식의 생산과 확산, 또 그 성과를 구성원들이 함께 나누는 사회로 가기 위해서는 학벌사회에 뿌리내린 점수 따기와 스펙 쌓기 위주의 교육이 바뀌어야 한다. 신호 보내기 위주의 교육이 잉태한 사교육의 광풍, 교육기회의 불평등과 신분세습이라는 전근대사회의 어두운 그림자로부터 벗어나 인적 자본과 사회적 자본을 만들어내는 공교육 본연의 기능을 회복해야 한다. 또 입시성적에 좌우되는 대학의 서열체제와 학벌사회의 폐단을 없애고 입시에 한번 실패한 사람들도 언제라도 재기할 수 있도록 기회가 제공되어야 한다.

더불어 사는 공정한 사회가 만들어지기 위해서는 이런 교육개혁만으로는 부족하다. 양극화된 노동시장이 교육을 병들게 한 만큼, 노동시장이 달라져야 교육의 기능도 바뀔 수 있다. 직종간의 임금격차를 줄이고 정규직과 비정규직의 차별을 철폐해 노동시장의 양극화를 해소하는 경제구조의 개혁이 필요하다. 국민의 80% 이상을 패자로 만드는 양극화 사회를 극복하고 교육의 본래 기능을 회복할 때, 교육은 우리의 진정한 희망이 될 수 있다.

교육·부동산이 쌓아올린 높은 성, 강남

—

전강수

—

투기광풍의 중심지로 부상한 강남

부동산투기가 기승을 부리던 2003년 11월, 노무현 대통령은 어느 방송 특별좌담에 출연해 "강남불패 얘기하는데 대통령도 불패로 간다"라고 말했다. 부동산에서 초과이득이 발생하지 않도록 만들어서 특정지역 부동산값이 이상하게 뛰어버린 것을 원위치로 되돌려놓겠다는 이야기도 덧붙였다. 대통령이 직접 나서서 '전쟁'을 선포할 정도로 강남지역의 부동산값이 이상폭등세를 보이던 때였다. 시간이 가면서 부동산값 폭등세는 소위 '버블쎄븐' 지역으로 확산되었지만 강남지역은 버블쎄븐의 중심으로서 여전히 독보적인 지위를 유지했다. 부동산값이 안정세로 돌아선 지금도 부동산에 관심을 가진 사람들의 눈은 여전히 강남에 집중되고 있다.

강남불패라는 말은 워낙 많이 들어서 옛날부터 있었던 말이라고 생각하기 쉽지만, 사실은 2000년대 들어서 생긴 신조어다. 그전까지는 주로 토지신화, 부동산신화, 투기광풍 등의 용어가 사용되었다. 강남불패라는 용어가 새로 등장한 데는 2002~06년의 부동산투기가 강남이라는 특정지역을 중심으로 일어난 국지적 투기였다는 사실에 기인하는 바가 크다.

우리나라에서는 1960년대 말 전국 평균 땅값상승률이 30%를 넘어설 정도로 엄청난 지가폭등이 발생한 이후, 거의 10년을 주기로 부동산투기의 광풍이 불었다(단, 2000년대의 투기는 약 14년 만에 발생했다). 단기간에 경제성장이 이루어지면서 도시화 또한 급격하게 진행되었던 탓이다. 여기서 주목할 점은 부동산투기의 양상이 2000년대 들어 크게 달라졌다는 사실이다. 2000년대 이전에는 부동산투기가 대체로 전국에 걸쳐 부동산 종류(토지, 아파트, 단독주택 등)를 가리지 않고 일어났다. 투기가 전국적·전면적 성격을 띠었던 것이다. 반면 2000년대에는 강남지역, 그것도 아파트를 중심으로 투기열풍이 불었다. 강남에 투기열풍이 불 때 대구나 부산 등 지방 광역시의 부동산시장은 오히려 침체양상을 보였다. 부동산투기가 국지적·제한적 성격을 띠게 된 것이다.

여기서 부동산투기 양상이 이렇게 바뀐 이유에 대해 상술할 여유는 없다(다만, 인구동향이나 주택보급률 등을 감안할 때 앞으로도 부동산투기는 국지적·제한적 성격을 띠게 될 가능성이 크다는 점은 밝혀둔다). 그러나 2000년대에 부동산투기가 국지성을 드러낼 때 유독 강남지역이 독보적인 존재로 부각된 이유에 대해서는 진지하게 따져볼 필요가 있다. 이를 위해 잠시 부동산 가격의 결정원리에 대해 살펴보자.

부동산 가격과 토지가치 그리고 위치

　건축물이 세워지지 않은 토지 즉 나대지(裸垈地)도 부동산이라 불리기는 하지만, 부동산은 토지와 건축물의 결합체인 경우가 많다. 토지와 건축물은 그 성질이 크게 다름에도 불구하고 둘이 결합된 것을 부동산이라 부르다보니 양자의 차이가 희미해져버렸다. 그 결과 아파트 가격의 상승은 실은 토지가치 상승에 기인하는 바가 큼에도, 사람들은 그것을 건축물가격 상승의 결과라고 여긴다. 그러나 그것은 착각이다. 골동품이나 미술작품 같은 특별한 물건을 제외하면, 사람이 만드는 인공물의 가치가 시간이 갈수록 올라가는 법은 결코 없다. 다시 말해 시간이 지나감에도 아파트 가격이 올라가는 것은 아파트 건물이 아니라 대지의 가치가 올라가기 때문이다. 강남부동산 문제가 불거질 때면 언제나 언급되는 대치동 은마아파트를 생각해보라. 건물이나 주차장 그리고 그밖의 부대시설들은 너무 낡아서 그것들이 경제적 가치를 지닌다고 생각하기는 어렵다. 철거비용을 감안한다면 은마아파트 건축물의 가치는 마이너스라고 보아야 한다. 그런데 어떻게 그런 아파트 전용면적 84m²의 가격이 무려 11억원을 넘는 것일까? 그것은 은마아파트가 자리한 곳의 토지가치가 그만큼 높기 때문이다.

　건축물의 가치는 같은 내구재인 자동차의 경우와 마찬가지로, 시간이 가면서 일정한 비율로 감소한다. 건축물이 어디에 있건 어떤 종류이건, 감가의 속도는 대체로 비슷하다. 하지만 토지의 경우는 다르다. 토지의 가치는 토지 자체의 자연적 특성뿐만 아니라 주위환경의 상태에 의해 결정된다. 따라서 어떤 토지의 가치가 어떻게 변화할지는 주위환경의 변화에 따라 달라지는 경우가 많다(토지 그 자체의 자연적 특성은 잘 변하지 않는다). 요컨대 주택이나 상가, 빌딩 등 인공물처럼 보이는 부동산의 가격이 다른 모든 인공물의 가격과 상이한 변화양태를 보이는 것은 토지 때문이다.

인공물의 경우 시간이 갈수록 가치가 하락한다. 하지만 인구가 증가하고 경제가 발전하는 한, 토지의 가치는 지속적으로 상승한다. 인공물과는 달리, 토지는 공급이 고정되어 있고 영원히 마모되지 않기 때문이다.

또한 인공물의 가격은 전국 어디서나 대체로 비슷하지만 토지가치는 필지(筆地)별로 천차만별이다. 이는 토지의 위치가 고정되어 있어서 이동이 불가능하기 때문에 생기는 현상이다. 대구나 부산에서 휘발유에 대한 수요가 증가하면 다른 지역에 저장해둔 휘발유를 싣고 와서 공급한다. 광주에 자동차공장을 세울 경우 필요한 설비들은 대개 다른 지역에서 운송해온다. 즉 일반 상품이나 자본의 경우, 필요에 따라 얼마든지 이동시킬 수 있으며 따라서 위치는 특별한 의미를 지니지 않는다. 하지만 토지는 그렇지 않다. 어느 지역에서 토지에 대한 수요가 증가한다고 해서 그 수요를 충족하는 데 필요한 토지를 다른 곳에서 운송해서 공급할 수는 없다. 따라서 교통이 편리하고 인구가 집중되어 있고 주위환경이 양호한 곳일수록 토지가치는 높고, 그렇지 않은 곳일수록 토지가치는 낮다.

토지가치의 결정에서 위치 혹은 입지가 지니는 비중은 절대적이다. 오죽하면 서양에서 "세가지 요인이 토지가치를 결정한다. 그것은 바로 위치, 위치, 그리고 위치(location, location, and location)다"라는 이상한 격언이 만들어졌겠는가? 강남지역 부동산 가격이 다른 지역에 비해 훨씬 빠른 속도로 상승한 것은 건축물 가치가 아니라 그 지역의 토지가치가 그만큼 빠른 속도로 상승했기 때문이고, 또 강남지역 토지가치가 다른 지역에 비해 빠른 속도로 상승한 것은 강남이 다른 지역과 비교할 수 없는 위치상 장점이 있었기 때문이다. 좋은 위치의 토지에는 수요가 몰리게 마련이다. 수요가 몰려 토지가치가 올라가고 그런 상황이 얼마간 지속되면, 이용을 목적으로 하는 실수요 외에 시세차익만을 노리고 달려드는 투기수요까지 생겨난다. 강남이 투기광풍의 진원지가 된 것은 그 지역이 특별한 위치상의 장점을 갖추었다는 사실의 당연한 귀결이다.

강남지역은 모든 면에서 전국 최고의 입지조건을 갖추고 있다. 편리한 교통, 최상의 교육환경, 다양한 문화시설과 생활편의시설, 부촌 프리미엄 및 높은 부동산 가격 상승가능성 등의 비가시적 프리미엄이 그것이다. 이중에서 8학군 프리미엄과 사교육 천국이라는 말로 상징되는 강남의 교육환경이 지니는 의미는 특별하다. 특목고 진학률이 높은 중학교와 명문대 진학률이 높은 고등학교가 집중되어 있고, 학원천국을 방불케 할 정도로 각종 사설학원들 또한 대거 몰려 있다. 이 지역은 교육열에 불타는 학부모들의 선망의 대상이다. 강남 부동산 가격이 폭등하기 시작한 2003년, 주거환경연구원이 강남지역 4개구(강남구, 서초구, 송파구, 강동구) 거주 500가구를 대상으로 실시한 설문조사에 따르면, 중고생 자녀를 둔 가구의 56.5%가 자녀교육 때문에 강남에 살고 있다고 답했다.[16] 자녀교육이 쾌적한 환경이나 편리한 교통 및 편의시설 등의 요인을 압도한 것이다.

강남 교육특구의 형성과정

2000년대를 지나면서 강남은 마치 웅장하고 높은 성처럼 우뚝 세

위겼다. 강남을 이렇게 만든 것은 단적으로 말해 교육과 부동산이었다. 여기서는 강남이라는 성채가 구축된 역사적 과정에 대해 간단하게 살펴보기로 하자. 1970년대에 박정희정부가 강남(당시 이름은 영동)개발정책을 적극적으로 추진한 것이 출발점이었다. 강남개발의 신호탄은 1969년 12월 제3한강교(한남대교) 준공과 1970년 7월 경부고속도로 완공이었다. 그후 박정희정부는 개발행위에 대한 세금감면, 지하철 2호선 노선 확정, 강남 고속버스터미널 건설, 대단지 아파트지구 지정, 잠실대교와 영동대교 건설, 강북 개발억제 등의 조치를 쏟아내며 마치 군사작전을 하듯이 강남개발을 밀어붙였다.[17]

강남 이주촉진책의 일환으로 전통 명문고의 강남이전도 추진되었다. 1976년 경기고가 강남 삼성동으로 이전한 것을 필두로 휘문고, 서울고, 숙명여고, 경기여고 등이 차례차례 강남으로 옮겨갔다. 그와 함께 반포동 주공아파트, 압구정동 현대아파트, 대치동 은마아파트, 개포동 우성아파트 등 대단지 아파트가 속속 건설되었다. 새로 지은 대단지 아파트에 이주해온 사람들은 주로 고위공무원, 변호사, 의사, 기업 임원 등 고소득층이었다.[18] 자신들이 교육을 통해 계층상승에 성공한 만큼, 이들은 남다른 교육열을 품고 있었다. 자녀들로 하여금 자신들과 같은 계층, 아니 자신들보다 더 나은 계층으로 살아가도록 만드는 것이 그들의 최대관심사였다고 해도 과언이 아니다. 공교육, 사교육을 막론하고 교육환경은 이들에 의해 급속하게 개선되었다. 이때부터 강남 교육특구가 조성되기 시작한 셈이다.

강남이 8학군이라는 이름을 갖게 된 것은 1978년이다. 그러나 당시는 아직 공동학군제가 시행되고 있었기 때문에 8학군이 사회적으로 문제가 되지는 않았다. 공동학군제란 1974년 정부가 고교평준화정책을 실시하면서, 당시만 해도 서울 도심에 있던 전통 명문고들을 공동학군에 편입시키고 서울의 모든 중학교 졸업생에게 공동학군에 지원할 수 있는 기회를 제공한 제도를 가리킨다. 하지만 1980년 2월 서울시교육청은 공동학군제를 폐지하고 고등학교 배정기준을 출신 중학교 중심에서 거주지 중심으로 변경했다. 완전학군제라고 불리기도 하는 이 제도가 시행되자, 강남 거주 학생들만 8학군 고등학교에 입학하게 되었다. 1976년 이후 전통 명문고들이 속속 강남으로 이전했다는 사실은 이미 앞에서 언급했다. 처음 완전학군제 적용을 받은 학생들이 대학에 진학한 1984년에는 서울대가 8학군 고등학교의 독무대로 변했다.[19] 교육특구 8학군의 '화려한' 등장이었다.

8학군이 교육특구로 부각되자 강남의 명문고에 자녀를 입학시키기 위해 주민등록을 허위로 옮기는 위장전입이 급증했다. 위장전입자들 때문에 명문고들이 몰려 있는 지역에서는 실제 거주하고 있는 학생들이 학교배정을 받지 못하고 먼 곳의 학교에 배정되는 일이 다수 발생했다. 그러자 해당지역 주민들이 반상회에서 '친척, 친지들의 허위전입 부탁을 받지 말자'고 결의하는 웃지 못할 사태까지 벌어졌다. 강남 거주 학생들의 원거리통학 문제가 불거지자, 서울시교육청은 1986년부터 학생배정에 거주지뿐만 아니라 거주기간까지 반영키로 했다. 처음에 거주기간 요건은 1년 이상이었으나, 1993년에는 40개월 이상으로 늘어났다.[20] 그러나 이런 조처들은 8학군을 향한 꿈을 막기에는 역부족이었고, 교육열에 불타는 학부모들의 강남행은 그후로도 계속되었다.

게다가 사교육시장의 팽창은 교육특구로서 강남의 위상을 더욱 확고하게 만들었다. 2000년 4월 헌법재판소가 과외금지에 대해 위헌결정을 내린 것을 계기로 해, 강남구 대치동 일대를 중심으로 사교육시장이 급격히 팽창했다. 2001년 말 수능시험이 어렵게 출제되었을 때 그랬듯이, 사교육의 중요성이 절실해질 때면 학부모와 학생들은 너나 할 것 없이 대치동으로 몰려들었다. 그리하여 강남구 대치동은 각종 입시학원과 보습학원이 밀집한 학원천국이자 사교육의 메카로 떠올랐다. 유명 재수학원에 등록하기 위해 수백명의 학부모와 학생들이 밤을 새워 줄을 서고, 대치동 학원선생이 잠실체육관을 빌려 입시설명회를 개최하면 어머니들이 대거 몰려들 정도로 강남의 학원은 교육현장에서 대단한 권위를 누리게 되었다. 대치동 학원가의 사교육열풍은 명문대 입학을 원하는 고등학생과 특목고 입학을 원하는 중학생뿐만 아니라 특성화중학교 입학을 원하는 초등학생까지 삼켜버렸다. 예컨대 '공통수학 정석 초등학생반'이 개설되어 인기를 끌 정도다.[21]

학군 및 사교육 프리미엄은 그대로 부동산 가격에 반영되었다. 대치동 은마아파트는 이를 증명하는 대표적 사례다. 대치동 일대에 학원가가 번창하기 전만 해도 이 아파트는 부동산시장에서 별로 주목받지 못했다. 상대적으로 작은 평수로 구성된 오래된 아파트였고 주차시설 등 편의시설이 부족했기 때문이다. 하지만 2001년 11월 3억 8000만원이었던 은마아파트 전용면적 84m²의 가격은 어려운 수능시험의 여파로 불과 한달 만에 4억 2500만원으로 뛰어올랐고, 그후 계속 올라 2007년 1월에는 13억 4000만원을 기록했다. 부동산시장이 침체양상을 보이는 가운데에도 2011년 3월 현재 이 아파트의 가격은 11억 2000만원을 호가하고 있다. 1979년 12월 입주 당시 가격이 2139만원이었던 것에 비하면 실로 놀라운 가격상승이라 하지 않을 수 없다.[22]

교육여건의 격차가 부동산값의 격차로 이어지고 부동산값의 격차가 교육여건의 격차를 심화하는 메커니즘이 작동하게 된 것이다. 역대 정부는 강남 8학군 문제를 해결하기 위해 도심 공동학군제를 부활하기도 하고(1996년), 8학군에서 송파구와 강동구를 떼어내 서울의 학군을 11개 학군으로 개편하기도 하는(1999년) 등 다양한 조처를 취했으나 모두 근본대책은 아니었다.

참여정부 임기중에 강남 투기광풍이 불고 부동산이 교육문제와 연결되어 있다는 사실이 분명해지면서, 마침내 8학군문제에 대한 근본대책이 마련된다. 그것은 2006년 12월 서울시교육청이 발표한 '학교선택권 확대 방안'(일명 고교선택제)이다.[23] 이 방안에 의해 2010년부터는 11개 학군별 배정방식이 폐지되는 대신 학군을 광역화하고 학생들의 고교 선택폭을 넓히는 방식이 적용되기 시작했다. 1단계로 서울 전역을 포괄하는 '단일 학군'에서 학교별 정원의 20%를, 2단계로 '거주지 학군'(기존 학군)에서 학교별 정원의 40%를 선지원-후추첨 방식으로 배정하고, 3단계로 '통합 학군'(거주지 학군과 인접 학군)에서 나머지 40%를 교통편과 통학거리 등을 고려해 강제배정하는 방식이다. 이 방안은 기존의 8학군 프리미엄을 해소하는 데는 상당한 효과를 발휘할 것이다. 강남구에 거주해야만 8학군 고교에 갈 수 있다는 원칙이 깨졌기 때문이다. 하지만 거주지를 기준으로 한 학교배정 방식이 여전히 살아있고 사교육 프리미엄에 대한 대책이 포함되지 않아서, 강남 교육특구의 진입장벽을 어느정도까지 허물 수 있을지는 지켜봐야 한다.

이 제도의 적용을 받은 학생들이 시험을 보는 2013학년도 입시에서는 양상이 일부 달라지겠지만, 2011학년도 입시에서는 여전히 8학군 프리미엄이 맹위를 떨쳤다. 2011학년도 서울대 입시 결과를 보면, 서울지역 일반고 출신 합격생 686명 중 42.5%(292명)가 강남 3구 출신이었다. 특히 강남구는 무려 160명(23.3%)의 합격생을 배출했다.

구로구와 금천구가 각각 7명(1.0%)과 4명(0.6%)의 합격생을 배출한 것과는 엄청난 대조를 이룬다(『서울신문』 2011년 2월 23일자). 2013학년도 입시에서 결과가 어떻게 달라질지 자못 궁금하다.

평등지권(平等地權)과 평등학권(平等學權)의 중요성

최근 우리 사회에서는 쌘델(M. Sandel)의 『정의란 무엇인가』가 출간되면서 정의에 관한 논의가 활발하다. 그러나 그 책에도 나오다시피, 정의의 개념은 학파별로 다양하며 통일된 견해는 존재하지 않는다. 예컨대 공리주의자는 사회의 행복이 최대가 되는 것을, 롤즈주의자는 약자의 상태가 개선되는 것을 정의라고 본다. 또 맑스주의자는 모두가 똑같이 분배받는 것을, 자유지상주의자는 모두가 타인의 자유를 침해하지 않으면서 최대한의 자유를 누리는 것을 정의라고 본다. 이럴 경우에는 필요충분조건을 찾아 그것을 충족시킴으로써 정의를 실현하고자 하는 것은 헛된 시도가 되기 십상이다. 한쪽에서 정의의 필요충분조건이라고 믿는 것을 다른 쪽에서는 인정하지 않을 것이기 때문이다. 그러므로 이런 경우에는, 충분하지는 않지만 그래도 모든 사람이 받아들일 수 있는 중요한 필요조건들을 찾아내서 우선 그것을 충족하기 위해 노력하는 것이 효과적이다.

이 점에서 헨리 조지(Henry George)를 따르는 조지스트(Georgist)들의 정의 개념은 매우 유용하다. 그들에게 정의란 모든 사람이 천부인권을 보장받고, 상생하며 평화를 누리는 상태를 가리킨다. 그들의 정의 개념은 사회주의식 평등, 즉 결과적 평등과는 거리가 멀고, 오히려 기회균등의 개념(즉 모든 사람의 출발선을 동일하게 하는 것)에 가깝다. 조지스트의 정의 개념에 따라 모든 사람에게 균등한 기회를 주려면, 무엇보다도 먼저 토지권과 학습권을 균등하게 부여해야 한다.[24] 물론 토지권과 학습권을 균등하게 부여하는 것, 즉 모든 사람에게 평등지권과 평등학권을 부여하는 것만으로 모든 사회구성원들을 완전히 동일한 출발선에 세울 수는 없다. 상속재산이나 타고나는 재능 같은 요인이 존재하기 때문이다. 하지만 그 두가지만이라도 모든 사람에게 부여한다면, 현재 사회계층간에 존재하는 엄청난 기회의 격차와 그로 인한 양극화는 상당부분 해소될 것이다.

모든 사람에게 평등지권과 평등학권을 부여하더라도 소득에 차이가 생기고 빈부격차가 발생할 수 있다. 그러나 조지스트들은 그것을 불의하다고 보지 않는다. 이런 빈부격차는 부자와 빈자 사이의 사회적 갈등을 유발하지 않는다. 물론 이때 생기는 빈곤도 해결해야 하지만, 그 일은 기본적으로 정부가 아니라 구제기관이나 종교단체의 몫이다. 반면 토지권과 학습권이 불평등하게 배분되면, 빈부격차는 훨씬 커진다. 이때 생기는 빈부격차는 그 성격이 불의하기 때문에 사회적 갈등도 심각해진다. 토지권이 없고 교육의 기회를 제대로 누리지 못하는 사람들은 아무리 열심히 일해도 가난에서 빠져나올 수 없는 반면, 토지권을 많이 가졌거나 좋은 교육을 받은 사람들은 그냥 빈둥빈둥 놀아도 엄청난 소득을 누리며 계속 부를 쌓아갈 수 있기 때문이다. 이럴 경우 가난한 사람들은 부자들의 부와 자신들의 가난을 마음속으로 받아들이지 않을 것이기 때문에, 심각한 사회적 갈등이 불가피하다.[25]

현대 한국사회에서 교육과 부동산은 진정 특별한 의미를 지닌다. 사회적 이동이 활발하게 이루어지는 가운데 계층상승의 주요 수단으로 활용되었기 때문이다. 해방 후 한국은 농지개혁에 성공함으로써 사회발전을 저해할 기득권층이 사라진, 대단히 평등한 사회를 창출했다. 이는 세계적으로 드문 사례다. 농지개혁에 의해 국민 대다수가 자기 땅을 갖게 되었고 그것을 기반으로 부지런히 자식들을 가르쳤다. 단적인 예로 농지개혁을 전후한 1945~60년 사이에 대학교와 대학생 수가 19개 대학 7819명에서 63개 대학 9만 7819명으로 급증하는데, 그 배경에는 바로 농지개혁을 통해 자작농이 된 농민들의 소득수준 향상이 있었다.[26] 한국사람들의 말릴 수 없는 교육열은 처음에는 자기 땅을 가진 수많은 소농들에게서 나왔던 것이다. 교육받은 소농의 자식들은 노동자로서 경제성장에 필수조건인 우수한 노동력을 제공하기도 했지만, 일부 뛰어난 사람들은 기업을 설립하거나 사회의 상층부에까지 진출해 경제성장과 사회발전을 이끌었다. 한국의 유례없는 고도성장과 놀라운 역동성의 역사적 기원은 여기에 있다.

하지만 해방 후 다수의 국민들이 일시적으로 누렸던 평등지권과 평등학권은 시간이 지나면서 그들의 손을 떠나기 시작했다. 토지는 점점 소수에게 집중되었고 교육기회의 불평등은 심화되었다. 이는 기본적으로 한국의 농지개혁이 일시적으로 실현한 평등성을 지속할 수 있는 제도적 장치를 갖추지 못한 데 기인한다. 교육을 통해 중산층, 상류층으로 진출했던 소농의 자식들이 언젠가부터 기득권층으로 변신해 다른 사람들의 진입을 막는 장벽을 쌓기 시작했다. 장벽쌓기에 사용된 '벽돌'은 부동산투기와 교육특구 조성이었다. 땅의 소산으로 교육을 받았고 교육을 통해 상류층에 진입한 사람들이 이제는 땅과 교육을 독점하면서 자기들만의 성(城)을 구축하기 시작한 것이다. 강남은 그들이 쌓아올린 가장 웅장하고 높은 성이다.

그들은 '부동산을 구입해 이사하고 학원비만 내면 얼마든지 강남의 혜택을 누릴 수 있는데 우리가 뭘 독점했다는 말이냐?'고 항변할지 모르지만, 그들이 올려놓은 엄청난 부동산값과 사교육비는 보통

사람들의 진입을 원천적으로 차단한다. 해방 후 한동안 높은 사회적 이동성과 활력을 구가했던 한국사회는 이제 곳곳에 눈에 보이지 않는 진입장벽이 설치된 무기력한 사회로 전락하고 말았다. 혈관이 막히면 사람이 쓰러지듯이, 이런 진입장벽이 생기면 그 사회는 쇠락하지 않을 수 없다. 130여년 전 헨리 조지가 했던 다음의 말은 오늘날에도 여전히 유효하다.

인간의 사회적 통합에 의해 생기는 권력과 부가 불평등하게 분배되면 개선을 이룩하고 사회를 전진시키는 힘이 억제되고 결국에는 무력화된다. 한편에서는 대중이 정신력을 단순한 생존에 소비하는가 하면, 다른 편에서는 불평등한 체제를 유지하고 강화하는 데 소비하거나 과시, 사치, 전쟁 등에 소비한다. (…) 진보 후에 화석화가 나타나는 것은 바로 이 때문이다. 불평등이 심해지면 개선은 반드시 중단되며, 불평등이 해소되지 않거나 쓸데없는 반작용을 촉발하면 현상유지에 필요한 정신력마저 유출됨으로써 퇴보가 시작된다.[27]

조세를 활용한 교육격차 및 부동산격차 해소법

강남지역과 비강남지역 간에 존재하는 교육격차와 부동산격차는 양극화의 주범이자 효율성 저하의 주범이다. 이를 제도적으로 해소하지 않는 한, 양극화를 완화하고 우리 사회로 하여금 예전의 활력을 되찾게 할 방법은 없다. 제도개혁을 통해 교육격차와 부동산격차를 해소하려면 어떻게 해야 할까? 가장 먼저 떠오르는 방법은 정부가 사교육을 직접 규제해 강남지역 학생들이 교육기회 면에서 과도한 혜택을 누리지 못하도록 막고, 재건축 규제나 분양가 상한제 등의 규제를 통해 강남의 부동산 가격이 상승하지 못하도록 억제하는 것이다. 하지만 이런 방법들은 경제적 자유를 훼손한다는 비판을 피하기 어렵고(과외금지에 대한 헌재의 위헌결정을 생각해보라), 암시장의 형성, 교육써비스 및 주택의 공급 위축 같은 부작용이 뒤따르기 쉬우므로, 특별한 경우에 일시적으로만 활용해야 한다. 이런 문제점을 수반하지 않는 방법은 없을까?

이와 관련해 한국의 대표적인 조지스트인 김윤상(경북대 교수)이 제시한 '평등한 자유'의 원리는 시사하는 바가 크다. 우선 그가 토지를 대상으로 정리한 평등한 자유의 내용을 인용하면 다음과 같다.[28]

> 1. **평등한 토지권** 모든 국민은 토지에 대해 평등한 권리를 가진다.
> 2. **합의에 의한 우선권 인정** 사회적 필요성이 있으면 사회적 합의에 의해 특정인에게 우선권을 인정할 수 있다.
> 3. **우선권 인정의 조건** 사회가 특정인에게 우선권을 인정하려면 다음 조건을 충족해야 한다.
>   가. **취득기회 균등** 모든 사람에게 우선권 취득기회를 균등하게 보장한다.
>   나. **특별이익 환수** 우선권에서 발생하는 특별이익을 환수한다.
>   다. **사회적 제약** 우선권 행사는 우선권을 인정하는 취지에 부합해야 한다.

토지 대신 교육기회라는 말을 넣으면, 위의 내용은 바로 교육기회에 관한 평등한 자유의 원리를 기술한 것이 된다. 이 원리에 따르면 모든 국민은 교육기회에 대해 평등한 권리를 가지며, 특정인이 다른 사람보다 더 좋은 교육기회를 누릴 경우 거기서 생기는 특별이익은 정부가 환수해 교육기회를 제대로 누리지 못하는 사람들을 위해 지출해야 한다.

평등한 자유의 원리를 현실에 적용하는 최선의 방법은 조세제도를 활용하는 것이다. 조세제도를 잘 활용하면, 규제를 통해 평등을 실현하려고 할 때 생기는 부작용을 피할 수 있다. 헨리 조지가 말한 토지가치세의 원리에 따라 토지보유세를 충분히 강화해, 토지와 교육으로부터 특별이익을 누리는 사람들에게 댓가를 지불하게 하고 그 수입을 토지와 교육기회를 누리지 못하는 사람들을 위해 사용한다면, 토지와 교육 양쪽 모두에서 평등한 자유의 원리를 구현하는 일석이조의 효과를 거둘 수 있다. '교육에서 평등한 자유의 원리를 구현하려는데 토지보유세 이야기가 왜 나와?'라는 의문을 품는 사람이 있을 것이다. 이 세금이 교육에서 평등한 자유의 원리를 구현하는 수단이 될 수 있는 이유는, 그것이 교육으로부터 특별이익을 얻는 사람들에게 부과하는 댓가의 성격을 지니기 때문이다. 교육환경이 중요한 입지조건이며 토지가치에 결정적인 영향을 미친다는 사실은 앞에서 설명한 바 있다.

토지보유세를 강화할 때 생기는 조세수입의 일부는 반드시 교육여건이 열악한 지역에 사는 주민들이 좀더 나은 교육기회를 누릴 수 있도록 하는 데 사용해야 한다. 물론 토지보유세를 단기간에 급격히 강화하는 것은 현실적으로 불가능하기 때문에, 처음에는 모든 사람이 평등지권과 평등학권을 누릴 수 있게 만들 정도로 많은 세수가 생기지는 않을 것이다. 하지만 영국과 미국의 수준까지 토지보유세를 강화한다는 장기목표를 세우고 점진적으로 토지보유세 부담을 높여간다면, 점점 세수가 늘어나서 갈수록 많은 사람들이 토지와 교육기회에 대한 권리를 더 많이 향유할 수 있게끔 만들 수 있다. 토지가격 대비 보유세액의 비율을 토지보유세 실효세율이라고 부르는데, 영국과 미국은 그 비율이 1%를 넘는 반면 우리나라는 겨우 0.2% 정도에 불과하다. 세수증가의 여지가 많은 것이다.

박정희정부에서부터 노무현정부에 이르기까지 역대 정부는 토지보유세를 강화하기 위해 나름대로 노력했다. 하지만 가장 적극적이었던 것은 노무현정부다. 노무현정부의 부동산보유세 강화정책 덕에 2002년에 2조 2000억원에 불과했던 보유세 수입은 2008년에 6조 5000억원으로 증가했다. 이명박정부가 보유세 강화정책을 무력화하지 않았더라면, 우리나라의 보유세제도는 선진형 제도를 향해 순항하고 있었을 것이다. 2005년 발표된 '5·4대책' 자료에 의하면, 보유세 실효세율을 1%로 끌어올릴 경우 세수는 34.5조원으로 증가할 것으로 예측되었다.[29] 여기에는 토지뿐 아니라 건축물에 대한 보유세도 포함되어 있기 때문에 토지보유세 수입은 이보다는 적을 테지만, 그래도 20조원 이상은 될 것이다. 그 정도의 세수라면, 토지와 교육 양쪽에서 평등한 자유의 원리를 제법 많이 구현할 수 있을 것이다. 많은 사람들이 토지보유세 강화를 부동산값을 잡기 위한 도구 정도로 여기지만, 그것은 사실은 교육과 부동산의 양극화를 근본적으로 해소할 수 있는 정책수단이다.

제2부

대학개혁을 위한 5가지 제안

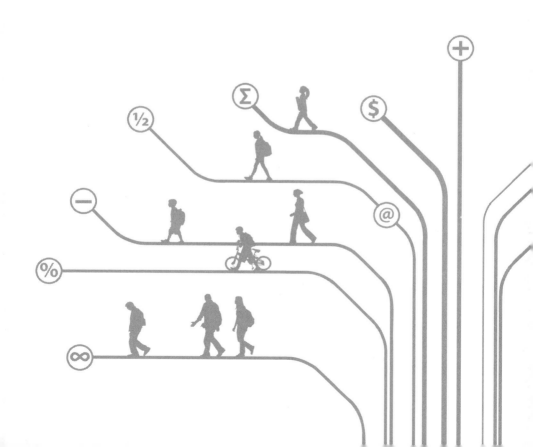

대학개혁은 학벌게임 종료의 차선책이다

—

이건범

—

한국, 세계 우수국가 16강 진출!

2010년 8월 16일, 미국의 시사주간지 『뉴스위크』 인터넷판이 세계 100개국을 평가했다. '세계 우수국가'(The World's Best Countries)라는 지위를 부여한 이 조사에서 한국은 종합순위 15위에 올랐다. 16강 진출이다. 2010 남아공월드컵 16강에 진출한 나라 중에는 독일, 잉글랜드, 일본, 미국, 네덜란드, 한국 등 여섯 나라가 '세계 우수국가' 16강에 올랐다. 2008년 뻬이징올림픽 금메달 순위 7위, 2010년 밴쿠버 동계올림픽 금메달 순위 5위에 비춰보면 그리 잘 나온 성적은 아니다. 그러나 이런 비교가 얼마나 무의미한지를 염려하듯 이 기사는 월드컵이나 올림픽을 잊으라는 말로 시작한다.

건강, 교육, 삶의 질, 정치환경, 경제 역동성 등 다섯 분야를 평가한 이 조사에서 종합 1위는 핀란드의 몫이었다. 호주, 캐나다, 일본을 제외하면 10위권 안의 나라는 대부분 북유럽 국가다. 한국은 교육에서 핀란드에 이어 2위, 경제 역동성 3위, 정치환경 19위, 건강 23위, 삶의 질 29위로 집계되었다. 참으로 의미심장한 성적표다. 공부하고 일하는 데 몸바치지만 정치에 스트레스받고 건강마저 나빠져 살기 팍팍하다는 해석이 가능하니.

한국방송(KBS) 보도에 따르자면 한국은 문맹률이 낮고 학생 대부분이 대학까지 갈 가능성이 크다는 점 때문에 교육분야에서 좋은 점수를 얻었다 한다. 그러나 이 집계를 알린 뉴스에서는 한국의 초중등 학생 750만명 중 100만여명에 달하는 학생들이 우울증이나 주의력 결핍 등으로 정밀검진이나 치료를 받아야 하는 상황이며, 그 주요한 원인은 과중한 학습부담과 대화부족인 것으로 분석된다는 보도가 뒤를 이었다. 미국 오바마 대통령이 부러워하는 한국 교육의 쓰디쓴 단면이다.

한편 경제협력개발기구(OECD)에서 3년에 한번씩 만 15세 학생들을 대상으로 실시하는 국제학업성취도평가(PISA, Programme for International Student Assessment)에서 한국 학생들은 핀란드와 함께 1위 자리를 놓고 각축전을 펼치고 있다. 그러나 2008년 한국직업능력개발원의 분석에 따르면 2006년의 평가 점수를 학습시간으로 나눈 학습효율화 지수에서 한국은 24위(핀란드 1위), 학습에 대한 흥미와 동기에서는 경제협력개발기구 회원국 중 거의 꼴찌에 가깝다(『서울경제』 2010년 8월 17일자). 억지로 많은 시간을 공부하는 우리네 교육의 또다른 단면을 보여주는 결과다. 이런 수치라면 우리 아이들은 암기하는 기계와 다를 바 없다. 몸으로 체화하는 교육, 창의력을 중시하는 교육이 아니기 때문에 고차사고력 형성에도 취약하다. 그래서 하버드대학에 캐나다와 중국 다음으로 많은 유학생을 보내는 나라지만, 미국 명문대에 유학 간 한국 학생들의 중도탈락률은 44%로 평균 탈락률 34%에 비해 매우 높다(『코리아타임즈』 2010년 3월 3일자).

　바깥에서 높이 평가하는 만큼 우리는 우리의 교육에 대해 만족하고 있을까? 그렇지 않다는 건 웬만한 사람이면 다 공감하는 사실이다. 물론 우리가 교육에 대해 미래가치를 부여하는 태도를 가슴속 깊이 지니고 있고, 이를 구현할 만한 제도나 기반을 갖추고 있다는 점은 그렇지 못한 나라와 비교할 때 매우 커다란 강점이라 할 만하다. 하지만 초중등 사교육비와 대학교육비로 가계가 휘청대고, 정신질환과 실업 절망에 아이들을 내몰고 있다면 이건 너무 막대한 사회적 낭비가 아니겠는가?

교육은 더이상 사회발전의 지렛대가 아니다

　『뉴스위크』 보도를 보면 한국과 아주 대조적인 나라가 있으니, 바로 종합순위 6위를 기록한 노르웨이다. 각 부문별로는 교육 33위(한국 2위), 경제 역동성 21위(한국 3위), 건강 7위(한국 23위), 정치환경 2위(한국 19위), 삶의 질 1위(한국 29위)였다. 건강과 삶의 질이 보장되니 공부하고 일하는 데 그리 아등바등하지 않아도 된다는 뜻일까? 기름과 천연가스를 중심으로 경제성장이 지속되고 있어 최근에는 스웨덴 대학생들조차 졸업하면 노르웨이로 일자리를 찾아간다는 이야기를 들은 적이 있긴 하지만, 노르웨이에 대해 아는 게 많지 않으니 섣불리 이 나라를 동경하거나 미화할 마음은 없다. 다만 이 지표를 보면서 이런 생각을 해본다.

　해방 이후 세습적 신분의 틀이 완전히 해체되면서 교육은 개인의 사회적 지위를 개선할 수 있는 보편적 수단으로 받아들여졌다. 조선의 과거제도나 일제의 관료제를 경험한 사람들로서는 교육이야말로 현재의 고통스런 삶을 개선하고 상층으로 올라갈 사다리임에 분명했다. 1960년대에 산업화가 시작되면서 교육은 부존자원이 없는 한국의 미래를 열어젖힐 사회적 지렛대로 여겨졌다. 그리고 그 기대는 맞아떨어졌다. 교육수준이 높은 양질의 저임금 노동력이 풍부하게 공급되면서 한국의 제조업은 경제성장을 주도하며 '한강의 기적'을 일궈냈다. 이런 역사적 사정 때문에 2010년 지방선거에서도 교육감 후보들은 너나없이 "교육이 백년대계"라는 낯익은 구호를 반복했다. 그러나 지금 같은 한국의 교육여건을 고려한다면 "교육이 백년대계"라는 말의 용법은 바뀌어야 마땅하지 않을까? 교육의 중요성을 강조함으로써 맹목적 교육열을 부채질하는 말로서가 아니라 교육을 혁신하지 못하면 나라가 엉망이 된다는 뜻으로 말이다.

한국에서 교육은 이제 사회발전의 지렛대가 아니라 짐이 되고 있다. 통계청 공식 자료로는 연간 20조원, 민간 추정치로는 연간 40조원의 사교육비를 지출하고, 고등학교를 졸업한 학생 가운데 80% 이상(재수생까지 생각하면 90% 가까운 학생들)이 대학에 진학하는 한국에서 대졸 청년실업 문제는 나날이 깊어만 간다. 오죽하면 정권 2인자라는 양반이 "재수생을 없애야 한다, 농촌이나 중소기업에서 의무적으로 일해야 대기업 지원할 수 있게 하자"는 막말을 하겠는가? 그러나 학벌사다리의 위쪽으로 가는 길만이 양극화 사회에서 살아남는 수단이라 여기기에 엄청난 사교육비를 동반하는 학벌경쟁게임은 계속 업그레이드되고 있다.

온라인게임과 달리 학벌경쟁게임은 단 한판으로 끝나는 특성이 있다. 인생의 특정 시기를 지나면 다시 시작하기 어렵다. 그러나 학벌경쟁게임의 승자가 되는 순간, 그 사적 이득은 너무나 크고 오래간다. 학벌경쟁게임의 승자는 노동시장에서 평생 유리한 지위를 갖게되고, 어떤 의미에서는 일시에 사라질 수도 있는 물리적 부의 세습보다도 유리한 생존의 무기를 얻는 셈이다. 즉, 앞서 1부에서 지적했듯이 한국사회에서 벌어지는 교육투자는 사적 이익이 높은 반면 사회적 기여가 매우 낮다. 특히 초중등 교육투자의 사회적 기여도에 비해 대학교육 투자의 사회적 기여도는 거의 측정하기 어려울 정도로 미미하다. 이는 대학이 사회적 인식 속에서 주로 '학벌'이라는 신호로 기능하기 때문이다. 교육은 이제 사회발전의 걸림돌이 되었다.

교육혁신의 핵심고리는 대학개혁이다

학벌경쟁을 끝내거나 완화하기 위해서는 사회의 변화, 근본적으로는 노동시장의 변화와 사회복지의 확충이 필수적이다. 노동시장에서는 학벌경쟁의 최고봉을 이루는 전문직 자영업(변호사, 의사 등 각종 '사'들)의 소득 투명화, 비정규직 축소, 안정적 일자리 확대, 중소기업 육성 등이, 사회복지에서는 기본소득을 보장하거나 노동안정성 보장을 위한 실업기금 확대와 적극적 재취업 지원 등이 필요하다.

그러나 사회적 변화를 이끌어내기 위해서는 재정과 조세, 기업의 인사문화, 노동관계법규, 사회복지법규 등 다양한 요인들을 두루 해결해야 하므로, 이는 매우 무게감있는 정치사안일 수밖에 없다. 이 문제가 해결되지 않는다면 학벌경쟁게임 자체를 끝내기는 어렵다. 하지만 이렇게 본질환원론에 빠진다면 우리는 아무것도 바꿀 수 없다. 대다수 국민이 본질환원론의 무력감에 빠져 학벌경쟁게임에 몰두해 있는 사이에 학벌형성의 무대인 대학은 자신이 출산한 학벌사회에 거꾸로 압박을 받으며 시장만능주의적 구조로 바뀌고 있다. 취업난을 이유로 대학이 기업의 직업교육기관 성격을 강화하면서 기초학문과 비판적 지성교육이 사라지고 있다. 그러다보니 대학은 오히려 비정규직의 온상이 되어버려 대학 내 지식공동체는 해체되고 있다.

대학이 앓고 있는 몸살은 초중등교육에도 다양한 변종 바이러스를 퍼뜨리고 있다. 수시모집과 입학사정관제도 등 대학입시제도가 복잡해지면서 고교서열화가 심화되고 있고, 정보에 어두운 학부모의 불안감을 업고 사교육은 더욱 기승을 부린다. 이 때문에 공교육을 정상화해야 한다는 미명 아래 중등교육 일각에서는 평준화를 부정하며 '수월성'이라는 명분을 내걸고 학생들 줄세우기에 혈안이다.

2010년 지방선거 당시 진보교육감에게 쏠린 지지는 교육혁신을 바라는 국민들의 욕구를 보여주기에 충분하다. 실제 진보교육감들이 추진하는 교육혁신은 대학입시에도 변화의 압박을 가할 것이라 보인다. 돌이켜보면 그간 '교육혁신'이라는 말의 대상은 주로 초중등교육이었다. 고등학생의 90% 가까운 학생들이 대학을 가는 사회에서 정작 그 학생들의 인생에 가장 큰 영향을 미치는 대학교육 그 자체에는 거의 관심을 두지 않았다. 하지만 교육혁신의 노력이 결실을 맺기 위해서는 대학구조도 동시에 개혁해야 한다. 학벌의 진앙지 격인 대학을 그대로 놔둔 채 초중등교육을 혁신하는 데에는 한계가 있기 때문이다. 그리고 대학개혁은 학벌과 사교육비 문제뿐만 아니라 현재 한국 대학이 앓고 있는 중병을 동시에 해결하는 방식이어야만 국민을 설득할 수 있다.

우리 대학은 시장주의적 질서 속에서 철두철미한 서열구조를 지니고 있지만, 학령인구가 줄어들고 있다는 사회구조적 문제 때문에 근본적인 위기 앞에 놓여 있다. 대학교육에 대한 재정지원이 매우 취약하고 사립대학이 전체 정원의 80%(전문대는 98%)라는 높은 비중을 차지하는 상황에서 국립대를 법인화한다든가 지방사립대를 구조조정하는 식으로 시장만능주의적 대학정책을 펴고 있기 때문에 현재 대학이 앓고 있는 병은 점점 더 깊어질 추세다. 이제 우리가 교육혁신에서 시야를 넓혀 주목해야 할 대상은 바로 대학이다. 최근 논란이 일고 있는 국립대 법인화 문제를 통해 우리 대학의 진통을 짚어보자.

국립서울대가 사라진다

2010년 12월 8일 국회 교육과학기술위원회에서 서울대를 법인으로 전환하는 법안이 날치기 상정, 통과되었다. 이 법안대로라면 2012년부터 서울대는 법인으로 바뀐다. 총장직선제는 폐지될 가능성이 높고 법인 이사장이 총장을 맡으며, 교육과학기술부 차관과 기획재정부 차관이 당연직 이사로 이사회에 들어온다. 이에 서울대 일부 교수와 교직원 노조, 학생들 사이에서 반대하는 목소리가 거세어지고, 지방의 국립대 교수들과 비정규직 시간강사들도 맹렬히 반대하고 있다.

그러나 일반국민들은 이 문제에 거의 관심이 없다. 이 무관심에는 두가지 사정이 섞여 있다. 하나는 서울대 법인화가 서울대에 쏠려 있는 사회적 자원 투입을 줄임으로써 서울대가 그동안 학벌서열에서 누렸던 기득권을 약화시키지 않을까 하는 일말의 기대감이다. 어차피 전체 성인 중에 서울대 출신은 0.5%도 안되므로 서울대 출신이 누리는 학벌 기득권을 옹호하려는 사람은 많지 않으리라. 다른 하나의 시각은 서울대의 국제경쟁력이 약하므로 체질개선을 위해서는 국가의 우산을 걷어치우고 자율적 시장경쟁 논리를 서울대에 불어넣어야 한다는 생각이다. 세계대학평가에서 서울대는 51~60위권 수준이다. 교육분야 2위에 세계 15위의 우수국가에서 최고인 대학이 말이다. 이처럼 곱지 않은 시선을 받고 있는 사안이라면 확실히 서울대에 문제가 있지 않을까? 그 책임은 누구의 몫일까?

먼저 학벌문제를 생각해보자. 서울대는 구체적 증거가 필요없을 정도로 학벌의 상징임이 분명하다. 서울대의 전신인 경성제국대학은 대학이 없던 식민지 시절에 조선인들의 민립대학 건립 요구를 잠재우려고 1924년에 처음 예과가 설치되면서 개교했다. 당시 경성제국대학은 일본형 식민지 대학으로서, 표면적으로는 조선인의 고등교육 요구를 총독부가 수용한 것처럼 보였지만, 일차적 목적은 조선 거주 일본인들을 식민지 통치관료로 육성하는 데 있었다.[30] 따라서 그 후신으로서 서울대는 출발 자체가 엘리뜨 지배집단의 구성원을 배출해내는 역할을 했다.

국립대학이라 학비가 싸고 비교적 우수한 교원을 유치하기에도 유리했기 때문에 우수한 학생들이 서울대에 진학하는 것이 당연시되었다. 다른 사립대학이나 기타 국립대학보다 서울대의 출발선은 한참 앞에 있었던 셈이다. 그리고 이미 사회의 요직을 차지한 선배 동문이 많고, 우수 두뇌가 들어왔기 때문에 고시를 포함한 각종 자격증시험과 취업시험에 선발될 가능성도 매우 높아 서울대는 확실히 학벌서열에서 줄곧 선두를 유지해왔다.

물론 타대학 출신에 비해 서울대 동문들의 모임이나 교류는 매우 느슨하고, 동창회가 대학이나 사회에 미치는 집단적 영향력도 상대적으로 약하다고 한다. 그렇지만 사회에서 정작 학벌이 위력을 발휘하는 영역은 인맥정보와 사업정보 분야이므로 '정보의 비대칭성'이라는 측면에서 서울대 학벌의 위력은 어느 대학도 따라올 수 없었다. 남들이 2~3일이나 걸려야 취득할 수 있는 정보를 서울대 출신들은 전화 2~3통만에 해결하니, 이를 어찌 정당한 실력의 차이라고 볼 수 있겠는가?

따라서 서울대 학벌에 대해 일반인이 품고 있는 은밀한 분노를 감안한다면 서울대의 기득권을 약화시킬지도 모를 법인화는 국민들이 문제삼을 이유가 별로 없다. 그러나 서울대 학벌이 밀리는 자리는 다른 학벌에 의해 채워지게 마련이다. 마치 경기고 학벌이 평준화 이후로는 경기고를 나와 서울대를 들어간 이른바 'KS'만을 자신들의 후배로 인정하겠노라고 하던 양상과 비슷하게, 서울대가 학벌서열에서 주춤한다면 서울대의 특정 학과를 중심으로 서울대 학벌은 이전의 느슨함이 아닌 단단한 결속력을 갖게 될 것이다. 극단적으로 그런 학벌 생산과 재생산이 서울대를 통해 일어나기 어렵다면 학벌서열 1위는 다른 사립대로 넘어가리라. 그들 역시 전체 성인의 0.5%에도 미치지 못한다. 즉, 이 사회에서 공정한 경쟁을 가로막고 있는 학벌권력을 해체하려 하지 않는 한 서울대가 최고 학벌에서 조금 밀린다는 건 우리 국민의 정의 관념 정립이나 실생활 개선에 아무런 도움이 되지 않는다.

다음으로 서울대의 국제경쟁력 문제를 짚어보자. 세계대학평가에서 일본의 토오꾜오대(8위)나 쿄오또대(18위) 등이 20위권 안에 있고 심지어는 중국의 칭화대(35위), 뻬이징대(43위)까지 50위권 안에 있는 반면 서울대는 51~60위권 수준이다.[31] 하지만 이런 서열정보는 착시현상을 일으키기에 충분하다. 영국을 제외한다면 유럽대륙의 대학 중에는 스위스, 러시아, 독일, 네덜란드에서 각각 1개의 대학만이 50위 안에 들어가 있는 정도다. 그러나 프랑스를 비롯한 유럽의 수

많은 명문대학들이 서울대보다 못하다고 자신있게 말하기는 어렵지 않은가? 사실 이런 부류의 대학평가는 영미권의 유학시장을 겨냥한 상술이라는 의혹이 짙다. 경제협력개발기구 회원국 정부의 대학교육에 대한 재정지원이 국내총생산 대비 평균 1.1%인 점을 감안해도 그 절반에 불과한 한국(0.6%)의 국립대가 50위권에 있다는 게 그리 큰 문제일까라는 반문도 설득력이 있다.

만일 서울대를 정점으로 하는 학벌서열을 깨기 위해 법인화를 추진한다거나 경쟁력을 높이기 위해 법인화를 추진하는 게 아니라면 서울대의 자율성, 즉 자립성이나 내부 역동성에 문제가 있으므로 법인화를 추진하는 것일까? 서울대는 건강한가? 이런 고민은 한번 해봄직하다. 그리고 이 고민은 단지 서울대에만 해당하는 문제가 아닐 수도 있다.

박사과정일 때 결혼해야 한다

우스갯소리 같지만 오늘날 한국 대학의 실상을 가장 적나라하게 보여주는 말은 "박사과정일 때 결혼해라. 학위 따고 나서 갈 데 없으면 바로 비정규직이라 결혼하기도 힘들다"는 선배 교수들의 충고다. 박사과정을 밟고 있으면 곧 대학교수가 될 거라는 환상을 품기 쉬우므로 이를 잘 활용하라는 서글픈 현실묘사다.

어려운 대학입시를 통과해 석사와 박사 학위를 받고 '박사님' 소리를 들어가며 연봉 1000만원도 되지 않는 비정규직 시간강사가 된다? 도대체 왜 이런 일이 벌어지고 있을까? 박사가 너무 많아서 그럴까, 대학교가 너무 적어서 그럴까, 아니면 그 개인이 주변머리가 없어서 그럴까?

국립대를 예로 들어 연 700만원의 학비가 들어간다 치면 학부와 석박사 과정만 마치는 데에도 최소 8년을 잡아 6000만원에 육박하는 학비가 들어간다. 여기에 생활비와 기타 비용까지 따진다면 1억원은 족히 넘게 들어갈 것이다. 황당한 가정이지만 그 박사가 취직 잘 된다는 전문대에 들어가 2년 만에 졸업하고 취업한다면 그는 최소한 7000만원을 절약하고, 나머지 6년 동안 최소 연봉 1500만원을 벌어 그중 500만원씩 저축할 수도 있으리라. 그렇다면 두 인생 사이에는 서른살 이전에 1억원의 차이가 발생한다.

물론 이런 치환과 셈법은 황당한 이야기에 불과하다. 그 박사는 어느 시점에 서울대 교수가 될 수도 있고, 국공립연구소나 민간연구소에 자리를 잡을 수도 있고, 사립대나 전문대 교수로 갈 수도 있다. 그때부터의 수입 차이와 사회적 지위의 차이는 과거의 셈법을 상쇄하고도 남음이 분명하다. 그러나 이런 황당한 가정이 우리의 대학현실을 곱씹어볼 몇가지 단초를 제공한다. 이제 이런 '입신양명'의 가능성이 점점 줄어들고 있기 때문이다.

사실 어느 대학이건 박사학위를 받았다 하여 바로 교수가 되는 경우는 거의 없다. 물론 20년 전에도 그랬다. 그러나 지금은 그렇게 시간강사로 전전해야 하는 기간이 계속 길어지고 있고, 시간강사 규모도 커지고 있다.

혹시 수요가 적어서 그럴까? 저출산의 영향으로 학령인구가 급격하게 감소할 테지만 그래도 지금은 전체 학령인구의 90% 가까이가 대학을 가고 있다. 20년 전보다 세배가 늘었다. 그리고 우리나라 대학의 전임교원 1인당 학생수가 25명인바, 경제협력개발기구 회원국 평균인 15명보다 턱없이 많으므로 교육환경을 개선하려 든다면 전임교원 수요가 적다고만 할 일은 아니다. 그렇다면 혹시 공급이 많아서 그럴까? 그렇지 않다. 한국 대학에서 이루어지는 수업의 45%는 시간강사가 해결하고 있다. 시간강사들 없이는 대학이 돌아가지 않는다. 문제는 대학의 교원채용원칙이 비정규직을 선호하는 방식으로, 즉 시장만능주의적 노동유연화 정책으로 급격하게 변하고 있다는 점이다. 여기에는 역사적·구조적 배경이 겹쳐 있다.

김영삼정부 시절 시장만능주의자들에 의해 기안되어 1996년에 시행된 대학설립 준칙주의 및 대학정원자율화 정책으로 대학설립요건이 완화되고 정원이 늘면서 대학이 늘고 대학진학률이 급격하게 높아졌다. 그렇지만 준칙주의는 대학의 전임교원 1인당 학생수를 25명으로 풀어줌으로써(인문계에 해당, 의약계열은 8명 등으로 구체적 기준은 계열별로 다르다) 대학설립을 쉽게 만들고 대학이 비정규직 시간강사를 대폭 고용하는 데에 합법적인 길을 터주었다. 게다가 고교졸업자의 절대수가 대학 전체 정원보다 전반적으로 줄어드는 추세이고, 2000년 76만명대이던 고교졸업자 수는 2018년에 이르면 61% 수준인 46만명대로 줄어들 것이라 예상된다. 이런 역사적 배경 때문에 대학은 정규직 전임교원 채용을 꺼리고 있다.

다른 한편으로 한국은 사립대 비율이 80%(2010년 기준 85%)가 넘는 상황에서 국가의 대학교육 재정지원이 매우 취약하기 때문에 대학의 시장만능주의적 인사원칙을 통제하기 어렵고 등록금 인상과 사학비리 척결에 속수무책이라는 구조적 사정이 있다.

이런 상황에서 누군들 미래의 '비정규직 시간강사'가 되겠노라고 학문연구에 뛰어들겠는가? 시장밀착형의 일부 학과를 제외하면 대학원 진학 경쟁률은 극도로 낮아졌고, 서울대와 연·고대를 제외하면 대학원 수업이 제대로 이루어지지 않는다는 말까지 나오고 있다. 서울대 이공계에서는 이제 실험을 진행할 대학원생이 모자라 실험을 하기 어려운 처지고, 유능한 두뇌는 외국으로 떠나는 실정이다. 인문학 분야에서는 학문적 업적의 단절이 속출한다. 이는 기초학문 분야의 연구 부실화를 누적시킨다. 게다가 학령인구가 감소하는 추세여서 지방사립대의 통폐합을 비롯한 대학 구조조정 바람이 불고 있으므로 신분적 불안정성은 더욱 늘고 있다.

여기까지의 논의에서 보듯이, 대학의 지식공동체 파괴라는 문제가 바로 국립대의 자립성과 내적 역동성을 해치는 근본문제라면, 법인화가 이 문제들을 해결할 수 있을까? 법인화 이후 국가의 재정지원이 대폭적으로 늘어난다면 문제해결의 실마리가 잡힐 수도 있다. 하지만 통과된 법안에 따르자면 정부는 재정지원을 늘릴 계획이 없다. 그렇다면 법인 서울대는 두가지 방안을 취할 수밖에 없다. 하나는 등록금 인상이고, 다른 하나는 시장의 요구에 맞춰 학과 구조조정을 단행하고 교수들의 외부 프로젝트 수주를 장려하는 방안이다. 그 결과로 기초학문 분야는 말라죽고 지식공동체는 완전 파괴되며, 이 때문에 경쟁력이 떨어지는 악순환을 밟을 공산이 높다. 서울대의 법인화는 지방국립대 중 법인화를 통해 생존경쟁력이 있다고 여겨지는 지방의 주요 거점 국립대를 법인화 바람에 몰아넣을 테고, 이는 대학교육 전반의 공공성을 현저히 약화시키는 결과를 부를 것이다.

당초 국립대학 통합 네트워크 제안처럼 학벌타파의 문제의식에서 출발한 국립서울대 개혁이 법인화라는 이상한 방향으로 물꼬를 돌렸고, 지방사립대는 학령인구 감소와 함께 심각한 구조조정의 위기에 직면해 있다. 이는 전문대에도 마찬가지의 위기를 부르고 있다. 대학교육의 공공성을 유지하려는 국가의 노력이 약한 상태에서 학벌서열의 윗단계로 올라가려는 대학의 무한경쟁과 개인의 무한경쟁이 뒤엉켜 이런 재앙을 부른 것이다. 대안은 없는가?

대학개혁의 핵심은 교육의 질과 공공성을 높이는 일

먼저 우리는 경제협력개발기구 회원국의 대학교육에 대한 재정지원 평균이 국내총생산 대비 1.1%이고, 한국정부의 재정지원은 그 절반에 불과한 0.6%라는 점에 주목해야 한다. 그리고 그런 탓에 개인이 부담해야 하는 대학등록금은 세계에서 가장 높은 수준이며, 다른 나라에서는 집계할 수도 없는 사교육비가 국내총생산 대비 최소 2%에 해당한다는 점을 상기하자. 만일 초중등교육과 대학교육에서 학벌경쟁게임을 완화하기 위해 이 게임의 알고리즘을 잘 분석해 체계적인 개편에 들어간다면, 대학교육에 대한 한국정부의 재정지원을 외국 수준으로 높이면서 대학등록금을 낮추고 교육의 질을 개선하며, 비정규직 시간강사 문제를 해결하고 사교육비를 줄일 묘안이 충분히 나오지 않을까?

우리는 이제 밑으로부터 하나씩 문제를 분석하고 대안을 제시하려 한다. 대학의 구조조정에 관해서는 대학교육의 질을 높이고 수도권 집중을 막기 위해 대학의 퇴출보다는 대학 정원의 감축을 제안한다. 전문대학의 개혁방안 역시 전문대에 대한 사회적 고정관념을 버리고 교육의 질을 개선함으로써 학생들의 인적 자본 형성에 도움이 되는 방향으로 개혁할 것을 제안한다. 그리고 비정규직 시간강사 문제와 대학의 학문연구능력 향상을 위한 대안으로 시간강사들을 '국가연구교수'로 전환해 삶의 안정성과 연구의 안정성을 높일 것을 제안한다. 그리고 이같은 개혁의 총화로서 대학 1, 2학년을 '국립교양대학'이라는 하나의 국립대학으로 평준화함으로써 초중등교육의 막대한 사교육비와 조기과열경쟁을 잠재우며 대학서열화를 누그러뜨릴 획기적인 방안을 제시하고자 한다.

　이 모든 논의의 중심에는 대학교육에 만연한 시장만능주의를 제어하고 공공성을 높여야 한다는 문제의식이 자리한다. 비록 이 대안들이 학벌경쟁게임 자체를 종식시킬 수는 없을지라도 지금과 같은 무한경쟁의 사회적 낭비를 막아주는 차선책이 되리라는 게 우리의 믿음이다.

대학을 줄여야 하나, 정원을 줄여야 하나

—

박도영

—

'싸구려 커피'와 부실대학

우리나라의 대학진학률은 80%대(2010년 기준 85%)로 세계 최고 수준이다. 미국을 비롯한 OECD 주요 선진국의 진학률이 50%대 내외인 것을 고려하면 압도적 1위라고 할 만하다. 더구나 25세에서 34세 사이의 인구 중 고등학교 이수율이 98%로 역시 세계 1위인 점, 졸업 당해년도에 대학에 진학하지 못한 학생들 중 상당수가 재수 등을 통해 다시 대학에 진학하는 점 등을 고려하면 학령인구의 대부분이 대학을 가는 유일한 나라일 수도 있겠다.

최근 일부 경제학자들은 대학진학률과 경제성장 간의 상관관계가 뚜렷하지 않다면서 우리나라의 높은 대학진학률을 과잉교육이라고 지적한다. 이러한 주장은 세계 주요 선진국이 40~50%대의 대학진학률로도 최고의 경제적 성과를 내고 있다는 점에서 일리가 없지 않다. 그러나 경제성 내지 효율성 차원에서가 아니라 인간과 사회의 문화적 성장이라는 차원에서 본다면 대학을 가기를 원하는 모든 인구가 대학에 진학하는 사회가 이상적 사회에 가까울 것이다. 그런 면에서는 불과 20여년 전에 30% 남짓한 선택된 소수만이 누릴 수 있었던 고등교육이 보편교육이 되었다는 것은 분명 하나의 진보이며, 사회정의의 진전일 수도 있다.

그렇다면 우리나라 학생들은 왜 너나 할 것 없이 대부분 대학에 진학하는가가 궁금해진다. 2011년 초 『경향신문』에서 수능을 마친 학생들을 대상으로 행한 설문조사에서 응답자의 60%는 좋은 직장을 위해서, 또는 돈을 많이 벌기 위해서라고 대답했으며, 자기발전을 위해서라고 답한 학생의 비율은 20%를 조금 넘었다. 자기발전을 위해서라고 답한 학생들 중 일부는 아마도 직장이나 돈 따위가 너무나 직설적이라고 생각했을 가능성이 있다. 물론 그중 일부에게는 학문과 진리의 탐구 등이 목표일 수도 있다. 어쨌거나 60~80%의 학생들은 대학진학이 자신의 더 나은 미래를 위한 투자라고 생각한다고 볼 수 있다.

우리나라의 대학진학률이 최근 20년간 급격히 높아져 마침내 세계 최고 수준이 된 것에는 그동안 대학입학정원이 폭발적으로 증가한 것이 결정적으로 기여했다. 80년대까지만 하더라도 고등학교 졸업자의 30%만이 대학을 갈 수 있었을 만큼 우리나라의 대학입학정원은 적었다. 70~80년대에 대학을 다닌 베이비부머(baby boomer)들은 노동시장의 상층부에 진입해 경제성장의 혜택을 누릴 수 있었다. 당시에 대학을 다닌다는 것은 개인적으로는 분명히 수익률 높은 투자였다. 인적 자본이 부족했던 시대에 대학졸업자라는 사실 자체가 노동시장에서의 선별을 좌우하는 하나의 신호로서 기능했던 것이다.

이 때문에 온 나라가 대학입시를 둘러싼 치열한 경쟁과 사교육의 광풍에 휩싸여갔다.

90년대 초 오랜 권위주의적 군사독재가 종언을 고하고 이른바 문민정부 시대가 도래했다. 공교롭게도 그 시기는 계획과 통제의 대명사였던 사회주의 국가들이 붕괴한 직후였으며, 이러한 사정이 맞물리면서 문민정부는 정부의 규제를 줄이고 사회적 조절의 과제를 시장에 맡겨야 한다는 이른바 '신자유주의'에 경도되어 있었다. 대학정원의 폭발적 증가는 신자유주의적 시장주의자들이 제시한 해법(대학정원자율화)의 결과다. 그들은 대학입시경쟁과 사교육의 원인이 대학교육이라는 상품의 공급부족에서 비롯한다고 주장했다. 결국 대학에 가기를 원하는 사람들은 모두 대학을 갈 수 있는 시대가 되었다. 그러나 입시경쟁과 사교육으로 얼룩진 우리나라의 교육문제는 전혀 해결될 기미가 없다.

결국 입시경쟁과 사교육에 관한 한, 문제의 본질은 대학의 정원이 아니었던 것이다. 문제의 본질은 오히려 노동시장에 있다. 대학졸업자에게 기회와 축복의 시기였던 고도성장기를 지나오면서 우리 사회에서 대학졸업장은 노동시장에서 자신의 노동력을 비싸게 거래하기 위해 몸에 부착해야 하는 표식의 의미를 지니게 되었다. 그런데 이제는 대학교육이 보편교육이 되어버린 상황에서 비싸게 얻은 대학졸업장이 모두에게 기대했던 댓가를 약속하는 것도 아니다. 과거에는 대학졸업자에게만 열려 있던 노동시장의 상층부가 이제는 과거에 비해 엄청나게 덩치가 커진 이른바 '명문대' 졸업생들에게만 열려 있다. 2010년 현재 대졸 실업자가 35만명에 달하고 취업자라 해도 절반 이상은 '88만원 세대'라 불리는 비정규직으로 자신의 사회생활을 시작하고 있다. 그들 대부분은 장기하가 노래한 '싸구려 커피'에 익숙해져야 한다.

　이러한 현상을 두고 간혹 '미친 진학률' 운운하며 교육수요자의 인식전환을 촉구하는 기사나 사설들도 눈에 띈다. 그러나 능력이 아니라 학력이나 학벌을 기준으로 삼는 노동시장의 선별씨스템이 바뀌지 않는 한, 자발적으로 대학교육에 대한 수요를 접기란 쉽지 않다. 모든 학생이 김예슬처럼 용기있게 대학을 거부하거나, 모든 부모가 전직 교사 옥봉수·박임순 부부처럼 아이들에게 강요되는 게임판을 거부하고 아이들과 함께하는 600일간의 세계일주를 택하기 위해 사표를 던질 수는 없는 것이다.

　결국 이 나라의 모든 교육문제가 노동시장의 선별씨스템에서 살아남기 위한 학벌경쟁에서 비롯하는 한, 교육수요자에게 대학진학은 이미 선택이라기보다는 강제일 뿐이다. 그리고 시장수요가 소비자들의 합리적 선택에서 비롯하는 것이 아니라, 강요에서 비롯하는 시장은 정상적인 시장이라고 할 수도 없다. 우리나라의 대부분의 학생들은 경제학 교과서에 나오는 상황처럼 대학을 다님으로써 미래에 기대되는 이익과 대학을 다니기 위해 지불해야 하는, 즉 포기해야 하는 비용 사이에서 햄릿처럼 고민하고 로빈슨 크루쏘우처럼 선택하는 것이 아니다. 그들은 배제에 대한 공포에 등떠밀려서, 그리고 모두가 가지고 있기에 그것에서 어떤 이익도 기대할 수 없음에도 강매당할 수밖에 없는 제로썸 게임을 벌이고 있는 것이다.

　한편 '전원(全員)진학' 시대의 도래는 고등교육의 공급자인 대학들에게도 재앙의 전조다. 원하는 사람은 모두가 대학에 진학할 수 있을 만큼 공급이 늘어났다는 사실은 대학교육시장이 이미 수요자시장이 되었다는 것을 의미한다. 더군다나 재정의 대부분을 등록금에 의존하는 사립대학이 대학정원의 80%를 감당하고 있는 점을 고려할 때 공급자들의 운명은 이제 수요자들에게 달려 있다. 수요자가 줄어든다는 것은 대학 전체에게는 곧 입학정원을 채우지 못한다는 것을 의미하게 되며, 개별대학 차원에서 정원을 채우지 못한 대학이 사립대학이라면 그 대학은 심각한 재정적 타격을 피할 수 없게 된다. 수요의 감소를 가져올 수 있는 위기의 요인은 두가지다. 첫째는 대학교육의 잠재적인 수요층인 학령인구가 감소하는 경우다. 둘째는 학령인구 중 대학진학을 희망하는 사람의 비율이 감소하는 경우다. 첫번째 위기는 이미 도래했다. 그리고 사정이 근본적으로 바뀌지 않는다면 두번째도 언젠가는 도래할 수 있다.

누가 판돈을 키웠나: 시장주의적 교육기획가들

1990년대 초 일군의 경제학자, 교육학자들이 교육 또한 하나의 상품일 수밖에 없다는 신념을 가지고 대학교육을 개혁하는 교육기획에 참여했다.[32] 그 기획은 게임판을 개혁하지 못한 대신 단지 판돈만 키우는 결과를 낳았다. 판돈이 커진 게임에서 승자는 더 많은 것을 가지게 되었고, 패자는 더 많은 것을 잃게 되었다. 문제는 이 게임에 참여한 대부분이 패자라는 것이다. 수요자인 학생들에게 경쟁의 압력은 조금도 줄어들지 않았으며, 그중 다수가 과거 세대보다 더 많은 비용을 지불하고도 과거보다 나을 것이 없거나 심지어 더 못한 투자수익을 올리고 있다. 공급자인 대학들 중 상당수는 생존의 기로에 서게 되었다. 그렇다면 이 게임의 승자는 누구인가? 판돈을 키우는 과정에서 몸집을 불린 수도권 대학들이다.

90년대 초 대학개혁에 착수한 시장주의적 교육기획가들의 눈에는 대학교육이라는 상품의 시장은 심하게 왜곡되어 있었다. 그들의 주장은 대체로 다음과 같았다.

첫째, 그때까지 대학의 정원은 정부가 고등교육 인구에 대한 인력수요를 판단해 정하는 것으로 되어 있었으나, 고등교육 인구와 그 수급에 대한 정부당국의 판단은 사회현장의 실제를 파악하는 데 한계가 있으므로 이를 시장에 맡기는 것이 바람직하다.

둘째, 날로 누적되고 있는 미취업 고졸자 문제와 자녀를 대학에 보내기 위한 가계의 막대한 과외비용부담 문제를 해결하기 위해서는 정원의 결정을 시장에 맡겨야 한다.

셋째, (시장의 초과수요 상황에 대처하는) 대학들의 정원확대는 대학간의 경쟁을 조장해 대학의 발전을 자극할 것이다.[33]

교육기획이론에서 이른바 사회수요결정론이라고 불리는 입장을 대변하는 이러한 주장은 당연하게도 대학교육에 대한 시장의 수요가 소비자의 합리적 선택에 기초한다고 가정한다. 그러나 설사 시장의 수요가 소비자의 합리적 선택에 기초한다고 하더라도 대학교육의 공급을 온전히 시장에 맡기는 것은 바람직하지 않다. 왜냐하면 대학교육이 한 사회의 공교육인 한 그것의 공급은 그 사회의 고등교육 인력의 수급에 대한 예측(인력수요 접근법), 공교육기관으로서 합당한 교육여건을 갖추어야 할 필요(교육여건 접근법), 심지어 국제적 비교를 통해 도출되는 적정 공급수준(국제비교 접근법)까지도 복합적으로 고려할 필요가 있기 때문이다. 하물며 시장 수요가 소비자의 합리적 선택에 기초하는 것이 아니라 배제에 대한 공포라는 강박에 기초한다면 그러한 시장은 이미 정상적으로 기능할 수 있는 시장이 아니다.

예를 들어 대부분의 고등학교 졸업예정자들이 대학교육이라는 상품을 반드시 구매해야 한다는 강박에 사로잡혀 있다고 하자. 1990년대 초 대학교육 공급능력은 수요의 30% 정도를 감당할 수 있는 정도에 불과했다. 시장주의적 교육기획가들은 그동안 정부가 대학교육 공급(대학입학정원)을 통제해온 것이 문제라고 보고, 공급을 시장에 맡기면 시장의 문제(치열한 입시경쟁, 사교육, 실업계 졸업자의 실업 등)가 해소될 것이라고 여겼던 것이다. 그리고 그들이 생각한 '시장적 해법'은 다음의 두가지다. 첫째는 새로운 공급자의 시장진입을 허용한다는 것이고, 둘째는 기존 공급자의 공급량을 확대한다는 것이다. 첫째가 이른바 '대학설립 준칙주의'이며, 둘째가 '대학정원자율화'다. 이 두가지가 동시에 하나의 쎄트로서 도입되었기 때문에 그중 하나를 언급하면서 둘 모두를 의미하는 경우도 많다(이하에서 이 두가지는 구별없이 '대학정원자율화'라고 칭하겠다).

이러한 대학정원자율화 방안이 시행될 경우 대학교육이라는 상품의 거래량이 어디까지 늘어날 것인지를 예측하는 것은 어렵지 않다. 공급증가로 인한 추가적 수입이 추가적 비용보다 크기만 하다면 모든 대학지원자를 다 수용할 수 있을 때까지 공급량과 거래량은 늘어날 것이다. 실제로 대학입학정원은 이러한 정원자율화 방안이 논의되고 있던 1993~94년부터 폭발적으로 팽창하기 시작했다. 이미 대학정원정책이 규제에서 공급확대로 그 기조가 바뀐 탓이다. 1990년에 35만명에 불과했던 대학입학정원은 대학정원자율화 시행 직전인 1995년도에 이미 50만명에 이르렀으며, 1996년 정원자율화 시행 이후 2002년에 약 66만명으로 그 정점을 찍을 때까지 가파르게 증가했다. 그리고 이에 따라 대학진학률도 1990년대 초 30% 초반에서 1994년 한해만 40%대, 1995~96년 2년간 50%대, 1997~2000년 4년간 60%대, 2001~03년 3년간 70%대에 이어 2004년부터 80%대로 올라섰다. 불과 10년 만에 30%대에서 80%대로 올라선 것이다.[34]

이러한 대학정원자율화 정책은 명목상 지금까지도 유지되고 있다.

그러나 실상은 다르다. 정원자율화는 불과 시행 6년 만에 사실상 좌초했다. 입학정원의 증가속도가 너무 빨랐을 뿐만 아니라 학령인구가 급속히 감소해 2003년에 이미 입학정원이 대학지원자 수를 크게 초과하는 사태가 발생했기 때문이다. 그리고 대학교육의 시장적 해결을 주장했던 교육기획가들은 이제 공급과잉을 해소하기 위한 '시장적 해법'으로 부실대학의 시장퇴출을 추진하고 있다.

정부의 알리바이는? 우리는 지난 시절 당신이 했던 일을 알고 있다

클린턴 행정부에 이어 오바마 행정부에서도 미국은 대학진학률을 높이기 위해 많은 예산을 쓰고 있지만 그 효과는 매우 미미하다. 이에 비하면 우리나라의 대학진학률 상승은 경이롭기까지 하다. 그렇다면 세계 교육사에서 유례가 없는 이러한 급속한 고등교육의 확대는 어떻게 가능했을까?

2005년 기준 OECD 통계에 따르면 GDP에서 고등교육예산이 차지하는 비중은 우리나라가 0.6%로 OECD 평균의 절반을 조금 넘는 수준에 불과하다. 구매력지수로 환산한 우리나라의 1인당 고등교육 비용은 미국의 1/3, 대부분의 구미 선진국의 1/2 수준에 불과하며 그나마 그 비용의 대부분(75.7%)을 민간이 부담하는데, 이는 OECD의 공공재원 부담비율(73.1%)과 유사한 수준이다. 이러한 지표들은 무엇을 의미하는가? 이는 우리나라의 대학생들이 열악한 물적 환경(교지·교사 확보율)에서 빈약한 교육써비스(OECD 기준 교수 1인당 학생수 최다 수준, OECD 평균의 두배)를 받으면서 세계에서 두번째로 비싼 등록금을 내고 있다는 것을 의미한다. 시장주의적 교육기획가들은 분명히 이러한 부끄러운 현실에 책임이 있다.

　시장주의적 교육기획가들이 제시한 비법은 공적 예산의 급속한 확대 없이 사적 주체들의 공급확대를 유도한다는 점에서 문민정부의 신자유주의적 코드에 부합했다. 그러나 자칫 심오해 보일 수 있는 그 비법이란 과거 악덕업자들이 비용을 들이지 않고 공급을 늘릴 때 사용하곤 했던 '물타기'에 다름아니었다. 우선 1996년에 제정된 대통령령인 '대학설립·운영 규정'에서는 대학의 설립을 위해 필요한 교육여건을 국제적인 평균수준에 현저히 미달하는 수준으로 정함으로써 대학설립을 용이하게 했다. 예컨대 직접 비교가 가능한 교원 1인당 학생수에서 '대학설립·운영 규정'은 인문계의 경우 교원 1인당 학생수 25명, 이공계의 경우 교원 1인당 학생수 20명을 확보할 것을 설립준칙으로 했는데 OECD 평균은 그 당시에도 교원 1인당 학생수가 15명 수준으로 지금과 비슷했다.

　한편 이미 설립되어 운영되고 있는 대학 중 학생이 4학년까지 차서 편제가 완성된 대학에 대해서는 해마다 별도의 지침을 마련해 증원을 더욱 용이하게 했다. 예컨대 정원을 자율화할 수 있는 교수확보율 기준을 1996년에는 설립준칙의 63%, 1997년에는 70%로 정했으며, 1998년과 99년에는 50%로 더 낮추었다. 2000년부터 3년간은 해마다 5%씩 기준을 상향해 2002년에 65%가 되었고, 2003년에 그 기준을 80%로 높였으며 2005년에는 100%까지 상향 조정했다. 그러나 대학의 입학정원이 증가한 것은 2002년이 사실상 마지막이었다. 그 이유는 첫째, 2003년에 늘어난 대학 정원과 학령인구 감소 결과 대량 미달사태가 발생했으며, 둘째 최상위권 대학들조차 준칙의 60% 내외의 교육여건을 충족하는 상황에서 80%의 기준을 맞추기 위해 추가적으로 지불해야 하는 비용이 학생정원의 추가 증원이 가져올 수입을 초과했기 때문이다. 우리나라 대학들의 평균적인 교육여건은 현재에도 준칙의 60% 안팎에 머무르고 있다.

　준칙주의 도입을 전후한 대학수의 증감을 살펴보면 수도권에서 1990년 대비 2008년에 19개교가 늘어났으며, 비수도권에서는 48개교가 늘어났다. 이중 준칙주의의 적용을 받아 설립된 대학의 수는 47개교(국립대 제외)로 대학수 증가의 70%가 준칙주의하에서 이루어졌음을 알 수 있다. 권역별 입학정원의 증감을 살펴보면 1995년 대비 2005년에 수도권에서 3만 9562명이 증가했고, 비수도권에서는 같은 기간 8만 7729명이 증가했다.

　정원자율화 정책의 가장 큰 문제점은 제도 도입 당시 이미 초등학교 이하의 학령인구가 급감하고 있었음에도 불구하고 불과 몇년 앞에 닥치게 될 대학정원 과잉사태를 방치했다는 점이다. 아래 〈표〉에서 볼 수 있듯이 정원자율화 정책을 도입한 1997년의 대학입학정원은 당시 초등학교 6학년의 학령인구, 즉 2003년 고졸자 수에 근접하고 있었으며 향후 학령인구의 지속적인 감소세가 이미 관찰되고 있

〈표〉 연도별 입학정원, 고졸자, 대학진학예정자 추이[35]

구분	입학정원(A)	고졸자(B)	진학률85%(C)	B-A	C-A
1997	563,265	671,614	570,872	108,349	7,607
2000	646,275	764,712	650,005	118,437	3,730
2003	653,170	590,413	501,851	-62,757	-151,319
2006	596,313	568,055	482,847	-28,528	-113,466
2009	589,081	582,478	495,106	-6,603	-93,975
2012	589,081	643,132	546,662	54,051	-42,419
2015	589,081	585,510	497,683	-3,571	-91,398
2018	589,081	466,114	396,197	-122,967	-192,884

어 조만간 대학 정원이 과잉해질 것을 예고하고 있었다. 표의 (B-A)는 당해년도의 고등학교 졸업예정자 수에서 대학입학정원을 뺀 수인데 2003년부터는 그 수가 0보다 작아져 대학 정원이 절대적으로 과잉임을 보여준다. 나아가 대학진학률을 역사상 최고치였던 85%로 잡는다면 과잉의 정도(C-A)는 훨씬 더 커짐을 알 수 있다.

그렇다면 과연 시장주의적 교육기획가들은 이러한 기초적 사실도 확인하지 않았던 것일까? 놀랍게도 시장주의적 교육기획가들로 구성된 대통령자문기구인 교육개혁위원회는 1996년 '신교육체제 수립을 위한 교육개혁 보고서'를 발표하면서 그 부록에서 2003년부터 대학 신입생 미달사태가 발생할 것이라는 점을 이미 밝혔다.

정부나 시장주의적 교육기획가들은 공급보다 수요가 많으면 공급이 늘어나야 하고, 공급이 수요보다 많으면 공급이 줄어들어야 하는 것은 시장의 이치이며, 시장에 참여한 경제주체들은 자신이 선택한 결과를 스스로 책임져야 하는 것이 당연하다고 주장한다. 그러나 준칙주의하에서 대학을 설립한 개별주체들은 전체적으로 얼마만큼의 대학 정원이 늘어날 것인지를 예측할 수 없었다. 또한 대학을 선택한 학생들은 향후 어떤 대학이 시장에서 퇴출될 것인지, 혹은 어떤 학과가 폐과되어 사라질 것인지를 예측할 수 없다. 그러므로 정작 책임을 느껴야 하는 것은 한 나라의 고등교육씨스템을 이토록 불안정한 시장판으로 만들어놓은 정부와 시장주의적 교육기획가들이다.

공급이 부족하면 공급을 늘리고, 공급이 과잉하면 공급을 줄이면 된다는 지극히 단순한 시장주의적 사고는 무책임할 뿐만 아니라 부도덕하기까지 하다. 왜냐하면 인구감소추세가 이미 완연한 상황에서 일시적인 공급부족을 메우기 위해, 그것도 공적 예산을 투입한 것이 아니라 사적 주체들의 공급확대, 즉 사학의 설립을 유도했기 때문이다. 준칙주의하에서 설립된 대학 중 일부 수도권 대학을 제외한 대부분의 대학은 학령인구 감소의 직격탄을 맞고 현재 퇴출위기에 몰려 있다. 학교법인의 법적 성격상 그 자산은 이미 사회에 기부된 것으로 설립자나 그 가족이 그 자산에 대한 소유권을 주장할 수 없다. 그럼에도 불구하고 법을 고치거나 특별법을 만들어서라도 설립자에게 그 자산의 일부를 돌려주려고 하는 것은 어쩌면 그 부도덕에 대한 죄의식의 발로인지도 모르겠다.

정원자율화 정책이 초래한 또하나의 심각한 문제는 그것이 결과적으로 수도권 대학의 규모를 키우고, 지방대학들을 빈사상태로 몰아넣음으로써 고등교육의 수도권 집중을 심화했다는 점이다. 현재 대학들은 SKY, In Seoul, 수도권 사립대학 혹은 지방국립대학, 대형지방사립대학, 중소 지방사립대학 순으로 철저하게 서열화되어 있다. 학령인구가 감소하면서 지방대학에서는 미충원이 속출하는 반면 수도권 대학들은 늘어난 정원의 혜택을 톡톡히 누리고 있다. 교과부가 지금과 같은 대학퇴출정책을 지속할 경우 대학진학자가 대학 정원에 비해 20만명 이상 부족해지는 2020년이 되면 대부분의 지방대학들은 궤멸하게 될 것이 자명하다.

시장주의를 버려야 대학교육이 산다: 퇴출이 아니라 정원감축을 통한 고등교육 정상화로

서두에서 지적한 바와 같이 '전원진학' 그 자체는 교육의 경제적 효과라는 관점에서는 과잉일 수도 있고, 교육의 사회문화적 효과라는 관점에서는 진보일 수도 있다. 그러나 오늘날 한국사회에서 '전원진학'이 문제가 되는 것은 교육의 문제라기보다는 고용, 즉 노동시장

구조의 문제이며 결국 정치의 문제다. 바람직한 정치의 변화는 대학의 정상화를 위한 전제조건이다. 하지만 정치적 패러다임의 변화에는 시간이 걸리며, '전원진학' 현상은 긍정적이든 부정적이든 당분간 지속될 것이다.

그러므로 대학교육의 문제에 국한해 말하자면 어차피 모두가 오는 대학에서 교육이라도 제대로 해서 교육의 순기능(인적 자본, 사회적 자본의 형성)을 극대화해야 한다는 것이다. 그리고 이를 위해서는 사태를 이 지경으로 만든 시장주의적 교육정책을 폐기하고, 교육에 대한 정부의 책임성을 강화하지 않으면 안된다.

교육정책의 개혁만으로 해결할 수 없는 문제를 제외하면, 오늘날 우리나라 고등교육의 과제는 다음의 세가지로 요약할 수 있다. 첫째, 고등교육의 양적 확대를 추구하는 과정에서 희생된 교육의 질적 수준을 개선하는 것, 두번째는 학령인구의 감소에 따라 더욱 심화될 수 있는 고등교육의 수도권 집중을 방지하는 것, 그리고 세번째는 교육비용의 공공재원 부담비율 증대를 통해 고등교육의 공공성을 높이는 것이다.

고등교육의 질적 수준을 개선하기 위해서는 '교수 1인당 학생수' 같은 교육여건을 국제적 수준에 맞게 제고해야 할 것이다. 교육여건을 개선할 수 있는 방법은 두가지가 있다. 첫째는 대학 정원을 줄이는 것이며, 두번째는 교수의 수를 늘리는 것이다. 예컨대 대학 총정원(1학년부터 4학년까지의 학생정원)이 6000명인 대학이 있고 그 대학의 교수 수가 200명이어서 교수 1인당 학생수가 30명이라고 하자. 교육여건을 OECD 평균수준인 교수 1인당 학생수 15명 수준으로 개선하기 위해서는 학생수를 절반으로 줄이거나 교수를 두배로 늘려야 할 것이다. 만약 학령인구가 앞으로도 계속 현재의 수준을 유지하거나 늘어난다면 후자의 방법이 타당하다. 그러나 학령인구가 향후 20년 간 현재의 절반을 조금 넘는 수준으로 줄어드는 것이 이미 확정되어 있는 상황에서는 후자보다 전자가 더 타당한 방향일 수 있다.

한편 지역사회에서 대학의 존재가 지니는 의의는 시장주의자들이 생각하는 것보다 매우 크다. 지방대학은 나름대로 그 지역사회의 씽크탱크로서 기능하며, 지역 학생들에게 비교적 저렴한 고등교육의 기회를 제공하고, 지역민에게 평생교육의 기회를 제공할 뿐만 아니라 지역기업에 필요한 인재들을 길러서 배출한다. 또한 대학의 교육지출과 교직원과 학생의 소비지출은 지역경제에서 큰 비중을 차지한다. 그러므로 대학 정원이 팽창했다가 축소하는 과정에서 서열 상 열위에 있는 지방대학들이 시장에서 퇴출되는 경우 경제·사회·문화 모든 면에서 지역사회의 후퇴와 침체를 가져올 것이 분명하다. 이와 관련해 염두에 두어야 할 사실은 학령인구 감소로 인해 문제가 되는 것은 대학수의 과잉이 아니라 대학 정원의 과잉이라는 점이다. 대학당 인구수를 비교한 OECD의 데이터를 보면 우리나라의 대학당 인구수는 대학진학률이 50~60%에 불과한 미국이나 일본보다 오히려 많아서 결코 대학수의 과잉이라고 할 수 없다.

수도권에서 통학하기에는 다소 먼 충청북도에 있는 A대학과 B대학의 예를 들어 이야기해보자. A대학과 B대학 모두 충북의 작은 군 소재지에 있다. 두 대학 모두 2003년과 2009년에 입학정원 대량미달 사태를 겪으면서 대학이 살 길은 좀더 나은 입지로 이전하는 방법밖에는 없다고 판단해 한 대학은 수도권으로, 다른 한 대학은 수도권에서 좀더 가깝고 접근성이 좋은 충남 아산 신도시로의 이전을 추진하고 있다. 두 대학이 있는 군들의 지방자치단체들이 매우 긴장하고 있는 것은 너무나 당연하다. 왜냐하면 두 대학이 각각의 군에서 차지하는 사회적·경제적 역할의 비중과 의미가 너무나 크기 때문이다. 대학들이 이전해 가버리면 해당 군들은 인구, 고용, 소득, 소비지출, 세입 등 모든 면에서 심각한 타격을 받을 수밖에 없다. 그리고 해당 군과 인근 군 출신의 학생들은 집에서 가깝기 때문에 상대적으로 저렴한 비용으로 대학교육을 받을 수 있는 기회를 상실하고, 대학진학을 위해서는 수도권이나 수도권에 좀더 가까운 타지로 유학을 가지 않으면 안될 것이다. 따라서 전국적으로 고르게 대학 정원이 줄어들어 두 대학이 굳이 소재지를 이전하지 않아도 되는 방향으로의 대학개혁이 지니는 의미는 매우 크다.

요컨대 바람직한 대학 구조조정의 방안은 교육여건 개선, 정원감축, 지역균형발전을 동시에 달성할 수 있는 방향이어야 한다. 그러고 이러한 구조조정에는 당연히 비용이 따르게 마련인데, 이는 결국 고등교육의 공공성 증대를 통해 해결해야 할 것이다. 이미 언급했듯이 고등교육예산이 적어도 OECD의 평균수준에라도 이르기 위해서는 현재 GDP의 0.6%에 그치고 있는 수준에서 OECD 평균인 1.1%까지 두배 가까이 늘여야 한다. 그러나 OECD의 평균 대학진학률에 비해 우리나라의 대학진학률이 월등히 더 높은 것을 고려한다면 고등교육예산이 OECD 평균에 도달하더라도 대학생 1인당 고등교육예산은 OECD 평균의 절반을 겨우 넘는 수준에 불과할 것이다. 따라서 고등교육예산은 적어도 GDP의 1.5% 수준까지는 늘어나야 하며 이는 충분히 우리 사회가 감당할 수 있다(OECD 국가 중 우리나라와 경제규모가 비슷한 캐나다가 1.4%, 우리나라보다도 경제규모가 월등히 작은 나라들을 보면 스위스 1.4%, 스웨덴 1.5%, 덴마크 1.6%, 핀란드 1.7%, 그리스 1.4% 수준이다. 물론 이들 나라의 대학진학률은 대부분 우리나라보다 낮다).

예를 들어 지금이라도 실행 가능한 하나의 방안을 제시해보자. 우선 예상되는 대학 정원과잉과 대학의 수도권 편중 문제를 해소하기 위해 수도권 사립대학의 정원을 감축하게 하고 그 수입감소분의 일부를 교부금으로 지급하는 방안을 고려할 수 있다. 예컨대 1만명의 수도권 사립대학 정원을 영구히 줄이기 위해서는 해마다 얼마의 비용이 들까? 1인당 등록금이 연간 800만원이라고 가정하고, 학생이 줄면 비용도 줄어들기 때문에 그 절반을 교부금으로 지급한다고 할 때 첫해에 1만명×400만원=400억이 필요하다. 줄어든 정원으로 편제가 완성되는 4년 후에는 해마다 1600억이 필요하게 된다. 그러므로 수도권 사립대학 정원 5만명을 영구히 줄이는 데 연간 8000억원이면 가능하다는 계산이 나온다. 지방의 경우 사립대학에 대한 교부금 지급정책과 더불어 경쟁력을 상실한 일부 사립대학들에 대한 통폐합(국립화)을 병행하더라도 수도권 이상의 비용이 들지 않을 것이므로 연간 1조 6000억원이면 전국적으로 대학 정원을 10만명 줄일 수 있다.

1조 6000억은 대략 계산해봐도 2011년 기준 정부예산의 0.5%, 교과부 예산의 3.3%, GDP(2009년 기준)의 0.16%에 불과하다. 고등교육 예산을 현재의 GDP 0.6% 수준에서 점진적으로 GDP의 1.5%까지 늘린다고 가정할 때, 이 정도의 예산은 대학의 정원감축을 위해 충분히 쓸 수 있으며, 나아가 2020년까지 대학정원을 전국적으로 20만명 감축해 대학교육의 장기적인 수급안정을 도모하는 것도 불가능하지 않다.

이와 같이 전국적으로 고르게 정원을 감축함으로써, 교수 1인당 학생수 같은 교육의 질적 지표를 높이고 학령인구 감소가 몰고 올 대학의 수도권 집중과 지방대의 궤멸을 방지할 수 있다. 또한 이를 통해 사립대학이 고등교육에서 차지하는 비중을 줄이고 고등교육에 대한 공적 지출의 비중을 늘여 고등교육의 공공성도 높일 수 있다.

최근 뜨겁게 이슈화되고 있는 '반값등록금' 문제는, 모두가 대학을 가지 않을 수 없고 또한 대학교육의 비용을 대부분 개인이 부담해야 하는 현실 탓에 비싼 등록금에 허덕여야 하고, 대학을 졸업해도 안정적인 취업이 힘들어 결국 대출받은 학자금 때문에 다수가 신용불량자가 되어야 하는 우리나라 고등교육의 문제점들을 집약적으로 표출하고 있다. 우려를 금할 수 없는 것은 정부가 이를 오히려 지방대 퇴출의 기회로 이용하려 한다는 점이다. 그러나 그러한 방식으로는 고등교육의 질적 개선을 이룰 수도 없고 대학의 수도권 편중을 막을 수도 없다.

'반값등록금' 논쟁에서 드러난 것처럼 고등교육의 공공성 제고는 이제 피할 수 없는 과제가 되었다. 그렇다면 정부는 지금이라도 사립대학들에 대해 위와 같은 교부금 지원 방식의 정원감축을 수용하는 것을 국고지원의 전제조건으로 내걸어야 한다. 만약 정부가 이러한 방향으로 정책을 바꾼다면 '반값등록금'에 대한 사회의 요구가 거세지는 것에 비례해 사립대학들의 정원감축에 대한 압박도 높아질 것이다. 그러므로 정원감축이야말로 '반값등록금'을 실행하는 데 소요되는 예산으로 우리나라 고등교육이 잡아야 하는 여러마리 토끼를 동시에 잡을 수 있게 해주는 전제조건이 될 수 있다.

한국에서 전문대학을 다닌다는 것의 의미

—

남기곤

—

모든 사람에게 대학 기회를

'완전고용'(full employment)이면 좋을 텐데, 다소 엉뚱하게도 '완전진학'(full admission, 전원진학) 상황이 되었다. 2010년 고등학교를 졸업한 학생은 63만명인 데 반해(인문계고 졸업자 47만 7470명, 전문계고 졸업자 15만 6069명) 대학입학정원은 59만명이다(일반대학 33만 1054명, 교육대학 4499명, 산업대학 1만 6407명, 전문대학 23만 3685명). 고등학교 졸업자의 92.4%에 해당하는 사람에 대해 대학 정원이 존재한다. 물론 현실적으로는 대학을 두번 이상 다니는 경우나 나이가 들어 야간과정 등에 입학하는 경우가 있기 때문에, 고등학교를 갓 졸업한 계층이 대학에 입학하는 비율은 이보다 다소 낮다. 통계청에서 조사하는 경제활동인구조사 2010년 자료를 분석해보면, 20~24세 인구 중 전문대학이나 대학에 입학해 있거나 졸업한 사람의 비율은 대략 85% 수준이다. 이 정도의 대학진학률이라면 미국이나 일본은 물론 다른 어떤 복지국가들과 견주어도 뒤떨어지지 않는다. 우리의 경제여건을 감안할 때 너무 과잉교육이 아닌지 우려스럽기도 하다. 혹시 사회적인 낭비가 이루어지고 있는 것은 아닐까?

이와 관련해 관심을 끄는 사례 중의 하나는 1990년대 미국 클린턴 행정부 시절에 추진되었던 '모든 사람에게 대학 기회를'(College for All)이라는 정책이다.[36] 잘 알려져 있듯이 미국은 평균적인 소득수준은 높지만 빈부격차가 매우 심각한 나라다. 특히 대학에 진학하지 못하는 '잊혀진 절반'(Forgotten Half) 계층의 소득수준은 열악하며, 갈수록 상위층과의 격차가 확대되는 추세다. 이 정책은 이들에게도 대학에 진학할 수 있는 기회를 제공하자는 것으로, 그러면 교육을 통해 인적 자본이 향상되고 노동시장에 진입했을 때 임금수준도 높아질 것이라는 제안을 담았다. 이러한 목표를 달성하기 위해 대학진학률을 높이는 다양한 정책이 추진되었고, 그 결과 우리나라의 전문대학에 해당하는 커뮤니티칼리지(Community College) 입학률이 높아지게 되었다. 그후 과연 이 정책은 성공했을까? 아쉽게도 평가는 대체로 부정적이다. 가장 결정적인 한계는 커뮤니티칼리지에 입학한 많은 학생들이 기초학력 부족으로 학위를 마치지 못한 채 중도에서 대학을 그만두는 경우가 빈번했다는 사실이다. 결국 대학의 입학률은 증가했지만 졸업률은 별로 변하지 않았고, 이로 인해 기회를 확대해 빈곤층 소득증대를 도모하려던 정책은 뚜렷한 성과를 나타내지 못했다.

우리나라의 대학진학률은 1990년대 들어 크게 증가해왔다. 특히 1995년 대학설립 준칙주의에 의해 대학설립이 자유로워지면서 대학입학정원 증가추세가 가속화되었고, 이로 인해 대학진학자 수는 폭발적으로 증가했다. 5년마다 시행되는 인구주택총조사 결과를 보면 20~24세 인구 중 대학에 진학한 사람의 비율이 1995년 자료에서는 44.5%였으나 2005년 자료에서는 77.0%로 나타난다. 10년 사이에 33%가 증가했다는 이야기다. 이 비율이 2010년에는 앞에서 소개한 대로 85%가 되었다. 무서울 정도의 증가속도다. 잘 알려져 있듯이 우리나라의 대학은 일반대학이든 전문대학이든 일단 입학을 하면 졸업은 어렵지 않다. 공식통계를 보면 2009년 현재 중도탈락률(전년도 재적생 수 대비 당해년도 제적생 수의 비율)은 일반대학 4.1% 전문대학 7.8%로 낮은 수치를 보이는데, 이들 역시 상위 대학으로 재입학·편입하거나 개인적 사정 때문에 자발적으로 학교를 그만두는 경우가 대부분이다. 이러한 점을 감안한다면 한국은 지난 10~20여년 동안 미국 클린턴 행정부가 시도했으나 실패했던 '모든 사람에게 대학 기회를' 제공하는 정책이 성공적으로 수행된 나라로 기록될 수 있을 것 같다. 이러한 의도로 정책이 수행되었던 것은 아니겠지만.

정작 중요한 것은 교육의 질이다

이런 놀라운 성과에도 불구하고 이를 자랑스럽게 홍보하려는 시도는 찾아보기 어렵다. 조금 더 생각해보자. 기업이 노동자에게 임금을 지급할 때 그 노동자가 회사에 기여하는 정도, 즉 생산성(정확하게 표현한다면 한계생산물가치)을 중요하게 고려하는 것은 당연한 이치다. 대학졸업자는 그렇지 않은 경우에 비해 기술이나 숙련 수준이 높아졌을 것이고, 따라서 좀더 높은 임금을 지급받게 된다. 그렇다면 대학진학자의 급속한 증가는 그 전에는 대학에 진학하지 못했던 하위계층의 소득을 늘리고, 이를 통해 빈부격차가 완화되는 효과를 가져왔어야 한다. 왜 이런 산뜻한 결과가 나타나지 않을까?

　베스트쎌러 작가이기도 한 장하준 교수는 한걸음 더 나아가 다음과 같이 주장한다.[37] "높은 교육수준이 국가번영으로 이어진다는 증거는 사실 놀라울 정도로 빈약하다. 교육을 통해 얻는 지식은 더 만족스럽고 독립적인 생활을 하는 데에는 도움이 되지만 대부분의 경우 생산성 향상과는 직접 관련이 없다."

　여기까지 나아가면 이제 이론적으로도 혼돈스럽다. 사실 그의 논의는 인적자본이론(Human Capital Theory) 대 신호이론(Signaling Theory)이라는 노동경제학 분야의 고전적 논쟁틀에서 신호이론을 지지하는 입장이라 볼 수 있다. 예를 들어 대학을 졸업한 사람이 그렇지 않은 사람에 비해 더욱 높은 임금을 받는다는 사실은 분명하다. 왜 그럴까? 인적자본이론에서는 대학과정에서 배운 교육이 노동자의 기술이나 숙련 수준을 높이고, 이로 인해 생산성이 증가하기 때문에 대학졸업자가 높은 임금을 받는다고 본다. 반면 신호이론에서는 대학에서의 교육이 직접적으로 생산성을 높여주지는 않는다고 주장한다. 신호이론가들은 대학교육이 아니라 단지 대학을 졸업했다는 사실이 하나의 신호, 즉 이 노동자가 원래부터 높은 생산성을 보유한 우수한 자원이라는 신호를 기업에 제공해주는 역할을 한다고 보는 것이다. 두 이론 모두 대학졸업자가 더욱 생산성이 높기 때문에 임금을 더 받게 된다는 사실은 공통적으로 인정한다. 단 이러한 높은 생산성이 대학교육을 통해 후천적으로 획득된 것인지, 아니면 대학입학 전부터 이미 갖추어져 있던 것인지에 대해서는 입장이 서로 다르다.[38]

　비슷한 것 같지만 이 두 이론 사이에는 매우 중요한 차이가 있다. 인적자본이론에 입각할 경우 대학교육의 확대는 국민들의 인적 자본량을 증대시킴으로써 경제의 생산성을 전반적으로 향상시킨다고 판단할 수 있다. 반면 신호이론에 근거하면 대학졸업자가 증가한다고 해서 생산성이 높아지지는 않는다. 생산성이 높은 사람과 낮은 사람의 분포는 그대로다. 기업은 과거에는 대학졸업자가 생산성이 높을 것이라 예상해 이들을 위주로 선발해왔지만, 대학졸업자가 많아진 근래에는 다른 방법으로 생산성이 높은 사람을 선별해내야 한다. 대학원을 졸업한 사람 혹은 영어성적이 높은 사람 등 다른 신호를 사용해야 하는 것이다. 그렇게 되면 영화관에서 "한 사람이 서기 시작하면 그 뒷사람도 따라서 서게 되고, 그러다가 일정비율 이상의 사람들이 서면 결국 모두가 서서 영화를 보지 않으면 안되는 상황"이 발생하게 된다.

사실 이러한 논쟁은 오래전부터 진행되어왔고, 상당수의 실증분석 결과들도 축적되어 있다. 주로 외국의 연구들이지만 이들의 분석결과들은 대체로 두 이론이 모두 일정한 타당성이 있음을 보여준다. 예컨대 대학을 졸업했다는 것 자체가 자신이 우수한 능력을 갖추고 있음을 보여주는 신호 역할을 한다는 사실은 분명하지만, 이와 더불어 대학 재학기간 동안의 교양 및 전공에 대한 학습이 개인의 능력을 높이는 측면이 존재한다는 점 또한 부정하기 어렵다. 폭넓은 지식과 깊이있는 학습은 주어진 문제에 대한 해결능력을 높이고, 창의적이고 논리적인 사고력을 키워준다. 또한 자신의 의견을 말 혹은 글로 표현해 상대방을 설득할 수 있는 능력을 향상시킨다. 이러한 능력들은 고등교육을 통해 축적될 수 있으며, 사실 이러한 목적 때문에 대학이 존재한다고 볼 수 있다. 물론 이러한 능력들은 취업 당시 기업에서 곧바로 사용할 수 있는 기술이 아니기 때문에, 현실적으로 별로 도움이 되지 않는 것으로 보일 수 있다. 하지만 승진사다리를 통해 기업의 주요 의사결정 단계에 참여하게 되면, 단순한 기능보다는 체계적인 사고능력이 더욱 중요해진다. 대기업에서 인사관리를 담당하는 고급간부들이 신입사원 채용시 중요하게 고려하는 요건으로 회사에서 즉각적으로 이용할 수 있는 능력보다는 창의적이고 종합적인 사고력을 꼽는 경우가 많다는 점은 이러한 사정을 반영해준다.

그렇다면 원래의 문제로 돌아와서, 1990년대 이후 한국에서 대학 졸업자 수가 급속히 증가한 현상이 인적자본이론의 예상과는 달리 뚜렷한 긍정적 효과를 보이지 않는 이유는 무엇인지 살펴보자. 이와 관련해서는 다음 사항에 대해 고려할 필요가 있다.

먼저 신호이론을 통해 예상할 수 있는 우려가 현실화되고 있다고 볼 수 있다. 사실 1990년대 이후 한국경제는 1960~70년대처럼 고도성장을 이루지도 못했고, 생산씨스템에 어떤 구조적인 변화가 발생하지도 않았다. 노동시장 구조 역시 산업별이나 직종별로도 별다른 변화를 보이지 않았다. 노동수요는 변함이 없는 상태에서 노동공급만 고학력화될 경우, 전에는 고등학교 졸업자가 담당하던 하위직종의 일을 이제는 대학졸업자가 담당하게 될 수밖에 없다. 대학졸업장은 이제 상위직종의 일자리를 배분하는 데 있어 신호의 기능을 상실했다. 결국 대학졸업자들은 또다른 신호를 보여주기 위한 스펙 경쟁에 돌입하게 된다. 고학력 노동자에 대한 공급이 이에 걸맞은 일자리 수요를 스스로 창출하는 것은 아니다. 대학은 노동공급을 담당하는 주체이지 노동수요를 만들어내는 주체가 아니기 때문이다.

이러한 현실은 인정하지만, 그럼에도 불구하고 인적자본이론의 기대도 무시할 수는 없다. 예전에 고등학교 졸업자가 담당하던 하위직종의 일을 이제 대학졸업자가 담당하게 되면, 일 자체는 동일하더라도 생산성이 어느정도 향상되지 않겠느냐는 기대다. 예를 들어 예전에 두 사람이 하던 일을 혼자서 처리할 수 있게 되었다거나, 혹은 단순한 직무라 하더라도 전보다 창의적인 활동을 통해 작업방식을 개선할 수 있었다거나. 아니면 입사 당시에는 주어진 일만을 처리하기 때문에 대학교육의 효과가 나타나지 않지만, 시간이 지나 승진하면서 문제해결능력이나 창의적 사고력 같은 대학교육의 효과가 나타난다거나. 설령 자신의 직장에는 별다른 도움을 주지 못할지라도, 개인의 삶을 풍요롭게 하는 데 대학교육의 경험이 도움이 되었다거나.

대학교육은 반드시 상위직종을 담당하는 사람에게만 유용한 게 아니다. 풍부한 교양교육을 받고 자신이 선택한 전공학문에 깊이 몰입했던 경험은, 어떠한 직장에서 어떠한 업무를 하더라도 그리고 어떠한 삶을 살아가더라도 직간접적으로 다양한 긍정적 효과를 미칠 수 있다. 물론 그러한 능력을 획득하고서도 하위직종에 종사할 수밖에 없는 현재의 주어진 상황이, 비용편익 분석의 측면에서 효율적이지 못할 수는 있다. 그러나 어쩌겠는가? 대학에서 공부를 하겠다는 학생들의 의지를 인위적 정책으로 제한하기에는, 이미 돌아올 수 없는 강을 건너버리지 않았는가.

그렇다면 오히려 현재의 시점에서 주목해야 하는 문제는 이들이 정말 제대로 된 교육을 받고 있는지, 그래서 대학입학 전에 비해 얼마나 인적 자본이 향상되었는지 하는 점일 수 있다. 앞에서도 언급했듯이 미국에서는 대학졸업자들을 늘리기 위해 그렇게 열심히 노력했음에도 불구하고 많은 대학진학자들이 중도에서 학업을 포기해 졸업을 하지 못했다. 반면 한국에서는 그동안 대학입학률은 물론 졸업률도 급속히 증가했다. 어떻게 이것이 가능했을까? 한국의 학생들은 대학에 입학해서도 열심히 공부를 하기 때문에, 입학기회만 확대되면 졸업하는 데 지장이 없는 것일까? 혹시 이들에게 요구되는 대학졸업 기준이 한국에서는 턱없이 낮은 게 아닐까?

교육만 제대로 이루어진다면 대학교육을 확대하는 것이 그리 나쁘지 않을 수 있다. 하지만 비용을 감수하면서 대학교육을 받았음에도 불구하고 제대로 된 교육이 이루어지지 않았다면? 그래서 개인의 능력향상에 별다른 도움이 되지 못했다면? 이는 우리가 경계해야 할 최악의 결과다.

불편한 진실: 2010년 한국 전문대학의 모습

2010년 전문대학에는 25만명의 학생이 입학했다. 전공별로는 사회계열이 7만 3000명으로 가장 많은데, 사회복지와 경영 분야의 비율이 높다. 다음은 공학계열로 5만 9000명이 입학했는데, IT분야가 1만 2000명으로 가장 많고 그외에도 다양한 전공들이 분포되어 있다. 그다음으로는 디자인과 뷰티아트 등의 비중이 높은 예체능계열에 4만 5000명, 간호와 보건에 집중되어 있는 의약계열에 3만 3000명, 식품조리의 비율이 압도적으로 높은 자연계열에 1만 9000명이 입학했다. 주로 유아교육 분야인 교육계열에는 1만 2000명, 영어나 일본어 등 어학분야의 비율이 높은 인문계열에는 1만명이 입학했다.[39]

2년간의 교육과정을 마치고 노동시장에 진입했을 때 이들은 어떠한 성과를 보이고 있을까? 한국고용정보원은 동일한 연도에 전문대학이나 일반대학을 졸업한 사람들을 대상으로 추적조사를 실시하고 있는데, 여기서는 이용 가능한 최근의 자료인, 2007년 2월에 전문대학을 졸업한 사람들의 2008년 9월 시점에서의 (즉 졸업 후 1년 6개월이 지난 시점에서의) 조사자료를 분석했다. 조사시점에서 고용되어 있는 사람의 비율은 82%(다른 대학 혹은 대학원 진학자 제외시) 수준이다. 이는 4년제 일반대학 졸업자의 취업률 81%와 거의 동일한 수치다. 교육개발원 발표에 따르면 2007년 졸업자의 졸업 직후 취업률은 전문대학이 85.2%로 일반대학의 68.0%를 크게 상회하는 것으로 나타났지만, 이러한 전문대학 졸업자들의 상대적으로 높은 취업률이 오래 지속되지 않는다는 사실을 확인할 수 있다.

취업자들의 임금수준은 일반대학 졸업자와 차이를 보인다. 전문대학 졸업자들의 월 임금 중위값(임금 순서대로 정렬했을 때 정중앙에 위치한 사람의 임금)은 150만원이다. 이는 서울권 소재 일반대학 졸업자 218만원이나 비서울권 소재 일반대학 졸업자 180만원에 비해 30만원~68만원이 낮은 금액이다. 전문대학 졸업자 임금의 중위값을 전공별로 보면 의약계열 175만원, 공학계열 167만원, 사회계열 158만원, 인문계열 150만원, 자연계열 140만원, 예체능계열 130만원, 교육계열 125만원 순서다. 2년간의 전문대학 교육을 마치고 노동시장에 진입해 1년 6개월이 경과한 시점에서의 임금임을 감안한다면, 만족스러운 결과라고 보기 어렵다.

눈을 돌려 대학교육과정 자체에 대해 살펴보자. 전문대학의 교수 1인당 재적학생 수는 61명 수준인데, 이는 일반대학의 36명보다 1.7배가량 더 많은 수치다. 교수의 인적 특성도 차이를 보인다. 예를 들어 전문대학 교수 중 박사학위를 가진 사람은 61.1% 그리고 외국 박사학위를 가진 사람은 4.1%다. 일반대학 교수의 경우 이 비율이 각각 84.4%, 33.2%다. 사실 일반대학의 경우에도 현재 시설이나 교육여건이 좋은 편이 아닌데, 전문대학은 그러한 일반대학 수준보다 더욱 열악하다. 전문대학은 일반대학에 비해 학생 1인당 교지면적이 70% 수준, 학생 1인당 건물면적이 80% 수준에 머물고 있다. 도서관 좌석 1석당 재학생 수의 비율은 전문대학이 7.3명으로 일반대학의 4.1명에 비해 1.7배가량 더 많다.

가난한 집 자녀가 공부를 더 잘한다는 것은 정말이지 한참 옛날의 이야기가 되어버렸다. 사교육의 광풍에 휩싸여 있는 한국사회에서는 부모의 경제력이 자녀의 교육성과에 결정적인 영향을 미친다. 가정형편이 좋지 않은 학생들은 중고등학교 시절에 학업성적이 좋지 못하고, 이로 인해 전문대학에 진학하게 되는 비율이 높다. 그럼에도 불구하고 한국의 전문대학이 거의 대부분 사립으로 운영되고 있다는 사실은 참 이해하기 어렵다. 2010년도 국공립 전문대학 입학정원은 총 4874명으로 전체 입학정원의 2.1%에 불과하다. 나머지 98%의 전문대학 입학생은 모두 사립대학을 다닌다는 이야기다. 일반대학의 경우 국공립 입학생의 비율이 전체의 21% 수준이라는 점과도 큰 차이를 보이고 있다. 사립 전문대학의 경우 연간 등록금은 600만원 정도다. 물론 일반 사립대학 등록금 740만원에 비해서는 낮은 편이지만, 일반 국공립대 등록금 420만원과 비교할 때 상당히 높다. 재학생 1인당 장학금 액수를 비교해보면 일반대학의 경우는 19만원 수준인데 반해 전문대학은 8만원으로, 전문대학 학생들이 받는 장학금은 일반대학 학생들의 절반에도 미치지 못한다(2005~09년간 평균치).

2008년 현재 사립 일반대학의 기부금 수입은 5000억원대인 데 반해 전문대학은 300억원대에 머물고 있다. 학생수를 감안해보면 일반대학이 전문대학에 비해 7배 정도 기부금 수입이 높다는 이야기다. 2000년대 다른 연도에는 그 격차가 이보다 더 컸다. 사립 일반대학의 경우 등록금 액수도 높다는 점을 감안한다면 일반대학이 전문대학에 비해 수입액이 절대적으로 많다는 이야기이고, 결국 이는 교육지출비 격차로 귀결될 것이라 예상할 수 있다.

몇몇 지표들을 통해 살펴본 전문대학의 현재 모습은 위와 같다. 현장 중심의 실무교육을 통해 졸업 후 곧바로 취업할 수 있다는 전문대학의 슬로건 뒤에는, 취업률은 1년만 지나면 일반대학 졸업자들과 동일해지는 데 반해 일자리의 질에서는 하위직종에 집중되어 있다는 점, 교육여건이나 재정 등 어느 측면을 보더라도 전문대학의 교육이 일반대학에 비해 우수하기 어렵다는 점, 국공립의 비율이 매우 낮아 대부분의 전문대학 진학자들은 사립대학의 비싼 등록금을 스스로 부담해가면서 교육을 받아야 한다는 점이 자리한다.

이러한 이야기를 듣는 것이, 혹시 불편하지는 않은가?

전문대학 교육방향의 문제점

전문대학 그룹 내에도 다양한 대학들이 존재한다. 어떤 대학은 일반대학을 졸업하고 재입학하는 학생들의 비율이 높다. 학생들의 지원율이 일반대학보다 훨씬 높은 대학들도 존재한다. 기업들과의 협조체계를 통해 그야말로 내실있는 교육을 수행하는 대학들도 있다. 또 그렇지 못하더라도 어려운 여건하에서 대다수 구성원들이 열심히 노력하는 것이 지금 전문대학의 일반적인 모습일 것이다. 필자가 강조하고자 하는 것은 지금의 전문대학 문제가 구성원들의 무능이나 나태 때문에 발생하는 것이 아니라 어쩔 수 없는 사회구조상의 귀결이라는 점이다. 아무런 문제가 없다고 덮어버리기만 하거나, 문제는 대학당국과 교수들의 무관심과 안일함 때문이라고 화살을 돌리는 것이야말로 상처를 곪아 터지게 만들 수 있다.

앞에서 살펴보았듯이 지난 10~20년 동안 한국사회는 급속하게 고학력화가 이루어졌다. 경제구조가 변동하지 않고 노동시장 구조가 변화하지 않은 상태에서 노동시장 진입자들의 학력이 높아지면, 예전에는 고등학교 졸업자가 담당하던 하위직종의 일을 대학졸업자 중 일부가 담당해야 한다. 누가 그 일을 담당할 것인가? 생산성이 가장 낮은, 혹은 낮다고 평가되는 사람이 담당할 수밖에 없다.

여기서 대학서열 문제가 나타난다. 이는 수도권 일류대학에만 존재하는 문제가 아니다. 이들 대학을 정점으로 하여 수도권 대학, 수도권 인접지역 대학으로, 지역에서는 다시 거점 국립대학으로부터 시작해 각 사립대학들마다 순위가 매겨져 있다. 물론 전공 혹은 시기에 따라 다소 변동은 있으나 모든 대학들은 사실상 한줄로 서열화되어 있고, 고등학교 졸업자들은 자신의 성적에 대응하는 서열의 대학을 선택한다. 이 서열의 가장 아래 단계에 다수의 전문대학이 위치한다. 신입사원을 선발하는 기업들이 왜 이러한 사실을 모르겠는가. 한국사회에서 전문대학을 졸업했다는 신호는 양질의 일자리를 취득하는 데 유리하게 작용하지 못한다.

물론 현재의 대학입시가 능력이 좋은 사람을 선별해내는 데 한계가 있기 때문에, 전문대학에 입학한 학생이라도 더 좋은 능력이 있을 수 있다. 또한 고등학교 때까지 학업에 집중하지 못했던 사람이라도 대학에 들어와서 급속도로 능력을 향상시킬 수 있다. 그러나 냉정하게 볼 때 현재의 여건에서 이러한 가능성은 별로 높아 보이지 않는다. 경제학에서는 교육에도 생산함수가 존재한다고 가정하곤 한다. 즉 투입요소가 많아질수록 산출량이 많아진다. 교육에서의 투입요소란 결국 본인이 얼마나 교육에 집중적으로 시간을 투자하는지, 이를 지도하는 교수의 양적·질적 수준이 어떠한지, 교육여건은 얼마나 충실히 갖추어져 있고 재정이 얼마나 많이 투자되고 있는지 등이다. 어떠한 측면을 고려해보더라도 4년을 교육에 투자하는 일반대학 졸업생에 비해 단 2년만 교육을 받는 전문대학 학생들이, 대학교육을 통해 좀더 높은 능력을 얻을 것이라 판단할 수 있는 근거를 발견하기는 어렵다.

결국 이러한 점들을 감안할 때 예전에 고교 졸업자가 담당했던 하위직종 가운데 많은 일자리들을 이제 전문대학 졸업자가 담당하게 되는 것은 당연한 귀결이다. 인적자본이론에서 보든 신호이론에서 보든 전문대학 졸업자들의 생산성이 가장 하위에 놓이는 경향이 강하기 때문이다. 그렇다면 과연 여기서 어떻게 탈출할 수 있을까?

실무교육에 집중해 취업확률을 높인다는 것이 현재 전문대학 교육의 전략목표인 것으로 보인다. 언제부터인지 취업률이 대학의 성과를 평가하는 주요한 지표로 사용되고 있지만, 사실 이것만큼 허망한 지표는 없다. 앞에서 살펴본 바와 같이 전문대학 졸업자의 취업률이 일반대학 졸업자에 비해 졸업 직후에는 매우 높다고 보고되지만, 1년 6개월 후의 조사에서는 그 비율이 거의 비슷한 것으로 나타나고 있다.

통계청의 자료를 분석해보더라도 동일한 결과가 나타난다. 〈그림 1〉은 2007년부터 2009년 사이에 전문대학과 일반대학을 졸업한 사람들을 대상으로, 졸업 이후 시간이 지남에 따라 실업률이 어떠한 변화추세를 보이는지를 추적한 그래프다(가로축은 졸업 후 몇개월이 지났는지를, 세로축은 실업률을 나타낸다). 이를 보면 졸업 이후 1년여 동안에는 전문대학 졸업자의 실업률이 일반대학 졸업자의 그것에 비해 8~9% 포인트 정도까지 더 낮지만, 그 이후부터는 실업률이 거의 차이를 보이지 않는다는 사실을 확인할 수 있다. 대학진학자가 졸업 후 1년만을 바라보고 교육을 받는 것은 아니지 않는가. 오히려 이들에게 중요한 것은 장기적으로 고용을 유지할 수 있는 양질의 일자리이지, 졸업 후 즉각적으로 취업을 할 수 있는지의 여부는 아니다. 졸업 직후 취업확률이 높아진다는 전문대학의 장점은, 그 실상을 들여다보면 그다지 매력적인 특성이라 보기 어렵다.

<그림 1> 졸업 이후 기간별 실업률의 변화추세[40]

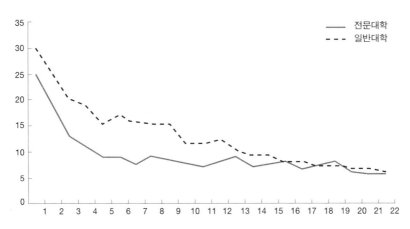

전문대학에서 실무교육을 받으면 일반대학에서 이론교육을 받은 사람에 비해 직장에서 더욱 높은 생산성을 발휘할 수 있지 않을까? 사실 이러한 이유 때문에 요즈음 일반대학에서도 실무교육을 강조하는 바람이 불고 있는데, 이로 인해 실무교육이라는 특징은 더이상 전문대학만의 특별한 장점이 되기 어려운 상황이 되었다. 더불어 과연 이와 같은 교육방식이 졸업자의 생산성을 높이는 데 바람직한 것인지에 대해서도 깊은 성찰이 필요하다. 현재 전문대학 등에서 강조하는 실무교육이란 전공학문의 기본원리에 대해 학습하기보다는, 기업에 입사했을 때 곧바로 이용할 수 있는 단순한 기능을 집중적으로 익히는 것으로 이해되곤 한다.

물론 이러한 기능이 있는 경우 입사 초기에 다른 사람에 비해 업무에 적응하는 기간이 짧아지기 때문에 생산성이 높아지는 유리함이 있을 수 있다. 그러나 통상 이러한 기능은 기업에 입사한 이후 실제 업무를 처리하면서 혹은 선배 노동자 등으로부터 전수를 받거나 현장훈련을 받음으로써 쉽게 체득되곤 한다. 따라서 초기의 상대적 유리함은 금세 사라지는 경향이 있다. 오히려 직업세계에서 더욱 중요한 것은 자신이 담당하는 일에 대해 얼마나 폭넓고 깊이있는 지식체계를 보유하고 있는지, 혹은 전공분야는 아니라 하더라도 일반적인 사항에 대해 어느정도 문제해결능력과 창의적 사고력이 있는지 하는 점일 수 있다. 실무교육만을 강조하는 전문대학의 교육방식은 정작 대학교육이 가질 수 있는 인적 자본 향상이라는 중요한 효과를 놓치는 우를 범할 가능성이 있다.

무엇이 대안인가?

다른 부문도 마찬가지겠지만 특히 교육부문에 있어서만큼은 기발한 묘수풀이란 존재하지 않는다. 전문대학 졸업자가 하위직종에 머무를 수밖에 없는 이유가 평균적으로 이들의 생산성이 낮기 때문이라면, 이들의 생산성을 실질적으로 높여주는 방법 외에는 다른 대안이 없다. 그리고 생산성을 높여주기 위해서는 학생들이 '올바른 방향'으로 더욱 열심히 공부하게 하는, 그렇게 하도록 대학과 사회가 유도하는 방법밖에는 없다. 노력하지 않고 어떻게 능력이 향상되고 생산성이 높아지겠는가? 대체로 전문대학 입학자들은 중등교육 단계에서 이수해야 할 기초적인 학업능력을 제대로 갖추지 못한 경향이 있고, 또 스스로 학업에 열중하고자 하는 동기의식이 부족하거나 혹은 이에 대한 유인이 많지 않을 수 있다. 따라서 이러한 학생들을 가르치기 위해서는 우수한 능력을 갖춘 교수들이 집중적으로 교육할 필요가 있다. 고등학교 단계의 기초교육에 대한 치료과목(Remedial Courses)을 개설해 이수하도록 하고, 일반대학보다 더욱 질높은 교육을 강도높게 실시해야 한다. 2년 안에 도달하지 못하면 3년이든 4년이든, 일정한 기준을 넘어설 때까지 끈기있게 가르치자. 전문대학의 졸업장은 쉽게 취득되는 것이 아니라, 확실한 능력을 갖추고 있는 신호임을 사회에 보여줄 수 있도록 해야 한다.

무엇이 전문대학 교육의 '올바른 방향'인지에 대해서는 공개적으로 토론하자. 전문대학에 입학하는 학생의 특성을 고려할 때 일반대학에서 이루어지는 교육내용을 무조건 따라가는 것만이 좋은 방식은 아닐 수 있다. 교육기간도 2년으로 더욱 짧다는 사실도 고려해야 한다. 전문대학 교육이 단순하고 실무기능만을 익히면 된다는 생각으로부터도 벗어나야 한다. 전문대학 졸업생이 어느 부문으로 진출하더라도, 고학력자가 넘쳐나는 한국의 노동시장에 이들만을 위한 독자적인 영역이란 존재하지 않는다. 전공분야가 공학인지 어학인지 경영학인지에 따라 교육과정에 채워져야 할 내용은 달라질 수 있다. 그러나 분명한 점은 쉽게 익힐 수 있는 단순기능 분야 중심으로 교육내용이 편성되는 것이 아니라, 해당 직업세계에서 중장기적으로까지 교육효과가 나타날 수 있는 분야로 그 내용이 채워져야 한다는 사실이다.

여러모로 불리한 여건에 놓여 있는 전문대학이 이러한 상황에서 독자적인 경쟁력을 확보하기 위해서는 교육방식으로 승부할 수밖에 없다. 일반대학에서 한번 가르칠 것을 두세번씩 가르치고, 일반대학에서는 칠판에 쓰면서 하는 강의를 실험과 토론을 통해 배울 수 있도록 하자. 대부분의 기업에서는 직원채용시 영어성적을 요구한다. 승진시에도 영어성적이 필요한 경우가 많다. 직업세계에서 영어라는 도구가 정말 필요하다면, 전문대학에서도 영어를 집중적으로 교육하자. 원어민강사를 초빙해 매일같이 영어수업을 받도록 하고, 방학기간에는 영어연수를 보내자. 공학의 원리를 제대로 이해하기 위해서는 수학이나 물리 등 기초과학 과목에 대한 교육이 필요할 수 있다. 학생들이 이 과목들을 어려워하면, 인근 지역의 대학원생을 고용해 개인교습 방식으로 나머지 공부를 시키자. 그렇게 해서 중고등학교 시절까지 공부에 흥미가 없었던 학생이라도, 공부라는 것이 별게 아니구나, 나도 공부에 빠질 수 있구나 하는 생각이 들도록 하자.

전국의 전문대학 도서관과 연구실 그리고 실험실은 밤늦도록까지 불이 꺼지지 않도록 하자. 한 나라의 경쟁력을 높이는 데에는 노벨상을 받는 천재들의 활약도 중요하지만, 사회 저변의 대다수 노동자들의 창의적 사고와 문제해결능력 또한 중요하다. 모든 부문에 기본이 튼튼한 사회를 만드는 것, 교육이 그 밑거름이 되어야 한다.

이처럼 전문대학 교육이 이루어지기 위해서는 무엇보다도 투자가 필요하다. 지금처럼 학생들의 등록금을 받아 대부분의 운영비를 마련해야 하는 사립대학의 구조하에서, 현재 수준 이상의 획기적인 교육투자를 기대하기는 현실적으로 무리다. 가정형편이 좋지 않은 전문대 진학자들에게 아르바이트도 하지 말고 비싼 등록금을 내가며, 2년이든 3년이든 집중적으로 공부하라고 다독이는 것도 사실상 불가능하다.

이제는 정부가 전문대학 교육에서만큼은 두팔을 걷어붙이고 나서야 한다. 어떤 연령층이라도 자유롭게 입학해 최소한 등록금 걱정 없이 자신의 인적 자본 향상에 매진할 수 있는 기회를 가질 수 있도록 정부가 충분한 재정지원을 하자. 단지 졸업장을 받는 데 그치는 것이 아니라 본인만 노력한다면 인생이 달라질 수 있도록 확실한 교육씨스템을 만들자. 그리고 이를 위해 아낌없이 투자하자. 시장주의 원칙을 강조하는 미국의 경우에도 커뮤니티칼리지만큼은 등록금을 거의 받지 않거나 매우 저렴하다. 왜 그러겠는가? 그것이 바로 최소한의 사회적 공정성이라고 보기 때문이다. 정부가 투자를 하는 만큼, 대신 요구하자. 그리고 감시도 하자. 교수든 학생이든, 전문대학 구성원들이 전력을 다해 교육에 헌신하고 있는지, 이를 통해 바람직한 교육성과가 창출되고 있는지를.

2011년 한국에서 전문대학을 다닌다는 것은 무슨 의미를 지니는 것일까? 한국사회에서 전문대학이 필요하기는 한 것일까? 필요하다. 아니 매우 중요하기까지 하다. 하지만 사회적으로 요구되는 것은 지금 현재 모습의 전문대학이 아니라 전혀 다른 형태의 전문대학이다. 청소년기 학업에 집중하지 못했던 학생들에게 제2의 기회(second chance)를 제공하는, 그래서 그들이 노래가 아닌 공부를 통해서도, '슈퍼'까지는 아니더라도, '스타케이'로 재탄생할 수 있도록 도와주는 전문대학. 한국사회에서 이는 불가능한 꿈일까?

대학시간강사를 국가연구교수로

—

강남훈

—

시간강사는 무엇으로 사는가

대학에 처음 입학한 학생들은 첫학기 강의를 들으면서 자기가 듣는 강의의 절반 정도가 전임교원이 아닌 시간강사가 담당한다는 것을 알고는 깜짝 놀라게 된다.

「2010 교육기본통계조사」에 따르면 일반대학과 대학원의 전임교원은 6만 7000명이고, 전문대학의 전임교원은 1만 2000명이다. 비전임교원의 비율은 일반대학이 62.6%이고, 전문대학이 72.3%다. 비전임교원의 대다수는 강의 과목별로 채용되는 시간강사인데, 일반대학이 6만 6000명, 전문대학이 2만 3000명이다. 이중에서 중복계산을 제외하고, 시간강사 중에서 다른 직업 없이 시간강의로만 생활하는 전업시간강사만 골라내면 3만 5000명 정도라고 추정된다(한국비정규교수노동조합, 이하 비정규교수노조). 시간강사는 전체 대학강의의 45% 정도를 담당한다. 시간이 갈수록 시간강사의 비율은 증가하는 추세다.

전임강사(전임교원의 최하위직급)의 연봉은 4100만원인 데 반해, 시간강사의 평균연봉은 466만원(주당 평균 4.2시간×30주×시간당 37,000원)이다. 시간강사의 연봉추정액(주당 9시간 근무한다고 가정했을 때의 연봉)은 999만원이다. 2008년 4인가구의 최저생계비가 연간 1500만원이었으므로 시간강사 대부분이 기초생활수급권자에 해당된다고 할 수 있다.

박사학위를 소지하고 대학에서 학생들을 가르치는 나라의 최고지성들에게 최저생계비도 지급하지 않는 현상은 누가 보더라도 정상이라고 할 수 없을 것이다. 이렇게 시간강사의 처지가 열악한 근본이유는 정부에서 고등교육비를 거의 부담하지 않기 때문이다. 2007년 OECD 국가들은 평균적으로 고등교육비의 70%를 정부에서 부담하는 데 반해, 우리나라는 20%만을 부담한다.[41] 그러다보니 등록금이 OECD 국가 중에서 가장 비싼 편인데도 대학교육의 질은 최하위권에 속하는 결과가 나타난 것이다.

교과부 대책은 곧 조삼모사(朝三暮四)

그동안 비정규교수노조는 시간강사들의 처지를 개선해줄 것을 호소해왔지만 소용이 없었다. 최근 들어 대학현실에 좌절한 시간강사들이 잇달아 자살하면서 사회적으로 큰 문제로 대두되자, 교과부는 여러 방면으로부터 압력을 받게 되었고, 드디어 2010년 8월과 11월 시간강사를 교원으로 인정하는 고등교육법 등의 개정안을 입법예고했다. 이 법안은 2011년 4월 26일 교과위 법안소위를 통과했다.

시간강사를 교원으로 인정한다고 해서 문제가 다 해결되는 것은 결코 아니다. 진정으로 교원으로 인정한다면, 최저생계비 이상의 소득을 보장해야 할 것이다. 교원의 지위는 헌법에 언급될 정도로 중요한 사항이기 때문이다. 그러나 교과부는 국립대학 중에서 극히 일부 대학의 시간강사들에 한정해 최저생계비를 보장하고, 나머지 시간강사들에 대해서는 임금인상을 권장하겠다는 방침이다. 대학들은 이런 방침에 반발하고 있다. 다른 한편으로 교과부에서 등록금을 올리지 못하도록 강제하고 있기 때문이라는 명분이다.

설사 교과부가 시간강사의 임금인상을 강제하는 데 성공하더라도, 대학은 시간강사 고용을 줄이는 것으로 반응할 것이다. 그렇게 되면 시간강사의 처지는 더 나빠질 수 있다. 실제로 정부가 예산증액 없이 기존의 기성회비에서 시간강사료를 대폭 인상하라고 요구하자 몇몇 국립대학들은 시간강사 채용을 줄이려고 시도하고 있다.

사립대학 강사료는 어떨까? 교과부는 그 사항을 강제할 수 없기에 시간강사를 대학의 전임교원 비율 지표에 집어넣겠다는 묘수를 발표했다. 예산도 안 들이고, 시간강사 임금도 인상하고, 시간강사 고용도 줄어들지 않는 3마리 토끼를 다 잡겠다는 의도다. 그러나 세상엔 공짜가 없는 법이다. 이렇게 되면 큰 부작용이 나타날 수 있다. 대학의 입장에서는 기존의 전임교원을 시간강사로 대체하더라도 대학의 전임교원 비율은 과거와 다를 바 없다는 논리이기 때문이다. 그러므로 대학들은 전임교원의 충원을 급격히 줄이려고 할 것이다. 이로써 앞으로는 사립대학에서 교원의 비정규직화가 더욱 급속히 증가할 위험이 있다.

국가연구교수란 무엇인가

국가연구교수제도는 국가가 책임지고 시간강사들의 최저생활을 보장하자는 정책 중의 하나다. 이 제도의 개요는 다음과 같다.

1. 박사학위 또는 이에 준하는 자격을 가지고 소정의 연구, 교육 및 봉사 업적을 달성한 사람들을 국가연구교수 풀에 등록시켜 연봉 2400만원 정도의 최저생계비를 보장한다. 첫해에 1만명을 뽑고 다음해와 그 다음해에 1만명을 뽑아 3년에 걸쳐 국가연구교수군(群)을 완성한다. 3차년도 이후에는 매년 적절한 비율로(예를 들면 5%) 국가연구교수를 늘려간다. 단, 인문학과 기초과학의 정원을 우대해서 배정한다.

2. 국가연구교수는 다음과 같은 강의 또는 연구과제 수행의무를 가진다.

① 2년 동안 자기가 선택한 교육기관에서 24학점을 강의한다.

② 2년 동안 자기가 선택한(선택하지 못했을 때에는 위원회에서 지정) 연구과제 2개를 수행한다.

③ 위의 두가지를 적절하게 혼합할 수 있다.

국가연구교수는 2년 동안 등재후보지 이상의 전문학술지에 2편 이상의 논문을 쓰거나, 이에 준하는 업적(저서 출판, 사회봉사 등)을 달성해야 한다. 이러한 조건이 충족되면 당연 재임용된다.

3. 약 3만명 정도의 국가연구교수 풀이 완성되고 나면, 대학에서는 전임교원 아니면 국가연구교수만 강의를 할 수 있도록 한다. 따라서 현재의 시간강사제도는 철폐된다. 국가연구교수는 대학에서 시간강사로 강의할 때에는 학기당 6학점까지 무급으로 하며, 그 이상은 유급으로 한다. 국가로부터 국가연구교수 지원비를 받는 대학은 그만큼 등록금을 인하하도록 한다.

4. 대학에서 국가연구교수를 전임교원으로 채용할 경우에는, 국

가연구교수에 대해 국가가 지원하던 금액을 마찬가지로 계속 지원해준다. 그 대신 정부는 각 대학의 전임교원확보율의 기준을 상향해나간다. 국가연구교수에게 시간강의를 맡길 때에는 대학의 법정교원확보율에 이를 계산해 넣지 않는다. 장기적으로 대학의 교수인건비 전체를 정부에서 지급하면서 그만큼 등록금을 낮추어가도록 한다.

5. 국가연구교수의 학문분야별 정원을 정하고, 국가연구교수를 선발, 관리하기 위해 독립된 정부기구로서 '국가학술위원회'를 설치한다. 국가학술위원회는 국회나 대통령이나 행정부가 간섭하지 못하게 하고, 위원들은 연구자들과 교수들이 민주적이고 자율적으로 선출하도록 한다. 이 위원회는 국가연구교수 이외에 학문과 연구에 관련된 정책을 총괄하도록 한다. 기존의 연구재단 같은 대학지원기구도 이 위원회에 소속되도록 한다.

국가연구교수제도를 위한 소요 예산은 다음과 같이 추정된다.

1차년도 2400만원×1만명＝2400억원
2차년도 2400만원×2만명＝4800억원
3차년도 2400만원×3만명＝7200억원
4차년도 이후 매년 5%씩 증가

이 정도의 예산을 위해 별도의 조세를 징수할 필요는 없다. 반값등록금 공약 같은 것을 얼마든지 활용할 수 있기 때문이다. 2007년 대선 때 한나라당은 반값등록금을 공약했지만 지키지 못했다. 2011년 현재 학생들은 조건없는 반값등록금을 요구하고 있다. 여기에 필요한 재원은 5조원 내지 6조원 정도다. 그중에서 7200억원 정도를 학생들에게 장학금으로 지원하지 못하는 대신 국가연구교수들 인건비로 사용하고, 국가연구교수를 쓰는 대학들은 그만큼 등록금을 낮추게 하면, 등록금도 낮추면서 시간강사 문제도 해결하는 2가지 목표를 동시에 달성할 수 있다.

국가연구교수제도로 지식재생산을 보장하자

연구자들의 재생산과 대학원 활성화

우리나라는 만들어진 지식을 활용해 물건을 만드는 능력은 뛰어나지만, 지식 자체를 생산하는 능력은 많이 뒤처진다는 평을 듣는다.

지식이 모든 산업의 근본이라면, 가장 똑똑한 사람들을 지식생산(학문연구)에 많이 배치하는 나라의 경쟁력이 단연 앞설 것이다. 우리나라의 현실은 그렇지 못하다. 기초학문이나 이공계를 전공하려는 학생수는 줄어드는 반면, 돈을 잘 버는 분야에만 우수한 학생들이 몰린다. 기초학문이나 이공계에 진학한 학생들도 전공은 제쳐두고 고시공부에만 전념한다. 대학원과정에 진학하려는 우수한 학생들은 점점 줄고 있으며, 순수학문을 전공하려는 사람들도 점점 사라져간다.

흔히 이러한 현상을 놓고 요즈음 학생들이 힘든 일을 싫어하고 돈만 밝혀 그렇다는 식으로 매도해버린다. 그러나 이 문제는 개인의 도덕심 문제로 환원될 수 없는 근본원인이 있다. 그것은 대학원에 진학해 연구를 계속하려는 학생들에게 생계가 전혀 보장되지 않는다는 점이다. 박사학위를 따도 취업할 자리가 없어 '박사실업자'가 넘쳐난다. 대부분 시간강사로 최저임금에도 못 미치는 임금으로 살아가야 한다. 이런 상태에서 학문의 길을 선택하는 것은 매우 어리석다고 여겨질 것이다.

우수한 학생이 대학원에 진학하지 않는 현상이 계속되는 한 대학의 경쟁력은 결코 높아질 수 없다. 이공계의 경우 실험실을 지켜줄 대학원생이 없어지면 제아무리 우수한 교수라 할지라도 국내에서 좋은 논문을 쓸 수 없게 된다. 기초 인문사회과학의 경우에는 교수가 아무리 창조적인 사상을 개발했다고 하더라도 그것을 계승·발전할 제자가 없기 때문에 그대로 사장될 수밖에 없다.

교과부도 이 문제점을 어느정도 인식하고 있었다. 그래서 마련한 정책이 BK21 같은 대학원생 지원정책이다. 상당한 규모의 자금을 연구과제에 지원하면서, 지원금의 대부분을 박사학위를 받은 사람이나 대학원 재학생을 지원하는 데 쓰도록 의무화했다. 이 정책은 대학원을 활성화하는 데 적지 않게 공헌했다. 그러나 이런 지원방식은 효율성이 떨어진다.

교과부 지원정책의 가장 큰 문제는 대학의 경쟁력이 떨어지게 된 근본원인을 정정하지 못한다는 점이다. 대학원생 시절이나 박사학위 취득 후 1~2년 동안의 생활을 보장해주는 것 자체는 바람직하지만, 그것만으로는 학문연구의 근본적인 유인책이 될 수 없다. 박사학위를 취득해도 결국 실업자가 되는데, 박사과정에 다닐 때 생활비를 보태주는 것이 무슨 소용이 있겠는가? 박사학위를 취득한 뒤에도 기초생활을 장기적으로 보장해주는 것이 훨씬 더 효과적이다. 다시 말해 연구의욕을 높이는 최선의 방법은 곧 안정된 생활을 보장하는 것이다.

2009년, 정부는 대학에 약 3조 3600억원을 연구비로 지원했다.[42] 이중에서 2/3 정도는 연구과제를 수행하는 연구자들의 인건비로 지급되고 있을 것으로 추정된다. 이 연구자들에게 그저 인건비를 지급하는 것이 아니라, 국가연구교수로 선발해 연구과제를 수행하게 한다면, 똑같은 돈으로도 연구자들은 훨씬 더 안정적인 환경에서 연구할 수 있게 된다.

지식생산과 학문정책

국가연구교수가 대학원 교육을 활성화하기 위해서는 국가연구교수 정원의 상당부분을 국내 박사들에게 할당해야 한다. 학문분야별로 50~80% 정도를 국내 박사에 할당하는 것이 적절하다. 이러한 국내 박사 할당제의 효과는 영화산업의 스크린쿼터제도를 생각해보면 쉽게 이해할 수 있다.

지식은 학회지나 교과서에 발표되는 명시적인 지식 이외에도 암묵적 지식(문장, 수식, 그림 등으로 명백하게 표현할 수 없는 지식), 대면 지식(사람을 직접 만날 때에만 배울 수 있는 지식), 네트워크 지식(사람들의 네트워크 속에서 만들어지는 지식) 등으로 구성된다. 그렇기 때문에 지식은 그것이 만들어진 환경과 분리되면 잘못 적용될 수 있는 위험이 있다.

1997년 IMF외환위기 때를 생각해보자. 당시 경제부총리는 자유무역을 철저하게 신봉한 나머지 『국산품 애용식으론 나라 망한다』라는 책을 썼는데, 이 책은 1993년 출간 이후 외환위기 직전까지 베스트셀러였다. 그러나 정작 경제위기가 닥치자 한국경제를 살린 것은 자유무역과는 정반대의 성격인 금모으기 운동이었다. 당시의 이자율 논쟁에서도 외국에서 배운 지식을 신봉하는 학자들은 IMF의 고이자율 정책을 옹호했지만, 우리나라의 특수한 경제구조 때문에 저이자율 정책을 쓰는 것이 올바른 것으로 판명되었다. 이런 각도에서 보면 당시 정책담당자들이 우리 현실에 맞지 않는 경제이론을 믿고 있었던 것이 IMF외환위기의 원인 중의 하나였다고 할 수 있다. IMF외환위기는 한국경제의 위기였을 뿐만 아니라 동시에 한국경제학의 위기였던 셈이다.

국산품 생산은 오늘날같이 세계화된 경제구조하에서도 여전히 중요하다. 모든 제품을 그렇게 할 필요는 없지만, 어느정도의 제품은 반드시 국내에서 생산해야 한다. 그러나 스스로 생산을 하는 것이 쉬운 일은 아니다. 도로, 철도, 항구 등 사회간접자본이 갖춰져야 하고, 원료나 부품을 만드는 기업과 최종생산물을 만드는 기업 사이에 수직적 관계가 구축돼야 하며, 유사한 제품을 만드는 기업들 사이에 수평적 관계가 형성돼야 한다.

지식의 경우에도 마찬가지다. 어느정도의 지식은 스스로 생산할 수 있어야 한다. 지식의 생산을 위해서는 사회적·문화적 환경과 더불어, 지식생산자간에 수직적·수평적 관계가 형성돼야 한다. 국가연구교수제도를 도입함으로써 우수한 학생들이 국내 대학원에 많이 진학하고 국내 박사들이 국가연구교수로 많이 진출하게 되면, 이러한 재생산구조 확립에 큰 도움이 될 것이다.

미국 내 한국인 유학생 수는 11만명이 넘어 전체 외국인 유학생 72만명의 15.2%를 차지해 3년째 1위를 달리고 있다(『한겨레』 2009년 2월 3일자). 반대로 일본은 자국에서 취득한 박사학위를 우대한다. 대학교수가 되기 위해서는 미국에서 박사학위를 꼭 딸 필요가 없을 뿐만 아니라, 오히려 자국에서 학위를 따는 것에 비해 불리한 경우도 있다고 한다. 자연과학 분야만 놓고 보더라도 박사학위 과정중이나 과정 이후 몇년간 미국에 가서 공부하고 오더라도 학위는 자국에서 따는 것이 대부분이다. 미국에서 배울 것은 배우더라도 자국의 학문체계 속에서 공부하는 것이다. 이와 같이 자기 나라의 학문 재생산구조를 만들어낸 일본은 지금까지 과학분야 노벨상을 15명이나 배출했다. 이

중에 10명이 일본 박사이고, 1명이 일본 학사다(아래의 기사 내용 참고). 미국의 학문 재생산구조 속에서 공부를 하는 한국은 아직까지 과학 분야에서 노벨상을 한명도 배출하지 못했다.

이번 수상자 가운데 노벨화학상을 받은 다나카 고이치(田中耕一)에 주목한다. 수상자가 발표되었을 때 본인은 물론 가족 그리고 과학성까지도 믿을 수 없다는 표정을 지었다. 가족들은 동명이인이 아니냐고 되물었다고 한다. 그의 나이가 43살이었다. 그리고 유명한 사람도 아니다. 그러나 사람들이 놀란 것은 그것이 전부가 아니다. 주목하는 것은 그가 석사도 박사도 아니며 당연히 교수도 아니라는 사실이다. 학사 출신이다. 또한 일본에서 흔히 꼽히는 명문대 출신도 아니다. 이는 고시바 마사토시나 다른 역대 수상자들과 매우 다른 점이다. 보도에 따르면 그는 시마즈(島津)제작소 분석계측사업부 연구소 주임이라고 한다.(『한겨레』 2002년 10월 10일자)

한편 올 노벨상 가운데에는 해외유학 경험이 전혀 없는 토종학자들도 있었다. 노벨물리학상 수상자인 고바야시 교수와 마스카와 교수는 나고야대를 졸업한 뒤에도 해외에서 유학한 경험이 없다. 특히 마스카와 교수는 이제까지 해외에 나가본 적이 한번도 없다고 한다. 그래서 올 12월에 있을 노벨상 수상식 참석을 위해 처음으로 여권을 만든다는 소식이다.(『사이언스타임즈』 2008년 10월 14일자)

국가는 지식의 분야 면에도 배려를 해야 한다. 실용지식은 대학의 자체 판단이나 기업(시장)에 의해 생산되기 용이하지만, 기초과학이나 인문과학 등은 그렇지 못하다. 이러한 지식은 시장에 맡겨놓으면 제대로 생산되지 않는다. 그러나 우리나라가 정신적으로 풍요로워지고 선진국으로 발전하기 위해서는 이 학문들이 반드시 필요하다. 국가연구교수 정원을 학문분야별로 배분할 때에도 기초학문과 인문과학을 우대한다면, 이 분야의 지식생산을 촉진하는 효과가 있다.

이와 같이 국내 박사를 우대해 재생산구조를 만들고, 기초과학과 인문과학의 지식생산을 장려하는 등의 학문정책을 총괄하는 기구는 대통령과 행정부, 국회로부터 독립된 기구여야 한다. 학문은 외부로부터의 부당한 간섭에 의해서는 결코 발전할 수 없기 때문이다. 정부가 연구자에게 압력을 행사해 '4대강사업의 편익이 비용보다 크다'는 연구결과를 만들어내게 되면, 예산낭비와 환경파괴를 막을 수 없게 된다.

앞서 소개한 것처럼 가칭 '국가학술위원회' 같은 기구를 신설하고, 이 기구가 국가연구교수 정원을 배분하고, 국가연구교수를 선정하는 등의 업무를 맡도록 해야 한다. 국가학술위원회 위원은 학문분야별 연구자들과 교수들에 의해 자치적으로 선출되도록 하여 외부의 개입을 배제해야 한다. 국가연구재단 같은 연구비 지원기구도 이 위원회의 산하기관으로 자리매김해야 한다. 또한 국책연구기관들 중에서도 부처와 긴밀하게 연결될 필요가 있는 경우를 제외하고는 이 위원회에 속하는 것이 연구의 중립성 측면에서 바람직할 것이다.

권역별 대학네트워크 활성화

우리나라 대학정책에서 또하나의 중요한 과제는 지방대학 육성이다. 지방에 수도권 명문사립대에 버금가는 대학들이 자리잡으면, 서열체제도 완화되고 사교육비 부담도 줄어들 것이다. 이러한 방법 중의 하나는 권역별로 국립대와 사립대를 통틀어 네트워크를 형성하는 것이다. 이러한 대학네트워크의 예로서, 비록 느슨한 형태지만 미국의 캘리포니아주립대학 씨스템 같은 것을 참고할 수 있다. 박정원(상지대 교수)은 스코틀랜드 대학들이 대학원 네트워크체제를 만들어 크게 성공한 사례들을 제시한다.[43]

권역별 대학네트워크를 시작하는 좋은 방법은 대학원을 공동으로 운영하는 것이다. 예를 들어 물리학과 대학원을 경북지역의 국립대학과 사립대학이 함께 운영한다고 생각해보자. 이 대학원은 교수가 50명쯤으로 늘어나게 되어, 물리학의 모든 분야의 전공교수를 갖추게 될 것이다. 박사과정 학생도 상당수를 확보하게 되어, 서로 토론하고 경쟁할 수 있는 분위기가 형성된다. 값비싼 실험실습기자재도 확보하기 쉬워진다. 교수들은 자기 분야를 전공하려는 대학원생과 만나 자기 본연의 학문발전을 도모할 수 있게 된다. 이와 같이 수도권 명문사립대라 할지라도 따라오기 힘든 연구환경이 조성될 수 있다.

여기에 국가연구교수 정원을 권역별로 배분하게 되면, 대학네트워크는 금세 활성화될 수 있다. 조금 시간이 걸리기는 하겠지만, 대학원이 명성을 얻게 되면 결국 대학 전체가 명문대학으로 발전하게 된다. 이와 같이 국가연구교수제도는 대학의 서열체제를 깨뜨리면서 상향평준화를 달성하는 좋은 방법이 될 수 있다.

사립대학의 공공성 증대

우리나라는 사립대학이 전체 대학의 80% 정도를 차지하는 기형적 형태다. 학교수 기준으로 본 사학의 비중은 초등학교 1.3%, 중학교 21.2%, 고등학교 41.7%, 전문대학 93.3%, 대학 80.8%이다.[44] 뿐만 아니라 고등교육비 중에서 공적 부담 비율이 20% 정도로 매우 적고, 사적 부담 비율은 2000년도에 비해 더욱 증가하고 있다.[45]

학생들이 납부하는 등록금 수준도 공립대학은 4717달러(구매력평가 환율 기준. 이하 동일)로 미국의 5943달러에 이어 2위, 사립대학은 8519달러로 역시나 미국의 2만 1979달러에 이어 2위다. 대부분의 OECD 국가는 학생들에게 등록금을 거의 부과하지 않는다.[46]

반면 고등교육 학생 1인당 교육비(공적 부담과 사적 부담의 합계)는 헝가리, 체코, 슬로바키아, 폴란드, 칠레 등을 제외하면 가장 적은 액수다.[47] 우리나라 사립대학 현실에서는 아무리 등록금을 인상하더라도 15 : 1 정도의 학생수 대비 교수 비율을 유지하는 것이 당분간 불가능해 보인다.

사립대학은 지원받는 게 거의 없다보니 정부정책에 순응하지 않는 경우가 종종 있다. 사립대학들은 사립학교법의 민주적 개정에 강력하게 반발해왔으며, 그나마 도입된 개방이사제도도 사실상 유명무실해지고 있다. 법원이나 교과부, 심지어 사학분쟁조정위원회조차도 사학비리를 저지른 자까지 사립대학의 이사로 재선임하고 있다. 일부 명문사립대학들은 대학서열체제의 최첨단에 오르며 엄청난 권력집단이 되었다.

사립대학에 대한 재정적 지원은 고등교육의 질을 높이고, 사적 부담을 줄일 뿐만 아니라, 고등교육의 공공성을 높이는 데에도 필수적이다. 그러나 전문대학을 포함하는 상당수의 지방사립대학들이 부정과 비리로 얼룩져 있는 상황에서 국가에서 현금형태로 지원하는 것은 바람직하지 못할 수 있다. 그리하여 사립대학에 현금을 지원하는 것보다는 교원 인건비의 일부 혹은 전부를 국가가 부담하는 것이 훨씬 바람직하다. 우리나라에서 사립 중고등학교 인건비를 국가가 부담하고 있는 것이 좋은 예다. 일본의 경우 사립대학 인건비의 50%까지를 국가가 지원한다.

국가연구교수제도는 고등교육의 공공성을 높이는 효과적인 사립대학 지원책이 될 수 있다. 등록금의 과도한 인상 없이 교수·학생 비율을 개선해 고등교육의 질적 개선을 가져올 수 있는 방법이다. 사립대학의 공공성 증가는 앞으로 대학서열체제를 타파하고, 대학입시를 위한 사교육 부담을 줄일 수 있는 대학개혁정책을 추진할 수 있는 전제조건이다. 예를 들어 정부에서 대학개혁안을 추진한다고 할 때, 개혁안에 반대하는 사립대학에 대해서는 국가연구교수의 지원을 끊어버리는 위협수단이 생기는 것이다.

박사실업자 구제책이 아니다

국가연구교수제도는 비정규직교수 문제 해결을 위해 제안된 정책의 하나다. 그러나 그것은 단순한 박사실업자 구제책이 아니다. 대학시간강사이면 무조건 국가교수가 되는 것은 아니다. '국가학술위원회'에서 엄격하게 심사해 업적과 자격을 갖춘 사람을 체계적으로 선발하게 된다. 국가연구교수제도는 국가에서 대학의 전임교원이 될만한 자격이 있는 사람을 신속하게 전임교원으로 취직시키기 위한 제도라고도 할 수 있다.

국가연구교수제도는 학문의 재생산구조를 확립하고, 대학원을 활성화하고, 진보적 학문과 인문학 등 기초과학의 발전을 돕는 학문정책으로서 중요한 효과를 발휘할 수 있다. 더불어 교원 인건비 지원을 통해 사립대학에 대해서도 투명하게 지원함으로써 고등교육의 공공성을 증진하고 사적 부담을 완화하는 효과도 있다. 사학의 공공성 증가는 앞으로 대학서열체제를 타파하고, 대학입시를 위한 사교육 부담을 줄일 수 있는 대학개혁정책을 추진할 수 있는 수단을 제공해준다. 마지막으로 국가연구교수제도는 학생들에게 더욱 질높은 교육을 제공하는 수단이 된다. 얼마 안되는 예산으로, 이해당사자들 사이에 큰 갈등 없이 이렇게 많은 좋은 효과를 낼 수 있는 제도는 드물 것이다.

21세기 선진국이 되려면 학문을 발전시켜야 한다. 학문의 발전을 위해서는 학문의 재생산구조를 만들어내야 한다. 학문의 재생산구조는 연구자들에게 기초생활을 보장해주는 것에서부터 시작해야 한다.

국립교양대학 안을 국민투표로[48]

—

강남훈

—

대학이 바뀌어야 사교육문제가 해결된다

우리나라 초중등교육의 문제가 무엇이냐고 묻는다면 막대한 사교육비 문제라고 대답하는 사람이 가장 많을 것이다. 통계청 발표를 보면, 2009년 사교육비는 21조 6000억원으로 2008년보다 3.4% 증가했다. 학생 1인당 월평균 사교육비 역시 24만원으로 전년 대비 3.9% 상승했다. 경기침체 속에서도 사교육비는 상승한 것이다. 그러나 사교육시장이 지하경제화되어 실제 사교육비는 이것보다 훨씬 많을 것이다. 실제 사교육비가 33조 5000억원(가구당 월 65만원)에 달한다고 추정한 연구(2007)도 있다.[49] 이 연구에 기초하면 2011년 현재의 사교육비는 40조원 정도로 추정할 수 있다.

이 정도의 사교육비는 인구의 대다수를 구성하는 중산층과 서민층의 입장에서 매우 부담이 된다. 전세를 사는 사람들은 전셋값 인상분도 마련해야 하고, 자택에 사는 사람은 융자금도 갚아야 한다. 그렇다면 부자들은 사교육비에 시달리지 않을까? 최근 강남에 거주하는 주부를 만난 적이 있다. 큰아이가 내년에 고등학교에 진학하는데, 연·고대 입학을 확실하게 보장해주는 고급과외를 알아보니 한달에 300만원짜리, 500만원짜리, 800만원짜리가 있었단다. 1억원이 약간 넘는 남편의 연봉으로는 감당할 수 없어 고급과외를 포기할 수밖에 없었단다. 남편에게 돈을 잘 벌지 못한다고 바가지를 긁고 나니, 우리가 왜 이렇게 살아야 하는가 하는 절망감에 사로잡혔다고 한다.

전두환 대통령 같은 억압적인 통치자도 과외를 막을 수 없었다. 1980년 7월 국보위는 서슬 퍼런 과외금지조치를 내렸다. 사교육은 잠시 사라지는 듯했지만, 얼마 안 가 몰래바이트(몰래 하는 과외) 같은 형태로 부활했다. 위험부담 때문에 오히려 과외비가 증가하는 부작용도 생겼다. 과외금지조치는 점점 실효성이 약화되다가 사실상 유명무실해졌고, 2000년 4월 최종적으로 위헌판결을 받았다.

부모들은 왜 사교육을 시키려고 하는 것일까? 좋은 사교육을 받으면 좋은 대학에 들어가고 좋은 대학에 들어가면 좋은 직장을 얻을 수 있다는 믿음 때문이다. 이렇게 보면 좋은 직장이 부족하고 소득양극화가 심해진 것이 사교육 증가의 가장 궁극적인 원인이라는 것을 알 수 있다. 따라서 좋은 직장을 많이 만들고, 정규직과 비정규직 간의 소득격차를 줄이고, 최소한의 생활을 보장하는 것이 사교육을 없애는 근본대책이라고 할 수 있다. 모든 사람에게 조건 없이 일정한 소득을 보장해주는 기본소득제도는 이러한 대책의 하나일 수 있다.

이러한 근본대책들은 사회경제구조가 크게 바뀌는 것을 전제로 하기 때문에 수년 내에 실현하기 어려울지 모른다. 그렇다면 사회경제구조가 바뀌지 않은 상태에서도 다른 방법으로 사교육을 줄일 수 있는 방법을 시도해봐야 한다.

해방 후 60년간 입시제도는 총 16번, 평균 3년 10개월마다 한번씩 바뀌었다.[50] 참여정부 이후로도 2011년 현재까지 계속 바뀌고 있다. 그러나 여태까지의 정책들은 모두 사교육을 줄이는 데 실패했다. 대학이 서열화되어 있는 상태에서 입시를 비서열화하려는 정책은 성공할 수 없다.

사교육을 없애려는 정책이 성공하기 위한 필요조건은 서열화된 대학체제를 개편하는 것이다. 그리하여 우선 기존에 진보진영에서 제출한 '국립대 통합네트워크' 안을 검토함으로써 국립교양대학 안이 만들어지게 된 배경부터 살펴보고자 한다.

1막 1장: 국립대학 통합네트워크

기존에 진보진영에서 제시한 대학체제 개편정책의 하나로서, 과거 민주노동당에서 정책으로 채택했던 국립대학 통합네트워크 안이 있다. 흔히 '서울대 폐지론'으로 더 많이 알려진 이 방안의 내용은 다음과 같다.[51]

첫째, 서울대학교를 포함해 전체 국립대학을 하나의 통합네트워크로 묶는다. 서울대는 학부 모집을 하지 않고 대학원 중심 대학으로 전환한다. 입시는 고등학교 내신성적 70%와 대학입학자격시험 30%로 선발한다. 대학 캠퍼스의 배정은 추첨으로 정한다.

둘째, 대학의 과정은 2년의 학부 1기(인문사회계열과 자연계열)와 2년의 학부 2기(인문학부·사회과학부·자연과학부·공학부·농학부·해양학부·가정학부)로 운영한다. 학부 2기로 진학하는 과정에서 30%가량 정원을 줄이되, 유급제도를 둔다.

셋째, 법대·사범대·경영대·의대·약대는 학부과정을 없애고 전문대학원으로 운영한다. 전문대학원은 학부 성적 50%와 선발시험 50%로 선발하며, 동일학구(지역의 국립대학들을 거점대학을 중심으로 1개 학구로 통합) 학부 출신에 우선권 50%를 배정한다.

국립대학이 하나로 통합되면 국립대간의 서열은 당연히 사라지게 된다. 국립대간의 서열뿐만 아니라 서울대를 정점으로 했던 대학 전체의 서열도 깨뜨려지게 된다. 국립대의 정원을 고등학교 졸업자의 25%까지로 늘린다고 가정할 때, 15만명 정도의 학생들이 하나의 국립대학에 동시에 입학하게 된다. 고등학교에서 15만등 안에만 들면 서울대가 포함되어 있는 국립대학에 입학할 수 있다. 물론 엄격한 학사관리로 입학생 중 30% 정도가 탈락하기 때문에 입학한 뒤에는 매우 치열하게 공부해야 한다. 하지만 이는 대학생으로서 하는 경쟁이어서 지금과 같은 대입 사교육을 통해 효과를 보기는 어려울 것이고, 공교육체제 안에서의 경쟁이므로 바람직하다고 볼 수 있다.

노무현 대통령 시절 교육혁신위원회에서 국립대 공동학위제라는 이름으로 국립대학체제 개편을 구체적으로 검토한 것은 매우 놀랄 만한 일이다. 당시 위원회는 서울대를 정점으로 하는 대학서열체제를 타파하는 것을 대학체제 개편의 핵심으로 보았다. 위원회가 작성한 책자에는 "대학의 경쟁력을 높이기 위해 대학간 인적·물적 교류가 필요하며, 이를 위해 국립대학간 공동학위제를 추진한다"는 내용과 "국립대 교수를 공동 선발, 관리해 3년에서 5년 주기로 순환근무한다"는 내용이 담겨 있었다(「SBS」 2004년 6월 8일자).

그러나 이 정책은 교육관료, 보수적 교육전문가, 서울대학교 등의 강력한 반대에 부딪혀서 좌절되었다. 결국 노무현정부는 국립대 공동학위제와는 정반대되는 국립대 법인화 정책을 선택했다. 이 과정에 대해 이정우(경북대 교수)는 다음과 같이 평가한다.

> 혁신위는 '국립대 공동학위 수여제'를 대안으로 제시하며 서울
> 대 중심의 대학서열화를 해체하려 했다. 헤게모니가 교육부로 넘
> 어가면서, 국립대 공동학위제는 논의조차 되지 못했다. 너무 아쉽
> 다. 국립대들이 공동학위제를 운영하고, 결국 대학을 평준화하면
> 한국 입시지옥의 절반 정도가 해결된다. 그걸 안하려는 게 서울대
> 등 일류대 이기주의다.(『한겨레』 2010년 11월 15일자)

국립대학 통합네트워크 정책이 성공하기 위해서는 서울대 이기주
의를 극복하는 것 이외에 한가지 중요한 조건이 있다.

바로 서열체제의 정점을 사라지게 한다고 해서 서열체제 자체가
사라지는 것은 아니라는 데 유의해야 한다. 1등이 사라지면 2등이 1
등이 된다. 『승자독식사회』에는 다음과 같은 이야기가 나온다. 여자
테니스 선수 슈테피 그라프는 모니카 셀레스에게 항상 공 한두개의
차이로 져서 2등을 했지만, 수입은 한두푼이 아니라 몇배 차가 났다.
1993년 셀레스가 괴한의 칼에 찔려 테니스를 못 치게 되자, 그라프는
자기 실력이 거의 변하지 않았음에도 불구하고 수입은 몇배로 증가
했다.

만약 사설학원 성적배치표에 통합국립대학의 위치가 수도권 중위
권 사립대학 정도로 규정되더라도, 사교육 완화 효과는 거의 없을 수
있다. 학부모들이 원하는 것은 자기 자식이 서열체제의 최상위에 있
는 대학에 진학하는 것이기 때문이다. 국립대가 아니라 사립대학이
서열체제의 정점을 차지하는 것 또한 공익성 측면에서 바람직하지
못할 수 있다. 소위 SKY 중에서 국립대학 S가 빠지고 사립대학 X가

들어가서 KYX가 되면 정책은 성공하기 어렵다는 말이다.

국립대학 통합네트워크 정책은 대학체제를 개혁하려는 최초의 체계적인 진보적 대안이라는 점에서 의의를 지닌다. 학생들이 고등학교 이전 단계가 아니라 대학교에서 경쟁하게끔 하자는 것도 올바른 방향이라고 볼 수 있다. 다만 현재의 대학서열체제를 혁신하고 사교육비를 줄이는 정책으로서는 여전히 미진해 보인다.

국립대 통합네트워크 방안에 들어 있는 학부 1기 과정을 하나의 국립대학에서 담당하게 한다면 어떨까? 위에서 우려하는 조건을 우회하면서도 한꺼번에 초중등교육을 정상화할 수 있지 않을까? 이것이 바로 국립교양대학 안이다.

1막 2장: 국립교양대학

국립교양대학 안은 주경복(건국대 교수)과 김하수(연세대 교수) 등이 주장한 바 있다. 김하수는 2007년 대선 때 민주당 대선후보의 교육정책을 자문했는데, 그의 제안은 개혁의 폭이 너무 크고 비용이 많이 든다는 등의 이유로 제대로 반영되지 못했다. 당시 정동영 후보는 대학수학능력시험 폐지, 대학별 입학시험 금지와 더불어 대학을 연구·교육·직업 중심 대학으로 개편하면서 분야별로 특성화된 대학을 육성해 서열체제를 해체하겠다고 공약하는 데 그쳤다. 그러나 연구중심대학은 1, 2학년 모집을 하지 않고 3학년부터 모집한다는 내용이 들어 있었다. 만약 서울대, 연세대, 고려대가 연구중심대학이 된다면, 그 대학들은 1, 2학년 모집을 못하게 된다. 이와 같이 정동영 후보의 안에는 교양대학 안과 유사한 내용이 일부 숨겨져 있었다.

최근 새롭게 논의되고 있는 국립교양대학 안의 하나는 다음과 같다.

첫째, 현재 6-3-3-4로 되어 있는 학제를 일단 6(초등)-5(중등)-2(교양대학)-3(일반대학)으로 개편했다가, 준비과정을 거쳐 2(유아)-5(초등)-5(중등)-2(교양대학)-3(일반대학)으로 개편한다. 고등교육 과정은 교양대학 과정 2년, 또는 기술대학(전문대학) 과정 2년(기술분야에 따라 1년이나 3년도 가능)과 일반대학 3년(현재의 대학이 일반대학이 됨)으로 구분하되, 진로를 다양화한다. 일반대학의 경우에는 고등학교(중등과정) 졸업 후 교양대학을 거쳐 진학하도록 한다. 기술대학은 고등학교 졸업 후 바로 진학할 수도 있고, 교양대학 1년이나 2년을 마치고 진학할 수도 있도록 한다. 기술대학에서 일반대학으로 진학하는 길과 일반대학에서 기술대학으로 진학하는 길을 서로 열어놓는다. 일반대학을 졸업하면 일반대학원으로 진학하거나 전문대학원으로 진학할 수 있다.

둘째, 법학·교육학(사범대)·경영학·회계학·의학·약학·행정학·외교학 등 전문직 자격증이 부여되거나, 고위공무원으로 진출할 수 있거나, 고소득의 좋은 직업이 확실하게 보장되는 교육과정은 일반대학 과정에서 금지하고 전문대학원 과정으로 설치한다 (각종 고시제도는 가능한 한 전문대학원 체제로 전환한다). 전문대학원은 2년, 3년, 4년 등 필요에 따라 다양하게 운영한다.

셋째, 교양대학 과정은 전국 단일의 국립교양대학을 설치해 교육한다. 교양대학 시설로서는 권역별로 일반대학과 기술대학(전문대학)의 시설을 활용한다. 교양대학은 입학자격고사를 실시해 일정 학력 이상의 학생들을 선발해 권역별로 배정한다. 입학자격고사는 논술형식으로 출제하고, 절대평가로 하며, 대학에서 수학할 능력이 있는지의 여부만 평가한다. 기술대학은 교양대학보다

자격시험 기준을 낮게 적용하거나 아예 자격시험 기준을 없앤다.

넷째, 교양대학은 인문·사회·자연·공학 등 4개 계열로 운영한다. 교양과정의 졸업학점은 72학점으로 한다. 교양대학의 교수·학생 비율은 1 : 20 이내로 하고, 주기적으로 순환근무하도록 한다. 아울러 일반 대학교수와 국가연구교수를 강의에 활용한다. 학점을 엄격하게 관리하고 유급제도를 두어 일정한 학력 이상을 갖춘 학생들만 일반대학에 진학할 수 있도록 한다. 자연·공학계 학생들의 30% 이상은 인문·사회 과목을 수강하도록 한다. 교양대학의 성적은 권역별 혹은 대학별로 상대평가로 하거나, 독립된 평가기구에서 채점하고 관리한다.

다섯째, 일반대학 입학은 교양대학 내신성적 70%와 대학별·학과별 논술고사 30%로 선발한다. 일반대학은 학과별 혹은 학부별로 교양대학에서 수강해야 하는 과목과 성적을 지정할 수 있다. 예를 들어, 경제학과에 입학하기 위해서는 미적분학·경제원론·정치학개론·사회학개론·법학개론 등을 수강해야 하며, 경제원론은 A학점을 받아야 한다는 조건을 부과할 수 있다.

여섯째, 고등학교는 일단 조기졸업이 가능하게 하고, 중기적으로 중고등학교 교과과정을 통합해 5년으로 줄인다. 교과과정이 줄어드는 만큼 교사 1인당 학생수를 낮춰 교육의 질을 높인다.

일곱째, 중등과정(고등학교), 교양대학, 기술대학은 무상으로 하고, 장기적으로 일반대학까지도 무상으로 한다. 대학원과 전문대학원은 후불제로 운영해 소득에 따른 진학 차별을 없앤다.

위와 같은 국립교양대학 안에 대해 다음과 같은 여러가지 쟁점들을 살펴보자.

국립교양대학이 던지는 여러 쟁점들

사교육이 줄어들까

교양대학이 도입되면 초중등 과정에서는 다음과 같은 세가지 변화가 나타날 것이다.

첫째, 초중등 과정에서 공교육이 정상화될 것이다. 교사들은 입시의 압박에서 해방되어 창의적이고 자주적으로 교육함으로써, 공교육이 점차 정상화될 것이다. 즉 학생들의 인격을 수양하고, 교양을 형성하고, 사회성을 증진하고, 체력을 단련해 건강하게 살아가도록 돕는 교육이 될 것이다. 학생들도 점수비교경쟁에서 벗어나 즐거운 학교생활을 할 수 있을 것이다. 공교육 정상화 효과만으로도 교양대학은 충분히 도입할 가치가 있다.

둘째, 여러가지 이유로 사교육이 줄어들 것이다. 고등학교 때 공부를 잘하는 학생이 대학교 때 잘할 가능성이 높기 때문에 학부모들은 고등학교부터 공부를 잘하기를 원할 것이다. 그러나 대학교에서 공부를 잘하기 위해서는 스스로 공부하는 습관을 들여야 한다. 고등학교 때까지 성적이 비슷한 학생들의 대학교 성적은 과외를 많이 했을수록 나빠지는 경향이 있다고 한다. 과외는 스스로 생각하는 습관을 형성하는 데 방해가 되는 측면이 있다. 서울대학교 학생들 중에서 지역할당으로 입학한 학생들의 성적이 더 뛰어나다는 조사결과도 있다.

공부시간의 배분에도 득이 된다. 어린 나이에 공부를 너무 많이 하면 대학교에 가서 지칠 수 있다. 어렸을 때 체육활동을 많이 시켜 신체를 튼튼하게 만들어놓는 것도 중요하다. 미국에서 한국 교포학생들이 대학에 가면 고등학교 때보다 성적이 떨어지는 것이 보통인데,

이는 스스로 사고하는 능력이 부족하기 때문이기도 하지만, 밤을 새워 공부할 체력이 안되기 때문이라고 한다. 이러한 체력단련의 필요성도 초중등 과정에서 사교육을 줄이는 요인이 될 것이다. 전체적으로 공교육에 대한 만족도가 높아지면, 그만큼 사교육에 대한 수요도 줄어들 것이다.

학부모의 입장에서도 생각해보자. 어린 나이에 아이의 인생이 결판 나면 부모가 도와주어야 한다는 의무감에 부담을 느낄 수 있다. 그러나 교양대학에서 경쟁한 결과로 인생이 결정된다면, 그것을 부모의 책임이라고 보기는 힘들다. 다 큰 아이를 어떻게 억지로 공부시킬 수 있겠는가. 이렇게 판단하는 부모들은 막대한 돈을 들여 사교육을 시켜야 하는 의무감에서 해방될 수 있다.

셋째, 사교육이 완전히 사라지지는 않겠지만 그 성격은 완전히 변할 것이다. 암기 위주가 아니라 논리력과 창의력 위주의 사교육으로서 말이다. 고전을 많이 읽어 창의력을 키운다든지, 토론을 벌인다든지, 스스로 생각한 것을 글로 쓴다든지, 체육활동을 하는 형태의 사교육으로 변할 것이다. 문제풀이만 거듭하는 기존의 주입식 사교육의 입지는 갈수록 줄어들 것이다.

다음으로 교양대학 과정을 생각해보자.

교양대학에서 좋은 일반대학에 진학하려면 열심히 공부해야 할 것이고 경쟁도 치열할 것이다. 그러나 이 경쟁은 기존의 경쟁과는 다르다. 신체가 다 성장한 상태에서의 경쟁이므로, 신체발육에 지장을 주지 않는다. 또한 사춘기를 지난 성인으로서 자기판단과 선택에 따라 벌이는 경쟁이므로 결과에 대해 스스로 책임을 질 수 있다. 어린 나이에 경쟁이 벌어지면 부모의 재산(사교육)이 더 큰 효과를 내기 때문에 부자들은 어릴 때에 경쟁하는 것을 더 선호한다고 한다. 한마디로 교양대학은 돈으로 성적을 뒷받침하는 효과가 가장 작은 단계에서 경쟁을 하는 공간이다. 성인들이 고등학문을 놓고 열심히 공부하는 경쟁은 나라의 발전을 위해 바람직한 측면도 있다. 국가경쟁력의 관점에서 보면, 대학교(대학원 포함)에 공부시간을 많이 배분하는 나라일수록 경쟁력이 높다. 미국은 대학교 때 가장 열심히 공부시키는 교육제도로 성공한 나라다. 미국 아이들은 어렸을 때에는 구구단도 제대로 못 외우지만, 대학교에 가서부터는 공부를 열심히 해 최고학문 단계에 이르면 노벨상을 거의 독차지할 정도가 된다.

교양대학 과정에서 새로운 사교육이 등장할 가능성도 있다. 특히 영어처럼 전국적으로 똑같은 내용을 배우는 과목일수록 그럴 것이다. 그러나 인문사회과목의 경우에는 교수마다 교재와 내용, 학문적 입장이 차이가 나고, 학생들도 각각 여러 과목을 선택하게 되므로, 사교육을 통해 도움을 받기는 쉽지 않다. 고등교육 과정이므로 사교육 선생의 실력이 해당과목 교수보다 뛰어나기는 힘들 것이다. 교양대학 교육은 미국의 교양학부처럼 교재 이외에 한 과목당 두세권의 참고도서를 읽어야 할 정도로 교육내용이 많아야 할 것이다. 학생들은 주어진 과제를 수행하고 참고도서를 읽어가느라 저녁에 사교육을 받으러 다닐 시간도 없을 것이다. 사교육은 주입식 암기교육일 때에는 효과가 확실하지만 창의성 교육일 때에는 효과가 불확실하다. 교양대학 교육은 단순한 암기교육이 아니라 책을 읽고 발표하게 하고 토론식 수업을 배치하는 등 창의성을 기르는 교육이 될 것이다. 리포트를 제출하면 남의 것을 베꼈는지를(과외선생이 대신 써주었는지를) 확인할 수 있도록 발표를 시키거나 면대면 구두시험을 병행할 필요가 있다. 교수 1인당 학생수가 20명 이내라면 이런 교육이 충분히 가능할 것이다.

일반대학의 서열체제는 어떻게 완화시킬까

대학의 서열체제는 궁극적으로 소득의 서열체제에서 비롯되지만, 소득의 서열체제가 존재하는 상태에서라도 이를 완화하기 위해 노력해야 한다. 대학의 서열체제는 사교육 이외에도 수많은 부작용을 낳고 있기 때문이다.

만약 독일처럼 모든 대학이 다 국립대학이 되어 원하는 대학은 어디나 갈 수 있다면 대학의 서열체제는 완전히 사라질 것이다. 그러나 사립대학이 80%를 차지하는 상황에서는 헌법을 바꾸지 않는 한 사립대학을 국유화하는 것은 불가능하다. 그래서 다음과 같은 세가지 정도의 차선책을 모색하지 않을 수 없다.

첫째, 기존 안과 같이 국립대학 전체로 하나의 국립대학 통합네트워크를 만드는 방법이다. 사립대학은 당장 네트워크 안에 편입케 하는 것은 어렵겠지만, 중장기적으로 사립대학에 대한 지원을 확대하면서 네트워크 안에 편입되게끔 유도한다. 연·고대까지 통합네트워크에 들어오게 된다면 서열체제는 거의 해체되었다고 볼 수 있을 것이다. 앞서도 지적했듯이 여기서 가장 중요한 것은 통합국립대학이 명문사립대 수준으로 평가받도록 만드는 것이다. 처음 시작할 때 평가가 낮아지면 부정적인 이미지를 쉽게 회복하기 힘들기 때문에, 시행 초기 몇년간은 지방국립대학에 집중적으로 투자해서 지방대학의 수준을 끌어올린 다음에 통합하는 것도 방법이 될 수 있다.

둘째, 서울대를 그대로 둔 채 나머지 국립대학으로 국립대학 통합네트워크를 만들어서 시작하고 나중에 완전히 하나로 통합하는 방법이다. 이는 서울대의 반발로 국립대 통합 자체가 어려워지고 지체되는 것을 막을 수 있을 것이다. 국립대학 하나(서울대학교)가 사립대학보다 우위에 있는 상태를 유지한 채 나머지 통합국립대학의 수준을 끌어올린 뒤에 완전통합을 시도하면, 통합국립대학에 대한 사회적 평가를 높인다는 목표를 보다 안전하게 달성할 가능성이 있다.

셋째, 권역별로 국립대와 사립대를 합쳐 권역별 대학네트워크를 만드는 방법이다. 각 도별로 하나씩의 권역별 대학네트워크를 형성하고 이를 집중적으로 지원해 수도권 상위 사립대 수준으로 끌어올리는 것이 목표다. 일단 서울에서는 쉽지 않겠지만 지방에서는 국립대학이 대부분 사립대학과 동등하거나 우위에 있기 때문에 네트워크 형성이 가능할 것이다. 권역별 네트워크는 일반대학원과 전문대학원을 공동으로 운영하는 것부터 시작할 수 있다.

권역별 대학네트워크에 대한 사회적 평가를 높이는 방편 가운데 하나는 졸업생들에게 일자리를 보장하는 것이다. 공무원, 공기업, 국가연구교수 등의 선발에 권역별로 정원을 할당하도록 한다. 이러한 정원을 국립대에 대해서만 할당하면 위헌판결이 나겠지만, 권역별로 할당하는 것은 위헌의 소지가 없을 것이다. 권역 내에서는 대학네트워크가 가장 좋은 대학이 될 것이므로 자연스럽게 권역별 대학네트워크에 그 정원을 할당하는 결과가 된다.

교양대학에서의 교육에 만족하고 평가에 승복할까

교양대학은 무상으로 하므로 학부모의 추가부담은 없다. 또한 교양대학의 교수 1인당 학생수를 20명 이내로 함으로써 수준높은 대학교육이 되도록 한다. 강의에 대해서는 상세한 강의계획서를 제출하게 하고 이를 사전에 평가하고 수정권고해 교육의 질을 상향표준화한다. 예를 들어 인문사회 과목의 경우 강의별로 교재 이외에 참고도서 두권 이상을 선정하도록 표준화할 수 있다. 그러나 강의내용에 대해서는 학문의 자유를 철저하게 보장하고 교수의 학문적 입장을 존중한다.

인문·사회계열은 소도시 대학에 배치하고, 자연·공학계열은 실험실이 제대로 갖추어진 대도시의 대규모 대학에 배치해 교육환경이 나빠지지 않도록 한다. 교양대학 전임교수는 2~3년 단위로 전국을 순환하는 것을 원칙으로 해 교육의 질이 균등해지도록 한다. 수업별로 박사과정생들로 구성된 수업조교(TA)를 배치해 문제를 풀어주고 질문에 대답하는 등 도움을 주도록 한다. 이는 공교육체제 안에서 개인별 맞춤형 교육을 실현하는 한 방안이 될 것이다.

교양대학의 내신성적이 일반대학 진학의 관건이 되기 때문에 공정하고 엄격한 학사관리가 매우 중요해진다. 교양대학의 학사업무를 철저하게 관리하는 방법들로 다음과 같은 것들을 모색해볼 수 있다.

첫째, 한 강의는 20명 이내를 원칙으로 한다. 한 과목에 리포트 하나 이상을 원칙으로 하고 구두시험과 발표 및 토론 점수를 반영한다.

둘째, 리포트에 대해서는 교수가 학생과 직접 면담해 그들이 내용을 알고 있는지, 직접 작성했는지를 확인하고 코멘트를 해준다.

셋째, 중간고사와 기말고사 답안지 채점은 지정된 장소에서 한다. 교수는 학생의 이름이 가려진 답안지(혹은 스캔해서 이름을 삭제한 답안지)를 채점만 하고, 나머지 성적처리는 행정부서에서 하도록 한다. 한 답안지를 강의교수 이외에 서로 다른 권역의 동일한 전공교수 2명이 독립적으로 채점해 평균을 내는 방법을 시행할 수도 있다. 또다른 방법으로 독일처럼 답안지 채점을 독립된 평가기구에 맡길 수도 있다. 이때에는 강의교수가 모범답안과 채점기준을 평가기구에 전달하게 된다.

넷째, 성적평가는 대학별 혹은 권역별로 재량의 폭이 있는 상대평가로 한다. 수학, 영어같이 절대평가가 가능한 과목은 여러번 시행하는 자격시험제도를 활용할 수 있다. 만약 전국 단일의 독립된 평가기구에 채점을 맡길 경우에는 절대평가를 도입할 수도 있다.

다섯째, 유급이나 과락 제도를 시행해 학생들에게 부진을 만회할 수 있는 기회를 제공한다.

여섯째, 학생들에 의한 강의평가를 교무처 주관으로 수업중 두 차례 실시해, 교무처에서 담당교수의 강의를 평가하고 개선을 권고하도록 한다.

일곱째, 촌지를 받은 교수가 있으면 실형선고를 원칙으로 하고, 파면, 공적연금 대상자 제외 등 촌지의 수천배 이상으로 손해를 입게 한다.

막대한 예산이 들지 않을까

교양대학의 시설은 일반대학과 전문대학의 시설을 활용하므로 시설비가 추가되지 않는다. 현재의 대학시설은 2020년이 되면 30% 이상 과잉이 될 것이다. 2009년 대학등록금 총액은 14조원이고 장학금을 제외하면 12조원 정도가 된다.[52] 대학들은 이 돈으로 건물을 짓고 막대한 적립금도 쌓고 있다. 교양대학은 건물도 짓지 않고 적립금도 쌓지 않을 것이므로, 일반대학(또는 기술대학)에 시설물 사용료를 지불하고 난 나머지를 모두 교육비로 쓸 수 있다. 이러한 점들을 고려해보면 교양대학과 기술대학 2년을 무상으로 하면서 질높은 교육을 하는 데 1년에 6조원 정도면 충분하다.

무엇보다 한해 사교육비가 40조원이라는 점을 고려해볼 때, 사교육비가 절반만 줄어든다면 이 정도의 금액은 얼마든지 투자할 만한 가치가 있다. 다시 말하면 교양대학은 사회적 편익이 비용보다 훨씬 큰 정책이라고 할 수 있다. MB정부는 4대강과 경인운하 사업에 이미 30조원을 사용했다. 또한 민주당은 반값등록금을 위해 3조 1000억원의 예산을 쓰겠다고 약속한 상태다. 여기서 조금 더 노력하면 6조원은 충분히 마련할 수 있는 돈이다.

이해당사자들이 동의할까

사립대학은 시설사용료와 소속 교수들의 교양대학 강의에 대한 강사료를 수입으로 받게 된다. 앞으로 학생수가 줄어들어 전체적으로 30% 정도의 등록금 수입 감소가 예상되는데, 이러한 감소분을 교양대학을 지원하는 것을 통해 보충할 수 있다. 그렇게 되면 사립대학의 수입은 줄어드는 것이 아니라 오히려 늘어나게 된다. 퇴출위기에 놓인 많은 지방대학에 대해서는 교양대학 운영이 기사회생의 기회가 될 것이다. 지금과 같은 시장만능주의적 구조조정이 계속되면 수많은 지방대학이 사라질 것이고, 지방대학이 사라지면 지방경제도 쇠퇴하게 될 것이므로, 교양대학은 지역주민의 입장에서 보더라도 이득이 된다. 퇴출될 사립대학의 재산을 누구에게 어떻게 분배해야 하느냐는 골치아픈 문제도 사라진다.

대학의 연구자와 교수들에게도 도움이 된다. 그냥 내버려두면 학생수가 줄어들어 전체적으로 고용이 30% 정도 감소하게 되는데, 교양대학이 생기면 고등교육 연한이 5년으로 길어져 일자리가 많이 늘어나게 된다. 비정규직 교수(시간강사)들의 입장에서 보면, 국가연구교수가 되어 교양대학 등에서 강의를 할 수 있을 것이고, 교양대학 정규교수로 선발될 가능성도 생긴다. 대학의 직원들에게도 직장이 보장될 것이고, 청년들에게는 공무원이라는 양질의 고용기회가 생길 것이다.

교양대학 실시 초기에는 일반대학 입학생이 2년 동안 존재하지 않는 과도기적 문제가 생긴다. 이에 그 2년간은 교양대학에서 일반대학에 시설사용료를 조금 더 넉넉하게 지급하고, 일반대학 소속 교수를 교양대학 강의에 많이 활용함으로써 일반대학의 수입이 줄어들지 않게끔 미리 계획할 수 있다. 더불어 교양대학 전임교수를 천천히 뽑으면 초기예산도 절약하고 일반대학 수입도 보장할 수 있다. 일반대학 소속 교수가 희망할 경우 교양대학 교수가 될 수 있는 길도 폭넓게 열어주어야 한다.

수도권 일류 사립대학에서 반발할 가능성도 있지만, 학생과 학부모를 입시지옥에서 해방하기 위한 정책이라고 설득하고, 수입 또한 줄지 않는다는 것을 보여주면 저항은 그렇게 크지 않을 것이다.

학부모 입장에서 보면 초중등 과정에서 사교육비가 줄어들고, 자녀들이 대학 5년 중 2년을 무상으로 다닐 수 있게 되므로 좋은 일이다. 가까운 미래에 중등과정이 5년으로 줄어들면 전체 교육년수에도 변화가 없게 된다.

초중등 교사 입장에서 보면 입시경쟁에서 벗어나서 자기의 양심과 소신에 따라 교육할 수 있으므로, 교사 본연의 의무에 충실하고 교육자로서 스스로 설정한 목적을 달성할 수 있게 된다.

학생들이 서울로 몰리지 않을까

교양대학이 전국에 흩어져 권역별로 공부하게 된다고 할 때, 서울지역의 대학에서 공부하는 것을 선호할 수 있다. 수도권 일류대학에서 공부하면 교수진이나 실험실이나 도서관에서 차이가 있다고 볼 수 있기 때문이다.

국립교양대학의 강의는 국립교양대학을 위해 별도로 채용된 전임교원과 국가연구교수 중에서 채용된 전임교원의 강의, 그리고 시간강사 및 일반대학 교수들의 시간강의로 구성된다. 전임교원과 시간강사를 권역별로 순환근무하도록 함으로써 강의의 질을 균등화할 수 있다.

더 구체적인 안을 마련해야 하겠지만, 서울대·연세대·고려대 등의 캠퍼스는 모두 자연과학계열만 개설한다든지, 수도권 전체에서 자연계와 이공계를 위주로 교양대학을 배치한다든지 하는 방식으로 수도권 편중현상을 상당히 막을 수 있다. 실험실이 중요한 자연계와 이공계는 큰 대학에 배치하고 설비가 덜 중요한 인문사회계열을 소규모 대학에 배치하는 것도 필요하다. 수도권 학생들도 인문사회계열을 선택하면 지방에 배치될 수 있도록 한다.

일반대학 입시가 내신 70%와 대학별 고사 30%로 구성되므로, 지방권역일수록 유리한 측면이 있다.

더불어 일반대학 입시에서 권역별로 정원을 설정하는 것이 필요하다. 어떠한 형태로든 통합된 국립대학의 경우에는 권역별 정원 설정에 문제가 없을 것이고, 사립대학의 경우에는 국가연구교수 지원을 시작으로 교수인건비 지원을 통해 권역별 정원을 받아들이도록 설득한다. 장차 사립대학 교수들의 인건비도 전액지원을 통해 등록금은 인하하면서 공공성을 높여갈 필요가 있다. 사립대학 인건비 30% 정도를 국가에서 지원하는 시점쯤 되면 권역별 입학정원을 설정하는 정도는 받아들이도록 설득할 수 있을 것이다.

지방대학의 경우 기숙사시설에 지원해, 빠른 시간 내에 교양대학 학생 중 원하는 학생 전부가 기숙사에 들어갈 수 있도록 준비한다.

기숙사는 저렴한 가격에 공급해 전세난, 하숙비난이 발생하지 않도록 한다.

장차 학생수당이 단계적으로 도입된다면 지방의 학생들부터 그 혜택을 받도록 한다. 예를 들어 제주권역부터 기숙사를 무상으로 제공하고 학생수당 지급을 시작할 수 있다.

수도권엔 국립대학이 부족하므로 경기도 지역에 국립교양대학 캠퍼스를 신축하거나, 서울대학교를 경기도 지역으로 옮기고 현재의 서울대학교 캠퍼스를 국립교양대학으로 운영하는 방법도 고려해볼 만하다.

국민투표를 제안한다

대학개혁에 반대하는 사람들을 설득해 국립교양대학 정책을 힘있게 추진하기 위해서는 국민투표에 부치는 것도 적극적으로 검토할 필요가 있다. 국민투표에 통과되면 '우리 아이들 성적경쟁은 어릴 때부터 사교육을 통해서가 아니라, 다 자란 다음에 교양대학이라는 공교육의 틀 안에서 시키자'는 국민적 합의가 이루어지는 셈이다. 과거와 같은 억압적 과외금지조치가 아니라 자발적 과외금지 합의선언이 되는 셈이다. 학부모가 입시지옥으로부터 스스로를 해방시키는 선언이라고도 할 수 있다. 사교육비 문제? 간단한 해결책이 있다. 모두가 안 시키면 된다. 교육재정 문제? 이 또한 국립교양대학이 하나의 해결책이 될 수 있다. 국민투표는 교양대학과 기술대학(전문대학) 무상화를 위한 증세에 대해 동의를 받는 의미도 있다.

제3부
초·중·고 개혁을 위한 5가지 제안

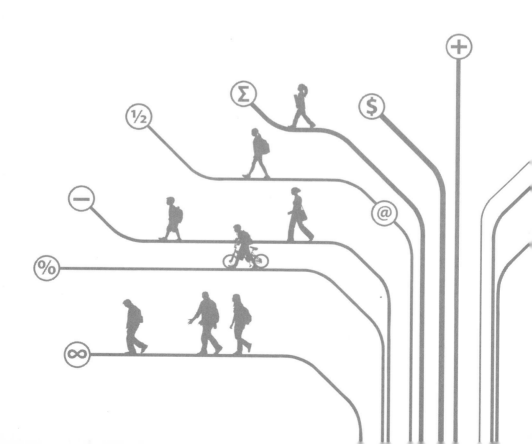

수월성 교육, 그 수월치 않은 미신

—

안현효

—

고교평준화 논쟁의 출발점: 공교육의 붕괴

평준화는 우리나라에서 첨예하게 대립하고 있는 교육쟁점 중 하나다. 2011년 초 경기도 내 광명, 안산, 의정부 지역이 고교평준화를 신청했으나 교과부가 이를 반려한 일을 계기로 평준화가 새삼 논란의 대상이 되었다. 이 문제에 대해 교과부는 단순한 준비부족을 이유로 내세웠으나, 사실 교과부가 평준화에 대해 부정적이며, 수월성 교육을 명분으로 한 고교다양화에 더 열심이라는 것은 대부분이 알고 있는 일이다.

우리나라의 교육문제는 다음의 두가지로 요약할 수 있다. 하나는 주입식 교육으로 이어지는 과열된 교육열이고, 다른 하나는 교실붕괴로 표현되는 학교교육의 왜곡이다. 전자는 사교육 열풍을, 후자는 공교육 붕괴라는 현상을 낳았다.

교육에 경쟁을 도입해 성취동기를 자극하면 영재를 양성할 수 있다고 주장하는 학자들은 공교육 붕괴라는 현상에 주목한다. 공교육이 활성화되지 못해 사교육이 팽창하는 것 아니냐, 따라서 사교육을 잡기 위해서라도 공교육에 경쟁교육이 도입되어야 한다는 주장이다. 반면 학벌주의를 비판하는 입장에서는 주입식 교육의 과열된 교육열에 주목한다. 과열된 교육열은 좋은 학벌을 빠른 시일 안에 확보하려는 상류층 학부모의 전략에서 나왔고, 여기에 중류층 학부모까지 덩달아 이 학벌주의에 가세해 사교육 열풍과 공교육 붕괴가 나타났다는 주장이다.

이와 같이 우리나라의 중등교육에서는 교실의 붕괴라는 문제와 과열된 사교육이라는 문제를 모두 해결해야 한다. 그러나 이러한 문제의 원인을 둘러싸고 정치적 입장의 차이가 존재한다.

어떤 학자들은 이 문제가 학벌사회-대학서열-입시경쟁에서 유래한다고 본다. 이 견해는 인성교육과 전인교육을 참교육의 목표로 간주한다. 반대로 형평성에 다소 손상이 있더라도 국가경쟁력을 위해 효율성을 추구할 필요가 있다는 입장은 수월성 교육이라는 논리를 제시한다. 각자는 일말의 진실을 쥐고 있는 듯하다. 하나는 과열된 경쟁(또는 지나친 교육열)을 비판하고, 다른 하나는 경직된 교육정책을 비판한다.

이 견해들은 중등교육에서 평준화를 둘러싸고 크게 충돌하고 있다. 전자로부터 경쟁의 폐지(평준화의 확대)가, 후자로부터 경쟁의 강화(소비자선택권의 강화)가 나왔다. 하지만 양자가 가진 과제는 다음과 같다. 전자에서는 평준화를 확대하면서도 구시대적이며 관료적인 교육정책을 해결할 수 있어야 하고, 후자는 평준화를 폐지하지만 동시에 과열된 교육열을 해소할 수 있어야 한다.[53]

양자는 본질적 관점에서 차이가 있다. 하지만 두 입장 모두 공통적으로 인정하는 문제점은 바로 '공교육 붕괴'다. 앞에서 우리는 사교육이란 결국 '죄수의 딜레마' 상황에 빠져버린 교육에서의 시장실패이며 이 체제에 포섭되어 있는 한 우리는 무한경쟁의 지옥에서 벗어날 수 없다는 인식을 품는 것이 중요하다고 지적했다(류동민). 이러한 인식으로부터 우리는 구체적으로 어떤 대안과 실천전략을 고민해야 할 것인가? 대학체제의 구조개편(강남훈)이건 입시제도의 개혁(이성대)이건 궁극적으로는 바로 학벌사회 그 자체를 철폐해야 하지만, 당장에는 역시 공교육에서 대안을 찾아야 한다. 만약 공교육이 정상화된다면 사교육문제의 상당부분은 해소될 수 있을 것이다. 이 점에서는 평준화 폐지론자든지 평준화 확대론자든지 의견이 같지 않은가. 따라서 이 현실에서 출발해야 한다.

평준화가 학력을 떨어뜨린다?

물론 우리가 주목하는 것은 우리 국민이 공통적으로 인식하고 동의하는 바로 그 문제, 즉 교육 그 자체다. 그런데 중등교육에서 쟁점은 평준화이므로 논의는 평준화에서 출발하기로 하자. 평준화 논쟁의 압권은 단연 '평준화는 곧 하향평준화'라는 주장이다.

『조선일보』의 선정적 타이틀, "쉬쉬 35년, 가짜 평준화에 속았다"(2009년 10월 14일자)에서 주장하는 바는, 첫째 1973년 박정희정부가 사교육을 줄이겠다고 시작한 평준화가 사실상 사교육 천국을 만들었다는 것, 둘째 진짜 평준화는 공부 못하는 학생의 성적이 향상되는 것인데 평준화 이후에도 학교간 학력격차가 여전하므로 가짜 평준화라는 것이다. 이 기사는 평준화가 곧 하향평준화라는 비판에 덧붙여 '평준화는 곧 획일화'라는 공격을 더하고 여기에 '좌파' 색깔논쟁으로 대중적 성공을 거두었다. 하지만 이는 사교육 증가의 진정한 원인은 평준화가 아니라 입시를 둘러싼 경쟁이라는 점, 학교간 격차의 확대는 평준화 때문이 아니라 평준화의 부분적 폐지 때문에 나타난다는 점을 의도적으로 왜곡한다.[54]

과연 이 주장대로 평준화가 학력을 떨어뜨린 원인인가, 아니 그 이전에 평준화지역의 학력이 떨어진 것이 사실인가 등은 실증적 검증의 대상이다. 초창기에는 평준화가 학력을 저하시킨다는 논의가 많지 않았지만, 이후 일부 경제학자들이 지속적으로 제기하면서 공론화되었다. 이에 대해서는 많은 연구논문이 제출되어 있는데 그중에서 가장 최근의 자료들을 살펴보자.

실제 수학능력시험 성적을 이용한 학교간·지역간 학력편차에 관한 김진영(건국대 교수) 등의 연구를 보면 수능성적에 영향을 주는 요인들로는 특목고와 부모의 학력이 꼽혔고 오히려 평준화 여부는 유의미한 성적의 차이를 낳지 않는 것으로 나왔다.[55] 이 연구결과는 평준화가 학력저하를 낳는다는 결과를 지지하지 못한다는 점에서 주목된다.

다른 한편 평준화가 교육기회의 평등에 크게 기여하며, 심지어 수월성에도 기여한다는 연구결과가 있다. 성기선(가톨릭대 교수)은 경기도의 평준화와 비평준화 지역의 학력을 비교검토해 수능성적을 기준으로 할 때 평준화지역의 평균성적이 비평준화지역의 그것보다 높다고 밝혔다.[56] 물론 이 문제를 엄격하게 보기 위해 평준화 여부의 효과만 검토하려 한다면 평준화지역과 비평준화지역의 소득격차와 과외 등의 변수를 통제해야 하지만, 우선은 실증연구의 결과가 우리의 상식수준에서 크게 벗어나지 않음을 알 수 있다.

물론 평준화 효과를 비판하는 다수의 실증연구 결과도 있다. 하지만 실증연구에는 항상 함정이 도사리고 있게 마련이다. 연구의 기술적 복잡함으로 인해 그 기술적 변수들의 조작을 어떻게 볼 것인가라는 문제가 제기되기 때문이다. 때문에 실증연구 결과는 다양한 결론의 근거가 될 수도 있다. 실증연구를 살펴볼 때는 이 점을 감안하여 연구결과를 비판적으로 검토해야만 한다.

앞서 인용한 김진영 등의 연구결과를 봐도, 재산세 여부 등은 평준화 여부와 더불어 학력격차에 유의미한 요인이 되지 못했다는 점에 주목할 필요가 있다. 오히려 특목고 여부가 학력격차와 매우 밀접하게 연관되고, 부모의 학력수준 또한 높은 연관성을 지니는 것으로 나타난다.

문제는 특목고 여부가 학력격차와 연관성이 있다고 할 때 이를 어떻게 해석할 것이냐다. 특목고는 선발의 자율권이 있으므로 학력차의 원인을 둘러싸고 선발효과(원래부터 실력있는 학생을 뽑아 성적이 좋은 것)냐 교육효과(평범한 학생을 뽑아 우수한 학생으로 만드는 것)냐는 문제가 제기될 수 있기 때문이다.

한편 부모의 학력수준은 문화자본을 둘러싼 사회학적 논의를 검증한다. 프랑스 사회학자 부르디외가 제기한 문화자본이론은 부모의 문화적 수준, 학력수준이 자녀에게 이어지는 메커니즘을 규명한다. 즉 부와 계급의 세습에 관한 이론이다. 이는 평준화를 비판하는 것이 아니라 평준화의 필요성을 지지하는 이론이며 현상이다!

여러 실증연구 결과를 놓고 종합적으로 평가한다면 평준화는 학력을 저하시키기는커녕 평균학력을 높였고, 더욱이 지역 내 학력격차는 확실히 줄였다. 반대로 특목고가 평준화를 폐지하는 한 형태임을 고려할 때, 특목고가 학력격차를 야기하는 효과가 있다는 사실을 근거로 비평준화가 학력격차를 낳는다고 볼 수 있다. 실증연구를 아무리 복잡하게 한다 해도 결론은 우리가 현실에서 체득한 그대로다.

고교간 학력격차가 있다는 사실과, 이 격차의 원인이 평준화이며 이를 평준화의 실패라고 강변하는 주장은 완전히 다른 문제다. 우리나라 고등학교의 학력격차는 상대적 문제이기 때문이다. 다시 말해, 격차가 전혀 없는 이론적 상황과 비교하면 격차가 있다고 할 수 있지만, 격차가 매우 벌어진 어떤 상황과 비교하면 격차가 상대적으로 작다고도 볼 수 있지 않을까?

이와 관련해 평준화와 학력저하의 논쟁 속에서 잊혀진 문제가 있으니, 그것은 평준화가 도입될 때의 사회적 문제다. 즉 평준화는 입시지옥 때문에 도입된 것이었다. 1973년 고교평준화가 도입될 당시의 사회적 문제는 단편적 암기교육, 중학생의 발달장애, 사교육 만연, 고교획일화(획일적 서열화), 대도시 집중현상이었다. 이후 36년이나 지속된 이 정책은 전국의 모든 학군에 강제적으로 실시된 것도 아니고 일정한 의견수렴을 거쳐 지역단위로 채택되어왔다. 36년 전에 평준화를 도입케 했던 그 문제가 오늘날엔 없는 것인가? 평준화가 해체된다면 이 문제는 오히려 더욱 악화될 것이다.

평준화는 학교에 선발권을 부여하지 않고 무시험 추첨제 전형을 함으로써 입시를 향한 과열교육, 암기식 교육, 명문교와 낙후학교의 양극화 등을 억제하는 효과가 있으므로 평준화를 해체하면 이 현상들이 나타날 것은 분명하다. 오히려 평준화는 평준화 실시 지역 내에 존재하는 공·사립학교의 교육환경(교원, 시설)과 등록금 수준을 동등화함으로써 학교간 교육의 기회를 균등화하는 효과를 가져왔다. 이는 소규모 교육구(school district)별로 교육예산이 확보되어 교육구별 교육비의 격차가 매우 큰 미국의 초중등 교육제도와 비교할 때

진일보한 제도라고 평가할 수 있다.[57]

학교선택권의 확대는 고교다양화인가, 고교서열화인가?

평준화가 학력에 미치는 영향에 대한 복잡한 실증연구에서는 연구 그 자체보다도 그 연구가 지지하는 정책패키지가 더 중요하다. 그것은 바로 '학교선택권'의 문제였다. 이 문제는 고교다양화인가, 고교획일화인가라는 프레임으로 제기되었다. 이 프레임에서 평준화는 다양화에 반대하는 획일화 정책으로 간주된다. 하지만 평준화를 지지하는 사람들은 다양화 정책은 곧 고교서열화 정책이라는 문제의식이 있다. 즉 학교선택권은 학생이 학교를 선택하는 것이 아니라, 학교가 학생을 선택한다는 특징이 있다. 정확하게 말하면 명문학교가 우수한 학생을 선택하는 것이다.

그렇다면 반대의 짝이 불가피하게 존재한다. 그것은 열위학교가 열등한 학생을 선택할 수밖에 없는 상황이다. 이 점을 극명하게 보여준 것이 바로 자사고 실패 에피쏘드다. 이명박정부 들어 야심차게 추진한 자율형 사립고의 미달사태, 입시부정, 사회적 배려대상자 선발에 관한 문제들은 반(反)평준화 정책이 실패할 경우 나타나게 될 다양한 문제를 보여준다. 반대로 반평준화 정책이 성공하면 학교간, 학력의 양극화가 나타날 것이다. 물론 일부의 우수한 학생들은 더 높은 학력을 성취할 수 있을지 모른다. 그러나 그 성취가 지옥 속에서 이루어진다면 과연 바람직한 것일까? 게다가 그 성취가 단순한 암기의 결과라면 과연 생산적인가?

이런 의문은 으레 향상시켜야 하는 것으로 간주되는 학력이 도대체 무엇일까라는 문제로 이어진다. 만약 학력이 생산성 향상에도 진정 도움을 못 주는 것이라면, 학교간 경쟁을 부추기는 고교다양화 정책은 스스로가 천명한 목표도 달성할 수 없는 정책이 되고 말 것이다.

이 문제를 제기하는 이유는 교육에 관한 논의, 특히 평준화 논의가 쉽게 이념논쟁으로 발전하기 때문이다. 해답이 없는 이념논쟁에서 탈피하기 위해서는 양측 모두 지목하고 있는 바로 그 문제에서 출발해야 한다. 그 문제는 학교의 붕괴라는 현상이다. '공교육 붕괴'는 본래 의도한 학교 교육과정의 정상적인 운영이 불가능한 상황을 의미한다. 그 원인은 입시위주 교육관행에서 선행학습과 반복학습이 주를 이루면서 정규 교육과정의 운영이 파괴된 데 있다. 그 결과 학교의 인성교육적 역할도 포기되었다고 해도 과언이 아니다. 아울러 학교교육 본연의 기능이 '지식전달'로 그 의미가 축소되었다. 한편 온 국민이 겪고 있는 사교육비 부담은 계속 증가하고 있다. 그럼에도 정작 지식전달 자체조차 실패한다는 데에 문제의 심각성이 있다.

학교 붕괴란 일차적으로는 학교에서 공부하지 않는다는 것을 뜻한다. 고등학교에서 일부의 학생만 공부하고, 대부분의 학생은 공부를 포기해버리는 그러한 현상을 의미할 터이다. 그래서 중산층 학부모들은 공부하는 환경을 제공하는 학교, 즉 사립학교를 원한다.

또다른 측면은 공부량이 너무 많다는 것이다. 과열된 경쟁(선행학습, 암기학습, 학원학습)으로 공부를 지나치게 많이 하게 된다는 것이다. 공부를 하는 것이 왜 문제인가? 쓸데없는 공부이기 때문이다. 홍훈(연세대 교수)의 말을 빌리면 다음의 문제다.

신고전학파의 입장에서 경쟁이 형평성을 손상함에도 불구하고 허용되는 유일한 근거는 효율성이다. 한국의 입시도 학생들의 평균적인 수학능력이나 이에 근거해 생산능력을 증대시킬 때에만 정당화된다. 그런데 암기와 주입식에 의존하는 한국의 입시경쟁은 학업능력이나 지식을 증진시키지 못할 가능성이 높다. 설령 수학능력을 증진시키더라도, 기업에서 요구하는 생산능력을 키우리라고 기대하기 힘들다. 더구나 인간적인 덕목의 향상이나 토론능력 등 시민이나 경제주체로서의 소양을 증진시키지 못한다. 이런 의미에서 입시경쟁은 비생산적이고 무의미한 경쟁이 될 가능성이 높다.[58]

공부를 너무 안한다는 것과 공부를 너무 많이 한다는 것, 이 두가지는 일견 모순되어 보인다. 이것이 모순으로 인지되면 둘 중 하나를 선택할 수밖에 없을 것이다. 바로 입시지옥 아니면, 학교 파괴다. 반평준화론자들의 교육정책은 사실 후자에서 전자, 즉 학교 파괴를 막기 위해 입시지옥으로 가자는 주장으로 보인다. 그럼에도 불구하고 반평준화론자들이 왜 국민의 마음을 사로잡았는가? 그것은 기존의 평준화 논의가 입시지옥을 피하기 위해 학교를 파괴하자는 것으로 보였기 때문이다.

물론 학교의 본질이 학력향상에만 있는 것은 아니다. 하지만 반대로 학교의 본질이 인성함양에만 있다고도 말할 수 없으리라. 올바른 교육정책이라면 사회성·인성의 함양과 더불어 학력도 높여야 한다. 이런 의미에서 평준화 논쟁은 교육의 본질 ─ 교육이 도대체 무엇이냐 ─ 에 관한 근본문제로부터 좀더 구체적인 문제, 즉 학력의 본질이 무엇이냐의 문제로 전환해볼 필요가 있다. 학력향상의 또다른 표현으로 사용되는 수월성 개념을 이해하기 위해서는 결국 공부가 도대체 무엇인가라는 질문에 대다수가 공감할 만한 답을 내야 한다.

왜 고학력을 추구할까?

우선 학력의 본질을 알아보기 전에 교육의 본질부터 살펴보자. 교육의 본질이 무엇인가에 대해서는 많은 논란이 있겠지만, 크게 두가지 입장으로 나뉜다. 하나는 사회화의 관점에서 보는 것이고, 다른 하나는 기능주의적 관점에서 보는 것이다. 이 양자 안에서도 다시 논쟁이 있다. 예를 들면 사회화의 관점에서 볼 때에도 사회화를 적응에 맞추느냐 비판에 맞추느냐에 따른 차이가 있고, 기능주의적 관점 즉 교육의 본질이 지식의 전수라고 볼 때에도 내용의 전수냐 방법의 전수냐의 차이가 있다. 이처럼 교육 그 자체를 이야기할 때에는 양 측면에서 전선이 형성된다.

오늘날 우리나라의 교육정책을 이해하기 위해서는 교육관 즉 교육이론을 무시할 수가 없다. 오늘날 우리 교육은 정부의 교육정책의 산물이고, 정부의 교육정책은 교육이론에서 나왔다. 우리나라의 교육이론은 미국의 교육이론, 즉 존 듀이(J. Dewey)로 대표되는 진보주의 교육이론이다. 듀이는 민주주의를 교육에 접목해 학생들을 중심으로 하는 교육이론을 창시했다. 물론 듀이는 학교에서 대안을 찾고 학교를 개혁해 문제를 해결하려 한다는 점에서 탈학교주의적인 급진적 학교비판과는 다르다.

여기서 제기되는 하나의 의문은 다음과 같다. 우리나라의 주류 교육이론은 진보주의 교육이론인데, 왜 현실의 교육은 다 함께 모두가 잘하자는 의미에서의 '진보'와 다른가? 오늘날 우리의 교육이 학력 우수자(그것도 어떤 학력인지에 대한 성찰적 반성은 없다)를 선발하기 위한 과정으로 전락했기 때문이다.

거칠게 접근해 교육이론은 지식의 전수와 적응적 사회화에 초점을 맞추는 전통적 관점과 교육의 정치적·이데올로기적 특성에 초점을 맞추는 관점으로 나누어볼 수 있다. 지식의 전수와 학생들을 효과적 사회성원으로 육성하는 것을 목표로 하는 전통적 교육관과 달리, 후자의 대안적인 관점은 교육의 기능을 비판적으로 고찰한다. 따라서 성찰적 인식, 즉 교육 그 자체에 대한 성찰을 요구한다. 이 이론은 실제 실력을 의미하는 학력(學力)과 단지 졸업장을 의미하는 지위(地位)를 구분하고, 교육에서의 경쟁이 학력경쟁이 아니라 지위경쟁으로 변질하게 되는 이유를 설명해준다.

지위경쟁을 벌이는 근본원인은 교육이 국가사업이어서 공교육체제가 규제되고 통제되기 때문이다. 교육과정의 통제, 정원의 통제, 교육재정의 통제 등으로 인한 결과는 졸업장의 희소성이다. 즉 '지대'가 발생한다.[59] 이것이 곧 교육이 항상 논란의 중심에 놓이는 이유이며, 교육이 정치적 문제가 되어버리는 이유이기도 하다. 이 점을 고려하지 않고 '교육의 본질은 지식의 전수'라고만 생각하면 순진한 정책결론이 도출된다. 즉 교육은 순진하게 학력의 전수만을 목적으로 하지 않는다.

하지만 교육이 지닌 정치적 차원만을 강조할 수도 없다. 학교는 인류가 발견한 제도 중 배움에 관한 한 가장 효율적인 기관이기 때문이다. 교육은 학력을 양성하는 과정이다. 이러한 점에서 교육의 중요한 목표로 인지되는 학력이란 무엇인가를 생각해보자.

앞에서 언급한 대로, 즉 교육의 정치적 요인이라는 차원에서는 학력이 학력주의로 변질한다. 학력주의란 학력(學歷, 가방끈)으로 신분적 차별을 대체하는 것이다. 근대사회 이전에는 차별이 전근대적 차별, 즉 신분적 차별이었다. 하지만 오늘날 신분적 차별은 없다. 오늘날은 신분으로 차별하는 것이 아니라 학력(학위)으로 차별한다. 일종의 능력주의라고 할 수 있는 이 주장에 따르면 학력이 높을수록 더 높은 생산성을 지니기 때문에 더 높은 보상을 받는다.

하지만 과연 그럴까? 학력주의에서 초점은 학력 그 자체가 아니다. 구별(distinction), 즉 차이의 문제다. 따라서 구별할 수 있는 수단이면 된다. 이 경우 이 학생이 똑똑하다는 것을 증명할 수 있는 상대평가된 성적이 필요하다. 이 점이 강조되면 교육은 지식을 전수하는 것이 아니라 선발을 위한 조건이 된다. 여기서 주입식·암기식 교육이 불가피해진다. 이는 이 방식들이 효과적이어서가 아니다.

학력의 패러다임이 바뀌었다!

우리가 바라는 교육이 이런 것이 아님은 분명하다. 그것은 단지 시험점수로 표시되는 성적이 아니다. 아이들이 인류의 지적 성취물을 공부해야 하는 이유는 그것을 모두 외울 수 있다고 생각해서가 아닐 것이다. 성취해야 할 것은 바로 학습능력이다. 학습능력이라 함은 생각할 수 있는 힘, 사고력을 의미한다. 이것이 학력의 주요한 구성물이 된다. 즉 교육을 통해 학생들에게 전수해야 할 것은 사고능력인 것이다. 그중에서도 오늘날 추구되고 있는 것은 (비판적·창의적 사고력을 포함하는) 고차사고력이다.

고차사고력(higher order thinking)이란 공부 그 자체의 의미를 이해하고 공부방법을 개선할 수 있는 '사고 위의 사고'(메타인지력)이면서, 주어진 지식을 비판적으로 평가할 수 있는 능력, 인류의 지혜를 스스로 만들어보는 능력, 간략히 말해 문제를 제기하고 이를 해결할 수 있는 능력이다. 이것이야말로 가장 생산성이 높은 지혜가 아닌가?

고차사고력이 주목받는 이유는 이 사고력이 진정으로 생산적인 사고력이기 때문이다. 학생들이 학업을 마치고 사회에 나와 맞닥뜨리게 되는 실제의 문제는 교실에서와 달리 통제가 쉽지 않은 매우 복잡한 쟁점으로 구성되어 있다. 따라서 이 문제를 해결하기 위해서는 복잡성을 통찰하여 단순화하고 조직화할 수 있는 능력이 요구된다. 이 능력이 '경쟁력' 향상을 보장하지, 단순암기와 기계적 공부는 결코 이를 보장하지 못한다.

이러한 주장에 힘을 보태는 기사가 간간이 나온다. 그 한 사례가 서울대학교에서 2010년까지 실시한 지역균형선발제도였다. 이 제도에 대해, 지방고교생을 우대하는 바람에 내신은 낮으나 수능성적이 높은 학생들의 서울대 진학의 기회를 박탈한다는 반대론과 지역균형발전을 위해 꼭 필요한 제도라는 찬성론이 팽팽하게 맞섰다. 그렇다면 지역균형선발 학생들의 실제 학업성과는 어땠을까? 국정감사 자료에 의하면 2008년 서울대 졸업생 중 지역균형선발 학생의 평점은 3.57점으로 정시모집 학생의 3.33점보다 높았다. 이러한 사실은 학력이 생각만큼 단순한 문제가 아니라는 점을 잘 보여준다.

진정한 수월성 교육이란?

고차사고력을 양성하기 위해서는 고도로 복잡한 교육과정과 교육환경이 필요하다. 고차사고력은 충분한 투자와 교육과정에 대한 연구 없이 경쟁이라는 단순한 수단으로 향상할 수 있는 능력이 아니다. 더욱이 이는 학교에서의 상호작용, 즉 협동을 전제한다. 학력을 이렇게 이해할 때, 우리는 수월성 교육의 진정한 의미를 이해하고 학교의 임무 즉 인간성의 확보와 수학능력의 확보라는 다양한 임무를 모두 달성할 수 있게 된다.

또 그러했을 경우에만 수월성이 확보된다. 수월성이란 지적 수월성(intellectual excellence)을 의미하는 것으로, 창조성을 갖추고 각자의 삶의 질을 높일 수 있는 앎의 능력을 의미한다. 이는 인간의 능력이 태어날 때부터 차등하게 주어져 있다는 관점이 아니라 모두가 동등한 지적 능력을 가지고 있다는 심리학에 기초한다. 그러므로 수월성 교육은 영재를 교육하는 것이 아니라 모두의 앎의 수준을 높이는 것이다. 그런데 이 개념이 우리나라에서는 소수의 영재교육으로 둔갑해 경쟁교육으로 받아들여져 광란의 교육경쟁이 일어나게 되었다.

그렇다면 경쟁이 전혀 불필요하다는 말인가? 오늘날엔 경쟁이란 말이 본래의 뜻과는 다른 의미로 쓰이고 있어 오히려 사용을 꺼릴 정도가 되었다. 오늘날 경쟁이라는 단어가 의미하는 바는 생존경쟁이라는 표현에서 알 수 있듯이 남을 짓밟는 것이다. 즉 영합(zero sum) 게임이다. 그러나 이러한 영합적인 경쟁에서는 고차사고력이 향상되지 않는다. 고차사고력을 향상시키는 학력을 목표로 할 때는, 모두가 상생할 수 있는 그런 경쟁이 필요하다. 그것은 경쟁의 결과가 타인을 꺾는 것이 아니라 타인과 함께 성장하는 것을 말한다. 우리는 그것을 협동적 경쟁(copetition, 즉 competition과 cooperation의 합성어)이라 부른다. 협동적 경쟁이란 협동해 놀자가 아니라, 협동해 공부하자는 것이다. 단 여기서의 공부는 주입식 교육이 아니다. 따라서 우리는 고차사고력을 향상시키는 데 필요한 경쟁이 오도되어 영합적 경쟁으로 퇴보하는 것을 막아야 한다.

「배틀로얄」(Battle Royal)이라는 영화를 보면 한 학급의 학생들이 단 한명을 제외하곤 모조리 죽게 되는 처절한 생존경쟁이 그려진다.

이것도 오늘날 학교의 한 단면을 풍자한 것이리라. 하지만 「배틀로얄」의 경쟁은 결코 고차사고력을 불러일으키지 않는다. 개별적으로 '알아서 살아라'라는 식의 경쟁이 아니라, 서로 지혜를 공유하고 도와가면서 나아가는 경쟁, 그것이 진보의 이념인 것이다. 따라서 학생들이 알아서 각자 경쟁하게끔 조장해서는 안된다.

평준화는 협동적 경쟁을 가능하게 하는 하나의 틀이 된다. 학교가 학생을 선택할 수 없게 만들고, 확률적으로 학력이 높은 학생과 낮은 학생을 섞어두는 제도다. 각 학교는 확률적으로 비슷한 특성의 집단을 받아 가르쳐야 한다. 애초에 잘하는 학생만을 뽑을 수 없게 만들었기 때문에, 뽑기만 잘하면 되는 손쉬운 해결책으로 가지 않고 잘 가르치기 위해 노력해야 한다. 물론 이런 환경 자체가 모든 문제를 해결해주지는 못할 것이다. 한편으로 학교 내에서의 우열반 수업 등의 문제가 야기될 수 있고, 다른 한편으로는 무사안일과 학력의 퇴보가 일어날 수도 있다. 하지만 이런 문제들을 뛰어넘으려는 노력이 바탕이 되어야만 비로소 창의적 교육, 비판적 교육, 즉 진정한 고차사고력을 키울 수 있는 경쟁이 성립할 수 있다.

평준화에서만 학교격차의 경쟁, 성적의 경쟁 대신 고차사고력을 키울 수 있는 교사(학교, 교육)의 프로그램 경쟁이 가능해진다. 다양한 프로그램은 인정하자! 하지만 학교가 학생을 선택할 수 있게는 하지 말자. 다양한 프로그램 중 좋은 것은 금세 베껴서 활용할 수 있을 것이다. 그렇다면 수월성을 가능하게 하는 교육프로그램은 쉽게 확산된다.

기존의 평준화는 무슨 문제를 안고 있나?

지금까지 우리는 학력을 높인다는 명분으로 평준화를 해체하려는 시도는 사실적 근거에 입각해서도, 교육의 이념에 입각해서도 정당화하기 어렵다고 주장했다. 평준화를 해체하려는 시도들은 수월성이라는 개념에 대한 잘못된 생각에 기초해 있다. 이러한 입장은 수월성을 '남들보다 잘한다'는 점에 초점을 맞추어 생각한다. 하지만 앞서 살펴본 대로 진정한 의미의 수월성은 남보다 잘한다는 의미가 아니라 사고력의 향상을 의미한다. 수월성이 전제하는 인식과정의 철학은 인간은 모두가 동등한 지적 능력이 있으며, 이 앎이라는 지적 능력을 갈고 닦아 삶의 질을 높이는 것이 가능하다는 관점이다.

평준화와 수월성은 서로 대립하는 개념이 아니다. 오히려 평준화의 철학과 수월성의 철학은 동일하다고 볼 수 있다. 반대로 평준화를 반대하는 학교선택권 논리는 수월성의 참뜻을 해치고 있다. 종종 평준화 폐지를 주장할 때 근거로 제시하는 선진국의 표준지향적 교육개혁, 책무성 강조는 수월성뿐 아니라 형평성 요소가 강력히 내재되어 있다는 점을 잊어서는 안된다.

> 〔미국의 표준지향 개혁에는──인용자〕 **모든 학생들이 높은 수준의 학습을 할 수 있고, 사회는 그들에게 그렇게 할 수 있는 기회를 제공할 의무가 있다**는 철학적 전제가 깔려 있다(강조는 인용자).[60]

이처럼 평준화의 근본철학은 매우 선진적이지만 우리나라에서는 평준화가 시행되는 과정에서 실제로 여러 오류가 빚어졌다. 우선

1973년부터 시행된 평준화정책 자체가 당시의 시급한 교육모순을 해소하고자 충분한 철학적·정책적 논의 없이 도입된 것이라는 데 문제가 있다. 이후 이 제도는 오랜 기간 유지되었지만 시시각각 변화하는 시대적 요구를 제대로 수용하지 못했다. 평준화제도가 수월성과 적절히 조화를 이루기 위해 필수적이었던 전제들이 빠져 있었기 때문이다.

그 전제란 평준화를 단순히 교육여건을 동등화해 명문고를 철폐하는 것으로 이해하는 데서 더 나아가, 평준화 학교도 높은 수월성을 달성할 수 있음을 보여줄 수 있는 제도적 여건을 창출하는 것이다. 이런 여건을 만드는 데 나서는 어려움은 만만치 않다. 첫째로 생각해볼 것은 명문고는 사라졌지만 명문대는 여전히 남아 있어 우리 사회의 학벌주의가 온존한다는 점이다. 둘째는 교육예산이 선진국 수준으로 증가하지 못해 수월성 교육을 하기 위한 중요한 전제인 교사와 학생 비율을 개선하지 못했다는 점이다. 이 때문에 교사들의 사명감과 전문성 감소, 잡무 증가 등의 문제가 발생해 교사들이 교육에 전념하는 분위기가 형성되지 못했다. 세번째는 수월성 교육프로그램을 고민하고 확산해야 할 교육관청들이 관료화되었다는 점이다. 이 원인들 모두 사교육을 부추기는 결과를 낳았다.

학력을 높이는 방법은 무엇인가

앞서 언급한 학벌 폐지, 교육예산의 증액, 교육관청의 민주화 등은 우리 교육이 선진화하기 위해 필수적으로 해결해야 할 제도적 요소들이다. 그렇지만 이 여건이 갖춰지지 못했다 해서 교육현장은 손을 놓고 있을 것인가? 우리 아이들은 계속 성장하고 있다. 아이들은 유치원에 가고, 초·중·고등학생이 된 후 대학에 진학하는 과정에서 우리 교육제도의 모순을 체험하게 된다. 따라서 학벌 폐지, 교육예산의 획기적 증액, 교육당국 개혁이라는 사회적 변화가 없더라도 중등교육 내부의 변화와 혁신은 내일로 미룰 수 없는 절체절명의 과제다.

이런 제약 때문에 수월성 교육이 안된다 해서, 평준화를 깰 수는 없다. 왜냐하면 평준화 철폐의 미래는 서열화이기 때문이며, 이는 1973년 평준화 이전 시대로의 후퇴이기 때문이다. 제약 자체를 개혁하려는 노력과 더불어 제약 속에서도 평준화가 수월성을 높이는 현명한 방법을 찾는 지혜가 필요하다.

만약 이러한 제한적 조건 아래에서 평준화와 수월성을 성공적으로 결합할 수 있다면 중등교육의 미래는 밝을 것이다. 이러한 조건 아래에서 학력을 높이는 방법은 학교선택권과 학교다양화 대신 다양한 교육프로그램을 허용하는 것이다. 공교육에서 그러한 출발은 '혁신학교'에서 시작했다. 혁신학교들은 공교육체제 안에서 생겨나고 있으며, 학교단위 참여자들이 자발적으로 기획하고 참여하면서 다양한 교육프로그램을 시도하고 실험하고 있다.

물론 혁신학교의 시도가 성공적인지 아닌지를 측정하는 지표가 필요하리라. 이러한 평가는 이전의 평가도구와 잣대로 수행할 수 없다. 고차사고력의 향상과정을 측정할 수 있는 평가도구가 필요하다. 그리하여 단순한 성적평가(evaluation)에서 다양한 평가수준을 통한 복합적 수행능력 평가(performance assessment)가 필요해진다. 여기서 평가하는 것이 수월성인데, 여기서 수월성은 '1등 하는 것'이 아니라 지적 수월성, 즉 사고력을 의미한다. 사고력은 경쟁을 통해 얻어지는 것이 아니라 토론과 숙고를 통해 얻어진다.[61]

고차사고력과 고생산성 사고력을 향상시키는 것이 수월성의 진정한 의미라면 이제 이것은 평준화 교육의 목표가 될 수 있다. 이는 기존의 평준화정책에 큰 반성을 요구하며, 동시에 기존의 수월성 교육의 한계지점을 넘어설 것을 요구한다. 이를테면 왜 입시경쟁의 완화가 학력저하를 낳는 것이 아니라 학력향상을 낳는지에 관한 이론적·경험적 논증이 필요할 것이다. 이것이 혁신학교 실험에서 명심해야 할 사항이다. 요컨대 "형평성과 수월성은 반대되는 목표가 아니다. 민주주의가 제대로 기능하기 위해서는 둘 다 필수적이다".[62]

□ 참고문헌

김성천 「고교평준화와 학교다양화」, 『좌우파사전』, 위즈덤하우스 2010.

김진영 외 「수능점수 분포를 통해 본 학교간 지역간 학력편차 연구」, 2009 수능 및 학업성취도 평가결과 분석 심포지엄, 한국교육과정평가원 2009.

서민철 「수능성적 공개를 둘러싼 담론과 교육개혁의 방향」, 사회경제학계 제7회 연합학술대회, 2010년 11월 26일 발표문.

성기선 「교육의 평등성과 수월성」, 사회경제학계 제7회 연합학술대회, 2010년 11월 26일 발표문.

홍훈 「입시와 학벌의 정치경제학」, 사회경제학계 제7회 연합학술대회, 2010년 11월 26일 발표문.

Michael W. Apple, *Educating the "Right" Way: Markets, Standards, God, and Inequality*, Routledge 2001. 『미국 교육개혁, 옳은 길로 가고 있나』, 성열관 옮김, 우리교육 2003.

Jonathan Kozol, *Savage Inequalities: Children in America's Schools*, Harper Perennial 1991. 『야만적 불평등: 미국의 공교육은 왜 실패했는가』, 김명신 옮김, 문예출판사 2010.

Janice Petrovich & Amy Stuart Wells eds., *Bringing Equity Back: Research for a New Era in American Educational Policy*, Teachers College Press 2005.『교육의 수월성과 형평성: 미국 교육개혁의 교훈』, 김안나·정회욱 옮김, 교육과학사 2008.

R. J. Sternberg & W. M. Williams, *Educational Psycology*, 2nd edition, 2010. 『교육심리학』, 김정섭 외 옮김, 시그마프레스 2010.

혁신학교 아이들의 공부법

—

송주명

—

혁신학교를 이야기할 때 우리가 이야기하는 것들

2011년, 경기도교육청의 혁신교육이 시행된 지 2년이 되었다. 혁신학교는 이 혁신교육의 중심에 있다. 아직 역사는 짧지만, 혁신학교가 학생·학부모·교사들에게 주는 파장은 어마어마하다. 경기도에서는 혁신학교 주위 지역의 부동산 가격이 대폭 오를 정도로 학부모들의 관심이 높아지고 있고, 한 학기에 약 2000여 명 이상의 헌신적인 교사들이 혁신학교 연수에 신청할 정도로 관심이 뜨겁다. 그리고 서울, 전남, 광주, 전북, 강원 등지에서도 핵심적 교육개혁정책으로 혁신학교가 도입되기 시작했다. 이제 혁신학교는 경기도뿐만 아니라 전국적인 공교육 혁신의 상징이 되고 있다.

초기에 혁신학교는 현실의 공교육으로부터 일정한 거리를 둔 '대체' 교육운동인 '산속' 대안학교의 실험으로 여겨지거나, 일부 선생님들이 추진하던 '행복한 배움'과 '창의적 교육' 노력을 공교육 전반에 적용하기 위한 학교변화의 모델이라고 여겨졌다. 초기에는 '새로운 학교' 혹은 '뉴 스쿨'(New School)로도 불리었는데, 이는 제 역할을 하지 못하는 공교육에 혁신적 방향을 분명히 제시한다는 의미에서였다. 참고로 혁신(innovation)이라는 말에는 '변화'와 '발전'이라는 전향적 의미가 깃들어 있다.

그렇다면 혁신학교의 정체는 무엇일까? 어떤 이는 혁신학교를 단지 공교육 '정상화'를 위한 방편이라고 설명한다. 다른 이는 교육 소외지구를 중심으로 학교를 살려내는 '교육복지정책'이라고 설명하기도 한다. 만약 전자의 설명이 맞다면, 혁신학교는 학생중심적인 교육방법을 도입하지만 종래 표준적 국가교육과정을 활성화하는 수준에만 머무를 터이다. 그러나 교육방법을 바꾸는 것은 혁신학교의 출발점이 될지는 모르지만 혁신학교의 모든 것은 아니다. 한편 후자의 설명대로 공공성을 중시한다는 점에서 혁신학교는 교육의 '복지적 측면'을 중시한다. 다만 교육의 중심목표인 '창의성' '역동적 발전'을 모든 보편적 공교육 속에서 실현하고자 한다는 점에서 '교육복지정책'으로만 환원되지는 않는다.

혁신학교는 학교교육의 수준과 환경을 질적으로 높여 교육의 기회와 가능성을 보편적으로, 차별없이 향유하도록 하고(공공성), 교육의 내용과 방법 모두에서 창의성을 극대화하고(창의성), 집단지성과 다양한 잠재력의 개발을 통해 역동적 수월성을 추구해가며(역동성), 민주적 권리와 책무성을 인식할 뿐만 아니라 협조와 공존의 자세를 체화한 민주시민을 육성하고(민주성), 평화와 소통, 협력을 추구하는 미래지향적인 세계인을 키워나가는(국제성) 총체적 교육혁신의 학교모델이다. 즉 학교교육 전반을 변화·발전시켜 우리의 미래를 이끌어갈 인재를 육성하는 학교개혁의 모범적 사례로 만들려고 하는 것이다. 따라서 혁신학교를 만들어가는 과정은 우리 교육을 둘러싸고 있는 사회환경 및 학문정책에 대해 본질적인 문제제기를 하는 새로운 사회운동이기도 하다.

이 다섯가지 가치 중에서도 학부모와 학생, 교사가 가장 열렬히 환호하는 부분은 그동안 말만 무성했던 '창의성 교육'을 실제로 수행하려 한다는 점이다. 이런 노력은 '창의지성교육'이라는 모토 아래 행복한 배움을 추구하는 방향으로 구체화되고 있다. 창의지성이란 공교육의 궁극적 목표인 '창의성'을 '지성(知性)'의 방법을 통해 달성하는 것을 의미한다. '지성'은 인류사회의 다양한 지식체계, 지적 전통, 문화적 소양, 다양한 경험과 실천 등을 바탕으로 비판적(반성적, 성찰적)인 사고활동을 통해 통찰력을 내포한 상상력을 형성하는 것이다. 이를 통해 교육내용을 전반적으로 재구성하고, 교육과정을 변화시키는 것이 '창의지성교육'이다.

현재 혁신학교의 '수업혁신' 수준은 현장교사들의 열정 덕분에 세계적 범위에서 보아도 선진적이다. 앞으로 수업내용을 중심으로 한 '교육과정'의 근본적 개혁방향이 세워지면, 혁신학교는 현재의 공교육을 한단계 선진화한 교육개혁의 지속가능한 모델이 될 것이다. 혁신학교는 교육과정의 내용을 개혁하면서 창의지성교육을 지향한다. 창의지성교육은 우선 혁신학교에서부터 실험적 모델을 적용해 성공적인 프로그램을 개발하지만, 궁극적으로는 학교교육 일반에 적용될 수 있는 보편적인 프로그램으로 발전해야 한다.

현 교육계의 화두 '창의체험'에 대한 유감

사실 우리 교육계도 1990년대 중반 이후부터 교육의 핵심목표로 '창의성'에 주목해왔다. 그러나 당시 교육부가 주도해 학교현장에 유포된 창의성 담론에는 특정한 상투어법이 있다. 하나는 창의성을 체험활동과 연계하는 것이고, 이를 다시 인성으로 연계하는 논리다. 소위 '창의체험'과 '창의·인성론'이 그것이다. 물론 이 상투어법이 그 자체로 틀렸다거나 불필요하다고 생각하지는 않는다. 다양한 경험은 사고를 촉발하고 자극할 수 있으며, 이것이 인성의 발전으로 진행될 수 있기 때문이다. 나아가 창의체험과 창의·인성론은 서양철학사의 한 축인 경험주의적 지식론과 교육방법론으로서 그 의의를 인정할 수 있다.

다만 이 상투어법의 가장 큰 문제는 창의성의 기반이 되는 상상력과 이를 촉진하는 비판적 지식활동, 즉 지성활동(intelligence)에 주목하지 못한다는 점이다. 올바른 지성활동 — 역사적인 지식전통, 그리고 현재의 과학적 성과를 적극적으로 활용하는 비판적이고 발전적인 사고활동 — 의 도움을 받지 않는 다양한 체험활동은 창의성을 제대로 키울 수가 없다. 즉 지적으로 그 의미가 적확히 부여되지 않은 채 도입되어 시간표상에 나열된 체험활동들은 맹목적일 수밖에 없으며, 학생들 본연의 지적 호기심과 창의적 사유공간을 키우는 데에도 많은 한계가 있을 수밖에 없다.

이처럼 '창의성'은 올바른 철학적 기반 위에 서지 못한 채 단지 결과적으로 '남들과 다른 독특한 사고' '파격의 사고' 정도의 피상적인 정의에 머물러왔다. 이러한 경향은 때로 '특이한 행동'을 찬양하는 상업주의적 카피문구들을 낳았고, 이것이 도리어 창의성 담론을 왜곡하기도 했다. 그러나 '파격적이고' '특이한' 모든 행동이 창의적일까? 물론 창의성의 결과가 특이하고 파격적일 수는 있다. 그러나 창의성은 반성적 지성의 결과로서, 보통사람들의 이미 알려진 제한된 인식을 넘어서는 '상상력'을 의미하며, 상식 혹은 기존의 지식에 포함되지 않지만 세계의 법칙성이나 이치를 예지적으로 파악하는 과학적 직관, 다른 말로 '상상력'이나 '통찰력'을 의미한다. 이 '상상력'이나 '통찰력'은 인류의 지적 유산이나 지혜의 자산을 충실히 활용해 심층적·비판적으로 사고한다는 것을 전제로 삼는다. 그리하여 사회적 실천과 경험, 토론과 소통을 거치면서 확증·수정·발전해가는 광의의 지성적 활동을 통해서만 발전할 수 있다.

그들을 키운 건 팔할이 창의성, 상상력, 통찰력이다

혁신학교가 도입하려는 창의성은 학생들의 상상력이 전개되는 과정과 결과다. 때문에 창의성은 '세계와 사회변화의 보편적 이치를 앞서서 인지하되 그것에 구속되지 않는 구성적 정신작용'으로 정의할 수 있다. 이러한 점에서 창의성은 보편성에 기초한 비판적 상상력, 즉 사고력으로 재정의할 수 있다. 창의성은 경험뿐 아니라 근본적으로 비판적 사유활동에 의해서도 규정된다.

경험적 방법론이 일찍이 자리잡은 자연과학, 특히 물리학의 사례를 들어보자. 물리학의 영역에는 실험물리와 이론물리라는 두 영역이 존재한다. 이론물리에는 우리가 잘 아는 천체연구가 스티븐 호킹(S. W. Hawking) 박사가 있고, 극소세계를 연구하는 노벨상에 빛나는 쟁쟁한 과학자들도 존재한다. 천체물리의 경우 궁극적으로 무한대의 세계를, 극소 이론물리의 경우 무한소의 세계를 연구대상으로 한다. 그런데 두가지는 궁극적으로 공통점이 있다. 인간의 오감을 활용하는 경험을 통해서는 거의 접근이 안된다는 점이다. 그러나 과학자들은 무한대와 무한소 세계의 질서를 남들보다 앞서서 '알아냈고' 그 것이 (온전하든 부분적이든) 옳았다는 것을 증명해냈다. 경험 저 너머의 세계를 제한된 감각기관만을 지닌 과학자들이 어떻게 알 수 있었을까? 그들은 천재성있는 '점쟁이'들인가? 볼 수도 만질 수도 없는 세계로 어떻게 꿰뚫고 들어갔을까?

이와 관련해 하이젠베르크(W. Heisenberg)라는 과학자에 주목해보자. 그는 독일의 이론물리학자로 양자역학(quantum theory) 분야에서 '불확정성의 원리'를 주창하고 혁혁한 과학적 성과를 남겼다. 그가 남긴 자서전 『부분과 전체』(Der Teil und das Ganze)를 보면, 위에서 던진 질문에 대한 해답의 단초를 찾을 수 있다. 그는 나름의 방식으로 극소세계의 질서를 정확히 그려내는데, 여기에는 선행 물리학 연구도 중요한 역할을 했지만, 그가 중고등학교에 다닐 때 읽었던 고전이 아주 커다란 역할을 했다고 고백한다. 그는 극소세계의 질서를 그려내고 새로운 과학적 발견을 함에 있어 플라톤의 이데아, 그리고 칸트철학이 아주 중요한 지적 준거자료로 활용되었음을 강조한다. 이 대목에서 우리는 과학이 경험을 넘어 '철학' 및 '사상'과 만나 대화하고 이를 통해 '미지의 세계'로 들어가고 있음을 알 수 있다.

나아가 하이젠베르크는 소년시절 자신의 급우들과 벌인 토론 같은 집단적 지성활동이 과학자로서 자신의 능력을 형성하는 데 크게 기여했다고 밝힌다. 결국 경험 저편의 세계로 과학자들을 인도해준 것은 인류역사에서 체계적으로 누적되고 발전되어온 지식과 지혜의 체계이며, 이 지식과 지혜를 비판적으로 '곱씹어가는' 사고력, 즉 지성활동이었던 것이다.

감각과 경험을 넘어서는 이런 통찰력과 사고력, 즉 지성의 필요성에 대해 일찍이 스피노자 또한 『에티카』(Ethica)에서 지적했다. 즉 그는 세계의 질서에 대한 경험적 인식─오감에 의한─의 한계를 분명히하면서 인식의 정수로서 '직관'을 지적했는데, 그가 말한 직관이야말로 사물의 본질을 직접적으로 꿰뚫어볼 수 있는 '과학적 통찰력'을 의미한다.

이렇듯 제대로 된 '창의성 교육'은 인류의 지식사와 지혜체계를 교육의 영역으로 곧바로 끌어들이는 것이며, 고전교육과 철학교육, 인문교양학에 기반해 세계의 본질에 접근할 수 있도록 만드는 비판적 사고형성 교육이기도 하다. 이를 통해 소통능력, 토론능력, 사고의 발전적 재구성 능력 등을 키울 수 있고, 더불어 자연의 이치뿐만 아니라 사회적 삶의 본질을 성찰적 즉 대자(對自)적으로 재구성할 수 있게 된다. 이렇듯 자연과 인간, 사회, 자신과 타인에 대한 비판적이고 성찰적인 사고능력을 키우는 것이 혁신학교의 교육내용을 이루는 '지성교육'이며, 이를 통해 혁신학교에서는 학교교육의 근본목표 가운데 하나인 '창의성'을 추구한다.

창의지성교육: 비판적으로, 감성적으로, 집단적으로 사고하라

창의지성교육은 다음과 같은 3개의 교육적 조류가 상호결합되는 구조다. 이를 통해 지식에 기초한 협의의 사고력(지성)은 더욱 풍부하고 실천적인 지성활동으로 발전하게 된다. 창의지성교육은, 첫째 인류의 풍부한 지식체계를 활용한 비판적 지성(사유)활동, 둘째 비판적 지성활동에 의해 의미와 맥락이 올바로 그 기틀을 잡은 감성적

체험 및 사회적 실천활동, 셋째 집단지성에 의한 개별적·비판적 사고의 종합과 민주시민교육(사회적 인성교육) 등으로 구성된다.

우선 비판적 지성활동이란 고전·철학·문학·역사 등 인문학, 그리고 과학사·과학철학·현대과학이론 등 자연과학, 또한 사회과학 사상(철학)과 각 분과학문별 고전 및 현대 사회과학이론 등 사회과학, 마지막으로 이 다양한 분과학문을 넘어 통섭과 학제적 접근에 기반한 과학적 지식체계를 교육에 직접적으로 적용하는 것을 말한다. 이를 통해 교육과정을 풍부화하고, 과학적 지식 습득과 비판적 재구성 과정을 통해 학생들의 사고력을 체계화하는 것이다. 우리는 이를 협의의 '지성교육'이라고 부를 수 있는데, 여기서 학생들은 풍부한 사고능력과 더불어 문제의 본질을 파악할 수 있는 철학적 기반을 강화하게 된다. 따라서 협의의 지성교육은 학생들이 다양한 실천활동이나 체험을 통해 만나는 일상적 경험세계의 근본적 의미와 맥락을 성찰할 수 있는 이론적 계기를 준다.

둘째, 협의의 지성교육이 주로 독서와 토론 그리고 비판적 사고활동이라는 이성적·합리적 사고에 중점을 둔다면, 다양한 경험세계는 이 사고를 생생한 생활영역으로 연계하고 이 생각에 다양한 실체를 부여해줄 수 있다. 이러한 점에서 다양한 쟁점영역들에서의 체험활동과 사회적 실천 및 실험이 그 의미와 맥락을 고려해 적절히 배치되어야 한다. 더 나아가 이 체험·실천·실험은 학생들의 정서적 기반을 강화해 비판적 사고활동에 실체적 힘 — 인식의 확증과 새로운 발전적 인식 계기의 발견 — 을 부여해줄 수 있다. 이와 관련해 자연사·인류사·지식사·지성사를 간접경험으로 다양하게 접촉할 수 있는 박물관, 문화관, 과학관 등의 역할 또한 아주 중요하다.

셋째, 창의지성교육은 사고와 실천을 매개하는 소위 집단지성의 과정을 포함한다. 학생들의 비판적 지성활동——사유와 실천의 발전적 상호작용——은 사회적이고 집단적인 성찰과 소통을 통해 한차원 높아진다. 학생들은 토론을 통해 비판적 지성(인식)의 전체상을 더욱 풍부하고 종합적으로 재구성할 수 있다. 특히 이는 사회 속에서 학생들 스스로 권리와 책임에 대한 올바른 인식을 가질 수 있도록 해줄 것이다. 창의지성교육은 윤리적·도덕적 '인성교육'을 성찰과 소통, 협력을 통한 '사회적 인성교육', 즉 진지한 민주시민교육으로 발전시킨다.

창의지성교육은 역사 속에서 살아 숨쉰다

혁신학교에서 도입하려는 창의지성교육은 몰역사적인, 즉 이제 새롭게 도입하는 시도가 아니다. 서구 교육사를 보면, 그 중심적 흐름은 비판적 지성을 육성하기 위한 교육이었다. 물론 그 나름의 역사적이고 특수한 한계가 있으며, 특히 일부의 교육제도는 '엘리뜨주의' 등으로 비판받을 소지가 많다. 그러나 철학적이고 성찰적인 지성을 육성하기 위한 유럽의 지적 전통과 현대의 교육내용은 창의지성교육을 비판적으로 재구성할 수 있는 '합리적 핵심'이 있다. 따라서 '주지주의(主知主義)' 혹은 '엘리뜨주의' 같은 유럽의 한계를 극복하면서, 선례들이 지닌 교육사적·지식사적 의미를 충분히 검토해야 한다.

오늘날 유럽지역에는 초중등학교를 통합한 종합학교(comprehensive school)나 고등학교(upper secondary school)가 존재하는데, 가령 영국의 '그래머스쿨'(grammar school), 독일 및 북유럽 국가들의 '김나지움'(gymnasium), 프랑스의 '리쎄'(lycée) 등이 그것이다. 이 학교들은 주로 대학교육을 전제로 학생들을 학문적으로 훈련하는 데에 주요한 목표를 둔다. 그런데 이들 교육기관의 공통점은 언어교육, 특히 고전어로서 라틴어나 그리스어에 대한 언어교육을 강조한다는 점이다. 언어교육의 전통은 이 학교들의 역사적 '출발점'인 중세의 가톨릭 교회학교나 수도원학교의 성직자 육성을 위한 고전어교육에 그 연원을 두고 있다. 이들 종교학교가 근대화·세속화·대중화된 것이 그래머스쿨, 김나지움, 리쎄 등이었다.

한편 이들 중세 종교학교와 근대적 학교들은 고대 로마의 리떼라또르(Litterator), 그라마띠꾸스(Grammaticus), 레또르(Rhetor) 등의 교육제도를 원형으로 삼고 있었는데, 이들 교육제도는 고대 그리스의 문학과 철학 등 주요 고전에 대한 학습을 토대로 공동체의 시민자질과 책무성을 강화하려는 목표가 있었다. 오늘날 유럽의 중고등학교에 고전학(classical studies)과 철학 등 인문학적·자유교양학적 전통이 아주 강하고, 이에 기초해 비판적 사고능력을 키우는 교육목표가 심어지게 된 배경이 여기에 있다.[63]

따라서 유럽지역의 종합학교와 인문학교들은 고전 및 자유교양 교육을 위한 수단으로 언어교육을 강조하고, 철학과 토론(논리학), 문학, 역사, 수학과 자연과학, 예술 등을 통합하는 교육체계를 갖추고 있다고 할 수 있다. 이 학교들의 교육체계는 인류사에 누적된 지식과 지혜, 문명(문화)을 비판적 사유와 토론을 통해 현대적으로 재구성하고 흡수하도록 짜여져 있다. 물론 이러한 인문학, 즉 자유교양 교육의 목표는 '인간의 목적을 성취하고 그들의 잠재력을 실현할 수 있도록 하는 "자유"의 확보'에 있는데, 이는 비판적 지성(사고력)을 형성해 학생들의 창의성을 강화한다는 창의지성교육의 기본취지와 정확히 합치한다.

소위 구성주의 학자(constructivist)들이 말하는 것과 비슷하게, 학생들은 이 과정에서 지식의 의미를 비판적으로 구성하는데, 인문 교양 지식을 자신의 배경지식이나 경험과 연관해 더욱 창의적으로 이해하게 된다. 인문학, 자유교양의 전통은 소위 행태주의 학자(behaviorist)들의 암기적 지식습득론과는 다르다. 이 전통은 철학·고전·명저에 대한 독서, 그리고 그에 대한 학생 자신의 비판적 사고 정립, 집단적 토론을 통한 의미의 재구성, 분석과 논리적용을 중심으로 하는 논술형 평가 등으로 지속되고 있다. 이 전통에서는 지식을 의미·논리·설명으로 재구성하는 비판적 사고력, 즉 창의지성이 가장 중요한 요소를 이룬다.

혁신학교가 추구하는 다섯가지 가치

혁신학교는 우리 사회와 공교육이 직면한 문제에 답하려는 총괄적 혁신운동이기도 하다. 오늘날 공교육은 사회와 교육에서 발생한 몇가지 주요 위기가 얽히면서, 기능이 제대로 이루어지지 않는 상태다. 사회적 양극화로 인한 공교육의 마비, 입시위주 교육이 빚어내는 피상적이고 수동적인 교육이 대표적인 문제다. 여기에 경쟁과 서열화 위주의 이기적인 교육철학이 팽배하고, 민주화 및 정보화와 저출산 속에서 새로 탄생한 '학생 신인류'에 공교육은 적응하지 못하고 있다. 게다가 미국 주도의 세계화에 대한 잘못된 해석과 맹신적 영어교육 경쟁 등은 위의 문제들과 서로 맞물리면서 교육현장을 피폐하게 만들고 있다. 이는 총체적으로 우리 사회의 지식 및 문화적 기반을 척박하게 만들고, 양극화와 구조적 불평등을 심화시켰다. 혁신학교는 이러한 절망적 교육상황을 변화시키는 모범사례로서 기획되고 탄생한 학교다.

혁신학교는 공교육의 내용과 방법을 미래지향적으로 한차원 높임으로써 교육현장에 새로운 모범을 창출하려고 한다. 이를 위해 혁신학교는 대체로 다음과 같은 다섯가지 철학적 방향을 중심으로 종합적인 교육개혁을 추구한다.

첫째, 혁신학교는 사회적 책무성과 관련해 공공성의 가치를 추구한다. 사회의 양극화와 교육의 특권화·서열화, 그리고 그로 인한 공교육의 마비상황을 극복하고 모든 사회계층이 질높은 공교육의 성과를 폭넓게 향유하도록 하여 교육이 사회 전체의 건강성 회복에 기여할 수 있도록 해야 한다는 것이다. 요즘 소외계층의 자녀일수록 학교교육에 적응하지 못하고, 따라서 교육기회에서 구조적으로 소외되는 상황이 자주 발생한다. 혁신학교는 교육의 실질적 평등(가능성의 평등)을 위해, 소외계층의 자녀들에게 교육조건의 균등화를 보장하기 위해 노력해야 한다. 혁신학교는 우리 사회의 건강성 회복과 지식·문화 기반의 강화라는 사회적 책임성을 가장 큰 가치로 삼는다.

둘째, 혁신학교는 교육의 내용 면에서 창의성의 가치를 추구한다. 물론 창의성이 교육의 궁극적 목표의 하나라는 점에서 이를 새삼 강조할 필요는 없다. 그러나 입시위주, 서열화 교육 때문에 껍데기만 남은 한국 교육의 현주소를 볼 때, '창의성'은 교육개혁의 기본목표일 수밖에 없고 아무리 강조해도 지나침이 없는 가치다. 혁신학교는 최근 한국 및 세계 교육계에서 가장 큰 화두가 되고 있는 창의성 교육이야말로 교육의 질을 혁신할 수 있는 근본적 대안이라고 판단한다.

셋째, 혁신학교는 교육목표의 성취방법과 관련해 역동성의 가치, 즉 집단적·사회적 협력을 통한 역동적 발전을 추구한다. 혁신학교는 신자유주의의 이기적이고 경쟁적인 인간관의 한계를 직시하고, 소수의 우월한 승자그룹에 모든 관심을 집중하는 왜곡된 수월성 개념을 극복하기 위해 노력해야 한다. 배움과 지적 활동은 협력적 방식을 통해 가장 잘 이루어질 수 있다. 학문적 성장을 의미하는 수월성 개념은 다수의 학생들을 목표로 하되, 선두그룹과 중위그룹, 하위그룹이 서로 발전을 자극할 수 있도록 다시 설계되어야 한다. 그리고 이 과정에서 학생 저마다의 잠재성이 계발되도록 해야 한다. 이를 달리 표현하자면 혁신학교는 학교공동체 안에서 다수의 수월성, 역동적 수월성, 다양한 수월성을 추구한다고 할 수 있다.

넷째, 혁신학교는 학교공동체 운영 및 학생생활의 원리와 연관해 민주성의 가치를 추구한다. 혁신학교는 민주화, 저출산, 정보화라는 상황에서 탄생한 새로운 유형의 학생들에게 민주주의, 사회성, 권리 인식에 대한 교육을 제공하고, 학생들 스스로가 독립된(자립한) 주체로서 학교생활과 배움에 참여할 수 있도록 해야 한다. 민주주의 교육과 민주적 학교생활은 학생들이 미래 민주적 시민으로서, 그리고 우리 사회의 지도적 주체로서의 소양을 키우는 과정이기도 하다.

다섯째, 혁신학교는 교육개혁의 방향 및 인재육성의 지향성이라는 면에서 협력과 소통의 국제적 가치를 추구한다. 혁신학교는 복잡하게 전개되는 국제관계의 특징을 제대로 인식하고 그 속에서 평화와 협력을 이끌어낼 수 있는 진정한 인재를 키워야 한다. 즉 이기적인 경쟁과 영어에만 몰입하는 것이 아니라, 다른 문화와의 차이를 인정하고, 다양한 국가 및 세력들과 소통하고 협력을 이끌어내는 능력을 키우도록 가르쳐야 한다. 혁신학교는 국제사회에 대한 민주적 이해와 우리 사회의 다양성에 대한 천착을 통해 공존과 협력, 소통의 국제적 소양을 지닌 인재를 육성하고자 한다.

혁신학교는 현재진행중

경기도에는 현재 약 70여개 학교가 혁신학교로 지정되어 학부모들의 지대한 관심을 모으고 있다. 향후 2014년까지 약 200여개의 학교가 지정될 예정이다. 이 학교들 대다수는 상당한 성과를 내면서, 공교육의 현장이 바뀔 수 있다는 점을 직접 실현해 보이고 있다. 물론 모든 학교들이 혁신학교의 이념, 새로운 교육 내용과 방법을 능동적으로 구현해가고 있는 것은 아니다. 초기에 준비정도가 약한 학교들이 혁신학교로 지정되기도 했기 때문이다. 그러나 약 2년 가까운 시간 동안 교사들의 집중적 연수와 컨설팅, 선진적 학교경험의 비교검토 등을 통해 학교간의 격차를 해소하고 혁신학교의 방향을 공유하기 위한 노력이 이루어져왔다.

지금까지 혁신학교는 교육과정의 내용과 수업혁신을 중심으로 많은 변화를 모색해왔다. 우선 변화는 '수업'에서부터 이루어지고 있다. 특히 초등학교와 중학교에서는 학습자 중심의 '행복한 배움'이 커다란 성과를 내고 있다. 수업문화의 변화가 학생과 교사의 상호작용 패턴을 바꾸고, 궁극적으로 학교문화 전체의 변화를 이끌고 있다. 이렇듯 수업혁신은 총체적인 학교혁신을 이끌 수 있는 출발점으로서 아주 중요한 의미가 있음이 확인되었다. 그러나 초기 도입과정에서 나타난 한가지 편향은 마치 '수업혁신'이 혁신학교의 모든 것인 양 단순하게 이해되기도 했다는 점이다. 특히 수업혁신에 초점을 맞추어 학생들의 자기주도성을 키우는 특정한 한가지 '방법론'이 경기도 혁신학교의 이론적 기초인 것처럼 오해되기까지 했다. 물론 이 편향은 혁신학교의 정책방향에 대해 일선교사들을 쉽게 설득하려는 과정에서 발생한 것으로, 학교현장의 척박한 현실을 반영한다.

결국 다양한 시도들이 도입되고 있지만, 아직 교육내용의 근본적 변화까지 이루어지고 있는 것은 아니다. 교육과정의 변화는 다양하게 연구되고 있지만, 우선은 상대적으로 손쉽게 개혁할 수 있는 방법적 개혁, 즉 수업방법 혁신이 이루어지고 있다. 이는 유럽, 미국, 러시아 등에서 1차대전 이후 열띠게 진행되던 소위 '신교육운동'이 내세운, 아동 중심주의(child-centrism)로 학교를 개혁하려는 문제의식과 유사하다. 그러나 신교육운동은 고전학습을 중심으로 하는 유럽의 '지성교육'의 전통을 좀더 현대화하고 대중화하기 위한 운동이었다. 즉 유럽의 지적 전통을 더욱 현대화하는 한가지 노력이었을 뿐이다.

한국은 식민지지배, 군부독재하의 관료적 지식독점, 그리고 입시교육으로 인한 교육내용의 피상화 같은 문제들 때문에 지적 기반이 지극히 왜곡되어 있다. '수업혁신'만으로 새로운 교육을 구현하는 데에 커다란 한계를 가질 수밖에 없는 이유가 여기에 있다. 결국 혁신학교가 새로운 교육모범을 보이려고 한다면, 한국의 새로운 지적 전통을 창조해가는 '교육내용의 혁신'을 동시에 추구해야만 한다. 즉 '교육내용'과 '수업방식' 모두를 개혁함으로써 학생들의 비판적 사유능력과 통찰력, 그리고 문화적·지적 상상력을 발전시키는 학교교육의 새로운 과제를 추구해야 한다. 이러한 점에서 혁신학교는 공교육의 '정상화'를 넘어서는 근본적인 '혁신'(upgrade)을 지향한다.

한편 혁신학교는 공교육 개혁의 모범사례가 되어야 한다. 혁신학교는 교육과정, 자치운영구조(거버넌스), 학교문화 등을 개혁해나갈 교사역량을 만들어내야 하고, 이에 근거해 체계적으로 모범을 만들어나가는 발전도상의 학교다. 이에 혁신학교는 우선 그 스스로의 개혁적 '질'을 분명히 확보하면서 단계적으로 확대해갈 수밖에 없다. 혁신학교는 단기적이고 부분적인 성과도 중요하지만, 교육과정을 위시한 종합적 학교개혁의 지속가능한 대안으로서 스스로 자리매김하는 것이 우선이다.

이와 관련한 한가지 편향도 있었다. 일부 정책담당자들은 혁신학교의 성과를 빠른 속도로 확산하겠다는 일념에서, '혁신학교'와 전반적인 '학교혁신'을 함께 추진하면서 양자간의 경계선을 모호하게 만들기도 했다. 그러나 혁신학교 그 자체가 지속가능성을 지니게 되기까지 일정한 시간이 요구될 수밖에 없고 일반학교에 준비된 역량이 없는 상태에서, 양자를 무리하게 연동하는 것은 도리어 혁신학교의 목표의식을 흐리게 만들 수 있다.

다른 한편으로 실질적으로 현장역량이 준비되지 못하고 혁신학교에 대한 이해가 부족한 상황에서 오해가 생기기도 했다. 우선 초기에 많이 나타났던 현상인데 혁신학교에 대한 일반적인 배척경향이 바로 그것이다. 나중에 입장을 바꾸어 혁신학교를 신청해 지금은 '4수' 만에 당당히 혁신학교로 지정된 경기북부 지역의 한 초등학교 교사들도 처음에는 혁신학교를 온몸으로 거부했다. 혁신학교로 지정되면 이전의 다른 '교육부 정책'들과 마찬가지로 불필요한 업무가 늘어나리라는 불안과 자신들이 '혁신대상'으로 주목되는 소위 '낙인효과'가 싫다는 이유에서였다. 정반대의 경우지만 현장역량은 준비되지 않았는데, 재정적 지원을 받기 위해 혁신학교를 신청하는 일도 있었다. 이 경우는 혁신학교의 본질은 이해하지 못한 채, 시설이나 비품 등 하드웨어를 개선하기 위한 '예산사업' 정도로 혁신학교를 오해하는 경향에 속한다. 또하나의 현장역량 결여, 그리고 혁신학교에 대한 이해부족은 혁신학교 계획서에 나타나는 소위 '족보현상'에서 발견

된다. '족보현상'이란 스스로 학교의 상황과 자원에 걸맞게 창의적으로 계획서를 만들지 않고, 지금까지 대표적으로 이름이 나 있는 혁신학교들의 학교운영계획서를 '모자이크'식으로 조합해 계획서를 제출하는 현상을 뜻한다. 이러다보니 많은 계획서들이 비슷해지는 결과가 나타났다.

이렇듯 혁신학교는 현재 진행중이며 교육개혁의 다양한 성과를 내고 있지만, 자기 발로 선 공교육 혁신의 모델이 되기 위해서는 더욱 적극적으로 노력해야 한다. 우선 가장 중요하게는 교육과정 전반을 개혁해야 한다. 학생들이 행복한 배움을 통해 창의성을 강화하도록 하는 지성 중심의 교육과정이 필요하다. 이를 통해 표준적 국가교육과정을 발전적으로 재구성할 뿐만 아니라, 체험교육 등 새로운 교육시도에 올바른 의미와 맥락을 부여하는 창의적 교육과정을 구축해야 한다. 이러한 노력을 전제로 개별학교의 역량, 문화적 자산, 특징을 살리는 학교별 특성화와 브랜드화를 추구해야 한다. 그리고 혁신학교의 철학적 가치를 충실히 살릴 수 있는 공공성과 민주성, 국제성을 살리는 교육과정과 생활지도를 구축해야 한다. 무엇보다 중요한 과제는 교사들을 사회적 혁신의 심성을 품은 교육의 설계자로서 체계적으로 재교육하고, 그들의 전문성을 꾸준히 높여낼 수 있는 교육제도를 구축하는 일이다.

혁신학교의 미래를 상상한다

지금 경기도에서는 혁신학교를 지정하고 종합적으로 학교 교육과정을 바꿔내는 실험을 하고 있다. 김상곤 교육감이 약속한 대로 2014년까지 약 200여개의 혁신학교가 지정되어 공교육이 실제로 변화할 수 있다는 '실례'를 보일 것이다. 이를 위해서는 1980년대 후반 '열린교육'운동이 보여준 관청 주도적, 성과주의적 한계를 극복하고, 철저히 현장교사들의 개혁운동에 의지하면서 혁신학교로서의 이념과 철학, 내용 기준을 충족할 수 있도록 엄격한 수준관리를 할 수밖에 없다. 나아가 창의지성교육의 내용을 올바로 설계하고 이를 현장의 교육과정에 차질없이 응용할 수 있도록 진지한 노력을 쏟아야 한다.

향후 200여개의 혁신학교가 하나의 단일한 모습으로 나타나지는 않을 것이다. 설명했듯이 창의지성교육의 어떠한 내용들이 강조되느냐에 따라 다양한 학교의 지향성이 현실화될 것이다. 가령 우선 학교교육의 목표인 '창의성'을 '학력'이나 '개념' 중심으로 잡을지, 혹은 '문화'나 다양한 '감수성' 영역으로 할지, 나아가 '창의성'에 도달할 방안을 '협의의 지성'을 중심으로 잡을지, 아니면 '체험이나 실천, 실험'을 중심으로 할지에 따라 다양한 학교의 모습이 나타날 수 있다.

물론 다양한 유형의 학교들은 혁신학교로서의 '보편성'을 갖추고 다섯가지 혁신학교의 이념(철학적 방향)과 창의지성교육의 기본적 교육과정을 공유해야 한다. 그러나 각 학교의 역사적 전통, 교사들의 지적·문화적 자산, 학교장의 통솔력, 지역사회 전통과 시민사회의 특성 등을 고려해, 그 학교만의 특징과 문화를 만들어가야 한다. 각각의 혁신학교들은 그 노력 여하에 따라 다양성과 특수성, 지역성을 갖출 수 있을 것이다.

이와 관련해 혁신학교는 보편성과 특수성을 결합하는 방식으로 학교간의 연계관계를 잘 짜나가도록 설계되고 있다. 특히 다양한 프로그램이 있는 혁신학교간에 '혁신학교벨트'를 조성해, 동일한 지역 내의 학교라면 타학교 학생이더라도 프로그램들을 서로 공유할 수 있도록 하고, 초·중·고의 '급별' 연계를 강화할 수 있도록 할 것이다. 나아가 혁신학교와 일반학교 간 연계를 통해 혁신학교의 교육내용을 체계적이고 점진적으로 확산·전파할 계획이다. 이를 위해 우선 경기도의 광명·시흥·구리·안양·오산·의정부 등 혁신교육지구 내에서 '혁신교육 묶음'(clustering)의 활성화를 꾀하고 있다. 이 묶음을 통해 일반학교의 학생들이라도 혁신학교가 제공하는 프로그램을 직간접적으로 향유할 수 있고, 일반학교의 교육프로그램도 한차원 향상될 수 있을 것이다.

나아가 창의지성의 비판적·평가적 사고력과 개념인식, 논리력을 높이는 교육을 통해 초·중·고등학교의 교육내용을 바꿔냄으로써 한국사회의 지식축적(학문) 구조를 변화시키고 이를 통해 대학입시의 흐름 또한 과감히 바꿔내도록 할 것이다. 설혹 입시의 근본적인 변화가 이루어지지 않더라도, 혁신학교와 창의지성교육의 수혜자들이 대학을 포함한 향후 진로에서 근본적인 '경쟁력'이 있음을 보여주기 위해 노력해야 한다.

중요한 건 교사의 역할이다

앞서 밝혔지만 혁신학교는 위기에 봉착한 전체 공교육 개혁을 위한 모델학교이자 시범학교다. 즉 공교육 전체의 개혁을 위해 적용 가능한 모범적 사례를 만들어내고, 이를 체계적으로 일반학교들에까지 확산해갈 수 있도록 종합적 지표를 줄 수 있는 거점학교다.

혁신학교는 두가지 방향에서 교육과정의 혁신을 꾀한다. 첫째, 교육의 내용을 풍부하게 만들고 학생들의 '창의성'을 근본적으로 키우는 것이다. 둘째, 교육과정의 변화는 다른 한편으로 과정 혹은 방법 면에서 개혁이 이루어져야 하는데, 이는 '수업의 혁신'으로 모아진다. 즉 수업이 교사의 일방적 주입으로 이루어지지 않고, 학습자 중심의 교수법과 학제적 토론방식, 다양한 체험활동 등을 통해 이루어진다는 뜻이다. 이를 통해 학생들이 자주적인 학습자세를 갖추게 되고 궁극적으로 '행복한 배움'을 실현하게 될 것이다.

물론 이러한 변화가 성공하려면, 공공성·민주성·역동성·국제성 등 학교교육 및 활동을 둘러싼 가치체계의 변화와 문화의 변화, 그리고 학교운영체제의 민주적 변화— '거버넌스'의 확립 및 경기도교육청의 용어로서 '참여협육'의 실현 등—가 충분히 뒷받침되어야 한다.

한편 이렇듯 공교육의 혁신을 이루는 데에는 교사의 역할이 가장 중요하다. 새로운 방향이 제시되더라도, 교육현장에서 이를 실현할 수 있는 역량있는 교사가 없다면 학교는 바뀔 수 없다. 그리고 역량 있는 교사들이 현장혁신운동을 체계적으로 추진하더라도 학교장이 필요한 여건을 만들어주지 않으면 전반적인 혁신은 이루어지지 않는다. 이처럼 혁신학교는 교사의 현장역량과 교장의 통솔력이 만났을 때 비로소 발판을 만들 수 있다.

교사의 역량과 교장의 통솔력에는 두가지 요소가 포함된다. 첫째는 기꺼이 자신의 삶을 희생해 혁신학교의 모범사례를 만들어내려는 교사와 교장의 정서적 준비상태다. 현재 경기도교육청은 교사의 행정적 잡무 경감을 위해 노력하고 있다. 그러나 혁신학교에서 교사의 업무량은 객관적으로 줄지 않는다. 도리어 새로운 '학교 만들기'에 필요한 종합적인 업무량이 증가한다. 따라서 혁신학교의 교사는 자발적 운동의지를 품어야 하며, 학교장은 이들의 의지가 협조적·집단적으로 총화될 수 있도록 민주적 자치운영구조(거버넌스)를 구축해야 한다.

둘째, 교사는 자신의 수업을 설계하고, 주어진 수업시간을 질적으로 향상된 내용으로 채워나가고 전문성을 갖춰야 한다. 이를 위해서는 올바른 교육과정을 학교단위에서 결정하고, 이를 자신의 수업요목(syllabus)으로 구체화해갈 수 있는 교과 및 교수 전문성이 요구된다. 여기에는 교사의 풍부한 지적 능력과 철학적 사고능력이 아주 중요하다. 앞서 경기도교육청의 '잡무 경감' 노력을 언급했지만, 이는 교사가 교과 및 교수 전문가로서 스스로의 역량을 키워갈 수 있도록 최소한의 시간을 제공하고자 하는 정책이다.

혁신학교의 교육내용과 방법이 근본적으로 변화하고, 그 변화가 지속되고 발전하기 위해서는 철학적·이념적으로 혁신학교운동에 공감하고, 이를 뒷받침해나갈 능력있는 훌륭한 교사들이 체계적으로 배출되어야만 한다. 이 과정에서 교사를 포함한 운동의 주체들에게 필요한 전문적 소양, 가령 인문학·문화·사회과학·자연과학, 그리고 교과 및 교수법, 학교관리, 상담 등에 걸친 전문적 능력을 높이기 위해서는 높은 수준의 재교육 기회를 제공할 필요가 있다.

지금까지는 혁신학교의 교사가 되기까지 '서론' 정도에 해당되는 '혁신학교 기초과정연수', 혁신학교 지정과 더불어 주어지는 '혁신학교 직무연수' 등이 제공되었고, 개별적 혁신학교들에 대해서는 교육청의 혁신학교 컨설팅 소위원회를 중심으로 자문활동들이 이루어졌다. 앞으로는 혁신학교 교사들에게 더욱 체계적인 재교육과 연수 기회를 주기 위해 '혁신학교아카데미'라는 종합적인 프로그램이 운영될 것이다. 이를 위해 단기 및 중장기 연수를 포함한 다양한 연수가 제공되고, 교사들의 교육철학, 자유교양(인문교양) 역량, 교과 및 교수 전문성 등을 획기적으로 높여갈 것이다.

해방 이후 지난 70년 가까이 교육은 쉽게 변하지 않았다. 그만큼 국민 모두가 교육혁신에 목말랐고, 이 때문에 혁신학교에 거는 기대도 크다. 그 기대가 결실을 거두려면 오늘도 밤늦게까지 교육을 바꾸고자 혁신학교에서 연구하고 토론하는 교사들에게 따뜻한 격려의 박수를 보내면서 학부모들도 대학과 사회를 혁신하는 일에 나서야 한다. 교육혁신은 우리 모두의 숙제다.

□ 참고문헌

베르너 하이젠베르크『부분과 전체』, 지식산업사 2005.

박성만·이광호 외『학교를 바꾸다: 교장공모제 학교 2년의 기록』, 우리교육 2010.

경태영『나는 혁신학교에 간다: 대한민국 희망교육』, 맘에드림 2010.

대학입시를 다시 생각한다

—

이성대

—

'대학입시'라는 마녀

교육과 관련해 최근 자주 입에 오르내리는 말 가운데 하나가 '수요자 중심의 교육'이다. 그 용어가 교육적으로 적절한지 아닌지의 논란을 떠나, 우리는 수요자라는 말 속에서 대부분 학생·학부모를 떠올린다. 그러나 실제 교육의 현실을 보면 수요자가 누구인지 혼란스럽다. 거의 모든 고등학교 교육의 지상목표가 대학입시에 있고, 대학을 진학해서도 취업을 위한 영어나 컴퓨터 등 소위 도구학문에 몰두하는 것이 실제 교육현장의 모습이다. 이런 상황은 학생·학부모가 수요자가 아니라 대학과 기업이 수요자 행세를 한다는 주장에 맞장구를 치게 만든다. 말 그대로 수요자 중심 교육이라는 미명하에 학생을 행복하게 살지 못하게 하는 교육이 횡행하는 것이다.

이른바 상위권 대학 진학 여부가 사회적 성패를 좌우하는 현실은 대학입시에 모든 것을 걸 수밖에 없는 상황을 강요한다. 학교의 모든 성과가 대학입시의 결과로 평가되는 세태 탓에 조기과열경쟁, 공교육에 대한 불신, 사교육시장의 팽창 같은 수많은 부작용이 뒤따른다. 0.1점 차이의 경쟁은 개개인의 유·불리에 따른 끊임없는 논란을 불러올 수밖에 없고, 이는 곧 대학입시제도의 개편에 대한 끊임없는 요구로 나타난다.

역대 어느 정부를 막론하고 대학입시제도의 변화를 시도하지 않은 정부는 없었다. 이명박정부에서도 사교육비 경감과 학교교육 정상화라는 이유로 다양한 제도개선을 추진하고 있지만, 임기 내에 성과를 내려는 조급함 때문에 설익은 정책들을 남발해온 역대 정부의 잘못을 되풀이하고 있다.

입학사정관제는 도입 초기에 사교육비를 줄이는 특단의 대책이라고 대대적으로 알려지며 야심차게 추진됐다. 하지만 대학들의 편법 운영 때문에 특목고 우대수단으로 전락하는 등 문제점만 노출했다. 입학사정관제가 별다른 효과를 얻지 못하자 현정부는 조급함을 드러내며 수학능력시험(이하 수능시험)에 대한 개선안을 서둘러 내놓았다가 여론의 뭇매를 맞고 어정쩡하게 물러선 형국이다.

용두사미로 끝난 수능개선안마저도 수험생의 부담 경감과 사교육비 절감이라는 애초의 목표를 달성하기에는 역부족이다. 게다가 영어, 수학 중심의 일부 과목 편중현상을 심화하고 고등학교 교육과정을 파행으로 몰아갈 것이라는 우려마저 낳고 있다.

이렇듯 대학입시제도를 개선하는 일은 결코 쉽지 않다. 오히려 제도를 바꿀수록 사교육시장만 키우는 결과를 가져왔다는 비판마저 설득력을 얻고 있다. 정말 대안은 없을까?

결론부터 말하자면 분명 길은 있다. 그것은 입시제도나 학생 선발

방법 개선의 문제가 아니다. 물론 현재의 대학입시, 구체적으로 수능시험은 어느정도 한계와 문제가 있다. 하지만 정상적인 교육과정 — 개정교육과정이 추구하는 창의적 교육과 역량 중심 인간의 성장을 목표로 하는 방향성에 충실한 형태로 — 을 운영하면서도 대학입시에서도 성공적인 결과를 얻을 수 있다. 이미 일부 학교에서 이런 성공사례들을 보여주고 있기도 하다. 따라서 이것은 그동안 유일한 방안으로 여겨져왔던 입시문제 풀이 중심의 수업 관행을 고수하는 안전한 길을 선택하느냐, 아니면 일시적인 우려와 반발을 불러올 위험은 있지만 학생의 진정한 성장을 통해 대학입시에까지 성공하는 길을 택하느냐 하는 선택과 용기의 문제다.

그렇다고 해서 모든 것을 한 개인의 선택의 문제로 환원해 문제의 본질을 흐리려는 의도는 아니다. 물론 문제의 근원은 능력보다 학벌을 중시하는 왜곡된 사회씨스템에 있다 할 것이다. 하지만 그것이 절대적이거나 결정적이라고 할 수는 없다. 오히려 이런 측면만 강조해 어떤 방법을 선택하더라도 해결방법이 없다는 비관론으로 섣불리 결론을 내려는 유혹을 경계해야 한다. 즉, 해결방안을 고민하기보다는 면죄부를 만들기 위한 손쉬운 방법인 희생양 찾기에 몰두하는 현상을 경계하면서, 현재의 대학입시제도를 무조건 개편부터 하고 보려는 시도는 결코 바람직하지 않다는 점을 지적하는 것이다.

제도의 잦은 변화는 수험생을 비롯한 학교, 학부모의 혼란을 키우고 비용을 늘리는, 즉 문제를 악화시키는 원인이 될 수 있다. 새로운 입시제도만으로 문제를 해결하려는 시도 자체가 무의미할 수 있다는 점이 그동안의 수많은 입시제도 개편의 경험을 통해 얻어야 할 교훈이다. 먼저 현행 입시제도를 안정적으로 운영해 신뢰를 쌓고 지금의 입시제도가 지닌 장점을 살리면서 초중등교육의 정상적인 운영을 고민해야 하며, 그것이 가능함을 보여주어야 한다.

대학입시제도를 둘러싼 오해와 그 진실

우리나라 초중등교육의 모든 문제점은 대학입시 '제도' 때문에 발생할까? 물론 입시 자체가 사라진다면, 즉 앞서 제시된 국립교양대학 안처럼 대학구조와 대입 선발방식이 획기적으로 변화한다면 초중등교육의 문제점은 상당부분 줄어들 수 있다. 그러나 이는 단기간에 실현하기 어려울 수 있는 과제이며, 하나의 변화만으로는 수십년간 대학입시에 얽매여 스스로 '무한경쟁'과 '고비용구조'에 빠진 지금의 초중등교육의 왜곡이 자동으로 바로잡히는 것도 아니다.

문제는 단순하거나 간단하지 않다. 여러가지 원인과 오랜 기간 누적되어온 문제가 뒤섞여 있다. 그중에서도 가장 큰 문제는 학벌이다. 공교육 침체와 사교육 증가가 단순히 입시제도 때문만이 아니라 사회구조의 문제와 연결되어 있다는 배경이 근본에 깔려 있다. 하지만 모든 문제를 일시에 해결하려고 하지는 말자. 그럴 수만 있다면 더할 나위 없겠지만, 그것이 불가능하거나 어려울 때는 문제를 하나씩 풀어나가는 지혜가 필요하다. 그리고 길은 이미 우리 앞에 제시되어 있다. 선택하는 용기가 필요할 뿐이다. 일례로 혁신학교가 그런 용기있는 선택의 결과다.

교육의 모든 문제를 대학입시제도 탓으로 돌리는 현재의 분위기는 바람직하지 않다. 입시제도 때문에 다른 어떠한 대안을 고려하거나 시도조차 하지 않으려는 태도가 더 큰 문제다. 대학입시라는 '공공의 적' 뒤에 숨어 다른 모든 문제의 책임으로부터 도피하려는 태도나 현재 공교육에서 발생하는 여러가지 문제의 원인을 단순히 대학입시제도 한가지로 치부하고 이를 해결하면 마치 모든 문제가 해결되는 것처럼 과장하는 태도 역시 비판받아 마땅하다.

오히려 현행 입시제도가 지닌 나름의 합리성에 주목할 필요가 있다. 현재 시행되고 있는 수능시험만 해도 논리적 사고력과 교과통합적 지식을 평가하기 위한 구조로 이루어져 있다. 현행 수능시험은 범교과적으로 출제되므로 단순히 암기한 지식보다는 통합적 사고력을 요구한다. 수능시험의 문제들은 그 유형을 파악하고 반복해서 푸는 것만으로 해결할 수 없는 내용들을 담고 있다. 수능시험 탓에 학교교육이 암기식 문제풀이 위주로 운영되고 있다는 말은 설득력 없는 책임회피성 변명일 뿐이다.

이런 사정은 적어도 대학입시에 대한 근거없는 상황논리가 학교현장을 지배하고 있으며, 어떤 논리로도 설득되지 않는 미신이 존재한다는 것을 잘 보여준다. 선행학습과 사교육의 효과에 대한 미신, 그리고 암기식 문제풀이가 불가피하다는 상황논리가 바로 그 실체다. '입시제도'는 우리 교육의 문제점이 총체적으로 표출되는 광기의 현장일 뿐이다.

미래 인재를 키우는 교육과 입시는 양립할 수 있나

문제의 심각성은, 현재의 대학입시제도가 과열경쟁과 과도한 사적 부담을 강요하면서도 대학이 필요로 하는 인재를 제대로 선발하고 있는지에 대해서조차 회의하는 목소리가 많다는 사실에 있다. 대학입시제도의 한계 탓이든 아니면 초중등교육의 왜곡으로 인한 것이든, 이는 미래사회가 필요로 하는 인재를 제대로 선발하지 못하고 있으며, 미래사회의 인재가 갖추어야 할 능력을 제대로 심어주지 못하고 있다는 말이 된다.

그렇다면 미래사회의 인재는 어떤 능력을 갖추어야 할까? 미래사회는 시간과 공간의 경계를 뛰어넘는 다양한 지식과 정보의 융·복합 시대가 될 것이다. 지식과 정보의 양이 급증하고, 그 생성주기가 단축되며, 지식과 정보의 생산과 소비 주체 사이의 경계가 허물어진다. 즉 다중(多衆)의 참여와 소통에 의한 지식과 정보의 생성, 창조적 재구성이 지속적으로 진행될 것이다.

또한 새로운 학문과 직업이 끊임없이 창조되고 소멸될 것이다. 미래학자들은 평생직장의 신화가 무너지고, 대부분 일생동안 수십종의 직업에 종사할 것이라고 예견한다. 과업 중심(project-based)의 고용이 일반화되어 특정 과업의 해결을 위한 팀단위의 고용이 주된 형태가 될 것이다.

그러므로 일생동안 끊임없이 새로운 지식과 기술을 습득해야 할 것이고, 새로운 지식과 기술을 스스로 학습하는 자기주도적 학습능력이 필수요소가 될 것이다. 공동작업과 집단적 창의성이 요구되는 직업의 특성상 타인에 대한 이해와 배려를 바탕으로 소통하고 협력하는 능력이 요구될 것이다. 또한 정보와 지식의 습득보다 활용능력이 중요해지므로 수많은 지식과 정보를 종합하고 창조적으로 재조직하는 창의성이 필요해질 것이다. 우리는 이러한 능력을 미래사회의 핵심역량이라고 정의할 수 있다.

불행히도 기존 학교의 교사 중심 일제식·강의식 수업, 교과서 암기 위주의 학습, 그리고 경쟁을 부추기는 줄세우기식 입시제도로는 위에서 정의한 미래역량을 갖춘 인재를 길러내기 어렵다. 국제학업성취도평가(PISA)에서 늘 상위권을 차지하면서도 스스로에 대한 자신감은 여전히 최하위이며 공부를 해야 하는 이유나 학교에 대한 만족도에서도 하위에 처져 있는 학생들에게 자기주도적 학습능력을 기대하기는 어렵다. 더구나 경쟁으로 길들여진 아이들에게 소통하고 협력하는 능력을 요구하는 것 자체가 모순이다. 주어진 문제풀이에만 익숙한 학생에게 정보를 해석하고 재구조화하는 창의력을 기대하는 것은 무리한 일이다.

이를 극복하기 위해서는 학생 중심의 탐구·토론식 수업, 다양한 협동학습, 교과통합 및 프로젝트 수업 등이 실현되어야 한다. 개별 학생들의 특성에 적합한 학습능력을 높이고, 지적 호기심과 학습동기를 강화하기 위한 수업방법의 혁신이 교실에서 일어나야 한다. 나아가 학교 교육과정의 특성화·다양화를 통해 학생들의 능력·적성·흥미를 고려한 수준별 맞춤형 학습이 실현되어야 한다.

또한 학생들에게 미래 핵심역량의 요소들이 적절히 길러지고 있는지를 평가하기 위한 창의적 평가체제가 도입되어야 한다. 단편적 지식을 측정하는 선다형 객관식 문항에서 벗어나 종합적 이해능력과 창의적 문제해결력을 측정하는 서술형·논술형 평가체제로의 전환이 시급하다. 선진형 상시평가와 교사별 평가를 강화하고 과정 중심의 평가를 통해 학생의 배움과 성장의 과정을 기록하고, 이를 대학의 선발자료로 활용할 수 있도록 체계적인 관리씨스템을 갖춰야 한다.

미래역량 신장을 위한 학습은 교실에서만 이루어질 수 없다. 교실 밖의 세상과 두려움 없이 만날 수 있도록 다양한 체험활동과 봉사활동, 진로탐색의 기회 등 창의적 체험활동이 제공되어야 한다. 이 과정에서 앎과 삶이 연계된 살아있는 교육이 이루어지고, 사회적 감수성이 키워질 뿐 아니라, 진로의식에 바탕을 둔 학습동기의 선진화와 학습의 집중도 향상이 이루어질 것이다.

이런 조건들이 필요하다는 데에는 대다수가 동의할 것이다. 이미 적극적인 공감이 형성되어 있으며, 학교교육에 대한 비판도 이런 조건들이 제대로 갖추어지지 못한 상황에 대한 지적이다. 그런데 이런 이야기를 할 때면 꼭 따라붙는 단서가 있다. '만약 대학입시의 굴레만 벗어던질 수 있다면…'

우리는 어쩌면 오랜 기간 동안 이 한계를 너무나 당연하게 받아들여온 게 아닐까? 지금까지 우리는 이성적으로는 당연히 필요하다고 인정하는 것조차도 대학입시에 필요한지 아닌지, 유리한지 불리한지에 따라서 허용하거나 아예 고려의 대상에조차 넣지 못했다. 앞으로는 이 현실의 문제를 객관적으로 검토해야 한다. 초중등교육이 대학입시에 지나치게 예속되어 있는 한국의 현실을 생각하면, 대학입시제도에 대한 비판적 검토를 통해 도출되는 두가지 길 중 하나를 선택해야 한다.

우선 현행 대학입시제도가 미래사회를 위한 인재를 선발하는 기제로서 심각한 결함이 있다면 대학입시제도를 개선해야 한다. 그렇다면 이명박정부가 내놓은 2014학년도 수능개편안을 검토하고 대안을 제시해야 한다. 반면 현재의 대학입시제도가 그 자체로서 나름대로 의미가 있다면 초중등교육의 정상적 운영과 대학입시에서의 성공이 양립할 수 있는 방안을 고민해야 한다. 물론 이 두가지 모색이 동시에 이루어져야 할지도 모른다.

결론부터 말하자면 현행 수능시험은 선다형 문제가 지니는 한계와 선택과목 한정에 따른 지식 편식현상 등 몇가지를 보완할 필요는 있지만 나름대로 긍정적인 측면이 있다. 그러나 아쉽게도 2011년 현재 논의되고 있는 개편방향은 현행 수능의 결함을 해결하는 쪽이 아니라 개악하는 쪽으로 그 가닥이 잡히고 있다.

2014학년도 수능개편안의 두가지 문제점

2014학년도 수능개편안이 2010년 8월 발표되었을 당시 커다란 논란이 있었다. 여론의 반발로 인해 최종 확정·발표된 개편안에서는 11월에 수능을 2회 치른다는 계획이 유예되고, 탐구과목 통폐합안은 철회되고 선택과목 수를 줄이는 것으로 조정되었다. 개편안에서 가장 관심이 간 부분은 국·영·수 과목에 대해 A형과 B형 두가지 난이도의 시험 중 하나를 수험생이 선택할 수 있게끔 하며, 영역별 시험이 과목별 시험 형태로 바뀐다는 것이다. 좀더 자세히 살펴보자.

먼저 국·영·수 과목을 난이도에 따라 A형과 B형으로 구분하는데 A형은 현행 수능보다 출제범위가 좁고 쉬운 수준이며, B형은 현행 난이도 수준으로 출제한다는 방침이다. 그런데 난이도가 높은 B형은 최대 2과목까지만 응시할 수 있고, 국어와 수학은 동시에 B형을 선택할 수 없도록 하고 있다. 자연계 수험생들만 수리영역을 가·나형으로 보던 것을 모든 학생들에게 공통적으로 난이도를 구분해 시험을 치르도록 한다는 방안이다.

두번째, 시험이 '영역'에서 '과목'으로 바뀐다. 현재의 수능은 언어영역·수리영역·외국어영역으로 영역 중심의 시험을 치렀는데, 이것이 과목별, 즉 국어·수학·영어로 바뀐다. 대수롭지 않게 여겨질 수 있지만 이 방안은 수능의 근간을 뒤흔드는 엄청난 변화를 수반한다. 현행 수능은 범교과적으로 출제되므로 단순히 암기한 지식보다는 통합적 사고력을 요구한다. 앞서 현행 수능으로도 서술형·논술형 문항을 추가하면 미래사회의 역량을 평가하는 것이 충분히 가능하며, 공교육의 정상적인 운영으로도 수능에 충분히 대응할 수 있다고 말한 이유가 바로 여기에 있다. 그러나 개편안처럼 교과 중심으로 시험 과목 명칭이 바뀌면 과목 중심이던 과거의 대학입시로 회귀하는 것은 아닌가 하는 우려를 하지 않을 수 없다.

여러가지 측면에서 문제들이 지적되고 있지만 2014학년도 수능개편안의 문제점은 크게 두가지로 정리할 수 있다.

우선 개편안은 너무나도 꼬여 있는 우리 교육의 현실을 지나치게 낙관적으로 보는 우를 범하고 있다. 개편안은 수능의 수준을 분리하거나 낮춰 수험생 부담을 줄이고 사교육 의존도를 낮추겠다고 주장한다. 그렇지만 두가지 유형으로 구분된 시험을 치르게 될 경우, 난이도에 따라 B그룹 대학과 A그룹 대학으로 서열화될 가능성이 짙다.

특히 소위 상위권 대학은 어떤 방식으로든 B유형의 문제에 대해 가중치를 부여해 '우수학생'을 유치하려고 할 것이고 그리하여 A유형을 요구하는 대학과 B유형을 요구하는 대학간 서열화가 뚜렷해질 것이다. 이런 이유로 오히려 대부분의 대학이 공식적이든 비공식적이든 B유형의 시험에 가중치를 두게 되어 일부 예체능계열을 제외한 모든 수험생이 B유형의 시험을 선택하도록 강제하는 결과를 초래할 수 있다. 결국 수험생들의 부담은 줄어들지 않거나 오히려 더 늘어날 수 있다.

개편안의 두번째 문제는 기초영역이라는 이름으로 국영수 과목을 A, B 두가지 수준으로 시험을 치르게끔 한다는 것이다. 이러한 방향은 고등학교의 교육을 국영수 중심의 입시교육으로 더욱 철저히 재편하는 심각한 부작용을 낳을 수 있다. 2009 개정교육과정에서는 학교별로 교과목간의 비중을 자율적으로 조절할 수 있도록 허용하고 있으므로 2014학년도 수능개편안이 원안대로 확정될 경우 거의 모든 고등학교는 국영수 위주로 교육과정을 편성하게 되어 고등학교가 국영수 중심의 입시학원으로 전락할 가능성이 높다.

또, 국영수 과목을 중심으로 B유형의 시험을 준비하는 반과 A유형의 시험을 준비하는 반으로 우열반을 편성할 가능성이 높아 학교 내의 양극화, 서열화를 초래할 것이다. 그뿐만 아니라 B유형 대비반과 A유형 대비반에 대응하는 사교육 광풍이 수험생과 학부모의 부담으로 돌아갈 것이다.

이미 2009 개정교육과정이 적용되는 2011학년도 전국 초중고 교육과정 편성현황을 보면 대부분의 학교에서 국영수 과목의 수업시수를 기준에 비해 늘렸으며, 줄인 곳은 없는 것으로 파악되고 있다. 이들 교과목이 늘어난 대신 선택과목인 기술·가정을 비롯해 사회·역사·예능 과목들의 수업시수가 감소했다. 이미 예견된 결과였지만 입시위주의 현실을 그대로 드러내는 셈이다. 통합적 사고력, 창의성을 기른다는 2009 교육과정 개정 취지와 상반되는 자기모순일 뿐이다.

더욱 우려스러운 것은 이같은 개편안이 실제 학교현장에서 교양·문화·과학 등 창의적 교과목의 배제로 이어져 고교 교육과정의 파행을 야기하리라는 점이다. 오히려 현행 수능은 시험과목이 국영수가 아니라 언어영역·수리영역·외국어영역·탐구영역 등으로 구분되어 있어 통합적 사고를 요하는 문제 출제가 가능했다(언어영역에서는 정치·사회 분야의 지문을 이해하고 논리적으로 유추하는 범교과영역의 문제를 출제할 수 있었다). 그러나 국영수로 과목을 구분하면 독립된 개별교과 위주로 문제가 출제될 수 있어, 창의력을 강화한다는 교육목표를 무색하게 할 것이다.

대학입시의 근간을 유지하며 보완하자

대학입시가 초중등교육을 지배하고 있는 상황에서는 대학입시의 방향이 미치는 영향은 거의 절대적이다. 현재 초중등 교육과정의 목표와 구체적 실천과제가 학생들의 창의성을 기르고 미래의 역량을 갖추도록 하는 데에 중심을 두고 있음에도, 대학입시를 준비하는 입장이 되면 대부분 이러한 목표나 방향성을 모두 상실하고 만다.

그러한 '실용적' 접근이 정작 대학입시에서 좋은 성적을 내는 데 도움이 되고 있는지 확실한 근거도 없는 상황이다. 그렇지만 대학입시에서 좋은 성적을 내기 위해서는 아무런 고민 없이 교육적 가치와 지향을 내던지는 것이 학교교육의 현실이다.

따라서 이같은 대학입시의 영향력을 고려할 때 대학입시의 변화는 신중하게 검토해야 하며, 무엇보다 초중등교육의 정상적 운영을 최우선적으로 고려해야 한다. 그런 점에서 대학입시로 인한 교육에 대한 왜곡을 해소하기 위한 방안으로 대학의 구조개선과 입시제도 자체의 개선, 이 두가지 길을 모색할 필요가 있다.

앞서 제안되었던 '국립교양대학' 안 같은 대학개혁안은 장기적 과제로 상정하고, 수능등급 간소화나 수능자격시험화와 같은 현상개선적 대안을 중·단기적 과제로 삼는 것이 현명한 자세라고 보인다. 이같은 단계적 접근은, 학교교육만으로도 대다수의 학생들이 대학입시를 준비할 수 있고 학생들의 통합적이고 논리적인 사고를 기르면서 내적 성장을 이루는 데 기여하고 궁극적으로 공교육을 혁신하는 길이 될 수 있으리라는 점에서 바람직하다.

다른 측면으로, 대학입시제도 때문에 발생했다고 하는 여러 문제가 대학입시에 대한 잘못된 이해나 접근으로 인한 오해는 아닌지 생각해볼 필요가 있다. 만일 그렇다면 현행 대학입시가 비정상적인 고교 교육과정 운영의 절대적 원인은 아니지 않을까? 물론 문제의 원인은 다양하고 복잡하다. 그러나 복잡한 문제일수록 변인을 통제해 문제를 단순화하되, 각각의 변인에 따른 현상을 분석해 이를 종합하는 것이 문제해결을 쉽게 하는 방법일 수 있다. 이는 일반적으로 자연과학에서 복잡계에 관련된 현상을 분석할 때 사용하는 효과적인 방법이기도 하다.

마찬가지로 공교육의 혁신을 이야기할 때도 단순히 대학입시의 문제 때문에 그 어떤 시도도 무의미하다고 치부하는 태도는 정당하지 않다. 현재의 대학입시제도의 근간을 유지하면서 지속적으로 사소한 문제점을 보완해가는 방식이야말로 미국의 SAT(Scholastic Aptitude Test, 대학진학적성시험), 프랑스의 바깔로레아(Baccalauréat, 대학입학자격시험), 그리고 독일의 아비투어(Abitur, 대학입학종합자격시험)처럼 오랜 역사와 일관성을 통해 정착된 대학입시제도에서 우리가 배워야 할 점이다.

초중등 교육과정이 대학입시에 심각하게 영향을 받고 있는 상황에서 이를 정상화하기 위한 자율적인 노력은 매우 중요하다. 그러나 다른 한편으로는 입시제도에 관한 한 수능시험을 자격시험으로 바꾸고 내신반영이 주가 되는 입시제도로 개편하는 방향으로 정책개선이 이뤄져야 한다.

수능시험을 바꿔야 한다면 어떻게 바꿀까?

수능시험에서 기초 교과목군(언어/문학, 외국어군, 역사군, 사회과학군, 수학, 자연과학군, 문화철학군)에 대해 기본적 수준의 시험을 실시하고, 학교별 학과별 특성에 따라 심화 수준의 과목(기초영역 중 1, 탐구영역 중 1) 시험을 치르게 하는 방안을 연구할 필요가 있다. 이는 수능을 개편하되 기존의 근간을 유지하면서 국영수 위주의 시험으로 전락할 가능성을 배제하고, 대학이 우수한 학생을 유치하기 위해 경쟁적으로 난이도가 높은 B유형을 요구하는 것을 막는 방안이 될 수 있다.

기본 수준의 시험은 2014학년도 수능개편안에서 제시하는 A형 정도가 적정하다. 그리고 수능의 등급을 줄여 수능의 상대적 비중을 낮추거나 기본적으로 대학에서 수학할 수 있는 능력을 갖추고 있는지 여부를 판별하는 자격시험으로 가야 한다. 이는 수험생들의 부담을 줄이는 길이기도 하다. 물론 초중등 교육과정, 특히 고등학교의 교육과정이 정상적으로 운영되도록 설계하는 것이 수능개편을 넘어 대학입시 개혁의 우선적 목표가 되어야 한다.

현행 수능이 논리적 사고와 창의성을 평가하는 방향으로 출제되고 있다고는 하지만, 여전히 객관식 문제풀이 형태라는 한계가 있다. 그러므로 초중등 교육과정이 창의력과 논리적 사고력을 배양하는 방향으로 이루어지기 위해서는 통합적 사고력을 평가할 수 있는 문제의 유형과 서술형 방식의 평가로 전환해야 한다.

또한 현재의 수능의 틀을 크게 흔들지 않는 범위에서 영역군의 시험을 좀더 세분하면 고교 교육과정의 정상적인 운영을 보장할 수 있을 것이다. 현재의 탐구영역 선택제는 일부 선택하지 않는 과목에 대한 학생들의 관심을 낮춰 지식의 고른 습득을 가로막는 결과를 가져오고 있다. 따라서 고교과정에서 필요한 교육과정을 관련된 과목군으로 묶고 이를 시험과목으로 편성하는 방안을 고려할 수 있다.

예를 들면 언어/문학, 외국어군, 역사군, 사회과학군, 수학, 자연과학군, 문화철학군으로 구분하고 이들 과목군에 대한 통합적 사고력을 평가하는 것이 그 골자다. 이를 통해 관련 과목간의 통합적 접근이 이루어지도록 학교의 교육과정을 유도할 수 있으며, 단순한 암기지식이 아닌 창의적·논리적 사고력에 대한 측정이 가능해진다.

2014학년도 수능개편안에서 제안된 A, B 두가지 유형의 수준별 시험 방안은 미국의 SAT-I, II 같이 수준을 분리하는 방법도 고려해볼 필요가 있다. 일반적으로는 SAT-I처럼 기초영역에 대한 수학능력평가를 중심으로 하되, 대학별 학과별로 필요한 과목에 대해서는 SAT-II처럼 대학과 학과에서 요구하는 과목을 수험생이 선택해 시험을 치르도록 하는 방안이 하나의 대안일 수도 있다.

수능 횟수에 대한 문제제기는 단 한번의 시험으로 학생의 운명을 결정하는 현행 제도가 너무 가혹하므로 추가 시험기회를 주자는 것인데, 이는 학생의 부담도 줄이고 지나친 과열을 막을 수 있는 효과적인 방안이라는 논리에서 나온다. 횟수와 관련해 여러가지 안이 있을 수 있지만 2회 이상의 다수의 기회를 주는 것이 바람직하다.

이 경우 실시 시기에 따른 문제점(단기간 내에 2회 실시로 인한 수험생의 부담 증가, 매년 초에 치르는 시험의 경우 재수생 강세가 예상되는 점 등)은 횟수를 많이 늘리면 부정적 효과를 상쇄할 수 있다. 또한 수능 횟수 증가에 따라 출제가 어려워지고 문제유형이 선다형으로 제한된다는 단점이 제기될 수 있다. 그러나 이는 문제은행화를 통해서나, 논리적 사고력을 요구하는 문제유형 출제로 해결할 수 있을 것이다. 이렇게 된다면 난이도가 불일치해 시험시기별 성적의 차가 생기는 문제점도 발생하지 않을 것이다.

입학사정관제도는 과연 해결책인가?

대학입시의 과열현상과 이로 인한 사교육의 폭발적 증가는 학부모의 허리를 휘게 할 뿐만 아니라 정부의 시름을 깊게 만든다. 이에 대한 대응방안으로 교과부는 마치 입시사정관제도만 도입하면 점수경쟁이 완화되고, 이를 통해 교육의 정상화와 사교육비의 절감이 가능할 것처럼 학생과 학부모들에게 장밋빛 희망을 심어주고 있다.

하지만 입학사정관제도가 정착되어 있는 미국에서도 일부 소수의 학교를 제외하고는 수많은 지원자를 처리해야 하는 업무부담과 신뢰성 문제가 있다. 이런 문제 탓에 다수 대학에서 우리에게 알려진 만큼 제대로 시행되고 있지는 못하다. 그리하여 결국 입학전형에서 고교 성적과 우리의 수능에 해당하는 SAT, ACT의 성적으로 대부분의 당락을 결정한다는 것이 대학의 솔직한 고백이다. 그리고 입학사정관제도를 제대로 운영한다는 학교일수록 고액 기부자, 동문, 교직원 자녀의 합격률이 높다는 사실도 알아야 한다.

소수의 상위 사립대학(소위 아이비리그)을 제외하고도 수많은 우수한 대학이 있는 미국의 경우와 달리 몇몇 소수의 유명대학에 목숨을 거는 우리 풍토에서 과연 이 제도를 국민이 동의할 수 있을지도 미지수다. 오히려 엄청난 혼란과 사회적 논란만 부추길 가능성이 높다. 최근 미국 프린스턴대학의 연구는 아이비리그 대학들에 입학한 동문 자녀들의 학업성적이 운동선수나 소수계 학생들의 수준이라는 놀라운 결과를 내놓았다. 한국정부가 대학입시 문제의 해결책처럼 호도하고 많은 사립대학들이 정부의 재정지원을 받으며 도입을 추진하고 있는 입학사정관제도의 실상이 이렇다. 과연 우리 학생과 학부모들이 이런 결과를 수용할 수 있을까?

이미 상위권 사립대학을 포함한 대부분의 대학에서 입학사정관제도의 규정을 위반한 사례들이 드러나고 있다. 그럼에도 이를 방지하기 위한 실질적인 조치가 아니라 마지못해 제재를 가하는 시늉만 하는 정부당국의 태도는 이런 우려를 부채질한다. 철저한 준비 없이 어설프게 이 제도를 도입할 경우, 정책의 긍정적 측면에도 불구하고 결과의 부정적 측면만 강조되어 실패로 귀결될 가능성이 높다. 중요한 것은 이상적인 정책의 입안이 아니라 그것을 현실에 적용하고 올바르게 정착시키는 과정이라는 점을 명심해야 한다. 입학사정관제도가 해결책인지 아닌지는 정책당국이 얼마나 확고한 의지를 품고 있는지와 법적 제도적 보완을 얼마나 충실히 하느냐에 달려 있다.

그래도 입학사정관제도에 답이 있다

입학사정관제도가 여러가지 한계와 문제점을 안고 있기는 하지만 애초의 취지를 제대로 살리면 긍정적 측면 또한 많으므로 마땅히 현실적 대안으로 유력하게 고려해야 한다. 앞서 언급한 것처럼 정부 주도로 이 제도가 확대되고 있지만 이미 많은 대학, 특히 사립대학에서 이를 악용하거나 제대로 시행하지 않고 있음이 드러나고 있다. 이러한 문제를 순전히 대학의 잘못으로만 보는 것은 너무 안이한 판단이다.

이를 제대로 시행하기 위한 준비와 경험을 바탕으로 한 연차적 확대가 필요했음에도, 졸속으로 밀어붙인 정책당국의 조급함이 이미 부작용을 예견했다. 많은 우려가 있었음에도 불구하고 정책을 밀어붙였던 정부는 이후 문제가 터져나올 때마다 즉흥적인 대응으로 학생과 학부모의 혼란만 가중하고 있다. 이제라도 제도의 올바른 방향과 기준에 대한 충분한 사전검토, 그리고 이를 판단하기 위한 요소를 개발하는 등의 제도적 준비가 필요하다.

더불어 이러한 제도를 운용하기 위한 인력의 충원과 교육이 이루어져야 했다. 그럼에도 필요한 수요에 턱없이 부족한 인력, 그나마도 대부분 경험이나 역량을 갖춘 인력이 아닌 비정규직으로 채워 경험의 축적이나 전문성의 개발을 기대하기 어려운 실정이다.

여기에 학생의 잠재력과 재능을 파악할 수 있는 판단기준이 될 자료가 제공되지 않는 것도 성공적인 입학사정관제의 정착에 큰 걸림돌이 되고 있다. 대학이 학생의 재능과 가능성을 판단할 수 있도록 초중고 과정의 자료를 제공해야 하는데, 점수 위주의 현행 내신성적은 이러한 평가자료로 활용되기에는 턱없이 부족하다. 그러다보니 일부에서는 스펙 쌓기에 몰두해 새로운 사교육을 유발하고 스펙을 위조하는 극단적 사례까지 발생하고 있다.

스펙 쌓기 및 사교육 방지를 위해서는 초중고 과정에서 내신 절대평가 또는 상대적 절대평가를 도입하고, 성적 중심이 아닌 학생의 재능과 잠재력을 중심으로 학생의 발달과정을 장기적으로 기술하는 형태의 서술형 학적기록을 도입해야 한다. 2011년 현재 경기도교육청에서 도입하고자 하는 경기도형 내신은 단순한 시험성적으로 학생을 서열화하는 방식이 아니라, 학생의 미래 성장가능성을 평가하는 기준으로 활용될 수 있는 학생 개개인의 자료를 의미한다.

이러한 내신체제를 도입하면 장기적 활동에 가중치 부여가 가능해진다. 또한 상시평가를 통해 학생의 성장과정을 기록하고 공개하여 내신의 신뢰도를 높이고, 단순한 스펙 쌓기가 아니라 다양한 체험과 진로 교육의 기회를 얻도록 하는 계기가 될 것이다. 이를 통해 대학은 고교에서 제공하는 학생의 누적된 정보를 바탕으로 대학이 원하는 인재를 선발할 수 있을 것이다.

교육과정 다양화와 내신제도 변화가 절실하다

대학입시의 개선은 수능개편만으로는 충분하지 않다. 수능만으로는 측정할 수 없는 학생의 적성과 가능성이 엄존하기 때문이다. 우리는 초중등 교육과정의 다양화를 통해 다양한 수월성, 모든 가능성과 능력을 키우고, 이를 공정하고 객관적으로 평가할 수 있도록 개선해야 한다. 또한 학교 교육과정과 생활에서 인문학·사회과학·자연과학·문화예술 등의 과목에 의미를 대폭 부여해야 한다.

이와 병행해 내신을 단순한 비교석차가 아니라 학생 개인별 능력과 적성을 판단할 수 있는, 성취의 누적이 기록될 수 있는 형태로 전환해야 한다. 특히 고등학교에서는 학생들의 선택권을 다양화해 자신의 진로와 적성에 따른 과목선택권을 보장하고, 이의 개인별 성취수준을 대학에서 학생선발자료로 평가할 수 있도록 해야 한다.

대학입시는 내신 중심으로 바뀌어야 하며, 이를 위해서는 다양한 교육과정을 개설해 획일적인 줄세우기 내신이 불가능하도록 고교의 교육과정을 개편해야 한다. 동시에 이러한 교육과정과 그에 따른 평가의 신뢰도를 높이기 위한 방안이 필요하다. 교과부가 현재 추진하고 있는 내신 절대평가 방식의 도입은 한줄 세우기의 폐해를 줄이고 다양한 학생들의 능력과 적성을 평가할 수 있는 방안의 하나일 것이다. 그러나 이 경우 내신 부풀리기나 평가기준의 부재라는 문제가 제기될 수 있다. 학교간의 차이를 어떻게 반영할 것인가 같은 논란이 대표적인 예다.

먼저 학교간의 차이에 대한 문제는 서울대학교에서 입학생의 학교적응 정도와 성적을 조사한 연구에서 답을 찾을 수 있다. 학교장추천제로 입학한 학생들간의 수준 차이가 거의 없고, 오히려 이 학생들이 수능성적으로 입학한 학생들에 비해 대학입학 후 학교적응이나 성적 면에서 뒤떨어지지 않는 것으로 나타나고 있어 논란의 여지가 별로 없다.

각 고등학교의 내신 부풀리기는 충분히 우려되지만, 이 또한 두가지 대안이 있다. 대학에서 도입하고 있는 상대적 절대평가(A에서 D등급까지 각 등급의 비율을 일정한 정도로 지정하는 방식) 방식을 도입하거나, 고교의 교육과정에 대한 객관적인 정보를 제공하기 위한 씨스템으로 '(가칭)고교교육과정평가원'을 설립해 평가원이 각 고등학교의 교육과정에 대한 수준과 운영의 내실, 평가의 신뢰도 등을 측정해 대학에 제공함으로써 내신반영에 따른 공정성 시비를 없앨 수 있으리라 본다.

물론 상대적 절대평가의 경우 객관적 비교자료의 제공이라는 측면에서는 긍정적이지만 개별학교의 교육과정 수준을 평가하는 데는 한계가 있다는 단점이 있다. 또한 상대적 절대평가는 여전히 경쟁의 구조를 벗어나지 못하는 한계를 극복해야 하는 과제를 안고 있다. 그리고 '(가칭)고교교육과정평가원' 안은 고교등급화를 조장하는 결과를 낳을 위험이 있어 이를 보완해야 한다.

사회의 인재선발방식이 바뀌고 있다

입사시험에서 학력을 고려하지 않는 공기업의 사례는 우리에게 시사하는 바가 매우 크다. 2005~08년 공기업 신입사원의 출신대학

분포를 조사한 결과, 한국수자원공사는 부산대·한양대·경북대 순, 한국전력공사는 전남대·경북대·고려대·연세대 순이었다. 이런 사례는 학벌을 고려하지 않을 경우에 기업이 필요로 하는 인재의 상이 일반적인 통념과는 큰 차이가 있음을 말해준다. 게다가 기업의 채용 형태가 개인의 역량을 평가하는 심층면접 중심으로 바뀌고 있음을 고려하면 상위권 대학에 진학하기 위해 모든 것을 거는 방식이 얼마나 위험한 도박인지 생각해볼 일이다.

기업의 채용방식의 이와 같은 변화는 대학에서 미래의 가능성을 평가하는 입학사정관제도 도입과 맥이 닿는다. 이는 한국사회가 인재를 평가하는 방식에서 변화를 추구하고 있음을 보여준다는 점에서 눈여겨봐야 할 대목이다.

대학이 학생의 가능성과 재능을 판단할 수 있는 근거를 제공하기 위해서는 무엇보다도 학생에 대한 평가방법이 바뀌어야 하며, 평가방법의 변화는 수업방법과 교육과정의 변화 없이는 불가능하다. 이는 학교교육의 근본적인 변화를 의미하므로, 교육의 패러다임은 반드시 창의적 학력을 기르는 방향으로 바뀌어야 한다. 입학사정관제도를 포함한 입시제도의 개선이 먼저냐 교육의 혁신이 먼저냐 하는 논란은 무의미한 말장난일 뿐이다. 어떤 것이 선행되어야 할지가 문제가 아니라 어느 것 하나도 미룰 수 없는 시급한 과제임을 인식해야 한다. 교과부가 추진하고 있는 내신 절대평가와 교육과정 다양화및 자율화 정책을 잘 활용하면 단위학교에서 새로운 개념의 학력, 즉 '창의지성'을 기르기 위한 교육의 변화에 유리한 조건들을 만들어갈 수 있다.

이러한 변화가 대학에서 학생을 판단하는 기준의 대전환을 이끌어낼 수 있음에 주목하자. 선발효과에만 매달리는 대학의 변화를 기대할 수 없다면 시도교육청에서 먼저 나서야 한다. 초중등교육을 창의적 교육내용으로 바꾸고 다양한 교육과정을 통해 학생의 적성과 재능이 제대로 평가될 수 있는 환경을 만들어야 한다. 성적의 단순한 기록이 아니라 학생의 성장과정이 함께 기록되는 학생부를 도입해 대학이 객관적이고 신뢰할 수 있는 평가자료로 활용할 수 있도록 하는 씨스템을 구축해야 한다.

그런 다음, 대학에 요구하자. 단순한 성적이 아닌 학생의 적성과 미래의 가능성을 선발기준으로 삼으라고. 그것은 학생의 학업성취도와 성장의 과정이 고스란히 기록된 내신과 학생부를 통해 대학이 원하는 인재를 선발할 수 있기 때문이며, 뿐만 아니라 이것이 입학사정관제가 국민으로부터 신뢰를 받고 정착할 수 있는 길이기 때문이다. 대학이 이를 거부할 명분도 없거니와 이 방안이야말로 대학 스스로를 위한 길이기도 하다. 이미 환경은 조성되고 기반은 마련되어 있다. 변화를 위한 고민과 용기있는 시도가 필요할 뿐이다.

무상급식이라고 쓰고 인권이라고 읽는다[64]

—

조흥식

—

아이들이 먹는 문제에는 귀천이 없다

아동급식 문제는 비단 가난에서만 비롯되는 것은 아니다. 맞벌이, 가족해체 등 여러 원인들이 복합되어 나타나는 사회현상으로 파악해야 한다.

사실 부모 잘 만난 아이는 좋은 가정에서 자라 먹는 걱정은 하지 않아도 된다. 그러나 가난한 가정의 아이나, 경제적으로 여유가 있더라도 부모가 맞벌이를 하는 가정의 아이, 그리고 부부 사이가 원만치 않은 가정에 사는 아이들은 끼니를 제때 챙겨먹을 수가 없다. 한마디로 가난한 아이들만 굶는 것은 아닌 상황이니 아이들의 먹는 문제에는 귀천이 있을 수 없다는 말도 틀리지 않다. 하물며 교육현장인 학교에서 이뤄지는 학교급식 문제에서야 더할 나위가 없다.

그럼에도 우리나라에서는 가난한 아이들에게만 무상급식을 해줘

야지 모든 아이들에게 무상급식을 해서는 안된다고 반대하는 사람들이 있다. 급기야 서울시장은 무상급식에 반대하는 시민투표를 제안했으니 선진국 사람들이 볼 때는 매우 의아스러운 일이 아닐 수 없다. 더구나 "일하지 않은 자는 먹지도 말라"는 성경 구절을 인용하면서 무상급식에 극구 반대하는 일부 종교인들을 보면 18, 19세기 아동노동을 연상케 하는 반인권적·반생명적·반성경적 사고에 기가 찰 따름이다. 그들은 아이들이 어른들의 보호를 받아야 할 대상임을 망각하고 있다. 부모 잘못 만난 게 아이들의 죄인가?

아무튼 2009년부터 불붙기 시작한 무상급식 논쟁은 이제 급식뿐만 아니라 무상복지라는 사회복지의 큰 틀로 세상의 이목을 모으고 있다. 논란은 2009년 12월 경기도교육청이 도내 초중등학교 5~6학년을 대상으로 무상급식을 실시할 예산안 650억원을 상정하면서 비롯됐다. 그런데 당시 한나라당 의원이 대다수를 차지하는 경기도의회가 전액을 삭감해버렸다. 그 대신 경기도청과 의회는 4인가족 기준 월소득 200만원 미만 가정의 초·중·고교생에게만 무상급식을 제공하는 예산안을 통과시켰다. 차이는 무상급식을 초등학교 5~6학년 전체로 하느냐, 초·중·고교의 가난한 학생만 대상으로 하느냐였다. 여기에 야당 측 경기도지사 예비후보들이 경기도교육감을 지지하자 여당이 사회주의정책이니 포퓰리즘이니 하며 반격에 나서면서 아동의 생존과 보호와 발달권이 이념대결로 확산되었던 것이다.

이같은 무상급식 논쟁은 2010년 6월 2일 지방자치단체 및 지방의회 선거결과에 의해 국민들의 상당한 호응을 끌어냄으로써 어느정도 찬성여론에 도달했다. 그러나 2010년 말 오세훈 서울시장이 곽노현 서울시교육감과 대립해 무상급식을 부자급식이라고 비난하며 다시 이것이 포퓰리즘정책의 하나라고 강하게 주장함으로써 다시금

사회이슈로 등장하게 되었다.

사실 무상급식이라는 용어는 2차대전 이후 선진국에서 무상학교급식(free school meal)이나 무상학교점심(free school lunch)이라는 용어로 주로 사용되어왔으며, 현재는 무상학교아침급식(free school breakfast) 프로그램까지 활성화되고 있는 추세다.

우리나라에서 급식은 1953년 한국전쟁 발발 후 캐나다 정부가 원조한 분유를 굶주린 아이들에게 제공한 것에서부터 시작된다. 이후 1971년 농어촌 일부지역에서 자활급식이란 이름으로 진행됐고, 1981년에 처음으로 학교급식법이 제정되었다. 1996년에는 학교급식법이 개정돼 기존 자체조리급식제에 위탁급식제가 도입됨으로써 직영급식의 설자리가 좁아졌다.

2002년에는 학교급식의 전면확대를 지향하는 정부정책으로 급식이 중학교까지 확대됐다. 2003년에 들어와서는 학교급식법 시행령 개정을 맞아 학교급식이 전국으로 확대 실시됐다. 이후 2006년 경기도 식중독 파동 이후 업체위탁급식에서 학교직영급식으로 전환하는 것을 주요 내용으로 하는 학교급식법 전면개정과 학교급식 종합대책안이 발표되어 오늘에 이르고 있다.

친환경 무상급식을 실시해야 하는 6가지 이유

친환경 무상급식을 실시해야 할 당위성을 짚어보면 다음과 같다.

첫째, 인권 차원에서 아동권리를 실현할 수 있기 때문이다. 무상급식을 둘러싼 찬반 논란은 정작 급식의 당사자인 아이들은 제쳐놓고 어른들이 벌이는 정쟁의 수단, 심지어 보수와 진보의 이념전으로까지 전개되고 있다. 이제 무상급식 문제를 아이들의 인권 차원에서 차분하게 짚어볼 필요가 있다. 급식의 본질은 자라나는 세대를 잘 먹여 튼튼하게 키워가자는 것에서 출발해야 한다. 아동기 때 충분한 영양 공급을 받지 못하는 문제는 단순히 밥의 문제가 아니라 아동의 심리적·정서적·사회적 문제와 연계되어 있기 때문이다. 따라서 급식은 단순히 밥 한끼를 제공한다는 차원을 넘어, 국가성장동력으로서 미래의 인적 자본에 대한 국가의 투자라는 측면에서 봐야 한다.

유엔은 일찍이 1989년 유엔아동권리협약(UN Convention on the Right of The Child)을 만들어 각 국가들이 아동들로 하여금 생존, 보호, 발달, 참여에 대한 4가지 기본 권리(4)를 갖도록 강조했다. 그리고 아동의 연령범위에 대한 '0~18세 미만의 원칙', 가정형편, 계층, 성별, 인종, 종교 등에 관계없이 무차별적으로 대우하는 '무차별의 원칙', 아동의 입장에서 이들이 최선의 이익을 얻을 수 있도록 보장해주는 '아동 최선의 이익 원칙' 등 세가지 원칙(3)을 제시했다. 이를 토대로 해 시행과정에 "모든 사람이 유엔아동권리협약의 실현과정에 참여할 책임이 있음"(1)을 강조했다. 이러한 '4-3-1'을 유엔아동권리협약의 이해를 위한 '4-3-1 접근법'이라고 한다.

이중 4가지 기본 권리 즉, 생존권, 보호권, 발달권, 참여권을 살펴보자. 첫째, 생존권은 생존을 위한 기본적 욕구 충족의 권리를 말하는데, 생명을 유지할 수 있는 권리(최상의 건강, 의료혜택, 음식), 적절한 생활수준을 누릴 권리(교육, 레크리에이션, 놀이)가 대표적이다. 생존권과 연관된 피해아동의 유형은 주로 15세 미만의 근로아동, 학대당하는 아동, 성적으로 착취당하는 아동, 부모로부터 유기된 아동, 장애아동, 소수민족 아동, 난민아동, 인체면역바이러스 양성반응 아동, 보호시설의 아동, 거리의 아이들(비행, 가출아동)이다.

둘째, 보호권은 모든 착취와 억압으로부터 보호받을 권리를 말하는데, 고아 또는 난민아동, 상업적 또는 성적 착취, 신체적·정신적 학대, 방임, 가족과의 인위적인 분리, 형법 등의 폐습, 무력행사, 차별로부터의 보호가 대표적이다. 보호권과 연관된 피해아동의 유형은 주로 위법행위를 한 아동, 돌봐주는 사람이 없는 아동(유기아), 학대당하는 아동, 성적 상품이 된 아동, 거리의 아이들, 재난을 당한 아동(전쟁, 자연재해로 인한 난민아동)이다.

셋째, 발달권은 자신의 최대잠재력에 도달하기 위한 경험을 누릴 권리를 말하는데, 정규적·비정규적인 교육을 포함한 모든 종류의 교육을 받을 권리, 신체적·사회적·정서적·도덕적으로 성장하는 데 필요한 평균수준의 생활을 누릴 권리, 놀이·여가·정보를 누릴 권리, 문화활동·사상·양심·종교의 자유를 누릴 권리 등이 대표적이다.

마지막으로 참여권은 자신의 인생에 영향을 줄 결정에 대해 의견을 말할 권리를 말하는데, 자신과 관련된 모든 일에 대해 알고 자기 생활에 영향을 주는 일에 대해 자유롭게 의사표현을 할 권리, 책임감 있는 어른이 되기 위해 아동 자신의 능력에 부응해 적절한 사회활동에 참여할 기회를 가질 권리 등이 대표적이다.

우리나라도 재판, 입양 등 2개 조항만 제외하고는 현재 이 협약의 내용을 국내법과 동일한 효력을 지니도록 하고 있다. 특히 협약 제6조에서 "모든 아동은 생존과 발달을 위한 기본 권리가 있으며, 가능한 최대로 아동의 생존과 발전을 보장해야 한다"고 명시한 것을 볼 때, 급식은 아동의 기본 권리를 보장해주는 사회안전망 역할을 담당할 수 있음을 분명히 알 수 있다.

이러한 아동권리협약의 4-3-1 접근법에 비춰볼 때 아이들에 대한 급식은 부자 아이, 가난한 아이 할 것 없이 모든 아이에게 최선의 이익이 되는 무차별적인 보편적 복지로서 무상급식을 지향하고 있음을 알 수 있다.

친환경 무상급식을 실시해야 하는 두번째 이유는 헌법에서 규정한 의무교육의 연장선이라는 점에서다. 무상급식 실시의 당위성은 의무교육의 연장선이라는 측면에서도 살펴봐야 한다. 우리나라는 현재 초등학교와 중학교에서 의무교육을 실시하고 있으므로 의무교육 기간중에 있는 초등학생과 중학생에 대한 무상급식은 국가의 당연한 의무라고도 볼 수 있다. 학교급식법 제6조 제1항에서 "학교급식은 교육의 일환으로 운영되어야 한다"라고 규정하며, 헌법 제 31조 제3항에서는 "의무교육은 무상으로 한다"라고 규정해 의무교육의 무상원칙을 내세우고 있다.

따라서 교육의 연장선이라는 측면에서 무상급식은 교육의 한 부분으로 여겨져야 하며, 학교급식 경비의 대부분을 학부모가 지불하고 있는 현상황에서 점차 학부모 부담비율을 줄여나갈 수 있도록 무상급식의 점진적인 확대가 요구됨은 지극히 당연하다고 할 수 있다. 다시 말해 급식문제는 주로 학교라는 장에서 이루어지기 때문에 교육의 한 과정으로 보는 게 옳다. 예산확보가 문제가 되어 그동안 시기적으로 조정되어왔지만 그 본연의 취지는 모든 학생들에게 학교급식을 보장하는 교육을 제공하는 것이다.

국가가 의무교육을 무상화하는 것이 당연한 국가의 책무이듯이, 국가정책으로 학교급식의 전면적 실시를 제도화했다면 의무급식은 그 의무성과 더불어 당연히 '무상'급식이라는 국가책무성을 선언해야 한다. 다만 국가의 재정적 여건이 제한된 만큼 단계적 실시라는 차원에서 학년별·지역별로 급식비용을 부담해나가야 할 것이다.

셋째, 친환경 무상급식은 보편적 복지정책을 구현할 수 있다는 점에서 반드시 필요하다. 국가의 사회복지써비스 제공기준과 관련하여 매우 중요한 원리로 선별주의와 보편주의라는 원리가 있다. 이 둘은 사회복지정책의 일환으로서 사회복지써비스를 받을 수 있는 사람들의 자격범위와 밀접히 관련된다. 일반적으로 선별주의는 사회복지써비스의 원천을 개인욕구(individual need)에 근거를 두고 제공하며 이를 자산조사 등 소득수준에 의해 결정하는 원리다. 반면 보편주의는 하나의 사회권리로서 전국민이 사회복지써비스를 사용할 수 있어야 한다는 원리에 입각해 있다.[65]

선별주의는 도움을 가장 필요로 하는 사람에게 집중적으로 사회복지써비스를 제공해줌으로써, 자금과 자원의 낭비가 적어 경비가 적게 들고 불필요한 의존심을 키워주지 않는다는 장점이 있다. 반면 보편주의는 기본소득을 보장함으로써 궁핍을 미연에 방지해주며, 인권을 침해하지 않는다는 이점이 있다. 또한 행정절차가 간단해 사회복지써비스의 균일성(공정성)을 보장할 수 있고, 일반시민의 구매력을 일정하게 유지해줌으로써 경제적 안정과 성장에 이바지할 수 있다는 장점이 있다. 즉, 선별주의는 불필요한 사람에게까지 사회복지써비스를 제공해주지는 않는다는 점에서 비용효과성(cost-effectiveness)을 강조한다. 반면 보편주의는 국민들을 주는 자와 받는 자라고 하는 두개의 집단으로 나누지 않음으로써 달성할 수 있는 적극적인 사회통합과 인간존엄성의 보존이라는 사회효과성(social-effectiveness)을 강조한다.

물론 선별주의를 할 것인가 보편주의를 할 것인가는 그 나라 국민들의 의식과 어떤 문제를 해결하고자 하는 의지에 따라 비용효과성과 사회효과성을 구체적으로 비교해 결정할 문제다. 하지만 일반적으로 선별주의 원리로부터 보편주의 원리로 변화되어가고 있는 추세다.

그러나 계층이나 지위에 관계없이 누구나 취약계층에 노출될 수 있고 돌봄이 필요한 사람들, 즉 아동이나 노인, 장애인들의 경우에는 보편주의 복지정책을 펴는 게 당연한 것으로 받아들여진다. 따라서 이들에게는 수당이라는 보편주의 복지제도를 만들어 적용하는 게 일반적이다.

노인 교통비나 장애인 활동보조, 출산비 보조금, 의무교육비 등은 모든 사회의 돌봄 대상이며, 그들의 인권 차원에서 소득별, 지역별, 연령별, 성별 등 차등에 의한 선별주의 정책을 펴지 않는 게 상식이다. 부자 노인이라고, 부잣집 딸이 아기를 낳았다고, 부잣집 1급 장애인이 이동을 한다고 선별주의 원칙에 따라 국가가 비용을 지불해주지 않는 것은 아니다. 다시 말해 이 경우 가난한 대상자들에게만 지불해주는 게 아니라 보편적으로 두루 비용을 제공한다. 우리나라도 현재 그렇게 보편적으로 시행하고 있음을 알아야 한다.

넷째, 따돌림당하는 낙인효과의 방지 차원에서 필요하다. 저소득층만을 대상으로 급식지원을 하게 되면 급식비 지원을 받는 아동들에게 낙인효과(stigma effects)를 일으킬 가능성이 매우 높다. 가장 기본적인 욕구이며 권리인 끼니를 챙겨먹는 일에서 아동들 사이에 위화감을 일으키거나 가난한 아동들에게 자존심을 잃게 하고 상처와 좌절을 남길 위험이 높다.

형편이 어려운 가정에서 자라나는 아이들에게 위화감을 주는 행위는 없애야 한다. 사회는 모든 아동들이 동등하게 출발할 수 있도록 차별없는 교육의 기회를 마련해야 하며, 그런 의미에서 아동의 건강한 성장발달을 위한 무상급식을 반드시 시행해야 함은 지극히 당연하다.

다섯째, 미래 인적 자본에 대한 국가의 투자 차원에서 필요하다.

한 사회의 미래를 이끌어갈 아동이 건강하게 성장하기 위해서는 충분한 영양공급이 필요하다. 학령기 아동의 경우 그 시기에 체험해야 할 올바른 경험의 정도는 매우 중요하다. 올바른 경험을 겪지 못할 경우 인지적·언어적 발달을 포함한 기본적인 지적 역량이 형성되지 못할 가능성이 높고, 이는 해당 연령의 성과에서만 차이를 가져오는 것이 아니라 그 민감한 시기가 끝나고 나서는 더욱 큰 차이를 드러내게 된다. 즉 지체된 지적 발달은 학령기가 끝난 뒤의 직업과 소득, 문제해결능력 등에서 지체되는 결과를 초래한다.[66]

무상급식은 단순히 밥 한끼를 제공한다는 차원의 개념을 넘어선다. 국가성장동력으로서 미래의 인적 자본에 국가가 투자한다는 측면에서 아동의 정상적인 발달에 국가와 사회가 지원해야 한다는 차원의 개념이다. 특히 저출산·고령사회로 가는 데 사회안전망 역할도 맡음으로써 사회적 비용을 줄이는 기능도 지닌다.

여섯째, '성장·복지 선순환' 모델로서 농업발전과 지역경제 활성화에 기여하기 때문에 필요하다. 친환경 무상급식은 국내농업에 커다란 영향을 미친다. 일단 급식경비를 학교단위가 아니라 교육청 혹은 지자체 단위에서 결제하므로 농업의 계획적 생산이 가능해진다. 완전무상급식이 농업에 끼치는 효과는 이외에도 대체효과, 소득효과, 고용효과, 친환경효과 등 다방면에서 나타난다.

대체효과란 수입 농축산물 대신 지자체 내에서 직거래를 통해 지역 농산물의 소비가 증가해 수입물을 대체하는 효과다. 다음으로 소득효과란 친환경 무상급식의 결과로 나타나는 농가소득 증대의 효과다. 고용효과를 보면, 급식은 가공품을 많이 사용하기 때문에 가공산업의 일자리 창출 효과가 발생한다. 마지막으로 무상급식이 농업에 미치는 효과로는 친환경효과를 들 수 있다. 이는 국내에 남아도는 잉여농산물을 구매하는 행위가 논과 밭을 유지할 수 있게 함으로써 환경비용을 감소하는 효과가 있다.

나아가 무상급식의 식자재 처리시설을 지역 관내에 두게 됨으로써 지역 내 고용과 생산유발 효과를 높일 뿐 아니라, 농민에 대한 실질적 지원책이 된다. 또한 지역 농어업생산물의 급식재료 활용에 의한 지역경제 활성화에도 기여하게 된다. 이것이야말로 전형적인 '성장·복지 선순환' 모델이 될 수 있다.

친환경 무상급식 실현을 위해 무엇을 해야 할 것인가?

무상급식은 정말 공짜인가? 그건 결코 아니다. 무상급식의 재원이 될 돈이 어디선가 나와야 한다. 결국 국민 누군가의 손에서 나와야 하는 것이다. 뒤집어보면 이 말은 무상급식을 실시하면 부자들에게 무상으로 국고가 지출되어 가난한 서민에게 돌아갈 몫이 적어진다는 주장이 허위임을 알게 해준다. 무상급식 재원은 궁극적으로 부자들이 더 많은 돈을 세금으로 내놓아야 함을 의미하기 때문이다.

왜 아이들의 급식만 부자급식이라 하면서 마치 가난한 자를 위하는 것처럼 생색을 내려고 하는가? 이 자체가 포퓰리즘 아닌가? 그렇게 가난한 자를 위한다면 부자들에게 세금을 더 거둬 모든 아이들에게 무상급식을 실시하든가 아니면 무상급식을 받지 않아도 될 만한 부유층은 정부가 특별히 개설한 급식계좌에 자발적으로 급식비를 입금하게 만들어 무상급식을 하는 데 보태면 예산 타령은 하지 않아도 되지 않겠는가?

지금 중요한 것은 우리 사회에 불평등과 빈곤이 늘어난다는 점이다. 불평등이 늘어나고 가난한 사람들이 취업을 못하고 헐벗게 되면 사회가 불안해지고 아이들의 양육과 급식도 어려워지며, 궁극적으로는 아이들의 비행과 범죄의 위험이 높아져 결국 사회비용이 증가해 증세가 불가피해질 것이라는 사실을 간과해서는 안된다.

세계에서 손꼽히는 압축적 경제성장국으로서 우리나라는 더이상 가족과 저출산 문제를 방치할 수 없는 후기산업사회, 즉 선진사회에 접어들었기 때문에 더욱 그러하다. 그런 점에서 무상급식 논쟁의 핵심을 이념이나 경제논리보다는 아동인권 논리에서 찾는 것이 타당하다.

구체적으로 친환경 무상급식의 실현방안을 몇가지 제시하면 다음과 같다. 첫째, 학교급식법 개정을 통해 무상급식의 제도화를 추진해야 한다. 무상급식은 국가의 책무이며, 아동의 권리이자 교육 그 자체다. 따라서 이러한 문제를 해결하기 위해서는 정부가 의무적으로 책임지고 보편적인 무상급식을 실시해야 한다. 따라서 현재의 학교급식법을 개정해 '무상급식'을 국가와 지방자치단체의 예산으로 제공해야 한다는 점을 제도화할 필요가 있다. 나아가 지자체별 무상급식 조례를 제정해 실시하는 것도 하나의 방안이 된다.

둘째, 보편적 복지정책으로서 친환경 무상급식 추진을 위해 재정을 확대해나가야 한다. 국가가 의무교육을 무상으로 하듯이 무상급식도 국가의 당연한 의무로 실시하는 게 원칙이다. 그러나 국가 재정여건이 제한된 만큼 단계적으로 실시할 수밖에 없다. 그럼에도 보편적 복지정책의 일환으로서 무상급식제도를 만들어가야 한다.

우선 농어촌 초등학교부터 단계적 무상급식을 실현해나가는 것이 필요하다. 무상급식 대상자를 선정하는 데 중요한 것은 '소득별 선별주의'에 입각하기보다는 초등학생 전체에게 지원하는 '지역별 보편주의' 방향으로 추진하는 것이다. 나아가 학년별·학교규모별 보편주의 방식으로 무상급식을 실시해나가는 것이 바람직하다.

셋째, 친환경 무상급식을 효과적으로 실시하려면 학교급식지원쎈터를 설립해야 한다. 무상급식 확대에만 초점을 두고 예산이 부족하다는 이유로 질낮은 식자재로 급식을 제공한다면 이 또한 큰 문제가될 것이다. 따라서 학생들이 건강하고 질좋은 학교급식을 제공받기위해서는 좋은 식재료를 사용하고 이를 관리하는 학교급식관계자의역할 및 책임을 중시하며 이들의 처우도 개선할 필요가 있다.

이와 더불어 친환경 농산물을 사용하는 급식체제를 구축하기 위해서는 안정적인 생산자와 체계화된 유통과정이 필요하다. 따라서학교급식지원조례의 규정에 따른 '학교급식지원쎈터' 설립을 통해무상급식의 확대와 더불어 급식의 안정성 및 신뢰성을 높이기 위한노력을 병행해야 한다.

친환경 무상급식을 누가, 어떻게 실현할 것인가: 풀뿌리 시민정치를 기대하며

저소득층에 대한 급식지원 등도 중요하지만 모든 아이들이 눈치보지 않고 성장할 수 있도록 하는 것이 더 중요하다. 아동이나 청소년들에 대한 투자는 우리 미래에 대한 투자로서 당연히 국가가 책임을 져야 한다.

오늘날 모든 선진국들은 아동돌봄, 양육지원을 사회 전체의 보편주의 복지로 접근해가고 있다. 전통적으로 복지수준이 높은 스웨덴·핀란드 등 북유럽 국가는 전면 무상급식을 실시하고 있고, 미국과 영국에서도 대부분의 공립학교에서 무상급식을 하고 있다. 비율로 보면 미국이 49.5%, 영국이 34% 수준이다.

특히 북유럽 국가들은 무상급식을 의무교육의 일환으로 보아 부모의 사회적 지위, 경제수준 등에 관계없이 교육기회의 평등으로 취급해 모두에게 무차별적으로 지원하는 데 대한 사회적 합의를 일찍이 일구어냈다. 우리나라도 2010년 6월 2일 지방자치단체 및 지방의회 선거결과에 따라 무상급식에 대한 사회적 합의를 어느정도 이끌어냄으로써 공교육의 일환으로 무상급식의 비중을 높여가고 있다.

이런 점에서 지난 10년 가까이 꾸준히 지속해오고 있는 친환경 무상급식 연대운동의 경험은 우리에게 '누가, 어떻게 친환경 무상급식을 실현할 것인가?'라는 질문에 대한 답변의 단초를 제공해준다.

학교급식운동의 핵심은 조례제정운동이라 할 수 있다. 2002년 2월 인천시 강화군에 있는 농민단체들이 학교급식과 관련해 처음으로 문제를 제기했다. 이후 학교급식법 개정 요구가 받아들여지지 않자 2002년 5월 전라북도의 주민발의운동에 이어 2003년 2월 나주시, 3월 함평에서의 단체장 발의에 의한 조례제정과 2003년 4월 전라남도의 주민발의에 의한 조례제정이 이루어졌다. 이때의 성공을 기점으로 전국적으로 주민발의운동뿐만 아니라 의원발의(경북, 경남), 단체장 발의(대전)에 의한 조례제정이 확산되었다. 그 결과 급식관련 시군구 기초자치단체 지역운동본부가 출범했고, 거의 같은 시기에 광역자치단체 지역운동본부가 만들어졌다. 그후 이러한 지역운동본부들이 모여 2003년 11월 '학교급식법 개정과 조례제정을 위한 국민운동본부'라는 전국적인 조직을 만들어냈다.

이 운동본부는 지금까지 한국사회에서 있었던 운동조직과 전혀 다른 방식으로 만들어졌다. 시군구와 시도에 학교급식운동을 하는 조직이 먼저 만들어지고 그 참여단체의 요구에 따라 중앙조직이 만들어지는 철저한 상향식(bottom up) 조직방식이었던 것이다. 해방

후 정부를 세우는 과정에서 나타났던 '건국준비위원회'를 비롯해 1987년 민주항쟁 때 만들어진 '민주헌법쟁취국민운동본부'까지 중앙에서 먼저 본부가 만들어지고 여기서 영향을 받아 광역지역에 운동조직이 만들어지고 다시 시군구 기초지역에 조직이 만들어진 대부분의 하향식(top down) 조직방식과는 전혀 달랐다. 이러한 상향식 조직방식은 먼저 수백만명의 지역주민의 참여를 이끌어낸 후 전국민적으로 관심을 불러일으켰다.

또한 지방자치가 5·16쿠데타로 중단된 지 30년 만에 부활하면서 주민자치(지방의회)는 1991년부터, 단체자치(자치단체)는 1995년부터 시행되었다. 그러나 대부분의 지역에서 여전히 지역주민은 배제된 채 지역유지들의 이권다툼 또는 기득권 유지의 장으로 왜곡되고 있는 현실에서, 이 운동은 주민발의라는 직접민주주의를 통해 자치단체의 예산을 교육과 복지와 농업을 위해 사용하는 모범을 보여주었다.

그렇다면 친환경 무상급식운동은 누가 해야 하는가? 앞서 살펴본 것처럼, 이 운동이 궁극적으로 성공하려면 계층과 계급, 그리고 연령을 두루 포괄하는 다양한 사람들이 폭넓게 참여해야 한다. 거의 모든 국민이 학교급식을 제공받는 소비자 또는 그 가족들이며, 농산물을 생산하는 농민들과 유통업체 종사자 등 공급자들이 또한 급식과 관련되어 있기 때문이다. 급식운동은 급식 식재료로 친환경 우리농산물을 규정하거나 권하고 있으며, 이럴 경우 지방자치단체나 중앙정부가 재정을 지원하도록 해야 한다고 주장하는 것은 지극히 당연하다. 그런 점에서 급식운동은 생존과 직결된 먹거리문제를 놓고 학생, 학부모, 교사 그리고 생산자들이 모두 공동으로 참여할 수밖에 없는 포괄적 성격을 지니는 운동이라 할 수 있다.

친환경 무상급식운동 연대의 특성은 학부모단체와 교원단체, 시민사회단체는 물론, 소비자단체, 지역 학교운영위원협의회와 농민회, 노동조합, 정당 등까지 그 연대의 범위가 전에 없이 매우 광범위하다는 점이다. 급식이야말로 단순히 학교급식 문제로 한정지을 것이 아니라 생존과 관련된 먹거리문제임을 잘 드러내주고 있다.

향후 이 운동이 더욱 힘을 받아 복지담론의 불을 지피려면 일을 해도 가난한 근로빈곤층(working poor) 같은 신빈곤층과 양극화 사회에서 생존에 허덕이고 있는 청년실업층, 비정규직 노동자를 비롯한 다수의 중산층과 서민층의 관심을 끌어들여야 한다. 즉 먹거리 보장과 관련해 생산-유통-소비, 그리고 정치기제(mechanism)라는 다차원에서, 대다수 사람들의 관심과 참여를 유도해 연대범위를 확대해나가야 지금보다 더 성공할 수 있을 것이다.

이는 이후에 어떻게 해야 하는가라는 문제와 관련되는데, 이와 관련해서는 두가지 방안을 생각해볼 수 있다. 첫째, 일상생활에서의 복지권과 관련된 이해관계를 일치시키는 일이다. 저소득층에 대한 급식지원 등도 중요하지만 모든 아이들이 눈치보지 않고 성장할 수 있도록 하는 것이 더 중요하다는 점을 알려야 한다. 아동과 청소년에 대한 투자는 우리 사회의 미래에 대한 투자로서 당연히 국가가 책임을 져야 한다는 점에 국민들의 관심이 모아지도록 해야 한다.

아울러 학부모와 아이들의 의견을 반영해 공교육의 일환으로 무상급식의 비중을 높여가야 한다. 그런 점에서 이념이나 경제논리보다는 아동인권 논리에서 무상급식 논쟁의 핵심을 찾아야 한다. 그리고 거대담론에 가리어져 담아낼 수 없었던 일들, 즉 일상생활에서 매일 일어나는 생존과 관련된 약자들의 먹거리 이야기를 구체적으로 찾아내 함께 해결해나가고자 노력해야 한다.

이는 시민운동을 해나갈 때 여러 소속원들로 하여금 이해관계에서 일치성을 갖게 해 목표달성에 집중토록 함으로써 연대를 더 강화해준다.

둘째, 풀뿌리 시민정치를 벌여나가야 한다. 주민자치에 의한 권력 견제와 지역주민의 자치역량을 높이고 생활상의 복지권 요구를 통해 삶의 질을 개선하는 지역자치운동을 활발히 전개해나가야 한다. 다시 말해 기존의 중앙중심적으로 펼쳐졌던 여타 시민운동과는 달리 풀뿌리 민주주의를 지향하는 생활시민정치로서 지역에서의 자치운동을 통해 그 영향력을 지방정부를 거쳐 중앙정부에까지 퍼져나갈 수 있도록 해야 한다.

결론적으로 그동안 거대담론에 밀려 일상생활에서의 약자들의 이야기를 담아낼 수 없었던 일들을 이제는 지역자치 연대운동을 통해 힘있게 추진해나가야 한다. 지속적으로 지역주민의 현실과 생활에 근거한 구체적인 친환경 무상급식 연대운동이야말로 성공적인 시민사회운동의 새로운 모습을 보여줄 수 있다. 이해관계의 일치성, 하향식이 아닌 상향식 조직방식의 풀뿌리 시민정치성, 연대범위의 포괄성 등 친환경 무상급식운동만의 연대의 특성을 잘 활용한다면 분명 새로운 사회개혁을 이루어낼 수 있을 것이다.

이제 중앙조직 중심의 엘리뜨운동이나 거대담론 성격의 운동은 사회구성원들에게 영향력을 미치지 못한다. 풀뿌리조직 중심의 운동, 작지만 의미있는 실생활 중심의 연대운동이야말로 감동을 주고 힘을 발휘하고 있음에 주목해야 한다. 즉, 지역주민들을 직접 조직해 그들이 활동의 주체로 나서도록 하는 주민주체형 전략을 세워 실천에 옮겨야 한다.

그런 점에서 친환경 무상급식 운동 같은 지역공동체의 주민자치

연대운동은 많은 장점이 있다. 첫째, 지역공동체의 주민자치 연대운동은 초기에는 주민의 이해관계로부터 시작하더라도 친환경 무상급식운동 사례에서 보듯이, 내부의 숙고와 토론, 외부와의 열린 소통과 대화, 운동에의 실질적인 참여와 실천을 거치면서 공공성을 획득해나갈 수 있다.

둘째, 중앙의 정치가 해결하지 못하는 문제를 주민 스스로 해결하는 풀뿌리 시민정치로 발전해나갈 수 있다. 주민들이 실질적인 활동의 주체가 되어 '우리'만을 위한 공동체운동이 아니라 이를 넘어 '나'와 '우리'의 이해관계를 공공의 이해와 일치시키는 방향으로 나아감으로써 조직된 주민의 정치적 영향력을 키워나가게 한다.[67]

셋째, 지역공동체의 주민자치 연대운동은 민주주의를 일상의 삶 속에서 찾아내고 스스로 구현해가도록 한다. 주민의 삶의 현장인 주거지, 일터, 학교, 그리고 기초단체의 행정집행 과정에서 민주주의를 구현하고, 여성, 아동과 청소년, 노인, 장애인, 이주노동자, 교육, 주거, 의료, 먹거리, 교통, 환경 등 일상적인 삶의 구석구석에서 주민의 직접참여에 의한 자치를 통해 민주주의를 확대해나간다.

이와 같이 자신들의 욕구와 지역사회의 욕구, 그리고 지역의 욕구만이 아니라 전체의 욕구를 고려하고자 노력할 때, 지역공동체의 주민자치 연대운동은 더이상 자족적이거나 폐쇄적인 모임이 아니라 '사회운동'으로서의 주민자치운동 즉 '시민운동'[68]이 될 수 있다. 그런 점에서 친환경 무상급식운동은 강한 연대성을 기반으로 하는 풀뿌리 시민정치의 높은 가능성을 보여준다고 할 수 있다.

전반적인 친환경 무상급식을 어떻게 실현할 것인가에 대한 답은 이미 우리 앞에 제시되어 있다. 오직 올바르고 과감한 선택이 필요할 뿐이다.

□ 참고문헌

국가인권위원회「빈곤층 아동급식지원제도 실태조사」, 2007.

이호「주민자치·주민자치운동의 현황과 과제」, 시민자치정책센터, 『풀뿌리는 느리게 질주한다』, 갈무리 2002.

조흥식「친환경 무상급식의 당위성과 실현방안」, 『시민과세계』 제17호, 참여사회연구소 2010.

조흥식「친환경무상급식운동의 성취와 연대의 특성」, 『시민과세계』 제18호, 참여사회연구소 2010.

하승우「시민자치운동과 민주주의의 미래」, 시민자치정책센터, 『풀뿌리는 느리게 질주한다』, 갈무리 2002.

J. Cook & K. Jeng, "Child Food Insecurity: The Economic Impact on our Nation," Feeding America and the ConAgra Foods Foundation 2009.

Neil Gilbert & Paul Terrell, *Dimensions of Social Welfare Policy*, Englewood Cliffs, New Jersey: Prentice-Hall 2002.

학생인권 조례를 아십니까[69]

—

김인재

—

학생들은 왜 스스로 목숨을 끊는가

우리나라 초중등 학생들은 학교생활에서 얼마나 행복을 느끼고 있을까? 언론보도와 정부기관의 조사에 따르면 상당수 학생들이 자살욕구나 가출충동을 느껴본 적이 있다고 한다. 청소년 2명 중 1명 꼴로 자살을 생각하고, 10명 중 1명꼴로 자살을 시도했다고 한다. 실제로 2008년에는 학생 137명이 자살했고, 2004~08년 사이에는 학생 623명이 자살해 5년간 35.6%나 증가했다. 참고로 2009년 우리나라 자살사망률은 인구 10만명당 28.4명으로 OECD 국가 중 가장 높다. 자살은 우리나라 전체 사망원인 4위에 해당하는데, 학생·청소년의 경우에는 사망원인 2위다.[70]

학생들은 왜 자살이라는 극단적인 선택을 하는가? 과중한 학습부담과 성적비관, 따돌림, 집단괴롭힘, 체벌, 폭력 등 학교 안팎의 여러

요인들이 있다. 미래의 주역이며 육체적·정신적 성장기에 있어, 자유롭고 창의적으로 사고하고 행동하며 보호받아야 할 학생·청소년들이 '인권'의 사각지대에 방치되어 있는 것이다. 언론에 알려진 몇 가지 사례를 보자.

－2008년 2월 '리얼 입시 정글고'로 알려진 경기도의 한 사립기숙사고등학교에서 기숙사 한방에 10~50명의 학생들이 생활하고, 체벌, 얼차려, 소지품검사, 편지검열 등이 일상화된 현실이 언론과 인터넷에 공개되었다. 참다못한 학생들은 학교 옥상에 올라가 '사교육이 아닌 진정한 교육을 원해요'라는 글이 쓰인 종이비행기를 날려 세상에 이를 고발했다.

－2010년 7월 서울의 50대 남자교사가 '학생이 거짓말을 했다'며 자신의 감정을 통제하지 못하고 초등학생을 마구 때리는 동영상이 인터넷에 공개되었다. 학생들은 그에게 '한번 맞으면 쓰러진다'는 뜻에서 '오장풍'이라는 별명을 붙였다.

－2008년 강릉에서는 학생회장 선배가 후배를 때려 숨지게 한 사건이 발생했다. 과도한 학습부담과 엄격한 학교생활에 분출구를 찾지 못한 학생들의 스트레스와 분노 때문에 폭력이 늘어나고 있다.

우리 학생인권의 현실은 국제인권기구에서도 문제가 되었다. 유엔아동권리협약의 이행 여부를 감독하는 유엔아동권리위원회는 1996년과 2003년에 한국의 교육에 대해 다음과 같이 우려를 표명하면서 그 시정을 권고했다.

첫째, 교육의 경쟁적 풍토가 아동의 잠재적인 능력을 개발하고 자유로운 사회에서 책임있는 생활을 영위할 준비를 해야 하는 과정을 막을 위험이 있다. 둘째, 학교생활에서 법률에 근거하지 않은 자의적인 기본적 인권의 제한이 이루어지고 있다. 셋째, 학교에서 체벌이 공식적으로 허용되고 있다. 넷째, 학생회에 대한 행정적 통제와 학교 밖 정치활동 참여를 금지하는 학칙을 통해 학생의 표현의 자유와 결사의 자유를 제한하고 있다. 다섯째, 교사와 사회복지사 등 아동관련 전문가에 대한 인권교육이 부족하다.

불행하게도 이 권고의 이행을 위한 법적·행정적 개선조치는 아직까지 이루어지고 있지 않다.

일반적으로 '인권'(human rights)이란 모든 사람이 사람답게 존재하기 위한 보편적인 정치적·경제적·사회적·문화적 권리 및 지위와 자격을 일컫는 개념이다. 여기서 '모든 사람'에는 당연히 아동·학생도 포함된다. 따라서 초중등학생 또한 어엿하게 '존엄한 사람'으로서 인권을 향유해야 할 주체다. 학생을 교육하는 학교라고 해서 예외가 될 수 없다. 학교는 학생이 주체적으로 지식을 학습하며 진리를 실천할 수 있도록 가르치는 장이며, 동시에 학생의 보편적인 인권을 존중하고 보호해야 하는 장이다.

그런데 우리 학생인권의 현실은 어떠한가? 위 사례들에서 보듯이, 학생은 인권의 주체가 아니라 오로지 피교육자 또는 교육·훈육의 대상으로 취급받는다. 오직 '좋은 대학'에 진학해야 한다는 명목으로, 그리고 미성숙하다는 이유로 학교당국·교원·학부모로부터의 반인권적인 훈육·통제가 정당화되고 있다. 다들 학생의 인권은 유보되어도 좋다고 여기는 듯하다.

역사적으로 인권은 약자와 소수자에게는 인간의 존엄성을 확보해주는 마지막 보루이지만, 강자에게는 불편하고 귀찮은 걸림돌이라고 여겨져왔다. 어느 사회, 어느 시대에도 권력을 가진 계층보다는 억압

받는 계층에 의해 인권이 강조되었다. 근대사회가 시작될 때의 시민계급, 그 이후 자본주의 성숙기의 노동자와 사회적·경제적 약자들, 그리고 다원화된 현대사회에서의 여성·아동·학생·이주민·소수자들이 그들이다.

그동안 교육자(학교와 교사)와 피교육자(학생)라는 권력관계가 일상화된 학교생활에서 학생은 인권을 과도하게 제약받아왔다. 또한 학생인권의 보장으로 학생간의 폭력·비행과 학생의 교사에 대한 폭력·폭언이 빈발해 교실이 붕괴되고 교권이 추락하고 있다는 항간의 주장은 일부 현실을 침소봉대하는 억지에 불과하다. 이제는 '학생은 미성숙한 피교육자이기 때문에 인권이 다소 유보되어야 하며, 학생의 인권보장은 오히려 교육과 학습에 방해가 된다'고 생각하는 사회적 편견이 극복되어야 할 때다.

국제법과 헌법은 학생인권을 보장하는데…

20세기에 인류가 인권을 보편적 가치로 승인한 이후, 유엔 등 국제인권기구는 학생을 포함한 아동의 인권보장을 위해서도 노력해왔다. 다만 시대가 변함에 따라 아동의 인권에 대한 관점은 바뀌어왔다. 20세기 전반에는 주로 위험에 빠진 어린이와 청소년의 삶에 주목해 이들에게 '특별한 돌봄'이 필요하다는 관점이 주를 이루었다. 20세기 후반에는 어린이와 청소년은 '자기 삶의 주인(주체)'이며, 돌봄은 '참여와 자기결정'과 함께 해야 한다는 현대적 아동인권관이 정립되었다.

아동인권의 내용은 1989년 유엔총회에서 채택하고 1991년에 한국정부가 가입·비준해 우리의 헌법 규정에 따라 국내법과 동일한 효력, 즉 법적 구속력을 지니는 유엔아동권리협약에 잘 나타나 있다. 이 협약은 아동을 단순한 보호대상이 아닌 존엄성과 권리를 지닌 주체로 보고 아동의 경제적·사회적·문화적 권리를 규정하고 있다. 이 협약은 아동인권에 관한 다음의 4원칙(4P)을 강조하고 있다.

18세 미만 모든 아동의 인권을 차별없이 보장해야 한다(보호, Protection). 아동에 관한 모든 활동에서 아동의 이익을 최우선적으로 고려해야 한다(예방, Prevention). 아동의 생명·생존·발달의 권리를 보장해야 한다(제공, Provision). 아동에게 영향을 주는 모든 문제에 대해 의견을 표현할 권리와 그 의견을 존중받을 권리를 부여해야 한다(참여, Participation).

유엔아동권리협약에 따르면, 국가는 아동의 교육권을 실현하기 위한 적절한 조치를 취하고, 학교규율이 아동의 인격을 존중하고 이 협약을 준수하는 방향으로 운영되도록 보장하기 위해 적절한 모든 조치를 취해야 한다(제28조). 또 아동교육은 "아동의 인격, 재능 및 정신적·신체적 능력의 최대한 계발"과 "인권과 기본적 자유 및 유엔헌장에 규정된 원칙의 존중"이라는 목표를 지향해야 한다(제29조). 아동의 교육권을 실현하는 데에는 아동(학생)의 인권보장이 필수적이며, 학생의 인권보장은 교육권 실현의 본질적 요소라는 것이다.

결국 학생은 교육권(right to education)의 주체이며, 학교교육의 권리(right to schooling)는 교육권 실현의 한 형식이고, 교수권(right to teaching)은 교육권 실현을 위해 요청되는 하위의 권리가 된다.

유엔사회권위원회 등 국제인권기구는 아동의 교육권 실현을 위해 다음과 같은 국가의 4대 의무(4A)를 요구하고 있다. 교육기관을 설립해 자유롭게 이용하도록 해야 한다(가용성, Availability). 교육기회에 대한 물리적·경제적 장벽을 제거해 차별없는 접근이 이루어지도록 해야 한다(접근성, Accessibility). 교육의 형태와 내용이 학습자와 보호자가 육체적·정신적·문화적으로 수용할 수 있을 정도가 되어야 한다(수용성, Acceptability). 교육의 내용이 학습자의 다양한 환경과 요구, 최선의 이익에 부합되도록 해야 한다(적용성, Adaptability).

또한 우리나라 헌법과 교육관계법에서도 학생·아동의 인권보장을 천명하고 있다. 먼저 대한민국헌법은 모든 국민의 인간으로서의 존엄과 가치와 행복추구권(제10조)을 비롯해 평등권, 신체의 자유, 교육권 등 각종 인권(기본권)을 보장하고 있다. 헌법에서 말하는 '모든 국민'에는 학생이 당연히 포함되며, 따라서 학생도 국민의 한 사람으로서 마땅히 인간의 존엄성과 행복추구권을 향유할 권리가 있다.

구체적으로 교육기본법은 "학생을 포함한 학습자의 기본적 인권은 학교교육 또는 사회교육의 과정에서 존중되고 보호된다. 교육내용·교육방법·교재 및 교육시설은 학습자의 인격을 존중하고 개성을 중시하며 학습자의 능력이 최대한 발휘될 수 있도록 마련되어야 한다"(제12조)며, 학교교육과정에서 학생인권의 존중과 보호를 선언하고 있다.[71] 나아가 2007년에는 초·중등교육법을 개정해 "학교의 설립자·경영자와 학교의 장은 헌법과 국제인권조약에 명시된 학생의 인권을 보장해야 한다"(제18조의 4. 학생의 인권보장)는 규정을 신설했다.

이와 같이 우리 헌법과 법률은 학교생활에서 학생의 인권을 보장하고 있다. 그 내용 또한 '헌법과 국제인권조약(즉 유엔아동권리협약)에 명시된 학생의 인권'이라고 분명하게 밝히고 있다. 따라서 국가와 교육행정기관 및 학교는 학생의 인권보장 의무를 지며, 실제로 이를 보장하려 많은 노력을 기울여왔다.

그럼에도 현실에서는 왜 학생의 인권이 제대로 보호받고 있지 못한가? 그 원인과 배경은 다음과 같다. 학생인권의 기준이 모호해 학교현장에서 갈등과 혼란이 심각하며 인권보장에 관한 법률의 규정이 선언적 표현에 불과해 실효성이 부족하다. 또한 교사와 학생, 교사와 교사, 학교와 학부모 사이에 불신의 벽이 높으며 인권과 책임이 무시되는 사회문화가 오랫동안 일상화되어왔다. 따라서 학생의 인권보장을 위해서는 학생인권에 대한 구체적 기준을 마련하고, 법률규정의 실효성 확보를 위한 구체적 수단이 강구되어야 한다. 나아가 교육주체간의 권리가 조화를 이루는 교육공동체를 회복하고, 인권을 존중하고 자발적 책임을 훈련하는 학교와 사회문화가 조성되어야 한다.

좀더 구체적으로 말하면, 학생의 인권보장 원칙, 보장되어야 할 인권의 내용, 인권침해에 대한 구제조치와 실현체계 등이 국가법령에 규정되어야 한다. 학생인권법을 제정하거나 초·중등교육법 등 교육관계 법령을 개정하는 것이 가장 바람직하다.

그러나 국가법령으로 이를 구체화하는 방안은 국회와 행정부의 소극적 태도로 지금까지 이루어지지 않고 있으며, 그들의 인권의식의 한계 때문에 앞으로도 실현가능성이 낮다. 반대로 개별학교의 학칙에 맡기는 것 또한 그동안 학생인권 침해자가 인권규범을 만드는 모양새가 되어 태생적으로 한계가 있을 수밖에 없다. 결국 지방의 교육자치를 고려할 때 각 시도교육청이 주도해 지방자치단체의 '조례'로 학생인권규범을 만드는 것이 현실적인 대안일 수밖에 없다.

학생인권 조례는 행복한 학교의 밑거름이다

인권단체와 활동가들은 오래전부터 학생인권이 심각하게 침해당하는 현실을 직시하고 학생의 인권보장을 위해 다각적인 노력을 기울여왔다. 학생의 인권을 확인하고 보장하기 위해, 2007년 국가인권위원회는 '학생인권지침서'를 만들었고,[72] 법률 개정안을 국회에 제출하기도 했다.[73] 또 광주에서는 2003년경부터, 경남에서는 2008년경부터 학생인권 조례의 제정을 추진해왔다.[74] 그러나 학생의 인권보장에 관한 구체적인 입법은 주민이 직접 뽑은 민주·진보교육감이 당선됨으로써 비로소 결실을 보게 되었다. '경기도 학생인권 조례'가 그것이다.

2009년 4월 경기도교육감 선거에서 김상곤 후보는 "학생도 교사도 가고 싶은 학교, 감동의 학교, 소통과 나눔 속에 학생인권이 존중되는 행복한 학교를 만들겠다"고 공약했다. 김상곤 초대 주민직선 교육감이 취임한 후에, 경기도교육청은 '학생인권 조례'를 제정하기 위한 기본계획을 수립했다. 경기도교육청은 그 기본계획에 따라 학생인권의 실태와 보장방안에 관한 연구용역을 발주하고 '경기도학생인권조례자문위원회'를 구성해 운영하고 권역별 공청회를 실시하는 등 전문가와 주민들의 의견을 수렴했다.

2009년 9월 김상곤 교육감은 "많은 학생들과 선생님들이 신바람 나게 달려가고 싶은 행복한 학교, 치열한 무한경쟁으로 무너지지 않고 더불어 살아가는 행복한 학교가 되도록 가꿔야 할 무거운 책임의식으로 '경기도 학생인권 조례안'을 발의한다"는 담화를 발표했다. 이 담화에서 김상곤 교육감은 "학생인권 조례는 학생과 교사 모두가 행복할 수 있는 학교공동체의 터전을 일구기 위한 첫 단추"라고 그 의의를 밝혔다.

2009년 12월에 학생인권 조례 '초안'이 발표되고, 경기도 주민들과 교육주체들의 사회적 공론화 과정을 거친 후 2010년 초에 '최종안'이 확정되었다. 그리고 마침내 2010년 10월 '경기도 학생인권 조례'(경기도 조례 제4085호, 2010. 10. 5 제정·시행. 이하 '학생인권 조례')가 제정되었다.

학생인권 조례는 직접적으로는 학교생활에서 학생의 인권을 확인하고 보장하기 위해 제정된 최초의 구체적 입법이다. 궁극적으로 학생인권 조례는 학생들이 더불어 살아가는 창의적인 민주시민으로 자랄 수 있는 경험을 쌓게 하고, 차별없는 교육복지를 구현하고, 참여와 소통의 교육문화를 지향하는 가치체계라고 할 수 있다. 미래사회의 주역이요 경쟁력인 우리 학생들이 인권이 존중되고 보호되는 학교생활을 경험함으로써 건강한 민주시민 정신과 인성을 키우게 될 것이다.

학생인권 조례를 준비하면서 어떤 관점, 기준 및 원칙에 입각해 조례를 제정할 것인가가 매우 중요했다. 경기도교육청은 학생인권 조례 제정에 즈음해 다음 5개의 기본원칙을 설정했다.

1. 학생은 일방적 훈육과 관리의 대상이 아니라 인권의 주체인 사람이라는 관점에서 출발한다.

2. 헌법과 법률, 국제인권기준 등 상위법에 부합하는 조례안을 만든다.

3. 학생의 인권과 교사의 교권, 보호자의 교육권이 조화롭게 실현되는 교육공동체 건설을 지향한다.

4. 미래지향적으로 보편적인 인권과제를 지향하되, 경기도의 특수상황과 소수 학생들의 상황을 반영하는, 학생인권의 보편성과 특수성이 조화를 이루는 기반을 구축한다.

5. 교육공동체의 모든 주체들이 공개적·민주적으로 참여하는 의사소통과정을 거쳐 절차적 정당성과 내용적 설득력을 동시에

확보한다.

'경기도 학생인권 조례'는 "학생의 인권이 학교교육과정에서 실현될 수 있도록 함으로써 학생의 존엄과 가치 및 자유와 권리를 보장"하는 것을 '목적'으로 하며, 47개 조문으로 구성되어 있다. 조례의 주요 내용은 다음과 같다.

총칙(제1장): 조례의 제정 목적, 학생의 인권보장 원칙, 교육감·학교설립자·학생의 책무.

학생의 인권(제2장): 차별받지 않을 권리, 학교에서의 체벌금지, 정당한 사유에 의하지 않는 한 학습에 관한 권리를 침해받지 않을 권리, 정규교과 이외의 교육활동의 자유, 휴식을 취할 권리, 사생활의 비밀과 자유 및 정보에 관한 권리, 양심·종교의 자유, 의사표현의 자유, 자치활동의 권리, 학교규정의 제·개정에 참여할 권리, 복지에 관한 권리, 급식에 대한 권리, 징계 등 절차에서의 권리, 권리침해로부터 보호받을 권리 등 보장.

학생인권의 진흥(제3장): 학생인권의 날 지정, 학교 내 인권교육·연수, 교원에 대한 인권연수 및 보호자 교육, 교육감의 학생인권 실태조사, 교육감의 학생인권 등의 향상을 위한 실천계획 수립, 경기도학생인권심의위원회의 구성 및 심의 업무, 학생참여위원회의 구성 및 의견 제출, 교육감은 2년 주기로 학교별 학생인권 실현 상황 조사 및 개선조치 실시, 학생인권 보장을 위해 노력하는 시민 활동과 협조체제 구축 및 지원.

학생인권 침해에 대한 구제(제4장): 학생인권옹호관의 설치, 지역교육청별 학생인권상담실 설치, 학생인권침해 구제신청 및 조치, 학생인권옹호관의 조사권.

보칙(제5장): 학교의 규정개정심의위원회 구성, 교육감은 조례에서 위임한 사항과 조례를 집행하기 위해 필요한 사항을 규칙[75]으로 정함.

학생인권 조례에서 정하고 있는 '학생의 인권'은 학생이 인간으로서의 존엄성을 유지하고 행복을 추구하기 위해 반드시 보장받아야하는 최소한의 권리다. 그러한 학생의 인권은 본질적 내용을 침해하지 않는 최소한의 범위에서 교육목적상 필요한 경우에 한해, 학생이 제·개정에 참여한 학칙 등으로만 제한할 수 있다(제3조). 또 교육감, 학교의 설립자 및 경영자, 학교장, 교직원, 학생의 보호자 등은 학생의 인권을 존중하고 학생의 인권침해를 방지하기 위해 노력해야 한다. 그뿐만 아니라 학생도 인권을 학습하고 자신의 인권을 스스로 보호하며, 교사 등 타인의 인권을 존중하기 위해 노력해야 한다(제4조). 이와 같이 학생인권 조례는 학생의 인권보장과 타인의 인권의 존중 책무를 함께 실현하고자 한다.

학생인권 조례 제2장은 대부분 우리 헌법과 유엔아동권리협약 등에서 이미 보장하고 있는 인권항목의 내용을 재확인하고 있다. 그중에서도 차별금지, 체벌금지, 야간자율학습과 보충수업의 자율선택, 정규교과 이외의 교육활동의 자유, 두발 길이 규제금지, 소지품 검사 제한, 일기장 등 개인적 기록물 열람금지, 휴대전화 소지 허용, 특정 종교행사 참여 및 대체과목 없는 종교과목 수강 강요 금지, 자치활동의 권리, 학칙 등 학교규정의 제·개정에 참여할 권리, 정책결정에 참여할 권리 등이 중요한 의미를 띤다. 이 내용들은 그동안 학교생활에서 교육목적 또는 학생의 미성숙을 이유로 무시되었거나 그 침해상황이 심각했던 인권항목이다.

눈여겨볼 것은, 두발·복장을 자유롭게 하고 휴대전화 소지를 허용하면서도, 정당한 사유와 민주적 절차를 거쳐 학교가 정한 학칙 등으로 자율적인 규제를 할 수 있도록 보장했다는 점이다. 학칙 등 학교 규정으로 그 기준을 정할 때 학생들의 의견을 제도적으로 반영하게 함으로써 학생들이 자발적으로 규정을 준수하도록 유도한 것이다. 이는 학생들의 자기결정권 존중과 참여 보장을 의미한다.

그렇다면 학생인권 조례가 전망하는 학교의 모습은 어떤가? 경기도교육청은 학생인권 조례를 준비하면서 '학생인권이 존중되는 행복한 학교의 전망'(인권이 꽃피는 학교문화의 열쇳말)을 10여개의 키워드로 제시하고 있다. '권리의 준엄한 주체로서의 학생: 모욕과 폭력이 없는 학교' '참여와 결정을 훈련할 수 있는 학교: 배제와 강요가 없는 학교' 등으로, 그밖에 차별, 학습욕구, 자유와 책임, 전인적 교육, 연대감, 교사의 권리와 역량, 권리구제 등의 내용을 담았다. 일각에서는 학생의 인권보장에 대해 우려와 비판을 하기도 하지만, 학생인권 조례를 통해 학교현장에서 학생의 인권을 존중하는 문화가 자리잡게 되면 오히려 학생들의 자율성과 책임성이 높아질 것이다.

교실붕괴의 근본원인을 찾아라

학생인권 조례가 시행된 이후에도 우리 사회 일각에서는 학생인권 보장의 '발목잡기'가 계속되고 있다. 특히 보수언론과 일부 교원단체에서는, 경기도에서 학생인권 조례가 시행되고 서울시 교육청이 체벌금지를 선언한 이후에 이른바 '교실붕괴'와 '교권추락'이 더욱 심해졌다고 주장한다. "요즘 학생들이 인권 조례 운운하니 도저히 생활지도를 할 수 없다"거나, "학생인권 조례가 나온 이후 교사가 학생들에게 매 맞고, 성희롱을 당하는 일이 학교현장에서 버젓이 벌어지고 있다"는 선생님의 하소연(?)을 친절하게 전달한다.

어떤 교원단체는 초중고교에서 교사가 학생으로부터 육체적인 폭행을 당한 건수가 2008년 25건에서 2009년 35건, 2010년 상반기에 53건으로 심각한 수준으로 늘어났는데, 여기에 주도적인 요인이 바로 학생 체벌금지와 학생인권 조례라고 주장한다. 어떤 보수정당은 현실적인 대비책 없이 무조건 체벌을 금지하고 나선 것은 학교현실은 전혀 고려하지 않은 지나친 이상주의일 뿐이라고 논평한다. 학생 개개인의 인권도 존중되어야 하지만 다수 학생의 학습권과 교수권도 무시할 수 없는 가치임을 잊어서는 안된다는 충고까지 곁들인다.

과연 그러한가? 먼저 '교권'이라는 개념과 교실붕괴의 원인을 살펴보자. '교권(敎權)'이란 법률상 용어가 아니다. 그러나 현실에서는 교사의 인권, 교사의 교육권한(직무상 권리), 교사의 권위 등의 의미로 쓰인다. '교사의 인권'이란 교사이기 이전에 한 사람으로서 지니는 권리이며 그 핵심은 격무와 폭력으로부터의 자유, 즉 비차별, 자유권, 인간다운 근로조건에 대한 권리 등 인권의 주체로서 기본적으로 보장받아야 할 권리를 말한다. '교사의 직무상 권한'은 교육과정의 편성운영권과 수업의 자유(수업권) 등을 포함한다. 교사의 수업권은 학생의 인권과 교육권의 하위에 위치한다. '교사의 권위'는 전문성과 진실한 소통을 통해 자연스럽게 형성된다. 권리는 주장되고 보장받아야 하는 것인 반면, 권위는 사랑과 존경처럼 주장한다고 얻어질 수 있는 것은 아니다. 인권을 존중하고 소통하고자 하는 교사는 자연스레 인간적·도덕적 신뢰를 얻게 될 것이다.

이른바 '교실붕괴' 사건들이 최근 언론에 많이 보도되고 있지만,

이런 사건들은 학교현장에서 예전부터 심심치 않게 발생해왔다. 학생인권 조례 시행과 체벌금지 이후에 이런 사건들이 많이 보도되었다고 해서 그 원인이 학생인권 조례와 체벌금지 시행에 있는 것은 아니다. 다만 학생인권 조례와 체벌금지가 제도화되면서 사람들이 관심을 갖게 되고 언론보도가 늘어나게 된 것이라고 볼 수 있다.

'교실붕괴' 현상의 근본원인은 '입시에 초점을 맞춘 경쟁교육'과 '사람을 경시하는 사회적 분위기'에서 찾아야 한다. 즉 그동안 민주시민교육과 인성교육이 도외시되어왔기 때문이다. 결국 무한경쟁의 교육씨스템과 사람경시의 사회분위기가 지속되면서 지금의 '교실붕괴' 사건들은 이미 예고되어 있었다.

체벌, 그 익숙한 것과의 결별

보수언론과 보수정당 및 일부 교원단체의 학생인권 조례와 체벌금지 조치의 '발목잡기'에 화답이나 하듯이, 교과부는 2011년 1월 17일 이른바 '학교문화 선진화 방안'을 발표하고, 이를 토대로 2011년 3월 18일 '초·중등교육법 시행령'을 개정했다.[76] 교과부는 개정된 시행령 제31조 제8항[77]에 따라 도구나 신체 등을 이용하는 '직접체벌'은 금지되지만, 도구나 신체 등을 이용하지 않는 '교실 뒤 서 있기, 운동장 걷기·뛰기, 팔굽혀 펴기 등'의 이른바 '간접체벌'은 허용한다고 밝혔다. 그러면서 모든 체벌을 금지하는 '경기도 학생인권 조례' 제6조 제2항은 시행령에 위반된다고 한다.

그러나 이를 교과부처럼 해석해 '간접체벌'을 허용하는 규정으로 볼 수 있는지는 의문이다. 교과부의 주장처럼 '간접체벌'을 허용하는 규정으로 보게 되면, 이 규정은 헌법과 유엔아동권리협약에 위반되기 때문이다.

교과부의 주장대로 간접체벌을 허용하기 위해 시행령 제31조 제8항을 개정했다면, 이는 학생인권 조례와 체벌금지를 무력화하기 위한 것이라고 의심할 수밖에 없다. "초중등교육법 시행령이 학생인권 조례보다 상위법이기 때문에 학생인권 조례는 모두 재검토 또는 수정되어야 한다"는 교과부의 주장은 그 의심을 뒷받침한다. 또 "학칙 제정에 대한 학교의 자율권을 강화한다"는 명목으로 초중등교육법 제8조를 개정해 시도교육감의 학칙 인가권의 폐지를 추진하고 있는 것도 같은 맥락으로 보인다.

시행령 제31조 제8항을 간접체벌의 근거규정으로 보게 되면 이 조항은 인권침해[78]의 소지가 있다. '체벌'은 통제와 권위에 수동적으로 반응하는 인간을 양성할 위험이 크고 학생의 신체의 자유를 침해하기 때문에 금지된다. 직접체벌뿐만 아니라 간접체벌도 마찬가지다. 직접체벌과 간접체벌의 경계가 모호하고, 더구나 간접체벌은 지나치게 광범위하고 불명확해 그 내용을 특정하기도 어렵다. 간접체벌도 '학생의 신체에 고통을 가하는 방법'인 한 직접체벌에 비해 덜 고통스럽다는 근거도 없다. 도구나 신체를 이용하지 않는다고 해서 체벌이 지니는 인권침해적 요소나 비교육적 문제가 근본적으로 사라지는 것은 아니다.

체벌은 타인의 신체를 훼손함으로써 신체의 자유를 침해하는 행위다. 그런데 시행령 제31조 제8항을 간접체벌 허용규정으로 본다면, 이 규정은 어떤 체벌도 금지되어야 한다는 헌법과 유엔아동권리협약 등 국제인권기준에 위반된다.[79] 따라서 시행령 제31조 제8항은 "학생의 신체에 고통을 가하는 방법"(체벌)의 학생지도를 모두 금지하고 있는 것으로 보아야 헌법에 위반되지 않는다(헌법합치적 해석). 상위법인 '초중등교육법'에도 체벌을 허용한다는 규정은 없다. 만일 교과부의 주장처럼 간접체벌을 허용하는 규정으로 해석한다면 동 조항을 전부 삭제하거나, 최소한 "신체, 도구 등을 이용해"라는 문구라도 삭제해야 한다.

한편 교과부는 개정된 시행령이 상위법이기 때문에 경기도의 학생인권 조례를 재검토 또는 수정해야 한다고 주장한다. 이에 대해 경기도교육청은 "상위법이 기본권을 제한하더라도 하위법에서 다른 법령에 위배되지 않는 한 기본권 보장을 확대할 수 있다는 법정신에 따라 경기도 학생인권 조례를 일선학교가 준수토록 할 것"이라고 밝혔다.

설령 시행령 제31조 제8항의 합헌성·합법성이 인정되더라도, 그리고 초중등교육법 시행령이 학생인권 조례보다 상위법이라고 하더라도, 기본권 보장의 법리에 비춰볼 때 모든 체벌을 금지하는 학생인권 조례 제6조 제2항은 시행령에 위반되지 않는다. 하위법(조례)이 상위법(시행령)에 규정된 인권이나 권리를 더욱 제한하는 것은 허용되지 않지만, 하위법에서 보장되는 인권이나 권리를 상위법보다 더욱 확대하는 것은 상위법에 위반되지 않기 때문이다.

학생·교사·학부모의 교육인권을 향하여

학생인권 조례가 제정되고, 조례에 학생인권의 항목이 나열된 것만으로 자동적으로 학생의 인권이 보장되는 것은 아니다. 학교당국과 교사뿐만 아니라 학생 스스로 인권감수성을 키워가는 노력이 반드시 필요하다. 문제는 지금까지 인권의식이 부족했던 학교현실에서 학교당국과 교사들의 인권감수성을 어떻게 높일 것인가이다. 교육당사자들의 인권에 대한 이해를 증진하기 위해서는 인권교육 등을 통한 인권침해 예방활동이 우선시되어야 한다.

이와 관련해, 학생인권 조례는 교육감에게 학생인권 실태에 대한 조사를 기초로 학생인권의 향상을 위한 실천계획을 수립하고, 학교별 학생인권 실현상황 조사 및 개선조치를 실시하도록 규정한다. 또 학교 내에서의 학생에 대한 인권교육, 교원에 대한 인권연수 및 보호자 교육을 강조하고 있다. 조례에 규정된 이러한 실현체계가 제대로 작동될 때 비로소 학생인권 조례의 제정 목적이 달성될 수 있을 것이다.

한편 학생인권 조례의 시행에 따라 학교현장이 인권친화적 환경으로 바뀌는 과정에서 발생하는 학생의 일탈행위에 어떻게 대처할 것인가가 문제로 떠오른다. 다른 학생의 인권을 침해하거나 수업을 방해하거나 교사에게 폭언 또는 폭력을 행사하는 학생을 어떻게 지도할 것인가라는 문제다. 그동안은 학교현장에서 이러한 학생에 대해 체벌의 필요성을 쉽게 인정하는 경향이 있었다.

경기도교육청은 단위학교의 2011학년도 학생생활인권 기본계획 수립에 도움을 주고, 학교현장에서 발생하는 '학생사안'[80]에 대해 효과적으로 대처하도록 하기 위해, 모든 학교에 '단계별 학생지도 방안'을 마련해 안내했다. 단위학교별로 민주적인 절차에 따라 개정된 학교생활인권규정을 학생들이 책임감을 가지고 준수하도록 한 방안이다. 경기도교육청의 '단계별 학생지도 방안'은 '상담→봉사→대안교육→학교장 통고제[81]→전학·퇴학'의 5단계로 이루어져 있다.[82]

학교현장에서 학생들이 자신의 인권뿐만 아니라 교사의 직무상 권한과 다른 학생의 인권도 함께 존중되고 보호되어야 할 소중한 가치라는 것을 인식하도록 해야 한다. 더불어 이는 민주시민교육의 초석이며, 여기에는 민주시민으로서의 책임도 요구된다는 것을 학생 스스로 깨닫도록 해야 한다.

나아가 학생의 인권과 다른 주체(특히 교사)의 역할 및 교육목적이 서로 충돌하지 않고 조화롭게 실현되도록 하는 구체적이고 현실적인 방안을 모색해야 한다. 예를 들어 학교당국, 교사, 학생 및 학부모 등 교육당사자들의 중지를 모아 인권실현지침, 학생인권보장 매뉴얼 및 학생생활지도 지침 등 자율적인 기준을 정립해야 한다. 경기도교육청이 마련한 '단계별 학생지도 방안'이 그 일환이라고 할 수 있다.

마지막으로 교사의 인권보장 문제가 있다. 그동안 교육현장에서는 학생의 인권침해만이 문제되었던 게 아니다. 학교환경은 교사가 진리를 탐구하며 사회적으로 가치있는 지식을 가르치고 더불어 살아가는 인간을 교육할 수 있는 여건이 되지 못했다. 교사는 오직 학생들의 시험성적만을 올리도록 강요받고, 학부모와 일부 학생의 폭력·폭언에 무방비적으로 노출되는 경우가 많았다. 학생인권 조례는 학생의 인권을 보장하면서 '병행조치'로 교사의 정당한 권한을 보호하고 있다. 이는 학생의 인권과 교사의 정당한 권한은 상호보완적 관계에 있다는 전제에서, 교사의 지위와 권한이 보호될 때 학생의 인권이 존중되는 학교모델이 정착될 수 있다는 인식에 뿌리박고 있다.

교사의 직무상 권한도 문제지만 학교당국과 감독청에 의한 교사의 기본적 인권의 침해도 심각한 문제다. 교사의 노동권과 시민적 자유권의 침해 등이 그것이다. 여기에 학부모 또한 자녀가 사회의 경쟁구조에서 도태되지 않도록 이른바 일류대학에 진학시키기 위해 인간다운 생활을 포기하도록 강요받고 있다. 과도한 교육비, 부담스런 급식비, 자녀의 대학진학 스트레스 등이 그것이다. 이렇게 우리의 교육현실에서는 학생뿐만 아니라 모든 교육당사자가 피해자가 되고 있으며 인권을 침해받고 있다. 그렇다면 교육과 관련해 학생뿐만 아니라 교사와 학부모의 인권보호까지 염두에 두어야 하지 않을까?

먼저 학교현장에서 학생의 인권보장과 함께 교사의 인권 내지 권리보호 문제를 같이 고민해야 한다. 학생과 교사의 인권을 함께 규정한 이른바 '학교인권'을 보장하는 방안을 모색해야 한다는 말이다. 나아가 학부모의 인간다운 생활을 제약하는 공·사교육비 및 학벌주의로부터 학부모를 보호할 수 있는 국가적 조치가 강구되어야 한다. 이 모두를 묶어 학생·교사·학부모의 이른바 '교육인권'을 보장하는 포괄적인 조치를 모색해야 한다. 물론 학교·교사·학부모와 학생의 관계에서 볼 때 학생인권의 보장이 더 급선무인 것은 말할 나위도 없다.

제4부
교육은 사회개혁의 견인차다

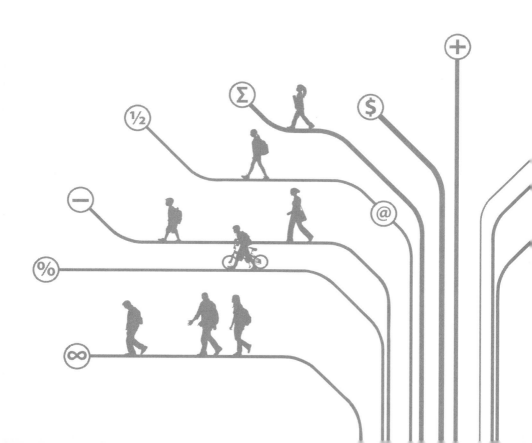

교육과 복지, 새 술은 새 부대에

—

김윤자

—

교육과 복지가 화두다

2008년 촛불시위는 이전의 시위문화와 다른 모습을 보여주었다. 1980년대식의 비장하고 치열한 시위 대신 축제를 방불케 하는 '다중(多衆)'의 거리문화가 시위의 주조를 이루었다. 이런 변화 속에서 이른바 '미친 소' '미친 교육'에 반대해 안전한 먹거리 보장과 공교육 살리기의 '생활정치'가 확산되어가자 마침내 대통령이 자신의 소통 부재를 사과하는 사태에 이르렀다.

2009년 4월 치러진 경기도교육감 보궐선거에서 당시 김상곤 후보는 공교육 살리기와 무상급식을 주요 공약으로 내걸고 당선되었다. 하지만 그는 한나라당이 압도적 다수였던 경기도의회에서 무상급식 예산안을 통과시키려다 '야바위꾼' '포퓰리스트' 등 원색적인 공격에 시달려야 했다.

당시 경기도교육청 정책담당자들은 김상곤 교육감에게 예산의 제약을 들어 두가지 안을 제시했다고 한다. 우선 초등학교 5~6학년 전체부터 무상급식을 시작하는 안과 저소득층 학생부터 시작하는 안이었다. 김교육감이 워낙 한나라당 도의원들의 표적이 되어 있었으므로 이들은 내심 후자를 선택해주기를 기대했었다고 한다. 그러나 김교육감은 저소득층 아이들의 '낙인효과'를 우려해 전자를 선택했다.

전체 학생을 대상으로 하는 보편적 무상급식안은 저소득층 학생만을 대상으로 하자는 한나라당의 선별적 무상급식안에 부딪혀 번번이 무산되었다. 그러나 4전5기 끝에 2009년 11월 2일, 결국 예산범위 내에서 순차적으로 보편적 무상급식을 확대해가는 방향으로 예산이 통과되었다. 이 과정에서 보편적 복지와 선별적 복지가 국민적 이슈로 부상했다.

그로부터 1년 후, 2010년 6·2지방선거에서는 무상급식에 반대해 김상곤 교육감을 공격했던 사람들이 거꾸로 무상급식을 공약으로 내걸고 도의원선거에 나서는 웃지 못할 일이 벌어졌다.

2010년 6·2지방선거는 우리 국민의 정치적 성숙을 보여준 계기였다. 첫째, 천안함사건으로 불거진 이른바 '북풍'이 이번에는 영향을 미치지 못해 한국사회의 뿌리깊은 색깔논쟁이 어느정도 퇴색하고 있음을 보여주었다. 둘째, 야당의 '보편복지로서의 무상급식' 정책과 여당의 4대강사업·세종시 수정안 등 '건설경기 부양' 정책이 대결하는 정책선거구도가 형성되었다는 점이다.

이보다 더 중요한 것은 이 선거가 과거의 '양적 성장'에서 '지속가능한 균형성장'으로 탈바꿈하는 방안을 고민하게 하는 하나의 계기가 되었다는 점이다.

한편 2010년의 교육자치선거에 대해 많은 언론은 주민들의 무관심과 후보들의 낮은 인지도 때문에 '로또선거'가 되리라고 속단하며 국민의 정치의식 수준을 깎아내렸다. 하지만 선거결과는 전혀 달랐다. 정당선거와 무관해 후보별 기호도 없이 기표순서만 있었던 선거였음에도 국민은 매우 정확하게 표를 행사했다. 이는 교육에 대한 국민의 높은 관심, 당시 무상급식 논쟁이 촉발한 복지에 대한 높은 관심을 보여주는 것이었다.

용을 길러내던 개천은 어디에 있나

캄보디아에 출장갔을 때의 일이다. 다섯살이나 됐을까, 때꾸러기 현지 어린이가 "원 달러 플리즈" 하며 우리 일행을 쫓아왔다. 그러자 앞서가던 선배 하나가 돈을 건네주며 혼잣말처럼 "저거 6·25 때 내 모습 아닌지 몰라" 했다. 아, 그랬던가, 한순간 가슴이 저며왔다. 이윽고 '우리 아이들은 이제 저렇게 구걸하지 않아도 되니 얼마나 다행이야' 안도하다가 문득 미안한 생각이 들었다. 저들의 가난 속에서도 박경리, 박완서 같은 작가가 근대의 아픔을 모국어로 기록하고 있을 것을.

사실 동남아 국가 대부분은 우리보다 자원이 풍부하고 늘 더운 날씨 덕에 이모작이나 삼모작이 가능하다. 난방비 걱정도 별로 없다. 1960년대 당시 박정희 대통령은 경제개발 5개년계획을 추진하면서 대한민국이 필리핀만큼만 잘살게 됐으면 좋겠다고 했다지 않은가. 그 대한민국이 지금은 동남아뿐 아니라 중동, 동유럽, 남미에서까지 부러워하는 '코리언 드림'의 상징이 되었다. 한국은 역사상 유례가 드물게도 빠른 기간에 산업화와 민주화를 동시에 달성했다.

근래 한국의 경제규모는 세계 10위권 안팎이고, 특히 2010년 수출

규모는 중국·미국·독일·일본·네덜란드·프랑스에 이어 7위였다. 오랜 식민지지배를 거치고 한국전쟁으로 폐허가 되었던 나라가 이렇다 할 자원도 없이 한세대 만에 일군 성과다.

무엇이 이러한 압축성장을 가능하게 했을까? 국내외 학자들은 단연 교육열을 꼽는 데 주저하지 않는다. 우리 조상의 숭문(崇文)전통은 같은 유교문화권인 중국이나 일본과 비교해서도 남달랐던 듯싶다. 공부에 지쳐 찾아온 아들에게 불을 끄고 어둠속에서 떡을 썰어 보임으로써 절차탁마를 채찍질했다는 한석봉의 어머니 이야기는 우리 조상이 가난에도 불구하고 자식들 공부를 얼마만큼 중시했는가를 보여주는 일화다.

소 팔아 자식들을 가르쳤던 예전의 부모님들에서부터, 잔업과 파출부 일로 자녀 과외비를 댄다는 요즘 부모들에 이르기까지 한국의 교육열은 혹시 우리 유전자에 각인되어 있지 않나 싶을 만큼 각별한 구석이 있다. 미국의 오바마 대통령은 틈만 나면 한국의 교육열과 교사들 칭찬에 열을 올린다. 때론 속으로, 여기 물정 참 모른다는 생각이 들어 슬며시 멋쩍을 때도 있지만, 그 역시 한국의 교육열이 경제성장에 미친 힘을 가리킨 게 아닐까 싶다.

1960년대 이후 한국은 양질의 노동력과 장시간 노동, 즉 노동요소의 양적 투입을 바탕으로 빠른 경제성장을 이룩해왔다. 유난히 낮은 문맹률, 고된 노동에 시달리면서도 야간학교에나마 가려는 높은 취학욕구, 그리고 현저히 높은 대학진학률 등으로 대표되는 한국의 교육열은 자연자원의 빈곤을 보완하는 성장의 밑거름이었다. 그런 의미에서 교육열이라는 한국의 유전자는 사회발전과 경제발전을 이끌어온 사회적 인프라였는지도 모른다.

이제 이러한 양적 투입으로서의 교육, 고지를 점령하듯 목표치를 정해놓고 밀어붙이는 경제성장 방식에 서서히 한계가 드러나고 있다. 전에는 흔히들 '개천에서 용 난다'고 했지만 요즘은 '개천에 물이 말랐다'고 냉소한다. 용을 길러내던 개천, 즉 교육이 그 역동성을 잃어버렸다는 냉소이리라. 교육을 통해 가난한 집안을 일으킬 수 있다고 믿었던 시절은 지나가고, 이제 교육은 신분단절의 기제로, 혹은 신분고착화의 기제로 사회적 역동성을 거세하고 있다.

그리하여 명문대학 입학은 할아버지의 재력과 엄마의 정보력, 그리고 아빠의 무관심에 의해 판가름난다고들 말한다. 한때는 치맛바람의 부작용을 질타하는 목소리도 있었지만 이제 '얼리 맘'(early mom, 일찍부터 자녀의 스펙 쌓기를 독려하는 엄마를 일컫는 신조어)은 미덕이자 부러움의 대상이지 더이상 비난의 대상이 아니다.

그뿐 아니다. 중고생 자녀의 성적이 떨어졌을 때,

대치동 엄마는 "얘, 안되겠다, 학원 바꾸자!"
압구정동 엄마는 "안되겠구나, 이민 알아보자!"
그러면 목동 엄마는?
"얘야, 찬물에 세수하고 다시 해보자!"

아마도 목동 엄마들이 지어냈을 성싶은 시중의 농담이다. 사교육 열풍과 교육서열화를 적나라하게 보여주는 이야기지만 동시에 이러한 서열경쟁에 끼지 못하는 이들에겐 소외감과 질시, 나아가 위화감조차 안겨주는 씁쓸한 농담이다.

또 지방은 안중에도 없는 듯 서울을 중심으로 자기들끼리 주고받는 이 세태에 지역 학부모들의 심사는 복잡해진다. 하기야 대한민국 전체 인구의 절반(49%)이 모여사는 수도권의 교육특구를 빗대어 던지는 농담이니, 가히 우리 시대의 교육 양극화를 꼬집는 풍자라 할 만하다.

새로운 노동력, 새로운 교육이 필요한 시대

지역불균형을 비롯해 한국사회의 불균형은 곳곳에서 확인된다. 그 대표적인 수치가 우리나라의 노동시간이다. 한국은 여전히 OECD 회원국 평균(1766시간)을 크게 초과해 연간 2255시간을 일하고 있다(『한국일보』 2011년 2월 7일자).

한 연구에 따르면, 한국의 절대적 빈곤율은 1982년부터 92년까지 연평균 8.3%씩 빠르게 감소했다. 앞서 언급한 경제성장의 효과로 분배 역시 개선되어 빠른 속도로 빈곤이 감소했다. 그런데 1993년 이후에는 연도별 빈곤율이 높아지거나 혹은 제자리걸음이다. 빈곤이 감소하는 속도보다 소득불평등의 속도가 빨라 분배효과가 오히려 빈곤을 늘리는 방향으로 작용했다는 것이다.[83]

언젠가 영국 『파이낸셜타임스』는 한국의 고도성장을 이끌어낸 정신으로 "빨리빨리"(bballi, bballi)를 지적한 바 있다. 하지만 그 '빨리빨리'의 고도성장씨스템은 이제 역사적 유효기간이 끝나가는 듯싶다. 생태·문화의 경제씨스템이 좌우하는 새로운 시대에 접어든 것이다.

18세기 산업혁명은 도구에서 기계로 생산수단을 바꿈으로써 기아와 궁핍, 전염병으로부터 인류를 해방했다. 뒤이어 면공업에서 출발해 석탄공업, 철강공업으로 확산되어간 근대 공업화 과정은 성인 남성의 근육노동에 기반하고 있었다.

화이트칼라와 블루칼라, 혹은 사무직 노동과 생산직 노동으로 구별되던 근대 산업노동은 1980년대 이후 극소전자(Micro-Electronics) 혁명으로 컴퓨터와 인터넷이 보급되면서 크게 변화했다. 이른바 '제2의 산업혁명'에 따라 위험하고 힘든 노동이 기계나 로봇으로 대체되면서 생산현장에서 근육력의 중요성은 점차 줄어들고 있다. 지능지수(IQ) 대신에 감성지수(EQ)가 중시되고 근육노동에서 정신노동으로, 다시 감성노동과 돌봄노동으로 노동의 내용이 변화하고 있다.

세탁기와 식기세척기가 여성들을 가사노동과 육아노동으로부터 해방하면서 여성적 덕목을 선호하는 기업들이 늘고 있다고 한다. 여전히 일부 최상류층에서는 커리어우먼을 백안시하고 내조를 전문으로 하는 '현모양처 전업주부'를 선호한다지만, 이제 여성노동력의 사회진출은 여성의 사회적 정체성 자체를 바꿔가고 있다.

여기에 인터넷혁명은 시공간적으로 압축적인 네트워크 효과를 가져왔다. 1980년대 이후 불어닥친 '세계화' 열풍은 인터넷혁명의 네트워크 효과가 금융자본의 국제화와 맞물리면서 진행되었다.

1970년대 세계경제의 침체 속에서 투자처를 잃은 유휴자본들이 이자, 배당금, 환차익 등 금융수익의 차이를 좇아 각국 국경을 넘나들면서 '글로벌 스탠더드'(global standard)를 세워나갔다. 이제 웬만한 나라의 경제규모를 압도하는 거대한 규모의 자본거래가 하루아침에 단말기 키 하나로 움직인다. 각국 개별정부 차원의 규제가 무력해지면서 소득분배가 악화되자 세계적으로 빈부격차가 벌어졌고 급기야 세계화는 '20 대 80'의 사회를 가져온 원흉으로 비판받기에 이르렀다.

인터넷혁명이 가져온 세계화는 한편으로 지식과 정보의 독점에 따른 '빅 브라더스'의 통제 가능성인 동시에, 지식과 정보의 공유에 따른 사회적 역동성, 아랍과 아프리카에까지 민주화 열풍을 몰고 오는 또다른 사회발전의 가능성이기도 하다. 이러한 양면성 사이에서 인터넷혁명과 세계화를 긍정적으로 확산하는 지렛대는 바로 지식과 정보를 공유하고 확산하는 교육씨스템이다.

인터넷혁명은 대량생산과 대량소비에 기반을 두는 기존의 '중후장대형 굴뚝산업'과는 다른 새로운 노동력을 필요로 한다. 따라서 이 새로운 노동력을 길러낼 새로운 교육 또한 필요하다. 2009년 김상곤 교육감은 「오마이뉴스」가 주최한 시민강좌에서 "초중등교육을 바꿔 대학들로 하여금 입시제도를 바꾸지 않을 수 없도록, 다양한 인재를 선발하지 않을 수 없도록 하겠다"고 밝힌 바 있다. 고차사고력에 기반을 두는 창의학력에 더해 정보, 비판적 사고력 등이야말로 21세기 지식기반사회에 필요한 교육내용이다. 똑똑한 천재 한명이 나머지를 먹여살린다고도 하지만 인터넷 공간에서의 다양한 다중간 토론과 지식의 공유에 기반하는 이른바 '쏘셜네트워크' 효과는 집단지성의 위력을 새삼 일깨워준다. 전자공학도에게야말로 고전읽기와 인문학 훈련이 필수라고 이야기하는 이유가 여기에 있다. 마찬가지로 우주, 생명체, 방사능비 등의 문제는 인문학도의 상상력에 필수적이다.

2011년 국내 유수대학에 특별전형으로 선발된 실업계 고교 출신의 한 학생이 자살했다. 그는 로봇관련 공부를 하고 싶었으나 영어 일색의 수업과 획일적인 커리큘럼을 따라갈 수 없어 자살을 선택했다고 한다. 그의 죽음 이후 그 대학의 한 교수는 자신의 트위터에 '괴짜'를 받아들이지 못하는 기성 교육씨스템을 반성하는 글을 올렸다.

21세기 지식기반사회에서는 단순한 노동력이 아닌 창의적이고 능동적인 노동력이 필요하다. 제각기 불리한 환경에 놓인 우리 아이들의 인적 자본을 늘려주는 프로그램은 곧 성장잠재력을 높이는 중요한 기반이다. 새로운 지식의 창출이 국가경쟁력을 좌우하기 때문에 국민의 기초학력 향상을 위한 교육복지의 확대는 시혜가 아니라 미래 성장동력을 확보하는 투자다. 이중에서도 의무교육은 교육의 기회균등을 보장해 교육복지 이념을 적극적으로 실현해나가는 바탕이다.

21세기 들어 선진국들은 정책의 우선순위를 실력주의(meritocracy)에 입각한 교육경쟁력 확충에 두고 있다. 미국과 중국 양 강대국간에도 교육경쟁이 뜨겁다. 미국의 '빌 앤드 멜린다 게이츠 재단'(Bill & Melinda Gates Foundation)은 2년 전 '2025년까지 고졸자 80%를 대학에 진학시키자'는 목표를 제시한 바 있다. 그런 점에서 우리의 대학 진학률이 너무 높아 청년실업률이 높다는 일부의 발상은 다시 생각해볼 여지가 있다.

일반적으로 과잉교육(overeducation) 문제는 기업의 수요에 비해 공급이 넘친다는 상대적 개념일 텐데, 교육을 단기적인 노동시장에서의 수급문제만으로, 그것도 기업 측의 단기적 수요를 중심으로 바라보는 것은 단견이다. OECD 보고서도, "세계적으로 대학졸업자가 글로벌 경제위기의 타격을 덜 받았다"면서 향후 대학졸업자를 중심으로 고용수요가 늘어날 것이므로 대학교육을 확대하라고 권고하고 있다.

따라서 국가의 미래 성장동력을 고려한다면 80~90%에 육박하는 우리나라의 진학률을 그 자체만으로 문제라고 할 수는 없다. 다만 대학에서의 교육내용이 획일적이라는 점, 또한 진학연령대의 인구 80~90% 안팎이 한꺼번에 대학진학에 몰리고, 졸업 후 쏟아져나오는 구조는 노동시장 수급구조에도 문제가 될 뿐 아니라 생애학습기간의 밀집이라는 점에서도 문제가 될 수 있다. 우리나라는 생애학습시간이 대입 시점에 과도하게 몰려 있고 이후의 생애학습시간은 선진

국에 비해 매우 짧다. 평생학습 씨스템을 구축해 학습시간 밀집을 해
소하고 평생교육의 연령대별 프로그램의 다양화를 모색해야 한다.

교육과 복지: 21세기의 새로운 성장동력

미국발 금융위기와 유럽의 재정위기를 거치면서 지속가능한 성장
에 대한 각국의 관심이 더욱 높아지고 있다. 특히 복지국가 유형의
나라들이 금융위기 속에서도 안정적인 성장세를 보여준 것으로 밝
혀지면서 교육·복지가 경제성장과 선순환하는 '지속가능한 균형성
장' 모델이 확산되고 있다.

이 점은 토목건설사업과 교육·복지사업의 경제적 효율성을 비교
함으로써 확인할 수 있다. 한국은행의 통계자료에 기초한 한 연구에
따르면 2008년 건설업이 국내외 총지출에서 차지하는 비중은 11.7%,
국내 민간지출(투자+소비)에서 차지하는 비중은 17.8%인 반면 경
제성장에 기여한 비중(건설업의 실질부가가치증가액/전산업의 실질부가가
치증가액/100)은 -7.0%였다. 건설업의 특성상 이 비중을 2000년 이후
2008년까지 9년간 건설업이 한국의 경제성장에 기여한 평균비율로
추계해보면 평균 4.0%에 달한다. 건설업의 효율성, 즉 투자(비용) 대
비 편익 비율이 매우 낮았다는 것을 보여주는 연구결과다.

같은 방식으로 교육·보건·복지사업의 경제성장 기여율을 계산해
보면 교육·보건·복지사업은 2008년 국내외 총지출의 9.2%를, 국내
민간총지출의 14.2%를 차지했으며 경제성장 기여율은 25.6%를 차
지했다. 2008년은 미국발 금융위기 탓에 복지성 예산이 급증한 해였
으므로 이때를 제외하고 2006년과 2007년의 수치를 평균하면 두해
의 경제성장 기여율은 평균 8.2%로 나타났다.[84]

좀더 장기적인 시계열 추계가 확보되어야 정확한 의미를 부여할 수 있겠지만, 이상의 수치만으로도 교육·보건·복지사업이 적어도 건설업에 비해 투자 대비 편익 비율이 높고 경제성장 기여율도 높다는 것을 알 수 있다. 특히 인력개발을 위한 교육투자는 외부효과가 커서 사회적으로 얻는 이익이 막대하다.

2006년 미국의 브루킹스연구소가 발표한 보고서 『해밀턴 프로젝트』는 관리예산처(OMB)의 추정을 인용해, 미국 내 민간 소유 상업건물과 설비의 가치가 13조달러인 데 비해 인력의 기술에 체화된 '인적 자본'의 가치는 48조달러라고 밝히고 있다. 이 보고서는 또 교육 및 직업훈련 프로그램에 대한 투자의 실질수익률이 연 7~10%에 이른다고 말한다.[85]

실제로 세계적 금융위기 속에서 유난히 보편적 복지를 내거는 나라들의 경제적 성과가 상대적으로 양호한 것으로 나타나 주목받았다. 이들은 소득의 양극화도 상대적으로 심각하지 않고 금융산업도 비교적 안정성을 견지하는 것으로 나타났다. 핀란드, 노르웨이, 스웨덴, 덴마크 등은 높은 경제성장률과 함께 국가경쟁력 순위에서도 상위를 차지하고 있고 2008년 미국발 금융위기 등 위기대응능력도 모두 10위 안에 들어 있었다.

이러한 성과가 주목받으면서 국내에서도 한국경제의 진로와 관련해 지속가능한 균형성장이 강조되고 있다. 한국은 경제변동성이 매우 높아 국내외 충격에 상당히 취약하다. 한 통계를 보면 한국은 OECD 33개국 중 GDP의 변동성이 아홉번째로 높았다. 이 때문에 성장의 질과 관련해 이제까지의 경제성장률 외에 물가안정 그리고 더 나아가 고용안정성과 미래소득의 안정성이 강조되고 있다.[86]

기존의 한국경제는 정보통신과 철강 등 소수 산업에 의존하고 교역도 중국을 비롯한 일부 국가에 편중되어 충격에 취약한 구조다. 앞으로는 내수를 성장의 축으로 삼고 기존의 고용효과가 낮은 수출중심의 경제구조를 탈피해야 한다. 이때 내수의 안정적 확대는 교육, 복지시설의 확충 등 사회안전망 확보와 떼어놓을 수 없다.

무엇보다도 고용안정을 해치는 구조적 요인으로서 청년취업난과 여성의 경력단절 문제를 해소할 필요가 있는데, 여성의 경력단절 문제는 보육시설의 확충을 전제로 한다. 또한 사회안전망이 확보되어야 기대소득이 안정화되고 이에 따라 민간소비가 확대되어 내수시장이 튼튼해진다.

특히 '보편적 복지'는 "모두가 인간답게 살 수 있도록 '사회적 기본소득을 보장'하는 제도적 장치들(아동수당, 고용보험과 실업수당, 국민연금과 노후소득보장, 국민기초생활보장제도 등), 보편적 의료보장, 보편적 보육과 교육, 보편적 주거복지, 그리고 아동/노인/가족/장애인 복지 등의 대인써비스 확립"을 포함하는 개념이다. 여기서 더 나아가 사회구성원의 잠재능력을 개발해 인적 자본과 사회적 자본을 확충하는 '적극적 복지'는 공교육씨스템을 강화해 아동, 여성, 노인, 장애인 등의 대상별 능력개발씨스템을 확보하자고 제안하는 개념이다.

비록 말에 그쳤다고는 하지만 '교육복지국가'(edutopia) 이념은 일찍이 김영삼정부의 5·31교육개혁안에도 제시된 바 있다.[87] 예로부터 교육은 "백년지대계"라고 했듯이, 교육은 사회복지의 중추이면서 부가가치가 높은 노동력을 생산해 경제성장의 질을 높인다. 이중에서도 특히 공교육제도는 복지국가의 전제 혹은 핵심이라고 할 수 있다. 21세기의 '지식기반사회'에서야 더 말할 나위가 없다.

따라서 공교육제도를 중심으로 보편적 교육복지를 갖추고 여기에 특성에 따라 선택적 교육복지를 배합하는 것, 그리고 다시 직업교육이나 평생교육과 같이 노동시장참여를 촉진하는 교육의 역할이 근로연계복지(workfare)로서 결합되는 것, 이것이 교육·복지·성장의 선순환구조를 갖추는 기본 씨스템이다.[88]

무상교육과 사회써비스의 확대로 나가자

교육은 날로 깊어가는 양극화 속에서 사회계층간 이동성을 활성화해 사회통합을 이루는 기반으로도 기능한다. 교육과정 속에서 복지의식을 내면화하는 교육, 어린시절부터 삶과 배움의 공간에서 보편적 복지를 체험하게끔 하고 그것이 지속가능한 사회의 필수조건임을 깨닫게 하는 복지의식의 확대재생산 역시 교육의 주요한 역할이다.

이 때문에 우리 헌법 제31조 제1항은 교육권을 사회적 기본권으로 천명하고, 제2항과 제3항에서 의무교육과 무상교육을 규정하고 있다. 무상교육은 보편적 교육복지체계의 골격으로서 소득재분배와 교육의 실질적 기회균등을 보장한다.

따라서 현재 초중등교육의 의무화에서 더 나아가 고등학교까지 완전 무상화해 무상교육을 양적으로 확장하는 한편, 무상교육의 질적 내용을 확충해나갈 필요가 있다. 무상급식도 그중 하나이며, 그밖에도 학교운영지원비, 수업재료, 교복 등 교육에 들어가는 모든 비용을 사회적 책임으로 넓혀가야 한다.

이어서 고등교육, 즉 대학교육은 높은 사부담률을 낮춰나가야 한다. 2007년 현재 76.0%로 OECD 회원국 평균(33.3%)의 2.3배에 이르는 높은 사부담률을 줄이는 것부터 출발해, 여기서도 교육의 사회적 책임을 점차 넓혀가야 한다. 또한 의무교육의 정신에 비춰보면 평준화는 공정한 교육기회의 보장이라는 의미가 있다. 이와 관련해 교육 여건 개선의 핵심으로서 교사·학생간 교육적 상호작용을 북돋울 수 있도록 학급당 학생수를 줄여나가야 한다.

한편 한국사회는 이미 그간의 고도성장과 그에 따른 평균수명의 증가 속에서 새로운 구조변화의 길목에 서 있다. 빠른 속도로 진행되는 고령화는 여성의 사회활동 증가와 저출산 및 노인 문제 등과 함께 각종 돌봄노동에 대한 수요를 늘리고 있다. 이들 사회써비스 부문의 노동은 대부분 노동집약적 성격이 강해 금융세계화와 외환위기 이후의 '고용없는 성장'을 어느정도 보정할 수 있을 것으로도 기대된다.

다만 사회써비스 분야는 제조업과 달리 기술혁신이 적용되기 어려워 고부가가치를 생산하지 못하므로 대부분이 저임금 일자리일 가능성이 크다는 우려가 있다. 따라서 이를 시장에만 맡겨두어서는 사회써비스 부문의 수급불균형을 초래할 것이므로 정부의 적극적 역할이 요구된다. 이것은 곧 21세기 지속가능한 균형발전의 새로운 성장동력을 확보하는 하나의 방안이다.

교육재정, 누가 이 치즈를 옮겼는가

—

오건호

—

우리나라에서 재정이라는 주제는 오랫동안 국민들의 관심에서 멀리 떨어져 있었다. 수치가 많고 금액이 너무 커 접근하기 어려운 점도 있지만, '엉성하게 걷고 허튼 데 쓰는 돈'으로 여겨 사실상 기대를 접었기 때문이다. 다행히 근래 들어 재정에 대한 국민들의 관심이 높아지고 있다. 부자감세, 4대강사업, 재정적자 등 부정적 요인도 작용했지만, 보편 복지재원 마련 방안 등 전향적 요인도 한몫을 하고 있다.

노무현 전 대통령은 퇴임 후 출간한 『진보의 미래』에서 진보의 기준으로 복지재정을 제시했다. "모든 정책은 재정으로 통한다. 그중에서도 복지비의 비율이다. OECD 국가를 재정의 크기순으로 나열하면 보수의 나라와 진보의 나라 스펙트럼이 나온다." 근래 우리나라에서 진행되는 복지논쟁의 중심도 바로 복지재정이다.

2010년부터 본격화된 무상급식 논쟁도 모양새는 급식대상 범위를 두고 벌어지지만 그 뿌리는 재정조달과 관련이 깊다. 항상 재정은 핵심논점 중 하나다. 교육현실을 평가하고 개혁하기 위해서는 교육재정에 대한 검토가 필수적이다. 과연 한국의 교육재정은 규모와 구조 면에서 적절한가? 지금보다 교육재정이 확충돼야 한다면 문제해결의 열쇠는 어디에 있을까?

대학생들이 비싼 등록금에 힘겨워하는 이유

먼저 우리나라 공교육비와 이 가운데 정부가 책임지는 교육재정의 규모를 살펴보자. 2010년에 OECD가 발표한 자료를 보면, 우리나라가 공교육에 사용하는 전체 비용은 2007년 기준 국내총생산의 7.0%에 달한다. 다른 나라들은 어떠한가? OECD 국가들이 공교육에 사용하는 지출은 평균 국내총생산 대비 5.7%다. 보통 외국의 공교육비 규모가 우리나라에 비해 클 것이라 여기는데, 수치만 보면 오히려 한국보다 작다. 나라별로 보면 미국, 덴마크가 7%대이고 이탈리아, 스페인, 독일 등은 4%대에 불과하다.[89]

한국은 어느 나라보다도 사교육비 지출이 많다. 통계청이 발표한 '2010년 사교육비 조사' 결과에 따르면 2010년 사교육비는 총 21조 원, 국내총생산의 1.8%에 달한다. 학생 1인당으로 환산하면 월평균 24만원이다. 이렇게 국민들이 상당 금액을 사교육에 쏟고 있는데, 공교육비 지출도 OECD 평균보다 높다니 다소 의아하다. 그래서 우리나라 공교육비 현실을 이해하기 위해서는 좀더 심층적인 분석이 필요하다. 미리 결론을 이야기하면, 정부가 지출하는 한국의 교육재정은 여전히 부족한 처지에 있다. 이유는 다음과 같다.

첫째, 공교육비 규모는 학생수와 연동된다. 우리나라는 공교육비 총량에서는 OECD 회원국 평균수준보다 높지만, 학생수를 감안한 학생 1인당 공교육비는 OECD 평균보다 낮다. 학생수가 상대적으로 더 많기 때문이다. 그런데 우리나라 국민소득이 OECD 국가들에 비해 낮은 현실에서 1인당 공교육비를 절대금액으로 단순 비교하는 것은 무리가 따른다. 이에 국민 1인당 국내총생산 대비 학생 1인당 공교육비를 보는 것이 적절한데, 이 기준에서 보면 우리나라는 대략 OECD 회원국 평균수준에 있다. 결국 학생수를 고려하면 우리나라 공교육비 규모는 다른 나라와 비슷하다고 말할 수 있다.

둘째, 공교육비와 교육재정을 구분해보자. OECD 통계가 다루는 공교육비는 정부가 부담하는 교육재정과 학부모와 학교 재단이 내는 민간부담금으로 구성된다. 특히 학부모 부담금은 계층별 능력에 따라 교육형평성이 좌우된다는 점에서 바람직하지 않은 비용이다. 아무튼 여기서 우리가 주목해야 할 대상은 공교육비 중에서 정부 몫인 교육재정이다.

2007년 기준 국내총생산의 7.0%에 해당하는 우리나라 전체 공교육비 가운데서 정부가 책임지는 몫은 4.2%이고, 수업료·등록금·전입금 등 학부모와 재단이 부담하는 민간 몫이 2.8%다. 반면 OECD 국가들을 보면, 평균 공교육비인 국내총생산 대비 5.7% 중에서 정부재정 몫은 4.8%로 우리나라보다 많고, 민간 몫은 0.9%로 우리보다 작다. 결론적으로 OECD 국가들의 전체 공교육비 중 정부재정이 차지하는 비중은 평균 84%이지만 우리나라는 60%에 불과하다. 우리나라는 OECD 국가들에 비해 공교육비 구성이 공공적이지 못해 학부모 부담이 큰 것이다. 교육단계로 보면, 초중등교육에서 OECD 평균 민간부담액은 국내총생산의 0.3%에 불과하나 우리나라는 0.8%이고, 고등교육 단계에선 OECD 평균이 국내총생산의 0.5%인 데 비해 우리나라는 1.9%로 거의 4배에 달한다. 우리나라 대학생들이 높은 등록금에 힘겨워하는 이유가 여기에 있다.

셋째, 공교육비 규모 평가에서 과거 지출도 함께 살펴봐야 한다. 현재 공교육비 지출은 교육시설에 투자되는 돈과 수업진행에 소요되는 돈으로 나누어진다. 이중 교육시설은 오랜 교육투자의 결과다. 한국은 한해 지출되는 공교육비가 국내총생산 대비 7.0%로서 OECD 평균 이상이지만, 이중 일부는 과거 교육투자 부족으로 인한 빈약한 교육시설 개축에 사용되고 있다. 2007년 우리나라 정부가 초중등교육단계에 지출한 정부재정이 국내총생산의 3.1%로 OECD 평균 3.3%에 육박하게 되었지만, 다른 나라들이 지난 20~30년간 국내총생산의 3~4%를 지속적으로 투자해온 것에 반해 우리나라는 2000년대 중반 들어서야 지금 수준의 교육재정을 지출하고 있다.[90]

그 결과 한국의 교육시설은 취약한 상태다. 대표적인 지표가 학급당 학생수다. 우리나라의 2008년 학급당 학생수는 초등학교 30.0명으로 OECD 평균 21.6명에 비해 1.4배, 중학교는 35.3명으로 OECD 평균 23.9명에 비해 1.5배 많다. 게다가 학교시설도 낙후한 편이다. 이렇게 과거 교육시설 투자가 빈약했던 까닭에 현재 교육시설 지출이 그간의 부족분을 메우는 역할까지 하게 된다. 지금 우리나라는 OECD 국가들과 비교해 교육재정 지출에서 자본적 비용이 차지하는 비중이 크다.

교육재정의 핵심 키워드: 지방교육재정교부금

앞으로 우리나라는 정부가 담당하는 교육재정을 확대해야 한다. 교육재정을 늘리기 위해선 무엇을 해야 할까? 이제 교육재정의 구조를 살펴보고, 재정확충을 위한 핵심 길목이 어디인지 알아보자.

우리나라 교육재정은 크게 3개 금고로 이루어져 있다. 첫번째는 중앙정부 부처인 교과부 정부회계이고, 두번째는 16개 시도교육청과 160개 지역교육청의 재정인 교육비특별회계, 세번째는 일선 초중고에서 관리하는 학교회계다.

교육재정을 이해하기 위해서는 3개 금고를 연결하는 지방교육재정교부금을 살펴봐야 한다. 우리나라는 중앙정부가 거두는 국세 중심의 세입구조를 가지고 있다. 2010년 전체 조세수입 223조원 가운데 175조원이 국세로, 중앙정부가 직접 거두는 국세 비중이 79%를 차지한다. 이렇게 중앙정부가 대부분의 세금을 거두고 이중 일부를 지방교육재정교부금이라는 이름으로 실제 교육이 행해지는 지역교육현장에 이전한다.

2011년 중앙정부 교육재정은 41.2조원이다. 이중 중앙정부가 부처 운영 및 산하 교육관련기관 지원에 사용한 돈은 5.9조원에 불과하고 나머지 35.3조원은 시도교육청에 이전하는 지방교육재정교부금이다. 회계상 중앙정부 지출이지만 실제 이 돈이 사용되는 곳은 시도교육청인 셈이다. 그 결과 시도교육청 재정수입에서 중앙정부로부터 받는 이전수입이 차지하는 비중이 70%가 넘는다. 이와 같이 중앙정부의 교육재정 상당액이 지방교육청으로 교부되고, 다시 이 돈의 일부가 일선 초중고로 내려가 각 학교회계 수입의 절반가량을 구성한다.

지방교육청과 지방자치단체의 줄다리기

우리나라 교육은 지방자치 원리에 따라 시도교육청 주관으로 진행되고 교육재정도 시도교육청의 금고인 교육비특별회계가 중심이 된다. 교육비특별회계 재원구조[91]를 보면 중앙정부로부터 이전되는 지방교육재정교부금이 보통 70~75%를 차지한다. 나머지에서 주로 학부모 부담 몫인 '자체수입'이나 '지방교육채'를 제외하면, 공공적 성격에서 주목해야 할 두번째 큰 돈이 지방자치단체 이전수입이다.

2010년 교육비특별회계 수입 41조원 중 지방자치단체 이전수입은 7.6조원으로 18.5%에 달하는데, 이는 법정전입금·비법정전입금·교육경비보조금 등으로 구성된다. 법정전입금은 지방자치단체가 거두는 지방교육세 전액과 담배소비세와 시도세 일부, 그리고 학교용지 비용의 절반을 지원하는 학교용지매입금이 있다. 규모를 보면 지방교육세가 전체 약 60%, 담배소비세와 주민세 일부로 구성되는 시도세 이전금이 약 30%, 학교용지매입금이 약 5%를 차지한다.

지방자치단체는 법정전입금과 별도로 관할지역의 특정한 교육목적사업을 위해 비법정전입금을 지원한다. 이러한 지원은 주로 자체 조례 등에 의해 이루어지는데, 예를 들어 학교 방과후 프로그램, 영어마을 참가비 지원사업 등이 있다. 교육경비보조금도 넓게 보면 비법정전입금의 성격을 지니는데, 광역 및 기초지방자치단체가 관할구역 학교의 각종 경비를 보조하는 돈이다. 주로 학교 급식시설 설비사업, 교육정보화사업, 환경개선사업, 지역주민과 청소년들이 함께 사용할 수 있는 학교 체육문화시설 사업 등에 사용된다. 근래 주목받고 있는 무상급식 지원사업도 교육경비보조금에 해당한다.

이때 지방자치단체의 교육재정 지원을 둘러싸고 지방자치단체와 지방교육청 사이에 갈등이 발생하곤 한다. 대표적인 예가 학교용지 매입금이다. 예를 들어 경기도가 재정부족을 이유로 경기도교육청에 미지급한 학교용지매입금 규모가 무려 1.2조원에 이르고 있어, 경기도청과 경기도교육청 간 갈등이 계속되고 있다.

무상급식 지원도 논점이다. 2010년 지방자치선거로 본격화된 무상급식 도입은 국민들의 지지가 높아지면서 많은 지역에서 시행되고 있다. 2011년에는 경기, 광주, 인천, 전북, 제주, 충남, 충북 등 7개 광역지역에서 초등학교 전면 무상급식이 행해지고 있으며(경기도 6개 시군은 초등 3학년 이상에만 적용) 앞으로 더욱 늘어날 것으로 보인다. 여기서 또한 무상급식 재정 책임을 두고 지방교육청과 지방자치단체 간 줄다리기가 이어지고 있다.

참고로 일선학교의 경우 기초자치단체의 재정력에 따라 지원규모의 차이가 있다. 예를 들어 서울시의 경우 자치구가 지역 내 학교에 지원하는 비법정전입금의 격차가 상당히 크다. 행정안전부가 발표하는 2008년 지방재정연감에 따르면, 강남구의 학교는 강남구청으로부터 연 1억 7000만원, 서초구 학교는 1억 2000만원을 지원받지만, 강서구는 2900만원, 도봉구는 3200만원에 불과하다.

교육비특별회계를 이루는 세번째 수입원으로 수업료, 입학금 등 자체 수입과 지방교육채가 있다. 중학교의 운영비, 고등학교의 수업료 등은 학생들에게 직접 부과되는 교육부담금이라는 점에서 형평성에 문제가 있다. 지방교육채가 근래 급증하고 있는 점도 주시해야 한다. 시도교육청 전체 지방교육채 잔액은 2008년 약 4000억원이었으나 2010년엔 무려 3.2조원으로 급증한다. 부자감세에 따른 지방교육재정 부족을 메우기 위해 시도교육청의 고육지책이 낳은 결과다.[92]

교육재정을 늘리는 두가지 방안: 지출 개혁과 직접세 증세

지금까지 살펴보았듯이 우리나라 교육재정은 중앙정부, 지방교육청, 일선학교의 세 금고가 지방교육재정교부금을 끈으로 긴밀히 연결되어 있다. 이에 교육재정을 확충하는 핵심 열쇠는 어떻게 지방교육재정교부금을 늘릴 것인가에 있다.

지방교육재정교부금은 내국세 세입의 20.27%와 국세분 교육세 세입 전액으로 구성된다. 따라서 지방교육재정교부금을 확대하기 위해선 경제성장률을 높여 내국세와 교육세 세수 자체를 늘리는 방안, 지방교육재정교부율(내국세 내에서 지방교육재정교부금이 차지하는 비율, 이하 교부율)을 상향하는 방안, 내국세와 교육세의 세율을 인상하는 방안 등이 있다.

우선 한해 경제성장률이 높으면 그만큼 내국세 수입도 증가하고 이와 연동해 지방교육재정교부금도 늘어난다. 2011년 중앙정부 지출에서 지방교육재정교부금 증가율 9.2%는 정부 총지출 평균증가율 5.5%에 비해 상당히 높다. 정부의 강력한 지출통제에도 불구하고 지방교육재정교부금이 상당히 늘어났는데, 이는 지방교육재정교부금이 정부의 예산편성권이 개입할 수 없는 의무지출, 즉 법으로 지출금액이 정해진 돈이기 때문에 가능한 일이다.

그렇다면 교육재정교부금을 확충하기 위해서는 경제성장률이 높을수록 좋은 것일까? 경제성장은 국민경제의 균형적 발전을 토대로 이루어져야 한다. 현재처럼 부동산시장이나 금융시장의 부양을 통한 경제성장은 부작용이 따르게 된다. 이 글에서는 교육재정을 늘리는 방안으로 거시경제정책의 결과인 경제성장률 항목은 논외로 한다.

둘째, 내국세의 변화 없이도 교육재정을 확충할 수 있는 방안은 교부율 상향이다. 초중등교육 재원을 위해 1971년에 제정된 '지방교육재정교부금법'에 의해 내국세의 11.8%가 지방교육재정교부금으로 정해졌다. 이후 교부율은 2000년 13.0%, 2005년 19.4%, 2008년 20.0%로 계속 상향되어왔고, 이명박정부의 대대적인 감세조치로 내국세 총액이 줄어듦에 따라 2010년에는 이를 보전하기 위해 20.27%

로 소폭 인상되었다.

앞으로는 어떨까? 계속 더 올리면 좋으련만, 교부율은 내국세 전체 수입에서 국가 몫과 시도교육청 몫을 정하는 일종의 '제로섬' 체계에 놓여 있다. 교부율 상향은 곧 중앙정부가 사용할 수 있는 재원의 축소를 의미한다. 지금 중앙정부도 재정적자에 허덕이고 국가채무가 늘어나고 있다. 이러한 상황에서 교부율을 올리기 위해선 중앙정부 재정지출구조의 개혁이 동반돼야 한다. 예를 들어 2011년 31.4조원에 이르는 국방 지출, 24.4조원에 달하는 사회간접자본(SOC) 지출 등을 줄이면 이중 일부를 교육재정교부금에 반영하도록 교부율을 상향할 수 있을 것이다.

셋째, 교육재정을 늘리는 가장 근본적인 길은 내국세 전체 수입을 늘리는 증세다. 특히 세제개편은 당해년도에만 영향을 미치는 경제성장률과 달리 향후 내국세 수입과 지방교육재정교부금에 항구적인 영향을 미친다는 점에서 중요하다.

그런데 근래 한국이 직면하고 있는 현실은 내국세 증세가 아니라 감세다. 2008년 감세로 법인세, 소득세, 개별소비세 등 내국세가 대폭 인하되었다. 2011년까지 유보되어 있는 소득세·법인세 최고세율 인하까지 시행될 경우 지방교육재정교부금 축소분은 연 4조원에 이른다. 이는 전체 교육재정교부금의 10%를 넘는 금액이다.

감세로 세율이 인하되면 경제성장에 따른 교육재정교부금 증가분마저 상쇄되고 심할 경우 절대액이 줄어들 수 있다. 실제 2008년 감세효과가 반영된 2010년 교육재정교부금은 2009년에 비해 오히려 감소했다.

현재 우리나라 조세부담률은 국내총생산 대비 약 19%로 OECD 평균 약 26%에 비해 7%포인트나 부족하다. 올해 경상 국내총생산 약

1200조원을 적용하면 80조원 이상 모자라는 셈이다. 결국 소득세, 법인세, 보유세, 교육세 등 직접세를 강화하는 길이 정공법이다.

세수 면에서 가장 취약한 세목이 소득세다. 2009년 우리나라 소득세 세입 규모는 국내총생산 대비 3.6%로, OECD 평균 9%에 무려 5.4%포인트 부족하다. 국내총생산의 5%는 올해 국내총생산을 감안하면 60조원이 넘는 금액이다. 만약 소득세만 OECD 국가 평균만큼 확보할 수 있다면 지방교육재정교부금은 소득세 증가분의 20.24%, 약 12조원이 늘어날 것이다. 워낙 조세저항이 강해 소득세 확충이 쉽지 않은 게 현실이지만, 중장기적으로 소득세 개혁은 피할 수 없는 과제다.

법인세는 전체 세수나 세율에서 OECD 평균수준을 유지하고 있지만 삼성전자 등 일부 연구개발(R&D) 집중 업종에 대해선 과도한 법인세액 감면조치가 취해져 형평성 문제를 낳고 있다. 다른 나라에 비해 크게 낮은 부동산보유세도 시급히 강화되어야 한다.

목적세인 교육세를 늘리는 방안도 검토할 만한 보완책이다. 현재 교육세는 개별소비세액, 교통세액, 주세액 등에 추가로 부과되는 세금(surtax)인데, 약 80% 세수가 간접세목에서 징수된다. 이에 대기업 법인세, 상위계층 소득세 등 직접세목에도 교육세를 부가한다면 조세형평성을 높이고 교육재정을 확충하는 데 도움이 될 것이다.

지방세를 늘리는 건 곤란하다

한편 지방자치단체나 시도교육청의 재정을 늘리기 위해서는 지방세 수입을 늘려야 한다는 주장이 종종 제기된다. 새로 지방세목을 신설하거나 현재 국세인 소득세의 일부를 지방세로 이전하자는 내용이다. 이러한 취지에서 2010년 국세인 부가가치세의 5%가 지방소비세로 전환되기도 했다.

그러나 지방세 강화는 지방자치 원리에 조응한다는 명분이 있지만 현재의 지방세 구조에서는 지역별 경제력 격차가 그대로 지방세입에 반영되는 근본적인 문제가 있다. 게다가 지방교부금 산정에서 분모가 되는 내국세 총액도 줄어들어 지방교육재정교부금에 타격을 준다. 따라서 지방세 강화는 지방교육재정 조정기능을 약화해 지방교육청간 재정격차를 방치하는 문제를 낳을 수 있다.

지방재정의 세입개혁은 지방자치단체가 아니라 중앙정부 차원에서 다루어져야 한다. 지방교육재정교부금은 지방의 경제력 격차에서 발생하는 자체 세입부족분을 중앙정부가 하후상박(下厚上薄) 원칙에 따라 보정해주는 제도로서 의미있는 역할을 하고 있다. 지방세를 늘리는 방안보다는 중앙정부 세입을 확충해 지방교육재정교부금을 확대하는 것이 적절하다.[93]

그렇다면 지방정부에서 교육재정을 확충하기 위해 할 수 있는 일은 무엇인가? 지방정부에서 필요한 조치는 세입이 아니라 지출영역의 개혁이다. 지방자치단체 역시 2008년 감세로 지방교부금이 줄어들어 재정난을 겪고 있지만, 지출구조 개혁을 통해 예산을 절감할 여지는 있다. 오랫동안 우리나라는 콘크리트예산으로 불리는 토목사업 지출이 너무 많았다. 2010년 전체 지방정부 지출을 보면 전체 약 140조원 중 국토 및 지역개발, 수송 및 교통예산 등에 지출되는 돈이 30조원에 이른다. 이는 교육지출 8조원, 복지지출 29조원보다도 많은 금액이다.[94] 지방정부 호화청사 건설, 민생과 무관한 전시성 이벤트사업, 필요 이상의 지역개발사업 등을 합리적으로 조정한다면 여기서도 지방교육 재원을 마련할 수 있다.

<그림> 교육재정 늘리는 방안(자체수입 및 지방교육채는 제외)

항목	중앙정부		지방정부	
	교육재정교부금		법정전입금 비법정전입금 교육경비보조금	
방향	증세	지출개혁	증세	지출개혁
수단	내국세 강화	토목·국방지출 절감	지방세 강화	토목·전시성 지출 절감
판단	바람직	바람직	바람직하지 않음	바람직

정리하자. 우리나라에서 교육재정을 어떻게 늘릴 것인가? 우리나라 교육재정 대부분이 중앙정부에 의해 조성된다는 점에서 무엇보다 중앙정부의 역할이 중요하다. 중앙정부에서는 지출구조 개혁과 내국세 강화라는 두가지 방안이 필요하다. 중앙정부 지출 중 사회간접자본, 국방 등의 분야에서 획기적인 구조개혁이 추진된다면 여기서 조성된 재원으로 중앙정부는 지방교육재정 교부율을 상향해 교부금을 늘릴 수 있다. 또한 소득세, 교육세 등 중앙정부가 주관하는 직접세를 강화하면 내국세 총량이 증가해 지방교육재정교부금이 커질 것이다.

한편 지방정부에서는 자체 세입보다는 지출구조 개혁이 핵심이다. 지방정부의 세입 강화는 중앙정부의 세입 일부가 지방세 몫으로 전환된다는 것을 의미하는데, 이 방안은 그만큼 중앙정부가 지급하는 교육재정교부금 총량을 상쇄하면서 지방간 재정격차까지 심화한다는 점에서 바람직하지 않다. 지방정부가 스스로 해야 할 과제는 불필요한 지출을 줄여 이 재원으로 지방교육청에 지원하는 비법정전입금, 교육경비보조금 등을 확대하는 일이다. 결국 중앙정부는 지출개혁과 세입 강화라는 두가지 방안을 현실화해야 하고, 지방정부는 자체적으로는 지출개혁을 추진하면서 중앙정부에 세입개혁을 요구해야 한다.

□ 참고문헌

고　선「우리나라 지방자치단체의 교육재정 지원 분석」,『재정포럼』2010년 9월호, 한국조세연구원.

공은배「지방교육재정 발전방안 연구」, 한국교육개발원 2008.

권영길「시도교육청 지방교육채 상환 예산 폭증」, 2010.

오건호『대한민국 금고를 열다』, 레디앙 2010.

행정안전부「재정고: 지방재정의 창고」(http://lofin.mopas.go.kr), 2010.

OECD, *Education at a glance*, 2010.

친환경 직거래 무상급식은 가능하다

—

최영찬

—

학교급식의 패러다임이 변하고 있다

무상급식은 단순히 아이들에게 무료로 급식을 제공하는 무료급식과는 개념과 그 지향하는 바가 다르다. 무상급식은 교육복지 증진은 물론, 양질의 안전한 학교급식으로 아이들의 건강을 지키고, 바른 먹거리 교육을 통해 심신의 건강한 발달을 도우며, 바른 식자재 조달을 실현함으로써 농어촌 지역경제를 활성화하고자 하는 복합적인 목표가 있다. 그동안 학교급식은 낮은 급식단가와 최저가 입찰 등 제도적 한계 때문에, 안전하고 우수한 품질의 식재료를 조달하기에는 어려움이 많았다. 그 결과 학교급식으로 인한 식중독사고는 우리나라 식중독사고 발생환자 수의 절반가량을 차지할 정도로 높다. 학부모와 학생들의 급식위생과 품질에 대한 불만 또한 상당히 높다.[95] 이에 학교급식정책의 개선을 요구하는 학부모와 시민사회단체들이 연대하여 학교급식전국네트워크를 결성하고 학교급식법의 개정을 청원했다. 기존의 위탁운영의 유상급식에서 이제는 학교직영의 무상급식, 지역의 친환경농산물 직거래로 대변되는 학교급식으로 패러다임을 전환하려는 요구가 현실화되기 시작한 것이다.

위탁급식은 수입산의 사용비율이 직영급식에 비해 높다. 또한 급식비 가운데 식재료 구입에 사용하는 몫이 낮아, 식자재의 질과 안전성이 직영급식에 비해 낮다. 위탁급식의 식중독사고 비율이 직영급식에 비해 5.3배나 높게 나타난 점이 이를 잘 말해준다.[96] 2006년의 학교급식사고 때문에 정부는 100% 직영급식을 목표로 하는 방향으로 학교급식법을 개정했고, 이에 따라 2011년 초중고의 94.4%가 직영급식을 실시하고 있다(『코리언메디뉴스』 2011년 3월 15일자). 대부분의 영양교사와 학부모들은 지역에서 생산되는 우리 농산물 사용을 선호한다.[97] 그리고 학부모와 학생, 영양교사 모두 식재료 면에서 일반농산물에 비해 친환경농산물의 선호도가 압도적으로 높다.[98] 하지만 학교급식에서 친환경 지역농산물의 사용비율은 상당히 낮으며, 이에 영양교사들은 행정절차와 정보부족, 수급문제의 어려움을 이유로 들고 있다.[99]

식자재의 유통은 주로 중도매상, 중소식자재업체, 대형식자재업체 등이 담당하며, 산지 유통법인 또는 식품가공업체와 직거래를 하는 경우는 높지 않다. 유통구조를 보면 영세중소업체 중심의 낙후된 다단계 구조여서, 식자재 수급의 효율성은 낮고 급식의 안전성을 담보하기 어렵다. 그리하여 신선하고 안전한 식자재를 안정적으로 확보하고 유통비용을 줄이기 위해 산지와 직거래를 하려는 요구가 높다. 농산물의 유통비용은 2009년 기준으로 소비자 지불가격의 44.1%를 차지하고, 주요 채소류의 경우 72.1%에 이를 정도로 높아 기존 다단계 유통의 개선이 필요하다. 도매시장을 경유하는 다단계 유통에 비해 생산자조직과 소비자가 직거래를 하면 2009년 기준 평균유통비용을 평균 8.8% 줄일 수 있으며, 생산자에게는 수취가격을 15.2% 올려주고, 소비자에게는 지불가격을 7.9% 낮춰줄 수 있다.[100]

친환경 직거래 무상급식에 대한 국민적 요구가 높은 까닭은 이 정책이 위와 같은 종합적인 목표를 담고 있는 데에 있다. 이미 직영급식은 학교급식법에 반영되어 많은 학교에서 실시되고 있으며, 무상급식은 시도교육청을 중심으로 빠르게 확산되고 있다. 따라서 친환경 지역농산물 직거래의 실현이 새로운 급식 패러다임의 현실적 과제로 남는다. 학교급식 패러다임의 변화는 우리 농업과 농산물시장의 패러다임을 바꿔 위기에 처한 농촌을 살리는 유력한 길로 떠오르고 있는 셈이다.

친환경 지역농산물 직거래를 구현하려면

친환경 지역농산물의 직거래를 위해서는 충분한 수급량이 확보되어야 하고, 다음으로 직거래를 위한 유통주체를 육성하고 제도적 장치를 마련해야 한다. 먼저 수급 측면에서 볼 때, 친환경농산물의 생산량은 학교급식에 사용할 만큼 충분하지만 안정적 수급을 위해서는 계약재배가 필요하다.

친환경농산물의 생산과 소비는 해마다 증가하는 추세다. 전국의 친환경농산물 인증면적은 경지면적의 11.6%를 차지한다. 전국의 학교급식에 필요한 물량은 2009년 기준으로 대략 13.1만톤 정도로, 전체 친환경인증 농산물 생산의 5.5% 수준에 불과하다. 말 그대로 전국의 모든 학교급식에 친환경농산물을 공급하는 것이 생산량의 측면에서는 전혀 문제가 되지 않는 것이다. 단, 채소·콩 등 일부 품목의 경우에는 안정적 수급을 위해 생산량을 늘려야 한다. 채소류의 경우 기상이변과 계절에 따라 수급의 불균형이 생길 수 있으며, 지역적으로 생산이 되지 않는 곳도 많기 때문이다. 이들 품목은 높은 밭떼기 매매비율(63~82%)을 보이고 있어 안정적으로 수급하기 위해서는 계약재배가 필수적이다.

계약재배는 농가에 장기적 생산계획과 지속적 거래를 담보하여 시세의 영향을 받지 않는 안정된 판로를 제공한다. 농가는 생산에만 전념하게 되어 생산성이 높아진다. 이는 곧 합리적인 가격을 유지할 수 있게 하여, 식자재 수급이 안정되고 급식예산을 절감할 수 있다. 계약재배의 확대는 80년대 초까지 정부에서 실시하던 농산물 수매 제도처럼 농가에는 안정적인 소득과 증산을, 소비자에게는 안정적인 가격과 공급을 제공한다. 학교급식을 통한 계약재배의 실현은 향후 우리나라 농산물유통의 새로운 모델을 제시해, 농산물시장을 대형유통업체 중심에서 생산자와 소비자 중심으로 바꿔내는 계기를 마련할 것이다.

친환경 지역농산물의 유통주체는 다양하다. 그중 생산자조직과 대형마트를 통한 거래비중이 40~50%로 대부분을 차지하고, 생산자 직거래 비중은 10~15%에 머무르는 것으로 추정된다.[101] 여기서 생산자인 농가와 학교 간의 식자재 직거래는 현실적으로 어려운 상황이므로 산지의 생산자조직(생협 포함)을 통한 지역단위 직거래가 필요하다. 학교급식의 식자재를 공급하기 위해서는 연중 필요한 물량을 확보해야 하고 이를 위해서는 대규모의 생산능력과 저장 및 전처리(前處理) 시설 등이 필요하다.

부연하자면 우리나라는 규모가 작은 영세소농이 많아 이들이 소비지(消費地)와 직거래를 하기가 쉽지 않다. 식자재 직거래를 위한 저장 및 처리시설, 물류 등의 지원체계를 농가 차원에서 구축하기도 어렵다. 따라서 농가는 생산자조직과 계약재배를 통해 안전한 농산물을 지속적으로 생산하고, 생산자들이 참여하는 산지유통조직이 식자재를 학교와 직거래하는 방안이 필요하다.

최근 3년 동안의 거래를 보면 친환경농산물의 거래량이 급격히 증가해, 이를 취급하는 업체와 점포수도 꾸준히 증가하고 있다. 전체적으로 생산자 직거래나 소비자단체 판매비중에 비해, 생산자단체와 유통업체 판매비중이 빠르게 증가하고 있다. 일반농산물에 비해 생산의 규모가 작고 품목이 다양화되어 있는 친환경농산물의 특성상 초기에는 생산자와 소비자의 직거래구조나 소비자단체를 매개로 한 회원제 거래가 주요 유통수단이 되었으나, 거래량이 늘어나면서 일반농산물의 경우처럼 생산자조직과 대형마트, 전문매장 등이 주요 유통조직으로 자리매김하고 있는 것으로 보인다.

이와 같은 다품목 소량의 주기적 거래의 특성상, 학교급식의 경우 거래의 효율성을 올리기 위해 생산자와의 직거래보다 산지의 생산자조직이나 생협 등의 소비자단체 등을 통한 지역단위 직거래 구조를 형성하는 것이 필요하다. 농업현장에서는 그동안 소비지 시장의 요구를 충족하기 위해 작목반, 영농법인이 조직되고 이들이 수평 또는 수직적으로 결합해 점차 규모화와 계열화를 진행해왔다.

산지의 이러한 조직화 노력에도 불구하고 대규모의 주기적 수요에 적응하기에는 생산자조직의 규모가 아직 영세하다. 따라서 지역의 생산자조직을 육성하고 직거래를 위한 인프라 구축과 제도적 장치가 마련되어야 할 것이다. 그 구체적인 과제는 다음과 같다.

첫째, 식자재 배송물류 인프라와 검수제도의 개선이 필요하다. 교통이 혼잡한 당일 오전 7~9시 사이로 제한되는 학교급식의 식자재 배송은 물류효율화 측면에서 치명적 결함이다. 2시간 안에 식재료 운반과 검수가 이루어지기 때문에 냉동탑차 한대가 공급할 수 있는 학교가 3개교 내외에 불과해 차량과 인력사용이 비효율적일 수밖에 없다. 그리하여 광역단위 직거래체계가 구축되어야 하며 이를 위해 지역별·학교별 특성을 감안해 전날〔前日〕 또는 새벽시간 배송과 검수를 검토해야 한다. 지역농산물을 전날 배송할 경우 신선도나 안전성 측면에서는 문제가 없으나, 도시지역 학교에 1차 전처리 농산물을 공급하는 경우에는 어려움이 생길 것이다. 이에 식재료의 안전성을 담보할 수 있는 냉동·냉장시설, 건조·저장시설 등 학교 내의 설비가 일부 보완된다면 기존의 물류체계 흐름 속에서 전일배송이 안착될 것으로 여겨진다.

현재 가장 규모가 큰 급식체계인 군부대 급식은 식재료를 전날 배송하고 있으며, 조달된 식자재를 냉장·냉동시설에 즉시 저장해 식품의 변질이나 부패를 방지하고 있다. 식재료 유통비용의 상당부분이 운송비용임을 감안할 때 이처럼 전일배송이 가능해지면 냉장차 사용의 효율성이 증대되고 비용이 감소해 식재료 조달가격이 인하되는 효과를 기대할 수 있다.

둘째, 지역단위로 학교급식 식자재의 공동구매를 실현해야 한다. 현재는 학교별로 개별구매를 하는 경우가 전체의 82.7%에 이른다.[102] 게다가 대부분 영세하고 비전문적인 납품업체에서 구매를 하게 되는 경우가 많다. 다품목 소량 구매가 특징인 학교급식의 경우 영세납품업체로부터 개별적으로 구매하면 유통비용이 많이 든다. 이로 인해 가뜩이나 낮은 학교급식 단가 때문에 좋은 식재료 구매가 어려운 학교급식의 경우 안전성과 품질을 담보하기 어렵다. 또한 개별구매는 품질·가격·위생 등 학교급식 전반의 업무를 담당하는 영양교사의 업무를 늘려 운영의 효율성을 떨어뜨린다.

교과부에서는 식재료 구매방식을 개선하기 위해 전자조달(electronic procurement)을 통한 2~3개 학교 단위의 공동구매와 학교급식쎈터의 설치를 권장한다. 학교급식 운송차량이 대부분 1톤 규모의 냉동탑차인 점을 고려하면, 대략 3000명분의 식자재를 운송할 수 있으므로 대도시 지역의 3개교 규모에 해당하는 공동구매가 효율성을 높일 수 있을 것이다. 이를 위해 개별학교 단위의 구매방식을 지자체 또는 지역교육청 범위의 권역별 공동구매로 전환해 3~5개 학교 범위의 공동구매를 실현하면 거래 및 전처리, 물류공동화 등으로 효율성이 높아질 것으로 보인다. 그렇게 되면 학교별 행정업무의 간소화, 시장 구매력의 확대 등을 꾀할 수도 있다. 어느 연구에 따르면 2~3개 학교 단위의 공동구매보다는 지역단위 학교급식 조직화와 권역단위 공동구매제가 효율성이 더 높은 것으로 나타난다.[103] 특히 가공식품의 경우 30~50개 학교 단위로 공동구매 확대가 가능하며, 이 경우 10~15%의 구매비용을 절감할 수 있다.

셋째, 공동구매를 실현하기 위해서는 지역단위로 공동식단 또는 표준식단을 실현해 구매의 효율성을 높여야 한다. 현행 학교급식체계는 구매계약과 마찬가지로 식단 작성도 개별학교의 고유업무로 진행되어 다품목 소량 구매 특유의 비효율이 문제가 된다. 특히 농·산·어촌의 소규모 학교에서는 학생수가 적어 과도한 물류비로 공급업체의 호응도가 낮다. 이에 지역단위의 공동식단을 구성할 필요가 있으며, 만일 학교별 조리기구의 차이 등으로 일괄적인 식단 적용이 어렵다면 학교별 특수성과 자율성을 감안해 표준식단을 작성할 수도 있다.

선진국에서는 지역을 일정한 권역으로 나누고 각각 회전식 메뉴를 운영해 공급자의 안정적 식재료 조달에 도움을 주는 경우도 있다. 공동 또는 표준 식단은 식재료 공급업체와 학교 모두에 조달비용 감소라는 이득을 준다. 지역 내 공동구매 학교의 여러 영양사들이 참여해 좋은 식단을 마련하면 학교급식의 질도 좋아질 수 있다. 공동 또는 표준 식단은 농가와의 계약재배, 직거래 등을 구체화해 식재료 수급이 안정되고 농가의 판로가 확대되며 생산이 안정되는 데 기여할 것이다.

넷째, 현행의 최저가 입찰제도는 품질과 안전성이 보장될 수 없고 고품질 친환경농산물 생산자의 합리적 이익을 보장할 수 없으므로, 계약제도를 개선하고 합리적인 식품가격 결정장치를 마련해야 한다. 지역 내 영양교사들과 생산자들이 참여하는 가격협의기구에서 품질과 안전성 조사를 거친 뒤 유통업체별 가격을 조사해 품목별 평균가격을 산출하고 지역 생산자조직과의 협상을 통해 계약 또는 예정가격을 산정해 입찰하는 방법을 이용할 수 있다.

이를 위해 생산자조직은 유통비용에 대한 세부적 분석을 통해 적정한 가격을 설정할 수 있도록 충분한 정보를 제공해야 한다. 생산자에 대한 품목별 지불가격에 가공·소분(小分)·저장·운송·상/하차·포장·감모 등의 직접비용과, 점포 및 시설유지 관리비·인건비·운영비, 그리고 마진(중간이윤) 등에 대한 정보를 제공하고, 정상적인 비용을 보장하는 합리적 가격을 산출해 가격협의 또는 입찰에 사용한다. 공동구매는 교과부가 정책적으로 장려하고 있어, 표준식단·공급자 선정·계약방식·협의기구 등의 문제가 해결되면 확대될 것으로 보인다.

다섯째, 생산에서 조리 단계까지 콜드체인씨스템(저온유통체계)을 구축해 안전성을 높이고 원산지 표시와 이력추적을 실시해, 급식의 안전사고를 방지하고 안전성이 떨어지는 식재료와 수입농산물을 구분할 수 있도록 조치해야 한다. 농산물의 생산단계에서는 품질, 화학비료와 농약 사용, 재배방법, 수확시기 등 식재료 생산과정의 안전성에 대한 정보가 포함되어야 하며, 이를 위해 계약재배를 실시할 필요가 있다.

농산물의 가공단계에서 사용된 원재료, 가공 및 포장 과정의 위생과 안전성에 대한 정보도 포함되어야 한다. 또한 가공된 상태에서는 원산지, 품질, 생산이력에 대한 확인이 쉽지 않으니 이력추적이 철저히 실시되어야 한다. 이를 위해서는 광역 및 지역 단위 산지유통센터를 운영하는 생산자조직들과의 직거래가 필수적이다. 가공식품의 경우 원재료의 품질과 안전성 파악이 가능한 업체와 계약을 맺을 필요가 있으며, 대량구매의 이점을 살릴 수 있도록 지방자치단체 또는 지역교육청 단위의 학교급식구매조직을 통해 공동으로 구매할 필요가 있다. 저장과 운송 단계에서는 식재료의 신선도와 안전성, 씨스템과 설비에 대한 정보가 제공되어야 하며 이를 위해서는 산지유통쎈터나 생산자조직의 물류시설을 이용할 필요가 있다.

물론 물류 인프라의 구축 및 검수제도의 개선, 공동구매, 표준식단, 생산자조직과 학교 간의 협상에 의한 계약, 콜드체인씨스템 및 이력추적씨스템 구축 등의 과제들이 빠른 시일 내에 모두 해결되기는 어렵다. 따라서 이들 조건 중 일부를 만족하는 산지유통쎈터를 보유한 생산자조직과 직거래하는 방안을 우선적으로 고려해야 한다. 이들 산지유통쎈터를 개보수하거나 시설을 보완해 학교급식 유통시설로 활용하는 것이 신규 설립보다는 비용이 적게 들고 운영의 효율성도 높을 수밖에 없다. 이 쎈터들은 식자재의 저장, 처리, 물류, 이력추적 등에서 비교적 양호한 씨스템을 보유하고 있고, 생산자들의 이익을 대변하고 있으며, 계약재배를 시행하고 있는 경우도 많다. 2011년 현재 다수의 광역 및 지방자치 단체에서는 농림수산식품부와 함께 학교급식 직거래에 이들 생산자조직을 활용하기 위해 인프라 구축과 제도적 지원을 하고 있다.

산지유통쎈터를 활용한 지역의 학교급식 직거래 사례

소비지(消費地)의 요구가 주기적 대량거래로 전환되고 있는 현실에서 소규모 산지유통조직이 이러한 변화를 따라가기는 힘들다. 이에 따라 정부는 90년대 들어 산지유통을 담당하는 유통쎈터를 설치해 산지와 소비지의 직거래를 활성화하고 유통의 효율성을 높이고자 했다. 현재 전국에 초대형, 중형, 소형 등 271개의 산지유통전문시설이 설치되어 있는데 이는 학교급식을 위한 식자재유통쎈터로 활용하기에 충분한 숫자다. 최근 이 산지유통쎈터들은 학교급식 식자재의 직거래를 위한 구심점으로 활용되기 시작했으며, 점차 광역단위 식자재유통쎈터로 자리매김하고 있다. 그 사례들을 살펴보자.

먼저 산지유통쎈터를 활용하여 식자재 직거래를 활성화한 사례로는 나주시와 순천시를 들 수 있다. 나주시 농협공동사업법인이 시작한 나주시 거점산지유통쎈터는 2004년 전국에서 가장 먼저 체계화된 학교급식사업을 시작해, 현재 나주시 내 118개교에 친환경농산물을 공급하는 것은 물론 타 시군 및 수도권에도 식자재 납품을 늘려가고 있다. 나주시 거점산지유통쎈터는 학교급식은 물론 전처리사업, 일반농산물 유통사업을 함께 하고 있어, 연중 180일만 운영 가능한 학교급식사업의 한계를 넘어 농산물유통의 씨너지를 창출하고 있다.

나주시 농협공동사업법인은 나주시 지역농협이 함께 출자하고 참여하는 조합으로서, 친환경 생산기반이 우수하고 친환경 식자재에 대한 지자체의 강력한 지원을 바탕으로 학교급식지원쎈터의 기능을 수행하고 있으며, 배송은 대기업에 외주를 주고 있다. 2009년 학교급식 매출규모는 38억원으로 유통쎈터 매출의 상당부분을 차지한다. 2011년부터 서울 성북구를 포함한 수도권 지자체들에도 학교급식 식자재 공급을 시작하여 향후 학교급식 매출이 유통쎈터 매출에서 차지하는 비중은 더욱 확대될 것으로 보인다. 참고로 2011년 현재 나주에서는 학교급식지원심의위원회 및 별도의 실무협의회를 정기적으로 운영하고 있다.

순천농협은 순천시 지역농협 연합을 통해 산지유통 및 파머스마켓을 운영해왔다. 신선편이쎈터를 설치하고 2004년부터 친환경 학교급식사업을 시작해, 현재 지역 내 72개교 및 관외 15개교(구례군)에 친환경농산물을 공급하고 최근에는 서울의 양천구를 포함한 다수의 수도권 지자체와 학교급식 식자재 공급계약을 체결했다.

신선편이쎈터의 사업규모는 150억원에 이르고 있으며, 이중 학교급식사업은 관내 63억원, 관외 7억원 등으로 전체 매출액의 46%를 차지한다. 식자재농산물의 관내 조달률은 84%에 이르며, 자체 조합원 대상 농가계약재배 100%를 실현함으로써 강력한 산지결합으로 지역농산물을 학교급식에 수급할 수 있는 체계를 구축했다. 또한 학교급식 배송차량(오전)을 산지물량 수집차량(오후)으로 활용함으로써 물류효율화를 도모하고 있으며, 순천시와 지역교육청은 순천농협, 학부모, 학교 등과 함께 학교급식지원심의위원회와 가격협의회를 구성해 학교급식지원쎈터의 역할을 수행하고 있다.

학교급식에 필요한 지역농산물 직거래를 위해 시군 단위로 학교급식 지원시설을 설립하는 경우 다품목 식자재거래의 특성상 지역농산물의 과잉 또는 부족 문제가 발생해 비효율성을 유발할 수 있다. 어떤 연구자들은 나주의 경우 지역 내 학교급식 식자재에 대한 유통쎈터의 공급지원이 30%에 그쳐 타지역 식자재 공급이 필요하다고 지적했다.[104] 또다른 연구자는 시군에 학교급식 지원시설을 새로 설립할 경우 규모에 따라 10~20억원 정도가 필요하다고 제시했다.[105] 또한 시군별 급식체계와 광역단위 급식체계의 경제성을 분석한 결과 시설비용에서 각각 405억원, 120억원, 연간 운영비에서 각각 385억원, 124억원이 소요되어 광역단위 학교급식체계에 따른 시설설립이 가장 효율적인 것으로 나타났다. 이 연구는 또한 타산지 농산물 구매에 대한 거래비용 절감, 효율적 재고관리를 통한 유통비용 감소, 광역차원의 수급조절을 통한 자급률 제고 등의 효과도 발생했다면서, 이를 바탕으로 학교급식 유통시설을 광역단위에서 설계·운영하는 전략을 제시했다.

전라남도와 경기도에서 시행되고 있는 광역단위 학교급식 직거래 사례를 살펴보자. 전라남도는 2004년부터 학교급식 친환경농산물 식재료 지원사업에 1970억원을 지원해왔으며 학교급식 식자재유통을 더욱 체계적으로 추진하기 위해 지난해 거점쎈터를 중심으로 인근 시군이 함께 참여하는 광역단위 학교급식 공급체계를 구축하는 계획을 수립했다. 나주·순천·장성의 3개 거점산지유통쎈터를 중심으로 인근 여수시, 곡성군, 구례군, 장흥군, 영암군 등이 참여하는 광역단위 학교급식 시범사업은 기존의 시군 단위 학교급식 식자재유통이 가지고 있던 수급의 불일치와 비효율성의 문제를 극복하고 산지유통쎈터와 거점산지유통쎈터를 연계해 학교급식 식자재의 산지유통을 활성화할 계획이다.

전라남도는 시범사업에 참여하는 생산자조직들의 유통시설을 기반으로 학교급식에서 요구하는 다품목 소량 친환경 식재료의 안정적 생산체계를 구축하고 위생적인 저장·전처리·소분·배송 등의 작업을 효율적으로 진행할 계획이다. 농림수산식품부는 2011년 '학교급식 우수농산물 공급확대 시범사업'의 대상지역으로 전라남도를 지정해 친환경농산물의 계약재배, 공동구매 등 식재료 공급망 구축을 위해 필요한 농산물 확보, 직거래 매취자금 지원과 저온저장시설, 냉장차량, 농어촌체험, 식생활교육, 컨설팅 등의 비용을 지원하고 있다.

전라남도는 시범사업에 참여하는 8개 시군뿐만 아니라 사업참여를 희망하는 여타 시군들도 추가적으로 사업 대상자에 포함해 서울, 경기 등 수도권을 중심으로 한 대규모 학교급식 친환경농산물 수요 증가에 대응할 체계를 구축함으로써 전국 최대의 공급기지 역할을 수행할 계획이다. 이를 위해 참여 시군의 공급주체와 전문가들로 시범사업추진협의회를 구성해 학교급식 친환경농산물 생산체계 구축 및 공급확대 방안 등을 꾸준히 협의하며, 서울·경기·인천 등 대도시 학교급식 공급주체들과의 연계를 확대해 대도시 학교급식용 식재료 공급을 위한 방안을 마련할 계획이다.

한편 경기도는 안성농협연합사업단의 안성맞춤농협신선편이센터, 양평지방공사, 수원원협 유통센터 등을 활용한 광역단위사업단(경기친환경조합공동사업법인)을 통해 학교급식 직거래를 추진하고 있다. 또한 경기도 시군별로 친환경출하회를 조직해 학교급식사업의 안전성을 확보하고 공급의 안정화를 도모해 거점조직을 통해 학교와 직접 연계하고 있다. 자체에서 직접 운영하는 유통시설 없이 계약업무와 사업관리, 안전성검사 기능만을 급식사업단에서 담당하며 지역의 유통센터들을 활용해 수발주 및 유통 역할을 수행하고 있다.

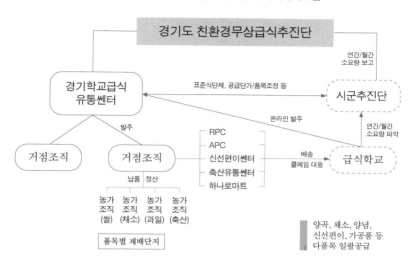

경기도는 2010년부터 사업을 시작해 현재 도내 16개 시군 244개교를 대상으로 G마크농산물(친환경농산물 포함)을 공급하고 있으며, 2011년에는 전라남도와 함께 농림수산식품부의 학교급식 우수농산물 공급확대 시범사업에 선정되어 대상 학교와 산지조직을 더욱 확대하고 있다. 2012년에는 전국에서 처음으로 경기도 광주에 친환경농산물유통쎈터를 구축하고, 유통쎈터 내에 경기도의 학교급식 식자재를 직거래하는 친환경학교급식쎈터를 설치할 계획이다. 경기도교육청의 친환경무상급식추진단은 여주와 포천의 친환경무상급식시범사업을 통해 지역 및 광역단위 식자재 직거래를 위한 기초자료를 마련하고, 지역농산물 연계를 위해 표준식단제, 식자재 공동구매, 계약재배 기반을 조성했다.

광역단위 친환경 직거래 무상급식 씨스템의 도입 효과는?

친환경 직거래 무상급식 씨스템이 광역단위에서 구축되면 학교와 농업, 농촌지역사회에 많은 도움을 줄 수 있다.

첫째, 급식의 안전성 및 품질향상을 기할 수 있다. 식자재의 계약재배 및 직거래로 우수농산물을 안정적으로 공급받을 수 있으며, 생산에서 조리 단계까지 콜드씨스템을 구축하고 이력추적을 실시해 식자재의 안전성과 품질을 획기적으로 개선할 수 있다.

둘째, 공동구매와 직거래가 이루어지면 거래비용이 줄어 학교의 식자재 조달비용을 절감하므로 재정부담을 최소화할 수 있다. 또한 원료농산물에 대한 처리와 소분·포장·가공 등의 비용을 추가로 절감하게 된다. 경기도교육청의 직거래 시범사업의 결과, 소비자지불가격 대비 31.5%의 유통비용이 드는 것으로 파악되어[106] 44.1%인 농산물 평균 유통비용보다 약 12.6%포인트 비용절감 효과가 발생할 수 있음을 보여주었다.

셋째, 계약재배를 통해 농가가 생산에만 전념하게 되면 농업생산의 효율성이 증대되어 경쟁력이 강화될 것이다. 다품목 소량생산이 특징인 친환경농산물의 경우 그동안 판로 확보가 어려워 생산의 규모화나 효율성 제고가 어려웠던 점에 비춰보면 앞으로 생산효율성이 더욱 강화될 것이다. 이를 통해 친환경농산물의 안정적 생산을 보장해 친환경식자재가 안정적으로 수급될 것이다. 친환경농산물의 생산성 증대는 우리 농업의 경쟁력 강화를 위해 필수적인 비용절감, 안정성 강화, 품질향상으로 이어져 농업인의 소득증대를 가져올 것이다. 농가들은 판로만 보장되면 대부분 친환경농업을 선호하며, 친환경농업이 소득향상에 도움이 된다는 농가 또한 56%에 이른다.

넷째, 생산자조직들이 농산물의 가공 및 식자재의 유통을 주도해 농가소득의 향상, 지역산업의 육성, 농촌고용증대 등의 효과를 가져오는 계기를 제공한다. 1993년 우루과이라운드(UR) 타결 이후 수입개방이 빠르게 진행되어 농업생산은 위축되고 농업소득은 지속적으로 감소했다. 그 결과 정부에서 지원하는 이전소득이 농가소득에서 차지하는 비중이 늘고 있다. 이로 인한 인구유출 및 고령화로 농촌은 침체상태를 벗어나지 못하고 있다. 학교급식은 조합이나 영농법인 등 생산자조직이 지역 및 광역 단위와 연계하고, 식자재 유통의 인프라를 구축해 가공·유통·써비스 등 좀더 고부가가치 취득이 용이한 식품산업으로 발전하는 데 도움을 줄 수 있을 것이다.

김치와 장류처럼 가공품이 차지하는 비중이 큰 학교급식 식자재의 직거래를 통해 생산액이 49조원에 이르는 식품제조업, 51조원에 이르는 외식시장에 식자재를 공급하거나 직접 참여하는 기회를 얻게 될 수 있을 것이다. 이는 농가소득 증대는 물론 농촌지역의 일자리 창출과 경제활성화에 도움을 줄 것이다. 우수한 국산식자재는 수출시장에 진출해 농산물 수출시장 확보의 기회도 마련될 것으로 보인다.

이에 진보신당은 무상급식에 필요한 식자재를 지역 내 농산물로 사용하고 식품산업 클러스터와 유통망을 형성하면 농식품과 관련된 1차(농업), 2차(가공업), 3차(유통) 산업이 모두 활성화되어 경기도의 경우 생산유발효과 2095억, 고용창출 238억, 부가가치 유발 935억원 등 총 3268억원의 경제적 효과가 발생하는 것으로 예측했다(『한겨레』 2010년 3월 9일자).

경기도교육청에서는 쌀을 이용한 간편식과 친환경 채소 및 과일 등의 후식을 포함한 아침급식도 준비하고 있다. 아침급식은 현재

36.9%에 달하는 청소년들의 아침결식률을 해소하고, 건강을 증진하고 학습수행능력을 개선할 수 있다. 특히 맞벌이가정의 증대로 인한 저출산율 해소에도 도움이 될 것이며 아침결식률이 높은 성인층에도 간편식의 소비를 늘여 쌀 재고누적 때문에 발생하는 정부와 농가의 부담을 덜어주고 농가의 소득안정에 도움이 될 것이다.

지원액보다 훨씬 큰 미래 이익을 생각하자

무상급식 추진을 두고 정치권이 시끄럽다. 아이들에게 안전하고 맛있는 식사를 제공하려는 일이, 농업인들에게는 새로운 소득과 일자리를 열어주려는 일이 진보와 보수의 잣대로 재단되어 찬반으로 대립하는 양상은 이해하기 어렵다. 아이들의 양육비를 별도로 지원하는 대다수 OECD 국가들도 별도로 무상급식을 확대하는 추세에 있다. 미국의 경우 점심급식에 대한 지원확대는 물론 학생들에게 아침급식도 대부분 무상으로 지원하고 있다. 양육비를 지원하지 않는 우리나라는, 청소년들의 급식지원에도 인색하다. 학교 급식시간이 편치 않은 아이들과 학부모들이 얼마나 많은지 현장의 선생님들에게서 귀가 아프게 들어왔다. 다행히 경기도교육청에서 시작한 친환경 직거래 무상급식이 전국으로 확대되고 있어 아이들과 학부모들에게 희망이 되고 있다.

우리는 친환경 직거래 무상급식의 실현으로 식재료를 직거래함으로써 급식의 안전성과 품질을 높이고 농업인들의 소득을 올리며 농촌의 일자리를 늘리려 한다. 현행 식재료 유통은 생산자와 학교 사이의 비효율적 다단계 구조여서, 50%를 넘나드는 유통마진이 있어도 안전성은 담보할 수 없는 구조다. 우리는 농협이나 농업법인들이 학교에 직접 식재료를 납품할 수 있도록 시군 및 광역 단위의 학교급식 유통조직과 식자재 전처리시설을 구축하고 이를 통해 급식의 효율성을 높여, 어려운 농업과 농촌에 소득과 일자리를 늘리려 한다. 계약재배를 실현해 농가에는 안정된 소득을, 학교에는 안정된 공급을 보장하려 한다.

급식사업으로 축적된 계약재배와 직거래는 향후 우리 농산물 및 식자재 시장에서 유통독점자본의 힘을 배제하고 생산자와 소비자의 이익을 증대하는 시장으로 재편하는 데 큰 힘이 될 것이다. 농민과 농촌의 소득은 획기적으로 향상될 것이며, 식자재 가공 및 유통분야에서 농촌의 일자리를 늘려주는 데 촉매제가 될 것이다. 소비자에게는 안정된 가격으로 안전하고 우수한 친환경농산물을 구매할 수 있는 기회를 제공해줄 것이다.

식자재 이력추적 실시와 식생활 교육을 통해 아이들에게 안전하고 건강한 식단과 식습관을 제공하고, 이에 따라 학생의 영양과 발육이 증진되고 학습능력이 향상된다면 무엇보다도 국가의 미래에 큰 도움이 될 것이다.

현재 학교와 지자체마다 거래방식, 식단운영, 식자재의 종류, 조리시설 등에서 매우 상이한 급식씨스템을 유지하고 있으므로 전면무상급식을 통해 표준식단과 효율적인 급식씨스템을 갖추도록 노력해야 한다. 무상급식 비중이 높은 지자체일수록 직거래 친환경 급식을 많이 시행하고 있는 현실이 이를 잘 반영한다. 다만 예산확보와 급식씨스템의 차이점 등을 고려해 이를 단계적으로 확대해나가는 전략이 바람직하다.

사회주의적 발상 또는 포퓰리즘으로 몰아붙이거나 부자급식이라고 비난하는 시민들은 좀더 시간을 두고 지켜보았으면 한다. 어려운 농업과 농촌을 살리고, 고용을 창출하며, 환경을 살려내는 일을 통해 지원액보다 훨씬 큰 이익을 국민에게 돌려줄 수 있을 테니 말이다. 무엇보다도 아이들이 밝고 건강하게 자라는 환경을 만드는 것이 중요하지 않겠는가?

□ 참고문헌

권영근·송동흠·안진용「2006년 학교급식 우리농산물 공급 시범사업 평가 및 학교급식 개선방안에 대한 연구」, 한국농어촌사회연구소 2006.

국승용「경기도 친환경 학교급식 식재료 공급체계 타당성 분석」, 한국농촌경제연구원 2010.

김민성「학교급식 직영비율은?」,『코리언메디뉴스』2011년 3월 15일자.

김춘진「무상급식 지자체 현황」(보도자료), 2011년 1월 6일.

교육과학기술부「학교급식구매방법 개선방안」, 교육과학기술부 2010.

농수산물유통공사『2009 주요농산물 유통실태』, 농수산물유통공사 2010.

박영범「지역우수식재료 학교급식 공급망(SCM)개발 연구」, 지역농업네트워크 2010.

박유신「1000억 이상 유통회사 100개 육성」,『농수축산신문』2008년 3월 19일자.

배옥병「국민과의 약속, 친환경 무상급식 어떻게 실현할 것인가?」, 국민과의 약속 친환경 무상급식 실천방안 대토론회 발표자료, 2010.

양일선 외「학교급식 식재료 공급체계개발 및 지원방안」, 연세대학교 2003.

이병성「친환경 학교급식 만족도 높다」,『한국농어민신문』2009년 5월 11일자.

정연태「경기학교급식 지역농산물 연계방안」,『학교급식비 지원확대 방안 및 지역농산물 연계방안에 대한 연구』, 경기도교육청 2010.

조고은 「아직도 계속되는 학교급식의 문제점, 그 해결책은?」, 『메디컬투데이』
　　　2006년 5월 8일자.

한국사회조사연구소 『청소년종합실태조사』, 2003.

홍용덕 「경기도 무상급식하면 8200억 경제효과」, 『한겨레』 2010년 3월 9일자.

'적극적 평화'를 가르칠 때다

—

김상곤

—

비무장지대 대성동초등학교에 가다

3월 2일, 봄이 오는 비무장지대(DMZ). '자유의 마을' 대성동초등학교에 입학식을 축하하러 다녀왔다. 이날 입학한 어린이는 5명. 이학교의 2011학년도 입학생들은 파주 문산읍에서 통학버스를 이용해 등하교하게 된다. 이 학교는 파주시 공동학구에 속해 있으며 신입생은 입학희망자 중에서 추첨을 통해 선발한다.

대성동초등학교는 비무장지대에 있는 유일한 학교다. 북쪽 군사분계선이 지척이고 거기서 2km가 안되는 곳에 북한의 최남단 민간인 거주지 기정동이 있다. 이 학교가 위치한 '자유의 마을'은 휴전선 남쪽 비무장지대를 관할하는 유엔사 경비대대 사령관의 보호를 받고있으며 약 50여가구 200여명의 주민이 생활한다. 이 학교는 이날 입학한 신입생 5명을 포함해 총 30명의 재학생과 17명의 교직원이 공부하며 생활하는 학교로, 2011년까지 42회 졸업생을 배출했다.

이 학교를 방문하는 일은 쉽지 않다. 경기도교육청 관할 학교지만 교육감도 사전에 방문허가를 받아야 한다. 통일대교 앞 '통일의 관문'을 통과한 스쿨버스는 DMZ 검문소에서 멈춰선다. 엄숙한 표정의 무장군인이 올라타서 탐지기로 버스 바닥을 훑는다. 천안함사건과 연평도 피격의 영향으로 남북한간 냉전기류가 강화되면서 이곳 '자유의 마을'에도 긴장감이 한층 더해진 듯싶었다.

작년 연평도 피격 즈음에 연평도의 학교 창문이 부서지고 학생들의 학용품이 나뒹구는 보도사진을 보았다. 연평도는 인천교육청 관할인데 당시 북한은 경기도 접경지역에도 포격을 가하겠다고 연일 위협했던 터여서, 나는 경기도교육청 관할인 이 최전방 학교 대성동초등학교를 꼭 돌아보고 싶었다.

이날 입학식 축사에서 나는 "직접 비무장지대 학교에 와보니 남북분단과 대치의 현실이 더욱 안타깝게 느껴진다. 어떠한 경우에도 생명을 함부로 다루는 전쟁이 일어나서는 안된다"고 평화의 중요성을 강조했다.

특히 어린시절부터 서로 아끼고 배려하며 나누는 습관을 배우고 익히는 것이 '더불어 사는 평화로운 세상'을 만드는 길이며, 평화로운 세상을 꿈꾸고 실천하는 아름다운 사람으로 성장해줄 것을, 그리고 대성동초등학교가 서로 배우고 함께 성장하는 '행복한 교육마을'로 발전하기를 기원했다. 돌아오는 길 내내 이 아이들이 평화롭고 행복하게 공부하며 살아가도록 하겠다는 약속을 어떻게 하면 지킬 수 있을까를 고민했다.

'분단지역'에서 '분쟁지역'으로?

2011년 연초에 경기도교육청은 올해의 4대원칙을 첫째, 깨끗한 혁신교육, 둘째, 모두를 위한 복지와 인권, 셋째, 능동적인 지방교육자치, 넷째, 더불어 사는 평화로 정했다. 3월 2일 대성동학교에 다녀온 뒤 아이들과의 약속을 지키려면 한반도 평화에 대한 좀더 구체적인 인식, 평화교육에 대한 좀더 구체적인 접근이 필요하다는 생각이 들었다.

전문가들의 견해를 읽어볼수록 한반도에서 평화, 그리고 평화교육이 지니는 의미가 남다르다는 것을 다시금 깨닫게 되었다. 한반도에서 평화는 생활상의 요구이며 한반도의 평화가 곧 동북아, 나아가 세계평화의 시금석이라는 것도 다시금 확인할 수 있었다. 따라서 역설적으로 한반도에서 평화를 지켜내는 일은 21세기 세계사를 문명의 역사로 이룩해가는 길이라는 것, 세계의 여러 분쟁지역에 어떻게 평화를 지켜내는가를 보여줌으로써 한반도가 세계사에 기여하는 길이겠다는 생각도 들었다.

세계의 군사전문가들도 천안함사건 이후의 한반도에 주목하고 있었다. 예컨대, 영국의 국제전략문제연구소(IISS)는 최근 펴낸 군사균형 보고서에서 한반도가 1950년 한국전쟁 이래 가장 위험에 처해 있다고 보고했다. 북한이 절박한 상황에서 불확실한 권력승계 작업을 진행하면서 2010년 3월 천안함사건, 같은 해 11월 연평도 피격 같은 일련의 사태가 불거졌고 이를 계기로 한국이 군사력 증강에 나서고 있다는 것이다.

선정적인 보도관행일 수도 있지만 일부 외신들은 이제 한반도를

'분단지역'을 넘어 '분쟁지역'으로 치부하는 듯하다. 그동안 한반도는 비록 분단지역이기는 해도 중동처럼 분쟁이 일상적인 곳은 아니었다.

이 보고서는 북한이 전체 인구 2400만명 중 5%인 120만명을 실질적인 군사장비를 갖춘 현역 군인으로 가지고 있어서 병력순위에 있어 중국·미국·인도에 이어 세계 4위에 이른다고 밝혔다. 또 북한은 지금까지 두차례 핵실험을 했으며, 핵탄두 4~8개를 만들 수 있는 플루토늄을 보유하고 있다고 지적했다(『중앙일보』 2011년 3월 10일자).

그런데 천안함사건과 연평도 피격은 역설적으로 한반도에서 전쟁이 일어나서는 안된다는 것을 분명하게 보여준 것이 아닐까. 한반도 돌발사태에서 막상 한국정부가 취할 수 있는 선택지가 극히 제한적이라는 것이 그대로 드러나지 않았던가.

연평도 피격 당시 정부는 '단호하게' 확전까지 내다보면서 대응할 수도 없고, 그렇다고 소극적으로 대응할 수도 없는 난감한 상황을 노출하면서 우왕좌왕했다. 국제적 맥락에서도 그동안의 한미공조는 북한의 피해의식과 도발을 부추겼고 중국 역시 북한의 움직임을 견제하는 데에는 한계가 있는 듯하다.

피격 이후 정부는 연평도의 대대적인 전력 증강을 강조하고 2011년 국방비에 무기도입 비용을 늘리기로 했다. 이러한 군사력 증강이 적정 군사력 수준을 넘는 것이라는 한편의 우려와 다른 한편의 반론이 부딪치고 있다. 전문가들 사이에서도 적정 군사력의 기준 자체를 두고 의견이 분분해서 군사력 증강만으로는 학생들과 약속한 평화를 담보하기 어렵겠다는 생각이 들었다.

예컨대, 한편에서는 OECD 국방예산 평균이 GDP 대비 1.4%이고 한국은 그 2배에 달하는 2.8%라는 점에서 군비를 줄이고 이를 복지

예산으로 돌려야 한다고 요구한다. 다른 한편에서는 분쟁국 중 국방예산이 GDP의 3% 이하인 나라는 없다는 점, 국방비의 세계평균이 GDP의 3.5%라는 점 등을 들어 국방예산이 최소한 GDP의 3%는 되어야 한다고 역설한다.

전문가들에 따르면, 한국의 군사비는 구매력평가 기준으로 중국의 1/3, 일본의 1/2 규모로서 주변국의 군사력 증강을 따라잡는 데 한계가 있다고 한다. 이처럼 군비를 증강하는데도 주변국과의 군사력 격차가 좁혀지지 않는다면, 한국은 만성적인 '불안증후군'에 시달릴 가능성이 크고 주변국 역시 상대의 능력에 의구심을 가짐으로써 전형적인 안보 딜레마가 발생한다는 것이다.

특히 연평도의 군사력 증강에 대해 전문가들은 자칫 북한 코앞에 첨단무기 전시장을 만들어 이 지역을 팔레스타인 난민촌 같은 상황으로 만들게 되면 더이상 주민이 거주할 수 없게 되리라고 경고한다. 연평도가 그렇게 군사요새화되면 북한은 '민간인에 대한 군사공격 금지'라는 국제법과 국제적 비난여론으로부터 자유롭게 되고, 감수해야 할 부정적 요인이 없으니 더 쉽게 연평도를 폭격할 수 있으리라는 것이다. 군사력은 적의 군사도발을 억제해 국민생활의 안정을 지키는 것이 존재이유인데, 연평도의 증강된 군사력은 그 존재의의에 정확히 반하게 되리라는 것이다.

이 때문에 전문가들은 서해 5도가 무인도로 변하는 것이야말로 북한의 노림수라고 경고한다. 해양주권은 국민이 거주해야 실질적으로 수호된다. 따라서 핵과 화학전, 생물학전까지 대비할 수 있는 첨단 주민대피시설을 건설해 주민의 거주를 보장하고 다른 한편 해병과 해군의 공조체제를 강화하는 것이 더 중요하다는 것이다. 이때 막대한 예산을 둘러싼 해묵은 각군간 이해관계 상충을 청와대와 국회가 나서서 조정해야 한다는 주문도 덧붙이고 있다(『조선일보』 2010년 10월 3일자).

동북아 평화의 가교가 되자

전문가들의 이러한 의견을 읽으면서 평화로운 세상을 만들겠다는 아이들과의 약속을 지키는 일이 쉽지 않겠구나 하는 걱정이 들기 시작했다. 그러다가 문득 역사 속에서 교훈을 얻을 수 있겠다는 생각이 들었다.

청(淸)의 군대와 일본의 군대가 제 땅을 놔두고 우리 땅 한반도를 전장 삼아 패권을 겨루었던 청일전쟁, 우리의 근대를 가른 이 청일전쟁은 오늘날에도 역사의 고비마다 우리의 경각심을 일깨운다.

이 전쟁은 '사람이 곧 하늘'(인내천)이라는 근대적 사상을 들고 일어난 동학혁명에 놀라, 봉건집권층이 외국근대를 불러들여 이를 진압한 데서 비롯되었다. 이를 계기로 우리의 근대는 스스로 민부(民富, common wealth)를 축적해나가는 길 대신에 외세의 식민지배를 받는 길로 들어서게 된다.

근대 동북아 역사에서 한반도의 격동은 늘 동북아 지역의 격변과 전란으로 이어져왔다. 한반도는 동북아시아 문제의 핵심이었고, 동북아시아 평화는 한반도 문제의 평화적 해결이 전제되지 않고는 불가능했다.

그러나 동북아시아는 인접국가간 다양한 안보협력체계를 구축한 다른 대륙과 달리 역내 다자안보기구가 부재했다. 한반도의 냉전체제, 중일의 패권경쟁, 과거사 문제와 각국의 민족주의가 충돌하면서 각국은 따로따로 미국과 중국을 축으로 필요에 따라 양자관계만을 형성해왔을 뿐, 동북아시아 국가간의 평화공동체는 제대로 구축되지 못했다.

천안함사건 이후 2010년 8월 동해에서 한미연합훈련이 실시되자 언론에서는 "10여년 만에 다시 '신냉전'"이라는 기사가 쏟아졌다. 일부 전문가들은 이 파장을 1992년 10월 8일 제24차 한미연례안보협의회에서 "남북 상호 핵사찰 등 (비핵화에) 의미있는 진전이 없을 경우 1993년에 팀스피리트 훈련을 실시한다"고 결정했을 당시의 파장에 비유한다.

당시 그 결정은 1991년 비핵화 공동선언, 1992년 남북기본합의서로 이어지는 남북관계의 기념비적 성과를 무색하게 만들었다. 또 중국, 소련과 연이어 국교를 수립한 노태우정부의 북방정책도 '신냉전' 분위기에 휩쓸려버렸다. 북한 침공에 대한 방어로부터 격퇴, 반격, 북한점령 및 행정통치에 이르는 5단계의 작전계획, 이른바 '작계 5027'이 구체화된 것도 바로 1993년 부활된 팀스피리트로부터였다(『D&D 포커스』 2010년 8월 12일자).

당시 스칼라피노(R. A. Scalapino), 갈루치(R. Gallucci) 등 미국의 대북통들이 "잘못된 것"(mistake), "미국 역사상 최악의 합의"라면서 우려했던 상황들이 2년 안에 전부 현실로 나타났다. 북한은 1994년 핵확산금지조약(NPT)을 탈퇴하고 남한에 대해 연일 '불바다 위협'을 쏟아냈다. 이는 2011년 동해에서의 한미합동 키리졸브(Key Resolve) 훈련을 전후해 북한이 쏟아냈던 대남 위협과 매우 흡사하다.

1994년 6월 한반도 전쟁위기 상황에서 당시 미 합참의장은 한반도에 전쟁이 일어난다고 가상할 때, 90일이면 북한을 제압할 수 있지만 이를 위해선 미국군 3만명과 한국군 45만명, 민간인 사상자 100만명의 희생, 그리고 1조달러(당시 추산)의 경제적 피해를 각오해야 한다고 클린턴 대통령에게 보고했다. 당시 김영삼 대통령은 "북한의 무모한 모험은 자멸과 파멸의 길로 갈 것"이라고 경고하고 나섰고, 내무부에서는 '전시국민행동요령'을 배포했다. 그런 가운데 주식시장은 폭락하고 라면과 방독면이 매진되는 혼란을 겪은 바 있다.[107]

이런 무모한 대립의 역사를 우리 아이들에게 물려줄 수는 없지 않은가. 또한 이렇게 엄혹한 한반도의 군사현실 속에서 안보분야가 국가기구만의 비밀스러운 고유영역일 수는 없을 것이다. 최근 유엔을 비롯한 국제기구, 다양한 국제 시민사회 조직, 기업, 개인 들이 이 고유영역의 새로운 주체로 등장하기 시작했다. 우리나라에서도 1987년 6월항쟁 이후 다양한 시민사회 조직들이 전문성을 가지고 통일, 평화, 안보, 인권 영역에서 활동한다. 또 제주도가 '평화의 섬'을 선언한 것처럼 지방 차원의 움직임도 늘어나는 추세다.

이와 관련해 최근 시민단체들이 나서서 한반도와 동북아 평화를 두고 의미있는 토론회를 열었다. 이 자리에서 미국 정책연구소(Institute for Policy Studies)의 존 페퍼(J. Feffer)는 한반도를 둘러싼 동아시아의 새로운 균형을 제안했다. 그에 따르면, 미 국방부는 한편으로 테러 및 비대칭 위협에 초점을 맞춘 대테러전, 다른 한편으로 부상하고 있는 중국과 러시아, 지역적 위협에 속하는 이란 등 대규모 대칭 위협에 대응하는 냉전적 접근법, 이런 두가지의 군사독트린을 동시에 추구한다.

이 때문에 미국은 많은 국방예산을 필요로 하지만 세계경제위기 때문에 애로를 겪고 있다. 이러한 딜레마를 해소하는 방법으로 미국은 아시아지역 동맹국들이 비용을 분담해주는 '협력'을 요구한다는 것이다. 일본과 한국은 자국 내 미군기지 재배치 비용의 상당부분을 부담하고 MD구축에 참여하는 등 부담이 점점 커지고 있다. 이는 또

중국을 자극하고 아시아 내 군비경쟁을 초래한다는 점에서 매우 위태로운 '협력'이다.[108]

따라서 그는 단기적으로 일본과 한국에서 미군을 철수하고 미국령(괌, 하와이)에 위치한 기지 및 잠수함을 가지고 중국, 북한과 "균형"을 맞추거나, 또는 미 해군전력을 축소하고 미군기지를 오세아니아로 재배치하는 등의 "역외균형"(offshore balancing)을 적절한 전술로 제시한다.

비슷한 입장에서 일본의 평화운동단체인 피스보트(Peace Boat)의 가와사끼 아끼라(川崎哲)는 일본정부가 최근 무기수출금지 원칙의 폐지를 검토하는 등 군에 여러가지 새로운 역할을 부여하고자 시도하고 있음을 경고했다. 특히 일본-한국-호주-인도의 이른바 "자유민주주의의 띠"를 형성하려는 일본정부의 시도가 중국 봉쇄로 해석될 위험이 커지면서 신냉전의 가능성이 우려된다는 것이다. 그는 경제협력뿐 아니라 신뢰구축, 군비통제, 군축 메커니즘 형성 등을 포괄하는 동아시아 평화커뮤니티를 건설하자고 역설한다.

동북아시아 영토분쟁, 역사분쟁, 군사정보 투명성 확보 같은 사안들은 당장에 해결하기가 쉽지 않을 것이다. 이런 문제들은 오히려 동북아시아 시민사회가 상호소통을 통해 '공동의 역사'를 서술하고 '공동의 가치관'을 형성하는 데 앞장섬으로써 진전을 이끌어낼 수도 있지 않을까.

이런 점에서 한국은 여러가지 유리한 조건과 역량을 가지고 있다. 한국은 미국, 중국, 일본, 북한, 러시아 각각과 서로의 평화이익을 위한 교류를 다방면으로 진척해왔고, 중국과 일본의 가교역할을 할 수 있는 지정학적 위상을 가지고 있다. 또 한국은 압축적인 경제성장과 함께 자력으로 민주화를 달성함으로써 '동북아시아의 평화와 민주주의'를 고취하는 데 적합한 위치에 있기도 하다.

한반도는 미국과 중국이라는 세계 양 강대국 G2가 경제적·군사적으로 첨예한 이해관계를 놓고 직접적으로 맞부딪치는 전략요충이다. 흔히 고래싸움에 새우 등 터진다고 한다. 그러나 고래싸움에 새우가 살찔 수도 있다. 골리앗을 이겨낸 다윗의 지혜를 떠올려보면, G2가 겨루는 한반도는 그런 면에서 우리 학생들을 국제적 균형감각을 갖춘 한국형 인재를 키워나가는 데 좋은 토양일 수도 있다. 여기에 이르자 비로소 우리의 역사와 아이들의 미래에 대해 희망과 자신감이 생기는 듯했다. 그래서 이제 한반도 자체의 상황에 대해 좀더 알아보기로 했다.

분단비용과 통일비용, 한반도 평화의 '편익'을 계산하면

동북아에서 중국의 급속한 부상에 불안을 느끼는 이들은 한국경제가 중국과 일본 사이에서 샌드위치가 되리라고 우려한다. 그러나 시각을 바꾸면 샌드위치보다 아시아의 양 강대국을 평화적으로 접목하는 경제협력의 촉매자가 될 수도 있지 않을까. 그 역발상의 셈법을 '한반도 평화의 편익'으로부터 계산해보면 어떨까.

그래서 이에 관한 전문가들의 다양한 셈법을 찾아보았다. 흥미롭게도, 정치적 입장 차이에도 불구하고, 한반도의 평화와 통일에 관한 구체적인 셈법에서는 상통하는 바가 더 많다는 느낌이 들었다.

통계청 자료에 의하면 북한에는 300여종의 광물자원이 분포돼 있고 그중 단시일 내에 상업화가 가능한 유용광물만 140여종에 이른다. 중국이 전세계를 상대로 큰소리치고 있는 희토류(稀土類)의 매장량도 상당한 것으로 알려져 있다. 희토류는 한국이나 일본처럼 IT 수출의 비중이 높은 나라에서는 그야말로 없어서는 안되는 전략광물인데 전세계적으로 매장량이 적을 뿐 아니라 특정 지역에 편중되어 있다.

북한은 또 무연탄, 유연탄, 우라늄 등 에너지 자원 3종도 상당량 보유하고 있다. 2010년 통계청 자료를 보면 2008년 기준 북한 광물의 잠재가치는 6983조 5936억원에 달한다(『한겨레』 2011년 1월 15일자). 이 같은 북한 지하자원의 가치는 가장 높게 추산된 통일비용을 넘어서는 것이다.

통일비용은 논자마다 그 기준이 조금씩 다르다. 전문가들은 통일비용을 흔히 회수되지 못하고 사라지는 '소멸성 지출'과 물적 가치는 사라지지만 새롭게 재화와 용역을 만드는 '투자성 지출'로 나눈다. 전자는 긴급구호비용 외에 초기의 통합단계에서 드는 제도통합비용 등을 포함하고, 후자는 북한재건에 투입되는 새로운 사회적 인프라 구축 비용을 가리킨다.

이때 투자성 지출은 시간을 두고 우리 사회의 능력에 맞게 국민적 합의에 따라 진행하면 되고 그런 의미에서 투자개념의 일환이므로 통일비용은 대체로 소멸성 지출을 지칭한다고 본다.

구체적으로 살펴보면, 2010년 대통령직속 미래기획위원회는 통일비용을 '북한주민들의 1인당 소득이 남한 수준에 크게 뒤떨어지지 않게 만드는 데 필요한 비용'으로 정의한 뒤 급변사태로 인한 통일시 2040년까지 그 비용이 2525조원, 점진적 통일시 379조 9600억원에 달할 것으로 추산했다. 그런가 하면 2010년 미국 랜드연구소(Rand Corporation)는 통일비용을 '북한지역의 GDP를 통일 이후 4~5년 내 2배로 늘리는 비용'으로 정의한 뒤 이 비용이 55조 8500억~67조원에 달할 것으로 예상했다.

그런데 2010년 5·24조치로 대북 경협이 중단되면서 포스코 등 북한지역 자원개발에 나섰던 한국기업의 발이 묶였다. 그사이 경제난에 몰린 북한이 중국기업을 상대로 자원개발을 허가하면서 중국이 북한의 자원을 '싹쓸이'하는 것 아니냐는 우려가 커지고 있다.

통일의 경제적 편익을 주장하는 이들은 통일로 북한의 토지와 인구만큼 경제규모가 늘어나게 되면 국토는 남한의 2.2배로 늘고 인구는 7200만명이 되어 6000만명 규모의 프랑스와 영국을 앞서게 된다고 말한다. 인구 감소와 노령화 문제도 한꺼번에 해결할 수 있으리라는 셈법이다.

이런 수량적인 편익뿐 아니라, 실질적으로도 거대시장인 중국과 러시아로 연결되고 육로로 아시아와 유럽에까지 연결되기 때문에 물류비용의 절감 등 커다란 편익이 예상된다. 예컨대 러시아로부터 수입하는 천연가스는 분단상황 탓에 저렴한 PNG(파이프라인 천연가스)를 사용하지 못하고 물류비용이 높은 LNG(액화 천연가스)를 선박으로 실어와야 한다. 또 늘어나는 중국과의 교역도 육로를 이용하지 못해 높은 수송비를 내고 있다.

이러한 편익은 통일이 아니더라도 남북한간에 신뢰와 평화가 정착된다면 거둘 수 있는 '한반도 평화의 편익'이라고 할 수 있다. 대표적인 분단비용이라 할 수 있는 남북한간 군사비 부담만 줄이더라도 다른 분야의 경제사회적 투자를 늘릴 수 있다는 것이 좋은 예다. 한반도의 평화는 또 지정학적 위험을 현저히 줄여 국제금융시장에서 우리의 신용등급을 크게 높이고 이자비용을 절감해줄 것이다.

그런데 무엇보다도 한반도 평화의 편익은 남북한 주민의 생명과 자산이 안전해진다는 데에 있지 않을까. 한국전쟁 이후의 숱한 간첩사건과 무장공비사건, 최근의 천안함사건과 연평도 피격 등으로 남북한 주민들은 생명과 재산상의 손실을 감내해야 했다. 전문가들은 직접 피해를 당하지 않은 국민도 불안과 분노로 말미암아 많은 정신적 비용을 치렀다고 추산한다(『서울신문』 2011년 2월 18일자).

보수적 논자들의 분단비용 분석도 많은 시사점을 주었다. 이들은 분단비용을 '국가가 분단된 상태에 처해서 생기는 일체의 기회비용'으로 정의한다. 분단비용은 명시적 비용(explicit cost)과 암묵적 비용(implicit cost)으로 나눈다.

암묵적 비용으로는 과도한 군사비 지출을 비롯해 유라시아대륙을 향한 통로가 차단된 데서 생기는 운송비 등 불필요한 물류비용 등을 예시한다. 명시적 비용으로는 천안함사건과 연평도 피격 같은 인명피해 등 수량화하기 어려운 비용, 남북대치로 인한 신용등급 저하(이른바 '코리아 디스카운트'), 군병력을 산업인력으로 활용하지 못해서 생기는 비용 등을 들고 있다.[109]

그밖에도 분단비용에는 접경지역 관리비용, 재외공관·외교추진 중복 비용, 이산가족 상봉 비용 및 유무형의 안보불안감·전쟁공포감, 북핵 문제 등을 통해 초래되는 비용 등이 포함된다고 보고 있다. 특히 이들에 따르면 "통일비용은 시간이 지나며 소멸하는 한시적 비용이지만 분단비용은 통일이 될 때까지 지속적으로 들어간다"는 점에서 수치 이상의 의미를 지닌다.

남북간 긴장이 고조되면 북한은 남북경협 대신에 중국과의 경제협력을 확대할 수밖에 없다. 북한의 중국의존도가 심화되면 그만큼 남북관계나 동북아 정세에서, 또한 미중관계에서 한국의 운신폭은 좁아질 것이다. 그것은 우리 아이들을 위해서 바람직한 일이 아니지 않은가.

'포괄적 안보'와 '적극적 평화'의 철학을 품자

흔히 안보에는 보수·진보가 따로 없다고들 한다. 이것은 한반도를 둘러싼 대내외 조건상 우리의 선택지가 많지 않음을 의미하는 것이기도 하다.

논자에 따라서는 현정부가 대북정책을 둘러싸고 이전 정부에 과도하게 책임을 돌림으로써 안보를 정략적으로 활용한다는 논란을 자초한 측면이 있고 안보무능, 평화무능이라는 비판을 증폭한 측면이 있다고 지적한다. 이 때문에 천안함사건과 연평도 피격 당시 초당적 협력을 어렵게 만들었다는 것이다(「창비주간논평」 2010년 12월 1일자).

그런가 하면 연평도 피격 당시 금융시장 안정을 위해 정부가 연일 연기금 투입을 검토한 사례는 북한 위험이 한반도 위험으로 확대될 때 우리가 부담해야 할 경제적 부담을 보여주는 예가 아닌가.

이처럼 현대의 안보개념은 군사안보뿐 아니라 경제안보와 정치안보를 아우르는 포괄적 안보개념으로 이해되고 있다. 따라서 한편으로 안보와 평화에 대한 국민들의 토론과 의견수렴이 효과적으로 이루어지도록 노력하고, 다른 한편으로는 평화를 적극화함으로써 한반도에서 전쟁을 방지하는 방안을 검토해야 하지 않을까.

현대의 안보개념이 포괄적이듯이 평화개념 또한 보다 확대되고 있다. 소극적 평화가 전쟁 같은 직접적 폭력이 없는 상태를 의미한다면, 적극적 평화란 직접적 폭력뿐만 아니라 빈곤, 착취, 차별 같은 구조적 폭력도 없는 상태를 의미한다고 한다. 일체의 폭력이 없는 상태, 즉 인간이 본래 갖춘 육체적·정신적 가능성의 실현을 방해하는 모든 것이 없는 상태가 '적극적 평화'라는 것이다. 한자로 썼을 때 평화(平和)라는 단어의 화(和)자는 쌀[禾]이 입[口]에 들어간다는 뜻이니 사람들의 입에 쌀이 골고루 들어갈 때 평화가 이루어진다는 뜻이리라.

여기서 나아가 모든 생명과 생태계, 인간과 자연, 동물 사이의 지속가능한 평화적 공존씨스템에 대한 논의가 확대되어야 하지 않을까. 구제역 발생에 대한 미숙한 대처로 우리가 치르고 있는 최근의 혼돈이 이의 필요성을 잘 보여주고 있다.

방역은 흔히 '제2의 국방'이라고 한다. 그런데 방역체계가 뚫리면서 구제역 의심지역의 가축이 대량 살처분되고 매몰되었다. 살처분에 동원된 젊은 수의사는 "동물을 살리려고 수의학을 공부했는데 연일 동물을 죽이고 묻는 일을 하고 있다"며 눈물을 줄줄 흘렸다. 격무에 지친 수의사들의 과로사, 스트레스성 정신질환의 고통도 연일 보도되었다. 동물을 가리켜 인간의 '동생(同生)'이라고 일컫는 것을 생각하면 생태적 평화가 곧 사회적 평화의 조건임을 실감하게 된다.

평화교육은 왜 중요한가?

이 세상의 모든 존재는 혼자서는 살 수 없으며 다른 생명과의 상호관계 속에서 비로소 살아간다. 서로 다른 존재 사이의 관계설정을 통해, 서로 다름의 갈등을 해소하면서 비로소 역사가 발전하는 것이다. 갈등이 전혀 없다는 것은 오히려 무엇인가의 구조적 폭력에 억눌려 서로 다름을 드러내지 못하는 폭압의 상태를 의미할 가능성이 더 높다. 평화는 사람들이 서로 다름을 존중하고, 수용하고, 이해하는 과정에서 정신적·물질적으로 상호 성숙하지 않으면 달성될 수 없다. 그렇기 때문에 평화의 달성을 위해서는 필연적으로 존재할 수밖에 없는 갈등관계를 폭력적으로 제압하려 하지 않고 토론과 화해와 합의를 통해 해결하는 능력을 키우는 평화교육이 필수적이다.

대성동초등학교에 다녀온 뒤 경기도교육청이 전부터 구상해온 여러가지 평화교육프로그램을 구체화하고 있다. 대성동 어린이들의 해맑은 웃음을 보면서, 평화란 기본적으로 관계에 대한 감수성이라는 생각을 하게 되었다. 나와 내가 속한 집단이 타자와 어떻게 더불어 살아갈 것인가를 모색하는 과정에서 만들어지는 포용과 책임의 관계망, 그것이 평화의 토대이리라.

이웃집 6살짜리 아들이 유치원에서 연평도 피격 이야기를 듣고 온 이후부터 커서 군대 가는 것이 두렵다고 걱정한다고 한다. 이렇게 나이 어린 아이한테까지 전쟁의 공포를 물려주다니, 분노와 부끄러움이 함께 몰려왔다.

기성세대는 더이상 과잉이념이나 비이성적 집단논리로 우리 아이들에게 '반평화의 세계'를 물려주거나 교육시켜서는 안된다. 까르르 웃음을 터뜨리던 앞니 빠진 대성동초등학교 아이들의 지극히 예쁜 표정들이 떠오른다. 분단과 대립의 긴장이 흐르는 그곳이지만, 우리 아이들이 전쟁의 굴레를 벗고, 평화롭고 행복하게 자라나게 하겠다는 약속을 다시 한번 되새겨본다.

제5부

좌담
교육을 바꾸려면 사회도 바꿔야 한다

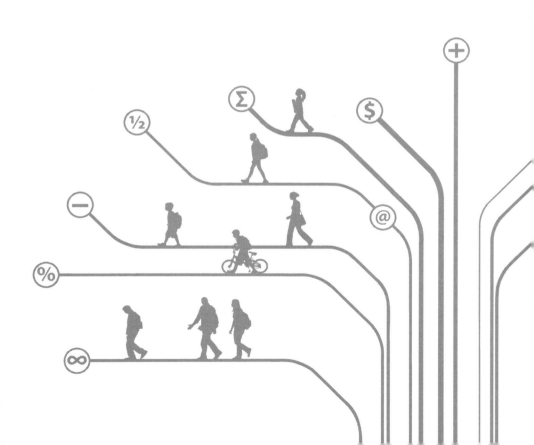

교육을 바꾸려면 사회도 바꿔야 한다

ⓒ 이용균

강남훈·김상곤·김윤자·김인재·남기곤·류동민·박도영·송주명
안현효·오건호·이건범·이성대·전강수·조흥식·최영찬·홍장표

김상곤(사회)　이 좌담에서는 교육을 둘러싼 정치·경제·사회·문화 등 우리 사회의 교육환경부터 시작해서 근래의 핵심적인 교육이슈, 그리고 교육의 당사자들 혹은 주체들의 역할 등 크게 세가지를 논해보면 어떨까 싶습니다. 제가 현장순회를 할 때엔 교육환경의 양극화 이야기부터 꺼내는데, 이에 대해서는 누구도 별 이의가 없더군요. 대개들 양극화 현상에는 동의하는 것 같습니다.

김상곤
경기도교육감

김윤자
한신대 국제경제학과 교수

강남훈
한신대 경제학과 교수

이건범 우리 사회의 양극화를 교육이 좁혀주기는커녕 오히려 부채질하니 이제는 사람들이 피부로 느끼는 것 같아요.

강남훈 그렇습니다. 교육양극화가 심각합니다. 어떤 부유한 지인에게 들은 이야기인데, 자기 아들한테 유산을 50억원 남겨줘도 사업한다 뭐한다 하면서 까먹는 건 한순간이니까, 유산은 아무 소용 없고 정규직 취직시키는 게 최고라고 하더군요. 정규직으로 취직하려면 일류대학 가야 하니까, 한달에 1천만원짜리 과외를 시킬 생각이랍니다. 교육에 올인하는 거지요.

류동민 기득권을 가진 자들이 그것을 유지하는 노하우도 더 잘 아는 셈이죠. 외출할 때 애들과 컴퓨터 쓰지 말라고 실랑이하는 수준의 엄마와, 아예 하드디스크를 빼서 나가는 엄마처럼 엄마들 사이에도 수준 차이가 존재한다고 하더군요.(웃음)

송주명 경기도 혁신교육 출발의 계기도 양극화였지요. 양극화 때문에 공교육이 기능부전에 빠진 겁니다. 있는 사람들은 소득수준에 맞춰 특목고를 비롯한 새로운 교육방식을 찾아냈습니다. 이건 사회적 건강성의 회복이 걸린 문제 같아요.

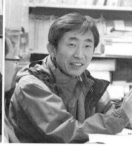

김인재
인하대 법학전문대학원 교수

남기곤
한밭대 경제학과 교수

박도영
영산대 부동산금융학과 교수

　김윤자　국내에도 번역되었는데, 미국 민주당 쪽 경제학자들이 2006년에 펴낸 『해밀턴 프로젝트』의 키워드가 '광범위한 기반을 가진 경제성장'(broad-based economic growth)입니다. 골고루 경제성장에 이바지하고 그 성과를 또 골고루 나누어 받았던 시절에 미국경제가 잘나갔다는 이야기를 반복해서 강조하더군요. 그래야 사회구성원들의 재능을 골고루 쓸 수 있다는 이야기였어요.

교육도 사회도 양극화된 시대

　김상곤　그럼 우리 사회에서 교육양극화가 구체적으로 어떻게 나타나는지 짚어봅시다.

　이성대　교육이 입시위주로 돌아가고, 대부분의 아이들이 나름의 창의력을 못 써먹고… 사회는 점점 더 다양한 사람의 다양한 능력을 필요로 하는데, 많은 사람들이 능력을 발휘할 기회도, 계발할 기회도 갖지 못하죠. 취직도 못하고 대학도 다양한 인재를 안 뽑습니다. 이게 문제의 핵심 아니겠습니까?

교육을 바꾸려면 사회도 바꿔야 한다　325

안현효
대구대 사회교육학과 교수

오건호
사회공공연구소 연구실장

이건범
작가

　남기곤　저는 교육문제의 근원이 노동시장에 있다고 봅니다. 한 연구를 보면 미국에서 같은 단순생산직임에도 노동자의 시간당 임금 차이가 크게 나기에 그 이유를 알아보니, 팀작업이 잘되는 데가 임금이 높았다고 합니다. 대부분 고졸 학력의 노동자들이었지만 팀원들끼리 스스로 문제를 발견하고 해결책을 제시할 줄 아는 경우 생산성이 높더라는 것이었어요. 이게 의미하는 게 뭘까요? 단순직 노동자라도 이처럼 팀작업을 수행할 수 있을 정도의 능력을 갖춰야 한다는 사실입니다. 교육이 이걸 받쳐줄 수 있어야 하고 그럴 경우 미국경제에 성장의 가능성이 있다는 결론을 내더군요. 이런 종합적 사고능력이 일류대 졸업생에게만 한정된 사회는 오래 못 갑니다. 입시위주 교육의 문제점도 바로 여기에 있는 거 아니겠습니까?

　조흥식　교육시장이 이를 고착화하고 있어요. 교육의 공공성은 사라지고 맞춤형 사교육이 시장을 통해 확대되고 있습니다. 우리 사회에서 기득권을 유지하는 방법은 결국 인맥을 통해서인데 교육이 바로 인맥을 만들고 계급을 고착화하고 있습니다. 이건 SKY(서울대, 고려대, 연세대)를 없앤다고 해결되지 않습니다.

이성대
경기도교육청 기획예산담당관

전강수
대구가톨릭대
경제금융부동산학과 교수

조흥식
서울대 사회복지학과 교수

오히려 옛날 서당같이 '우리 동네'에서 출발하는, 말하자면 맞춤형 공공교육이 대안이 아닐까 싶습니다. 그래서 학교를 개방하고 학부형도 참여하고… 미국의 좋은 대학들은 다양성을 위해 선발인원의 15~30% 정도는 성적이 우수하지 않아도 개성을 보고 뽑습니다. 순종보다는 잡종이 오래가는 법이니까요. 공공성과 다양성의 결합이라는 실험, 그래야 타자를 바라보는 시선이 생기고 타자와 살아가는 훈련이 가능해집니다.

김상곤 양극화와 관련해 청년실업 이야기를 정리해볼 필요가 있겠는데요.

남기곤 청년층을 15~29세로 좁혀 잡으면 실업자는 30만 정도 되는데 이건 일반실업률보다 조금 높은 정도입니다. 그러나 실업자의 정의가 구직의사를 기준으로 하기 때문에 실제로는 공무원시험이나 각종 취업시험 준비자, 고용이 불안정한 비정규직 근로자, 잦은 이직자 등은 포함되지 않아요. 이들을 다 합한 불완전고용층은 1000만 청년 중 400만에 육박합니다. '40% 집단'이지요. 대부분 대졸입니다. 우리 대학진학률이 90%에 이르니까요. 여기서 딜레마는 이러한 고용 문제가 취업의 양적 수준을 늘려 해결되지 않는다는 겁니다. 교과부가 취업률을 가지고 대학을 압박하고 있는데 이게 답이 아니라는 거지요.

강남훈 기본소득 연구자들 사이에서는 요즘 '불안정노동자층'(프리케리아트precariat, precarious(불안정한)와 proletariat(프롤레타리아트)의 합성어)이라는 말들을 합니다. 프롤레타리아트의 새로운 유형이라고 할까요.

남기곤 양극화 이야기도 나왔지만, 우리나라에서는 옛날부터 학벌이 지대(rent) 역할을 해왔어요. 더 파고들어가면 학벌의 뿌리는 결국 노동시장에 있습니다. 인맥활용도 결국은 노동시장에서 발휘되지요. 40%의 갈 데 없는 낙인찍힌 집단이 될까봐 모두들 교육에 올인하는 겁니다. 따라서 원천적 해결책은 사회 전체 구조에서 찾아야 합니다. 하지만 언제까지나 마냥 그걸 기다릴 수만은 없으니 교육에서 할 일을 찾아야겠지요.

김상곤 이왕 말이 나왔으니 비정규직에 관해서도 정리를 해주시지요.

남기곤 현재 공식 통계로는 200만명 정도, 20~30% 이상이 비정규직이라고 나타납니다. 이들은 고용계약도 불안하고 따라서 노조도 못 만드는 등 열악한 상황에 놓여 있지요.

강남훈 비정규직 노동자의 임금은 정규직 노동자 임금의 절반밖에 되지 않습니다. 김유선 소장의 연구를 보면, 저임금계층은 450만명이 넘고, 상위 10%와 하위 10% 임금격차는 5.25배로 OECD 국가 중 가장 불평등이 심하다고 합니다. 법정 최저임금 미달자도 200만명이나 되구요.

김상곤 시간당 최저임금은 4320원이지요. 노동시장이 문제라고

했으니 교육에 영향을 미치는 정치경제적 구조도 짚어보지요.

이건범　노동시장 때문이라는 데에 전적으로 동의합니다. 다만 제 고민은 국가 차원의 장기적인 인력양성 정책방향이 있냐는 것입니다. 지금처럼 수출 대기업 중심의 고용없는 성장이 계속된다면, 혁신학교에서 아무리 제대로 교육을 받더라도 그 학생들의 일부는 필연적으로 비정규직이 될 수밖에 없습니다. 즉 혁신학교가 교육문제를 해결하는 데에는 새로운 답이 될 수 있지만, 노동시장의 구조를 바꾸기엔 당연히 미흡하다는 말입니다.

그래서 고도성장 시기에 어느정도 역할을 하다가 우리가 손을 놓아버린 경공업 분야를 새로운 시각으로 살피면서 새로운 형태의 일자리를 만들기 위해 고민해야 하는 건 아닐까 싶습니다. 예컨대 수준 높은 디자인 개념이 대폭 강화된 목공예라든가, 기계공업에서도 자전거의 경우처럼 고부가가치 분야에 새로이 주목해야 하지 않을까요? 녹색, 건강 등 새로운 바람이 불면서 자전거 타는 인구가 급증하고 있는데, 지금 비싼 자전거는 유럽에서, 싸구려는 중국에서 다 들여온다는군요. 박정희식 인력양성도 한 방법이겠지만, 새로운 접근이 필요하다고 생각합니다.

송주명　혁신학교는 잠재적 가능성을 키우는 틀이니 노동시장 등의 정책과 함께 가야겠지요. 혁신학교가 모든 문제의 해결책일 순 없으니까요.

이성대　교육만으론 안되지만 그러나 혁신학교도 미래 일자리를 창출하는 신성장동력과 교육을 연결짓는 것을 고민하고 있습니다.

이건범　필요한 투자만을 생각하면 신성장동력 분야는 대기업만 할 수 있는 거 아닌가요? 제 고민은 20 대 80의 사회에서 나머지 80의 일자리는 어디에 있느냐 하는 건데요.

김윤자 고용없는 성장은 그 자체로는 반드시 나쁜 건 아닐 수도 있을 것 같아요. 농업이 그랬듯이 이제 제조업에서도 적은 인원이 나머지를 다 먹여살릴 수 있게, 적은 투입으로 많은 산출이 가능해졌다는 얘기도 되니까요. 문제는 새로운 일자리, 삶의 질을 풍요롭게 해주는 사회적 써비스랄까 그런 일자리가 필요한데 그게 쉽지 않다는 거지요.

남기곤 일자리 창출 못지않게 임금격차 또한 문제입니다. 정규직/비정규직, 대기업/중소기업 사이에 차이가 왜 이리 크냐는 거지요. 두세배까지 차이가 나기도 합니다. 생산성을 규정하는 요인에서 중소기업은 우선 하청단가가 낮으니까 임금이 낮지요. 또한 고용이 불안해서 노조를 만들지 못하기 때문에 자신의 권리를 찾기 어렵습니다. 이러한 제도적 요인들 때문에 중소기업 노동자들의 임금이 낮은 겁니다. 그런 점에서 노조 활성화의 여건을 마련하는 등 노동시장의 제도를 개선하는 것이 시급합니다. 이런 것들이 결국은 교육을 안정화하는 길이 아닐까요.

조흥식 그런 역할을 하는 게 바로 복지 또는 사회안전망이지요. 교육의 두가지 기능을 인력양성 혹은 인재 키우기, 그리고 함께 살아가기 즉 공동체로의 사회화라고 한다면, 우리 사회에서 후자는 사라지고 전자만 강조되고 있는 셈입니다. 전자의 경우 교육은 국가인력정책의 하나인 종속변수가 됩니다. 따라서 교육이 그 기능상 독립변수의 성격을 가지려면 후자가 되어야 하지요. 그런데 현재 인권교육이나 함께 사는 교육이 이루어지고 있지 않아요.

우리 스스로도 타율성에 길들여져 기득권자의 논리에 물든 '부자됩시다' 식의 '내 안의 MB' 같은 정체성을 많이 갖고 있습니다. 사실 공동체사회는 국민소득 2만불로도 충분히 가능한 것이거든요. 비정규직 문제를 해결하고 복지동맹이 가능하려면 이 후자의 교육이 제대로 돼야 합니다.

김상곤　그럼 중소기업의 현황이랄까 관련 수치는 어떻게 되지요? 흔히 구구팔팔이라고 해서 기업 숫자로는 중소기업이 99%를 차지하고 고용비중에서는 88%를 차지한다고 합니다만.

강남훈　그 88%가 행복하게 살아야 하는데요, 현실이 그렇지 못합니다. 중소기업 다니면 선보기도 힘들다고 하더군요. 선볼 때 이름 모르는 회사 다닌다고 하면 회사 규모를 묻는답니다.

박도영　회사 따라 대출규모도 달라지고…(웃음) 현대자동차같이 이름을 아는 회사 다닌다고 대답하면 이번엔 정규직이냐 비정규직이냐고 묻는답니다.

김윤자　아까 혁신학교 이야기에서 교육이 해야 할 연결고리가 나온 셈이군요. 여기서도 역시 재벌 없애기보다 중소기업 키우기가 방향이지요. 영국이 5대 신성장동력으로 디자인, 영어산업, 유전공학, 스포츠산업, 금융보험을 꼽았다지요? 우리도 이제 토건이나 개발보다는 그런 식으로 접근해볼 필요가 있지 않을까요?

김상곤　그렇다면 교육양극화–사회양극화와 관련해서 해결방향이랄까 키워드가 좁혀지네요. 중소기업 키우기와 노조 활성화, 이렇게 정리되는 거 같네요.

김윤자　후자와 관련해서 1930년대 대공황 시절 루즈벨트 대통령도 경기회복을 위해 노조에 힘을 실어주긴 했습니다만, 그렇다면 산별노조를 법제화하는 건 어떤가요? 노사관계가 워낙 갈등적이다보니 해마다 그 갈등비용이 결국은 기업의 원가부담으로 귀속될 텐데, 기업경쟁력을 위해서도 해법이 필요하지 않을까 싶습니다. 사회안전망이 없으니 구조조정이 필요한데도 죽기살기로 저항할 수밖에 없고, 또 정작 노조가 필요한 노동자들은 노조 설립과 활동에 엄두도 못 내잖아요.

남기곤　국민들의 뿌리깊은 고정관념도 문제입니다. 한 사람이 99명을 먹여살린다는 식이어서, 일단 나부터 잘돼야 한다는 사고가 팽배하고 더불어 산다는 인식이 희박합니다.

조흥식　그것도 식민지 잔재 중 하나일 거예요. 일하는 사람을 존중하는 교육이 필요할 거 같아요.

강남훈　비정규직은 노조도 가입하기 힘든 상태입니다. 이른바 특고(특수고용)는 노조도 못 만들고 있어요. 파업할 때 여론을 보면, 노조에 대한 부정적 인식이 너무 지나칩니다.

송주명　우리나라 같은 하청구조 경제가 지속가능성이 있나요? 일본을 보면, 특히 90년대 후반 이후 부품사의 경쟁력이 중요하다는 인식이 확산되면서 경산성(經産省, 경제산업성)이 나서서 룰을 만들고 행정지도로 이를 관철하고 있거든요. 중소기업의 기술기반, 거기에 창의인재가 있어야 한다는 인식인 셈이지요. 반면에 한국은 중소기업은 옥죄면 된다는 식이잖아요.

김윤자　재벌로부터 자유로운 정치권이 없다는 것도 중소기업정책에 큰 부담이에요. 당장 정운찬(鄭雲燦) 동반성장위원장의 이익공유제에 반대하고 나서지 않습니까.

강남훈　일본의 경산성과는 반대로 한국은 지경부(지식경제부)가 나서서 재벌 이익을 엄호하고 있습니다. 대표적으로 이익공유제도 지경부장관이 반대하고 나섰잖아요. 중소기업을 살리는 방법으로 우선은 납품단가 등을 보장해주고, 사후에는 중소기업의 기여도를 계산해 이익을 나눠주는 방법이 있지 않을까요.

김상곤　정운찬 동반성장위원장이 삼성전자를 예로 듭디다. 삼성

전자의 지난해 영업이익이 애초 목표였던 10조원을 넘어 17조원을 기록하자 임직원에게 2조원의 성과급을 지급했습니다. 정위원장이 그 초과이익에는 협력 중소기업들이 기여한 부분도 있으니 중소기업 몫을 인정하자는 얘기를 했죠. 우리나라 제헌헌법에 명시되어 있던 이익균점제를 살리는 논의도 필요하다는 생각이 듭니다. 이익공유제는 그 실효성을 진지하게 따져볼 필요가 있습니다.

강남훈　공기업이나 공공부문에서 일자리 창출에 앞장서야 합니다. 우리나라는 공공부문 고용이 OECD 국가들의 절반 수준입니다. 대기업도 고용능력을 완전히 발휘하지 않고 있죠.

박도영　공공부문에도 비정규직이 많은가요? 예를 들어 삼성, 서울대를 없애라는 그런 이야기 말고, 생태계에 비유하자면 생태계를 바꿀 수 있는 방안으로 정부가 할 수 있는 일이 많은 것 같은데… 공공부문의 비정규직 문제야말로 정부가 먼저 해결할 수 있는 일이 아닐까요? 공공부문, 즉 정부의 고용단계에서부터 학벌타파라든가 하는 일을 해야겠죠. 지역할당제 등을 통해 지역간 불균형의 시정을 시도할 수도 있을 겁니다.

김윤자　공무원들과 공공부문 평가를 한 적이 있는데 비정규직 문제가 없느냐니까 전혀 없다고 하더라고요. 왜 없냐고 하니까 파견회사에서 다 책임지기 때문에 문제가 전혀 없다는 겁니다.(웃음)

김인재　참여정부에서는 공공부문의 비정규직 해소를 단계적으로 추진했습니다. 1단계에서 한 7000명 정도 처리했죠. 2단계 계획은 무산되었습니다. 정권이 바뀌면서 현정부에서 포기한 것입니다. 참여정부에서 비정규직을 축소하려는 문제의식은 있었던 셈이죠.

남기곤　신입사원 분포를 보면 공기업의 경우에는 지방대학 출신자의 비율이 어느정도 높았던 것으로 기억합니다. 지역할당에는 나름 신경을 쓰는 것으로 보입니다.

오건호 참여정부의 시도와 관련해서는 '비전 2030을 뒤돌아본다'라는 주제로 토론회를 하는 모양이더군요. 제가 몸담고 있는 사회공공연구소가 공공노조 소속인데, 민간부문은 노동시장에서 주어지지만 공공부문은 시장에서 독립적이기 때문에 정부정책이 무척 중요합니다. 지자체의 경우는 일부 직고용한 부분에서 개선이 이루어지고 있지만 무엇보다 민간위탁이 심각한 문제입니다. 공공부문에 총액인건비제가 적용되면서 이를 피하기 위해 지자체마다 민간위탁을 늘리고 있습니다. 민간위탁을 하면 인건비가 아니라 사업비로 계산되기에 총액인건비제를 피해갈 수 있기 때문이죠. 결국 불합리한 제도가 비정규직을 양산하는 셈입니다.

투기열과 교육열의 악순환을 끊기 위하여

김상곤 교육만 바뀌어서는 모자라고 노동시장이 그 뿌리라고 했지만, 부동산 문제는 오히려 교육이 출발점이라고 해도 틀린 말이 아닐 것 같은데 어떻습니까?

전강수 서로 주고받고 강화하는 관계인 것 같은데요. 강남이 형성된 과정을 보면, 박정희정부의 적극적인 강남개발정책이 출발점입니다. 그 과정에서 대규모 아파트단지를 허가해줘요. 사람들이 이주하도록 유인을 준 거죠. 여기에 호응한 부류는 주로 중산층이었는데, 이들은 강남에서 자신들이 원하는 교육여건을 조성했습니다.

이게 알려지면서 사람들이 강남으로 더 많이 몰려들고 이것이 부동산값을 끌어올리고, 이런 방식으로 부동산과 교육이 서로 상승작용을 일으켰던 거죠. 이런 현상이 본격화된 것은 2000년대부터인 것 같습니다. 2000년부터 강남지역에서 사교육시장이 본격적으로 부흥했습니다. 강남 주위에는 눈에 안 보이는 성이 구축된 것입니다.

1980년대 말 부동산투기는 전국적이었고 그 종류를 가리지 않고 일어났었는데, 2000년대에는 국지적으로, 또 아파트를 중심으로 일어났어요. 그 과정에서 강남과 강북 간, 서울과 지방 간, 아파트와 다른 부동산 간에 양극화가 진행되고 그와 동시에 교육여건의 양극화도 진행되었습니다. 그래서 교육문제를 해결하려면 부동산을, 부동산 문제를 해결하려면 교육을 해결하지 않으면 안되는 상황이 되었죠.

김상곤 그런 악순환의 고리를 끊을 방법은 무엇일까요.

전강수 이 문제를 해결하려면 강남지역 부동산에서 생기는 불로소득을 차단해야 하고, 동시에 강남사람들이 교육에서 특별한 이익을 누리는 것을 방지하거나, 만약 그것이 어렵다면 그 특별한 이익을 환수해 이를 누리지 못하는 사람들을 위해 사용하는 제도적 장치를 마련해야 합니다.

아까 조흥식 선생께서 우선 할 수 있는 것을 보여주자고 말씀하셨는데, 그것도 중요하지만 잘못된 제도와 구조를 그대로 두고서는 문제해결이 어려울 것입니다. 안철수씨가 정운찬 위원장의 초과이익공유제에 대해 언급하면서, 초과이익을 나누기 이전에 먼저 재벌의 불법행위를 근절해야 한다고 했는데 그 말에 공감합니다. 교육과 부동산의 특권구조, 불로소득을 근절하는 것이 선행돼야 합니다.

김상곤 조금 더 구체적으로 말씀해주시지요.

전강수 예를 들면 제가 1987년에 대구에 직장을 얻어 내려갈 때는 당연히 서울 집을 팔고 대구 집을 사야 한다고 생각했습니다. 저같이 순진하게 생각했던 사람들은 우스개이지만 다 망했지요.(웃음) 지금은 지방에 직장을 얻어도 아무도 서울 집을 팔고 내려가지 않습니다. 이처럼 어느 지역에 집을 갖고 있느냐 하는 것만 가지고도 경제적 지위가 결정된다는 것은 뭔가 크게 잘못되었다는 말입니다.

김윤자 부동산의 불로소득 환수는 정치적으로는 반발이 있을지 몰라도 어쨌든 논리적으로는 가능할 수 있을 텐데, 교육문제에 대해서도 불로소득의 환수랄까 반칙을 제대로 잡는 방법이 있을까요?

전강수 전두환식으로 과외를 금지해 교육에서 특별한 이익을 누리지 못하도록 하는 것이 제일 간명하고 확실한데, 이는 위헌판결을 받았으니 시행할 수 없는 일 아닙니까? 그게 아닌 가장 좋은 방법이라면 바로 세금을 활용하는 것입니다.

교육여건이 좋으면 그것은 바로 그 지역의 부동산 가격에 반영됩니다. 그러니까 부동산 보유세를 무겁게 매겨 그 세수의 일부를 다른 지역의 교육여건을 개선하는 데 사용할 수 있지 않을까 싶습니다. 그러면 교육에서 특별한 이익을 누리는 사람들은 그 댓가를 내게 되고, 그렇지 못한 사람들은 교육기회에 대한 권리에 상응하는 혜택을 받게 되겠지요.

참여정부가 도입한 종합부동산세가 이와 비슷한 원리를 적용한 세금입니다. 종합부동산세의 거의 전액이 부동산교부세로 지방에 교부되고 있기 때문에, 앞으로 부동산 보유세를 더 많이 걷어 낙후지역의 교육여건 개선을 위해 사용하더라도 전혀 문제가 없을 겁니다.

김윤자 참여정부의 부동산정책이 실패하지 않았다는 주장이신 것 같은데, 일부에서는 참여정부의 부동산정책이 실패했다, 즉 취지는 좋았지만 시행과정에서 문제를 너무 많이 일으켜 이후 그런 정책을 추진하는 데 큰 부담을 남겼다는 식의 평가도 있거든요.

전강수 그래서 저는 "참여정부가 정책에서 성공하고 정치에서 실패했다"고 평가한 적이 있어요. 추진과정에서 너무 자극적인 표현을 써서 쓸데없는 반발을 초래한 것은 오류였습니다. 예를 들어 강남사람들에게 모욕을 주는 언사 같은 것은 실수가 아니었나 싶어요. 만일 참여정부가 '세금 많이 내게 해서 미안하다. 미래를 위해 여러분들이 희생해주면 고맙겠다'는 식으로 부드럽게 표현했더라면, 강남사람들이 그렇게까지 반발했을까 하는 생각이 드네요.

김윤자   당시 지하철에 종부세 납부를 홍보하면서 '대한민국 상층 몇%에 해당하는 당신의 역할이 중요하다'는 식의 문구가 인상적이었던 기억이 나네요.

전강수   대중의 눈높이에도 맞춰야 했는데 그러질 못했습니다. 당시 대중의 생각은 '잔소리 말고 집값 잡으라'는 것이었는데 그 기대를 충족하지 못했지요. 어물어물 주춤거리면서 신뢰를 상실하는 바람에 집값이 다시 폭등했고 그런 문제를 보수언론이 마구 이용한 것이죠. 당시 언론들은 세금이 올라가는데도 집값은 폭등한다면서 무지막지하게 공격했지요. 물론 집값을 제때 잡지 못한 것은 참여정부의 실책이었습니다.

정책담당자가 가격을 붙들고 씨름하는 것은 잘못입니다만, 대중이 그걸 요구했다는 점이 중요합니다. 당시에는 집값을 잡는 데 가장 효과적인 수단은 분양원가를 공개하고 분양가를 억제하는 것이라는 인식이 광범위하게 유포되어 있었습니다. 원가공개에 대한 여론의 지지율은 무려 90%에 육박할 정도였지요. 사실 본질은 그게 아닙니다. 본질은 불로소득 차단이죠. 그럼에도 노무현 대통령이 원가공개를 해버렸더라면 좋지 않았을까 하는 생각도 해봅니다. 대중의 요구를 수용한다는 의미에서요.

참여정부가 정책적으로 잘했다는 말은 방향이 옳았다는 것인데,

부동산 보유세 강화로 방향을 제대로 잡았고 실제로 의미있게 추진했다는 것입니다. 예컨대 2017년까지 보유세가 계속 강화되도록 관련 법률에 명기했거든요. 이 점은 대단히 잘한 겁니다. 만일 이명박 정부가 이 법률을 개정하지 않았다면 지금도 보유세는 자동으로 강화되고 있었을 것입니다. 이 방향은 옳았다고 봅니다.

남기곤 부동산 문제에 대한 말씀에 전적으로 동의합니다. 한가지 부동산과 교육의 상호관련성에 대해 다소간 첨부한다면, 사실은 불가피한 부분도 있다고 봅니다. 자녀의 교육성과에 영향을 미치는 요인들은 다양하지만 중요한 것 중 하나가 '또래집단효과'(peer group effect)입니다. 잘하는 아이들끼리 모이는 경향이 있단 말이지요. 미국을 보면 우리보다 차별(segregation)이 더 심하고 그에 따른 집값 차이도 심해요. 우리나라도 그런 방향으로 가는 셈이지요.

사실 고교평준화가 약간의 안정장치로 역할하는 셈인데, 다양하게 서로 섞이도록 만들고 있지요. 그동안의 교육정책의 흐름을 보면 이와 관련한 몇가지 주의할 내용이 있습니다. 예를 들어 고교학군제를 광역화한다든지, 낙후된 지역에 특목고를 세운다든가 하는 정책들이 부동산관련 정책일 텐데 저는 이 정책들에 대해 부정적입니다. 부동산문제는 다소 완화될 수 있을지 모르지만, 학생집단을 성적을 기준으로 분리시키는 경향이 강화되는 부작용이 있을 수 있습니다.

김상곤 따로 생각하시는 대안이 있으신지요.

남기곤 가장 중요하고 의미있는 정책은 내신중시 정책입니다. 한국의 내신제도는 미국에서 시행하는 적극적 조치(affirmative action)와 비슷하지 않은가 싶습니다. 내신을 중시하면 지방에 있는 학생들이 다소 유리하게 되는데, 이는 사회적 약자에게 일종의 '정당한 특혜'를 주는 정책일 수 있습니다. 이러한 정책들에 대해 큰 틀에서 사회적 합의가 필요합니다. 만약 지금처럼 강남/강북, 서울/지방 차원에서의 양극화가 별문제 없다고 한다면 내신도 없애고 갈 수 있지만, 이 양극화가 근본적으로 해결되어야 한다면 이런 점에서 내신을 더 강화해나갈 수 있지 않겠냐는 생각이죠.

이성대 미국의 예를 좀 보충하자면, 교육양극화를 세금 문제로 해결하는 것은 또다른 문제를 야기할 수도 있습니다. 미국에서는 재산세를 통해 교육재정을 충당하기 때문에 이것이 또다른 교육양극화를 야기한 면이 있거든요. 즉 세금만으로 교육문제를 해결할 수 있겠느냐는 생각이 듭니다.

전강수 물론 세금만으로는 안되겠죠. 다만 경제학적으로 보아서 가장 부작용이 작은 조세로 문제를 해결하자는 겁니다. 세금으로 특권을 누린 데 대한 댓가를 지불하게 만들 수 있으니까요. 말씀하신 대로 미국에서는 보유세가 오히려 지역간 교육격차를 강화하는 작용을 합니다. 그러나 미국에서는 보유세가 지방세지만, 우리나라에는 국세도 있기 때문에 이를 지역간 교육격차를 완화하는 수단으로 활용할 수 있을 것입니다. 남기곤 선생이 말씀하신 내신강화 등의 정책도 함께 시행할 필요가 있을 것입니다.

이성대 내신강화론이 항상 부딪히는 반론이 학교격차를 어떻게 반영할 것인가라는 점이지요. 참여정부는 세금을 교육격차 해소에 쓴 적이 없지 않습니까?

전강수 맞습니다. 참여정부는 종합부동산세를 걷어 지방에 교부했을 뿐 교육격차 해소에 쓰라고 특정하지는 않았습니다. 앞으로 보유세를 더 걷어 그 일부의 사용 목적을 교육격차 해소로 특정하자는 게 저의 새로운 제안입니다.

김상곤 세금 문제에 여전히 따르는 저항은 어떻게 해야 할까요.

조흥식 문제의 핵심이 재분배정책이고, 재분배정책의 핵심이 조세인데… 이 증세 문제가 중산층에게 설득되지 않는 것이 애로점이죠. 그 원인 중의 하나로 정부에 대한 불신을 들 수 있습니다. 5년 단임제하에서 대통령이 생색내기에 급급해 국민의 세금을 받아 매번 땅 닦고 건물 짓는 데 주로 쓰면서도 제대로 잘 쓰는지에 대해서는 국민의 신뢰가 잘 쌓이지 않는 데 기인합니다. 그러므로 세금을 통해 교육문제를 푼다는 시도가 성공하려면 복지가 나에게 되돌아온다는 확신이 생겨야 합니다. 분명히 그 혜택을 보여주면서 증세를 해야 한다 이 말이지요. 그래서 정의로운 정부가 필요한 거죠.

또 한가지는, 증세에 대한 언론의 부정적 태도를 들 수 있습니다. 대다수 언론들은 광고주인 기업의 눈치를 보는 데 급급하고 상당히 많은 언론인들 역시 기득권층에 속해 있기 때문에 증세에 호의적일 수가 없죠. 복지동맹이 어려운 것도 바로 반(反)복지 여론 형성을 맡고 있는 언론과 관련있습니다.

이건범 하지만 무상급식은 여론의 굉장한 호응을 받았잖아요.

조흥식 무상급식이 왜 갑자기 떴냐면, 많은 사람들이 꾸준히 관심을 가져온 보편적인 이슈였기 때문입니다. 영양사, 사회복지사 같은 전문가그룹, 농민, 시민, 학부형, 학생의 요구와 더불어 이에 이해단체가 연결될 수 있었기 때문에 가능하게 되었던 것이죠. 제도권 여론과 싸울 때 나름대로 이길 수 있었던 것은 바로 이런 기층여론전에서 이겨서입니다. 이는 보편적 복지도 마찬가지입니다. 그렇다면 세금과 관련해서 보수언론을 이길 수 있을까라는 문제가 복지동맹과 관련하여 중요한 관건일 것입니다.

전강수 물론 현실적으로 증세가 쉬운 일은 아닙니다. 하지만 보유세처럼 명분상 거부하기 어려운 세금부터 시작해서 증세해나가자는 것입니다.

조흥식 우리 사회에는 불로소득이 상당히 많습니다. 그리고 지금 국유지가 얼마 되지 않는 상황에서 중산층은 부동산 소유에 집착합니다. 한국의 중산층은 자산 몇억이라고 해도 매달 꾸준히 들어오는 소득은 얼마 안되면서 아파트 한채가 전부인 경우가 대다수인 허약한 계층이거든요. 따라서 증세도 일부분 필요하지만 불로소득에 대한 엄격한 조세정책이 먼저 시행되어야 할 겁니다.

전강수 종부세 완화에 대해서는 약 80%가 반대였습니다. 그리고 사실 종부세를 내는 사람은 전체 세대의 2%에 불과했죠. 그런데 주택 종부세가 급격하게 올라가는 바람에 주택을 보유한 일반인들이 종부세 대상자가 아니면서도 정서적으로 반발하게 된 측면이 있습니다. 따라서 주택 중심으로 보유세를 강화해 중산층 가계가 들고일어나게 만드는 일은 피해야겠지요.

김상곤 종부세와 관련해 당시 헌재의 판결은 좀 짚어볼 필요가 있을 것 같습니다.

전강수 헌재가 종부세 일부 조항에 대해 위헌판결을 내렸지만, 실제 내용을 보면 종부세의 취지나 그때까지 보수언론이 꼬투리를 잡았던 사항들은 모두 합헌이라고 판결했어요. 다만 세대별 합산과세가 위헌이고 1세대 1주택자에 대한 무차별적 과세가 헌법불합치라는 판결이었거든요. 따라서 어찌 보면 앞으로 보유세를 강화하려고 할 때 생길 시빗거리가 깨끗하게 정리된 상태입니다.

이성대 지금 문제는 교육개혁과의 연결고리, 즉 그 세금을 어떻게 쓸 거냐는 문제겠지요. 앞서 말씀드린 미국의 지역양극화는 우리나라에서도 마찬가지입니다. 조세만으로 해결되냐는 비판이 있을 것입니다. 강남과 비강남, 수도권과 지방의 교육격차를 세금으로 보정할 수 있을까요?

안현효   조세구조가 강북은 상대적으로 열악하고 지자체의 재정난도 심각한데…

김인재   세목조정을 통해 가능하지 않겠나 생각되는데요.

전강수   세금만으로 해결된다는 이야기는 결코 아닙니다. 그러나 주로 강남에서 내는 종부세를 강남 이외의 지역에서 쓰게 될 터이니 교육격차 해소에 기여하겠지요. 자기들이 내는 세금을 왜 다른 지역을 위해 쓰느냐 하는 식의 반발에 대해서는 명분상 얼마든지 대응할 수 있다고 봅니다.

조흥식   당위성만으로 증세하기는 어렵습니다. 조세의 사용, 투명성이 문제될 수도 있기 때문입니다. 현재의 재정수준으로도 재배분 정책을 통해 우리가 원하는 양극화 해소에 도움이 될 수 있다는 점을 먼저 보여주는 것이 핵심이 아니겠냐는 생각입니다. 세수에 대한 누수를 없애고 자산에 대한 정보를 어느정도 명확히 공개해야 한다는 거죠.

안현효   이성대 선생 주장의 핵심은, 거둔 세금의 배분에 있어서도 세밀해야 한다는 것이죠. 복지증세가 내 혜택으로 오느냐는 의구심이 만연하니 제도적 장치를 세밀하게 디자인해서 그 의구심을 풀어 줘야 한다는 지적이지요.

김인재   목적세는 바람직하지 않다고 봅니다. 그보다는 국세, 광역지방세의 위치를 정하는 문제나 기존 조세항목의 조정이 중요할 것 같아요.

이성대   국세를 더 늘리기는 어렵지 않나요?

오건호   교육개혁의 재원은 결국 세금을 통해 마련돼야 하고, 우리나라에서 부동산 과세를 강화하는 것은 중요합니다. 부동산 조세에는 크게 보유세, 거래세, 양도소득세가 있습니다. 이중 보유세의 위력이 강합니다. 보유세가 강화되면 소유자들이 보유세가 부담돼 집을 팔게 될 것이고, 그러면 시장에서 부동산 거품 문제는 자연스럽게 해소되겠지요. 재원도 마련하고 부동산시장도 잡는 일석이조의 효과를 거둘 수 있습니다.

저는 부동산 양도소득세 현실화에 관심이 큽니다. 우선 양도소득세는 실제 발생한 소득에 매기는 것이구요, 양도차익이 세금으로 환수된다면 부동산 거품도 완화될 수 있습니다.

전강수 양도소득세는 거래를 위축시키는 부작용이 있죠. 그래서 경제학자들의 지지를 얻기는 어려울 것입니다. 하지만 보유세는 대부분의 경제학자들이 입장이 어떠하든간에 이론적으로는 지지합니다. 심지어 종부세 무력화에 앞장섰던 한 교수도 보유세 강화 자체는 지지하더군요.

오건호 문제는 조세저항입니다. 특히 보유세는 실제 현금소득이 발생하지 않았는데도 상당액을 매년 세금으로 내야 하기에 부동산 소유자가 느끼는 부담이 크지요. 결국 논리적으로 보유세가 매력적이지만 현실적으로 넘어야 할 산이 높습니다. 사실 그래서 우리나라는 보유세를 대신해서 거래세가 상당히 높은 편입니다. 세수도 보유세의 2배에 달하구요. 만약 보유세를 올리면 거래세를 내려줘야 하기에 실제 세수증대 효과도 그리 크지 않을 수 있습니다.

내신에 대한 불신은 해소될 수 있는가

김상곤 우리 사회는 전체 자산 중 부동산이 차지하는 비중이 상대적으로 높습니다. 그러다보니 부동산관련 저항이 강한 것 같고, 가진 거라곤 부동산 하나다보니 개혁에 대한 저항도 강한 것 같아요. 사회안전망이 갖추어지면 저항이 덜하지 않을까 하는 생각도 듭니다. 이제 다시 교육문제로 돌아가보죠. 교육문제에 진보적인 사람도 내신에 대해서는 의견이 엇갈리던데 이에 대한 대안은 없나요?

김인재   남기곤 선생이 말씀하신 것처럼 '적극적 조치'에 대한 사회적 합의를 갖추는 것이 맞지 않겠나요?

이성대   사실 적극적 조치에 대해서 사회적으로 아직 인식도가 낮습니다. 따라서 실제 데이터를 보여줄 필요가 있죠. 서울대의 지역균형선발 학생의 경우 다른 학생들보다 성적이 좋다는 데이터도 있거든요.

조흥식   정확히 말하자면, 문과 쪽은 차이가 경미하고 이과 쪽은 유의미한 차이가 있더라는 거였는데… 아무튼 내신반대론의 경우에도 결국은 내신에 대한 불신이 핵심이라고 할 수 있습니다. 내신조작 의혹이 강한 겁니다.

박도영   학교별로도 불신이 있지만 학교 내에서도 내신에 대한 불신과 불만이 큰 것 같아요.

전강수   여기도 반칙이 문제군요.(웃음) 내신의 신뢰성에 문제가 있다면 할당제 내에서 경쟁을 시키는 건 어떨까요? 지역별로 정원을 할당하고 지역 내에서 경쟁을 시키고…

오건호   그러면 촌에까지 과외열풍이 불게 되겠지요.(웃음)

남기곤   내신 문제에 있어서는 불신이 좀 과장된 것 같아요. 학생도 학부모도 내신이 중요해지는 만큼 상호감시가 심하기 때문에 내신조작이 생각보다 쉽지 않을 수 있어요.

김상곤   내신불신은 결국 교육자에 대한 불신을 의미하는데요, 교육현장의 투명성 문제겠지요. 저는 점점 나아지고 있다고 봅니다.

오건호 그 문제는 김교육감님이 책임지고 해내셔야겠네요.(웃음)

김상곤 내신에 대한 불신은 해소할 수 있다고 봅니다. 지역별 등급제 등 다각도로 검토할 필요가 있다고 봐요.

남기곤 마이클 쌘델의 책에서 적극적 조치에 대한 설명에 특히 공감이 가더군요. 성적이 나쁜 흑인을 우대하는 것, 특히 집안형편도 나쁘지 않은데 우대하는 것이 불공정하다는 시비에 대해, 쌘델은 대학의 목적/본질(telos)이 무엇인가 하는 문제를 제기하더군요. 대학이 꼭 성적 좋은 학생만 뽑아서 배출해야 하는 거냐는 거죠. 대학의 본질적 목적이 미국사회에 다양한 인재를 양성하는 것이라면 성적이 우수한 사람만을 뽑는 것이 대학의 올바른 정책이 될 수 없다는 거죠. 한국의 대학들도 그런 점을 고민해야 합니다.

조흥식 맞아요. 다양한 선발방식은 정원 외니까 그나마 그동안 선발해왔다고 봐야겠지요.

김윤자 들어보니 내신이 사회변화의 준거랄까 기폭제가 될 수도 있겠다는 생각이 듭니다.

이성대 개인적으로는 내신강화에 찬성합니다. 수능을 너무 자주 바꿔서 문제죠. 사실 현재의 수능체제 아래에서도 교육과정 정상화와 창의교육이 가능합니다. 일부 교과목이 외면당하는 것이 문제이긴 하지만… 일종의 상대적 절대평가를 통해 내신의 신뢰도를 확보할 수 있고 생활기록부를 개선해 입학사정관제 취지를 살릴 수 있습니다.

지방대학과 지역불균형 문제의 해법

김상곤 학령인구가 급격하게 줄고 있는데, 교육에 미칠 영향은 어떨까요?

조홍식 　지방의 경우는 오히려 학생 감소, 인구 감소가 더 문제 아닌가 여겨집니다. 대학 신입생 수 역시 2011년에는 60여만명이었지만 2018년엔 43만명으로 줄어든다고 합니다.

전강수 　과거에는 지방 국립대를 알아주었는데 30년 사이에 지방 국립대가 너무 뒤처져버렸습니다. 수도권 인구집중으로 수도권에 초과이득이 발생하고 있기 때문에 너도나도 수도권으로 간 탓입니다. 대학이 지방에 있다는 것 때문에 원죄를 지게 된 꼴이죠. 학령인구가 줄어들면 제일 먼저 지방대가 타격을 입는다는 것은 불보듯 뻔한데 문제는 그것이 지방대의 잘못은 아니라는 겁니다.

김인재 　지역불균형 문제는 교육이 먼저 나서서 해소할 수 있는 일이 아니죠. 그보다는 경제불균형이 먼저 해소되어야 하지 않을까요?

조홍식 　수도권 이익은 환수하거나 차단하고 그 이익이 지방에도 생기게 하는 것이 바람직할 것 같아요.

김윤자 　대학서열화와 관련해 지방대학에 재정을 우선 지원하는 등의 방식을 고려해볼 수 있지 않을까 싶은데요.

박도영 　2002년 대량미달사태가 있었는데 2015년엔 2002년보다 학령인구가 더 줄어듭니다. 김영삼정부 당시의 대학설립 준칙주의가 오히려 기존 대학의 몸집 불리기를 부추긴 측면이 있습니다. 학생들이 수도권으로 몰리다보니 도서관 시설 등 1인당 교육여건은 오히려 지방의 대학이 나은 편이죠.

김윤자 　학령인구가 줄면 지방대학이 타격을 받을 거라고 하는데 평생교육이나 사회교육 등 소득수준이 올라가면서 지역의 대학교육에 대한 수요는 여전히 있지 않겠는가 생각해요. 그리고 교육을 생산적 투자라고 보는 측면에서 지방대학이 과잉이라고 구조조정한다는 방책이 과연 옳은지 의문이 듭니다.

박도영　대학 정원이 과다한 것이 문제지, 대학수가 많은 것은 아닙니다. 미국, 일본은 대학진학률이 50% 정도지만, 대학당 인구수는 우리보다 적어요. 따라서 대학의 정원을 줄이는 정책을 취해야 하는데 대형 대학의 정원은 그대로 두고 현재는 지방 소도시를 중심으로 대학수를 줄이는 방향으로 간다는 점이 문제입니다.

김인재　수도권 대학들의 정원 외 선발도 사실상 정원 늘리기에 해당하지요.

박도영　지역에는 대학이 많지 않아 지방대들은 평생교육쎈터 등 대학에 대한 이런저런 수요에 응하면서 지역의 씽크탱크 역할도 하고… 그 역할이 많습니다. 대학교육의 질을 고려한다면 교수 1인당 학생수도 OECD 평균에 맞춰야 하므로 대학 구조조정의 핵심은 대학 정원을 조정하는 것으로 가야 합니다.

김인재　그랬을 때 재정 문제가 생기는데, 이 부분은 국가가 책임져야 한다는 뜻인가요?

박도영　고등교육에 대한 국가의 재정지원 자체가 너무 낮은 편이니 이를 높이는 방향으로 가는 건 피할 수 없습니다.

이성대　그런 점에서 경기도의 '혁신학교'처럼 대학에도 '혁신대학'이 생겨야 한다는 생각이 듭니다.(웃음)

박도영　고등교육의 정부지출이 너무 낮기 때문에 정원을 줄이는 만큼의 비용을 정부가 보조해주어야 합니다. 우리나라의 경우 고등교육의 국가재정 비중이 GDP의 0.6%지만 OECD 평균은 1.1%니까 우리가 너무 낮은 편이죠. 10만명의 정원을 영구히 줄이는 데 GDP의 0.2%도 안듭니다.

남기곤　대학의 80~90%가 사립이라는 것도 문제죠. 과감한 투자를 통해 구조조정을 해야 합니다. 좀더 깊이 생각해야 할 부분은 대학교육을 어떻게 시키는 것이 가장 효율적이고 바람직한 결과를 가져올 것인가라는 문제입니다. 대규모 대학의 경우 사실 규모의 경제보다 규모의 불경제(不經濟)가 큰 것이 아닌가 하는 생각도 듭니다.

서울대 법인화와 반값등록금

김상곤   이제는 대학개혁과 복지예산 등에 대한 이야기를 나눠봅시다. 서울대 법인화부터 이야기를 풀어볼까요?

강남훈   서울대 법인화 문제의 핵심은 재정의 책임을 국가가 아니라 법인이 진다는 것이고, 두번째는 서울대의 지배구조, 즉 이사회 구성의 문제입니다. 법인화법을 보면 2명의 이사를 제외한 다른 이사들은 모두 이사회에서 뽑습니다. 그러니까 이사회의 영향을 받는 이사지요. 그런데 이사회로부터 아무런 영향을 받지 않으면서 이사회에 일방적으로 영향을 끼치는 이사가 두명 있습니다. 교육과학부 차관과 기획재정부 차관입니다. 이들은 이사회에서 뽑힌 사람이 아니니 이사회에서 막강한 영향력을 행사하게 됩니다. 아리스토텔레스의 표현을 쓰면, 부동의 원동자(unmoved mover, 타자에 의해서 움직여지지 않으면서 타자를 움직이는 자)입니다.

정부가 이 두명의 차관을 통해 서울대를 완전히 지배하겠다는 것이 법인화의 핵심입니다. 서울대 법인화법의 목적이 자율성을 부여하기 위해서라고 되어 있는데, 이것은 이사회 구성과 완전히 모순됩니다. 대학의 자치를 부정하고 대학을 두명의 관료를 통해 완전히 지배하려는 것, 이것이 바로 서울대 법인화의 핵심입니다.

조흥식   서울대 법인화의 필요성에 대해 정부가 내세우는 명분이 두가지 있습니다. 하나는 자율성을 주겠다는 것입니다. 이것이 제일 큰 명분입니다. 이때 법인화가 진정 자율화를 강화하느냐 아니냐라는 문제가 당연히 따릅니다. 일본의 경우 토오꾜오대를 포함한 모든 국립대가 법인화되어 그 대학 법인이사에 문부성 관료가 들어가 있습니다. 문제는 일본의 경우에는 대학에 무엇을 지원하느냐를 위해 들어가는 것이지, 우리처럼 대학을 지배하기 위해 들어오는 것이 아니라는 거죠.

또다른 명분은 우리나라에도 세계적 대학을 만들어야 한다는 수월성 명분입니다. 이 문제에 대해서는 경쟁에 의한 대학체제가 불러온 학생들의 자살(서울대 작년 4명, 카이스트 올해 4명 자살)에서 보이듯이 수월성의 뜻은 좋지만 경쟁에 의한 수월성은 실패할 게 뻔하지 않냐는 생각입니다. 법인화에는 과도한 경쟁체제를 야기할 위험이 다분히 들어 있습니다.

김상곤 재정지원까지 하러 들어가는가 보죠?(웃음)

류동민 토오꾜오대는 잘 모르겠는데, 제가 속한 대학과 자매결연을 맺은 일본 대학의 경우에는 매년 예산책정 때마다 문부성의 눈치를 계속 봐야 한다고 하더군요.

김상곤 일본의 경우는 교육예산을 매년 1%씩 줄이고 있다죠.

조흥식 또한 서울대는 자산처리 문제가 있습니다. 현재 서울대 자산은 본래 정부가 무상으로 임대한 것이라 하며, 자산 매각의 경우는 교육과 관련한 부분만 가능하도록 되어 있습니다. 따라서 2010년 12월 날치기 통과된 서울대 법인화법에는 정부의 판단에 따라서는 내키지 않을 수도 있는 조항이 있죠. 재산 처분과 관련하여 서울대가 딜레마에 빠져 있다고 볼 수 있습니다.

전강수 이명박정부가 언론을 지배하겠다는 욕심을 채우고 나서 이제는 학문까지 지배하겠다고 욕심을 부리고 있는 거죠.

이건범 지배하려고 한다면 국립대로 둬야 더 쉬운 거 아닌가요.

강남훈 법인화가 더 쉽죠. 예산을 승인하는 과정에서 관료의 권한이 더 강해집니다. 예를 들어 인원 10%를 줄이지 않으면 예산을 지원하지 않겠다고 관료들이 주문하면 서울대로서는 그 말을 듣지 않을 도리가 없습니다. 만약 국립대였다면 공무원 신분이므로 이런 일이 불가능하죠.

김인재 꼭 이명박정부의 문제라기보다는 그 이전부터 이런 이야기가 나왔지 않습니까?

전강수 그래도 이전 정부는 시도하려다가 못했는데, 이 정부는 날치기까지 하면서 시행하려고 하고 있으니까 차이가 큽니다.

홍장표 대학민주주의 와해가 핵심이라고 봅니다. 서울대 법인화법과 시행령에 따르면 지배구조에서 가장 큰 차이가 생깁니다. 기존에는 직선제 총장, 교수회가 감시기능을 했지만 법인화가 되면 총장 직선제가 사라지고 교수회도 없어지죠. 평의원회의 경우 지금은 교수, 직원, 학생이 들어갑니다. 하지만 법인화가 되면 평의원회에 직원과 학생은 들어갈 수 없습니다. 대학에서 최고의사결정기구는 이사회가 되고 여기에 관료들이 들어오는 겁니다.

안현효 현재는 교수회가 법적 기구 아닌가요?

홍장표 대학마다 다르죠. 교수회의 역할이나 기능은 그 대학 학칙에 규정되는데, 자문기구인 경우도 있고 의사결정기구로 된 경우도 있습니다. 법인화되면 의사결정이 이사회를 중심으로 이루어지기 때문에 교수회는 사실상 설 곳이 없어집니다.

김인재 국립대는 직접지배, 법인화는 간접지배라고 하지만 사실상은 국립대 법인화의 경우에는 자율성이 교묘하게 한층 더 박탈되는 것입니다. 기재부(기획재정부)가 들어오는 것 역시 예산통제와 관련이 있겠죠. 기재부가 지원하고, 마치 공기업처럼 평가하는 것입니다. 즉 공기업화되는 거죠. 국립대 시절에는 사단법인 성격이 강하지만, 법인화되면 재단법인의 성격이 강화됩니다. 법리적으로는 모든 것이 이사회 중심입니다. 교수회가 있든 말든 임의적인 조직이 되고 맙니다.

김윤자 국립대 법인화 못지않게 80%(학교수), 90%(학생수)를 차지하고 있는 사립대는 문제가 더 크지 않겠습니까?

조흥식 법인화라는 방식은 미국식 고등교육의 특징이고, 유럽은 대부분 국가가 고등교육의 모든 책임을 지는 체제입니다. 우리나라는 미국식을 따라가는데, 미국의 교육체제는 21세기에 들어와 자국 내에서조차 상당히 비판을 받고 있습니다. 따라서 미국식이 결코 좋은 것이 아니라는 점에 대한 인식과 논쟁이 필요해요.

강남훈 법인이라는 점에서 보면 유럽의 대학도 법인이지만, 재단법인이냐(이사회 중심), 사단법인이냐(사원총회 중심)의 차이가 있습니다. 일본의 경우는 후자인데, 우리나라의 경우 전자라는 점이 큰 차이가 있는 것이죠.

안현효 이사회의 구성이 문제 아니겠습니까? 이사회 자체에 사원이 포함되거나 지배할 경우 민주화될 가능성이 있습니다.

강남훈 미국의 사립대를 봅시다. 상지대 박정원 교수의 글을 읽어보니까, 일단 이사수가 많고, 하버드와 스탠퍼드의 경우는 설립자 가족이 한명도 없습니다. 설립 후 4~5년 지나면 이들은 재임을 하지 않습니다. 코넬대의 경우 당연직 4인은 주지사, 상원의장, 하원의장, 총장 등이고 설립자 직계 후손 최고령자 1명이 종신직입니다. 64명의 이사 중 설립자 가족은 1명뿐입니다. 그외 농업, 경제, 노동계에서 각

2명씩 더해지고 여기에 동문 8명, 교수 2명, 학생 2명, 직원 1명 등이 의무적으로 선출되어 들어가죠.

이성대 미국은 관리감독 없이 자율이지만 일단 비리가 생기면 바로 검찰조사가 들어가고 폐교조치합니다. 학생은 인근 대학으로 옮겨줍니다. 단, 방식이 주마다 조금씩 다르니 일률적으로 평가하긴 어렵지만요.

남기곤 현재 대학진학률이 90%에 육박하는 상황이라는 점을 감안한다면, 우리나라도 유럽의 여러 나라처럼 고등교육의 비용을 전적으로 국가가 담당하는 것이 필요합니다. 하지만 이를 위해서는 많은 재원이 소요되고 국민들의 의사를 결집하는 정치적 과정이 필요하기 때문에, 단기에 쉽게 이루어지기는 어렵다는 것도 사실이죠. 이런 제약을 감안할 때, 등록금 전액을 학생 개인이 부담하는 사립대(한국 대학의 80%)와는 달리 국가가 적어도 반절 정도의 비용을 추가로 부담하고 있는 국립대학이 왜 존재해야 하는가라는 근본적인 문제를 제기해봐야 합니다.

사립대가 할 수 없는, 즉 시장이 실패하는 영역에 국립대의 활동을 집중해야 한다고 생각해요. 예를 들어 기초학문 영역의 교육에 집중한다든지, 저소득층 자녀의 교육에 힘쓴다든지 이렇게 사회적으로 유익한 성과를 보일 수 있어야 한다는 겁니다. 국립대가 사립대와 똑같은 모습을 보이면서 꼭 국립대로 남아야 한다고 주장하는 것은 설득력을 가지기 어렵습니다. 상대적으로 더 많은 사회적 혜택을 받고 있는 국립대로서 사립대에 비해 어떠한 측면에서 사회적 기여를 하고 있는지 보여달라고 요구해야 합니다.

조흥식 서울대를 국립대답게 바꾸는 것이 핵심이지, 서울대도 사립대와 별반 차이가 나지 않기 때문에 서울대도 사립화하자는 것이

답은 아니겠죠.

강남훈 한발 더 나아가 사립대를 점차 국공립대로 전환해나가야 합니다. 서울대가 그래도 지역균형선발을 하고, 고교등급제를 안하고, 비인기학과를 유지하고 있는 것 등은 국립대이기 때문에 가능한 것입니다.

류동민 입시만 놓고 보면, 우리나라 대학은 서울대와 비서울대, 즉 짝퉁 서울대밖에 없는 것 같습니다. 모든 대학이 모두 서울대를 따라가는 거 아닌가요? 지역균형선발의 효과가 매우 큰데 학생들의 의식을 들여다보면 매우 부정적입니다. 학생들은 지역균형선발을 은어로 '지균'이라 부르고, '지균 때문에 서울대의 수준이 떨어진다'고 생각한다더군요. 만약 서울대가 법인화되면 결국 지균은 시행하지 않을 것이므로, 국립대의 존재의의가 있는 셈입니다. 그런데 이 지균 때문에 학벌씨스템에 약간의 붕괴조짐이 보이는 것 같아요. 서울대 비인기학과에 가느니 다른 대학 좋은 과를 선택하는 예처럼… '지균' 때문에 인풋(input) 떨어진다 운운하면서 말이죠.

홍장표 다양한 기준의 선발 같은 입시정책도 서울대가 하면 연고대도 어느정도 따라합니다. 연고대에도 이름은 조금씩 다르지만 서울대의 지역균형선발과 비슷한 것들이 만들어져 있죠. 그런 점에선 서울대가 여전히 긍정적인 의의를 가진 셈입니다.

류동민 지역균형선발에 대한 평판이 나빠지면 그나마도 안하지 않을까요.

강남훈 사립대 입학사정관 현실을 보면, 앞으로는 부잣집 아이들 뽑는 수단으로 전락하지 않을까 우려됩니다.

류동민 일본의 경우는 유치원부터 스펙 쌓기를 한다더군요. 유치원부터 줄을 세워 들어가고, 인터뷰할 때 부모의 직업을 묻는다고 합니다.

　　김상곤　우리도 그렇게 되지 않을까 걱정스럽습니다. 이제, 대학개혁 관련해 최근의 카이스트 이야기를 해봤으면 싶어요. 특히 징벌적 등록금제가 문제가 되고 있는데요.

　　강남훈　서총장은 사퇴해야 합니다. 서총장은 미국 명문대는 자살률이 더 높다며 똑똑한 애들이 자살을 잘한다는 식의 말을 한 것 같은데요. 징벌적 등록금 정책 이전의 자살자 수와 정책 이후의 자살자 수를 비교해보면 그 정책이 자살자를 증가시켰다는 것이 더욱 분명해질 것이라는 생각입니다.

　　조흥식　보수 논리에서는 상담씨스템의 문제만을 다루면서 경쟁원칙 자체는 맞다고들 합니다. 경쟁논리 자체는 틀리지 않다는 거죠.

　　강남훈　경쟁심 강한 학생들일수록 공개적인 징벌을 받았을 때 느끼는 상처도 더 클 것입니다.

　　류동민　교수평가도 그렇지만, 학생은 피교육자 아닙니까? 성적에 따라 돈을 내라고 한다면 그것은 돈 자체보다 굴욕을 주는 일이라 정말 비교육적이죠. 과학하는 분이라면 특히 과학교육에 왜 클러스터(cluster)가 있는지 진짜 모를까요? 산학협력이 중요해서, 즉 협력을 통해 학문이 발전한다는 것 아니겠습니까?

　　강남훈　정보통신산업이 클러스터 형태로 집약적으로 출현하는 이유는 그 지역 학자들이 서로 협조한 결과입니다. 승자독식형의 경쟁이 아니라 협력적인 경쟁이야말로 학문이 발전하는 길이죠. 남의 논문에 서로 코멘트해주면서 학문이 발전하는 건데… 점수 위주의 서열경쟁으로는 경쟁력이 높아지지 않아요.

　　류동민　줄세워 C 이하가 되면 미달되는 0.01점마다 6만원씩 해서 등록금을 내는데 그 액수가 600만원이 되는 경우도 있다고 하더군요. 명목상으로는 절대평가지만 실제로는 상대평가인 셈입니다. 그래서 징벌적 등록금을 내는 학생이 8% 정도 된다네요. 세계적으로 유례가 없는 아이디어죠. 원래 카이스트는 등록금을 내지 않았는데, 다시 돈을 내게 만드는 제도라고 할 수 있어요. 경쟁 위주의 이런 싸구려 철학은 이명박정부랑 똑같아 보입니다. 예전에 중상위층 대학들이 가난한 수재들을 전학년 등록금면제 조건으로 스카우트해놓고서 학점 조건을 못 맞추면 등록금 내게 하던 시절이 있었는데 비슷한 행태입니다.

김상곤 징벌적 등록금, 이거 그만 내게 해야 되는 거 아닌가요? 또한 반값등록금 논쟁이 한창인데요, 이제 등록금 얘기를 해볼까요?

이성대 반값등록금의 부족분만큼 사립대를 지원하는 경우 그 효과를 어떻게 담보하느냐는 문제가 있습니다.

강남훈 민주당이 반값등록금 정책으로 3.1조원을 공약한 상태입니다. 사실은 5.5조원인데 그렇게 가면 감세 철회만으로는 충분하지 않고 증세를 해야 합니다. 이 액수는 늘어날 것이라고 봐요. 하지만 반값등록금이 현실화되었다고 쳐도 더 중요한 문제가 있습니다. 민주당 방안의 큰 문제 중의 하나는 하위 50%의 학생만 반값등록금의 혜택을 받는다는 것인데요. 조금 더 보편적인 혜택이 되도록 내용을 고쳐야 합니다.

반값등록금 정책의 내용에서 사립대가 마음대로 등록금을 인상할 경우 정부가 그 반값을 보태주는 형태가 되면 곤란합니다. 쉽게 말하면 등록금 자체가 절반으로 낮아져야 합니다. 반값등록금은 대학의 공공성을 획기적으로 높이는 계기가 되어야 한다는 말입니다. 예를 들어 시간강사의 임금을 국가에서 보장하고, 대학은 시간강사를 공짜로 쓰는 대신 그만큼 등록금을 낮추는 방법이 있습니다. 이와 같이 반값등록금을 위해 마련된 예산은 대학개혁과 맞물려 사립대의 공공성을 강화하는 방식으로 쓰여야 합니다. 단순한 복지제도의 하나가 아니라 대학개혁의 수단까지 되어야 하죠.

조흥식 발상을 전환해 유럽식으로 대학등록금을 면제하는 것을 생각해봐야 합니다. 보편적 교육이라면 말이죠. 이건 무상급식과 똑같은 논리입니다.

강남훈 등록금을 완전 무상화하는 데 11조원 정도가 필요합니다.

김상곤 그건 장학금을 제외한 거죠? 장학금분까지 포함하면 14조가 되지요?

강남훈 맞습니다. 총괄적으로는 14조 정도입니다. 대학의 무상교육은 현재의 사립 중고등학교에 대한 정부지원 같은 맥락에서 접근하는 게 좋다고 봅니다. 무상교육이 이루어지면 사립대학 이사회의 민주적 구성도 가능해지겠죠.

조흥식 증세를 하더라도 등록금을 무상화함으로써 혜택을 보는 게 아니냐는 논리를 보여준다면 상당한 파급력이 있을 것입니다. 이렇다면 차라리 소득에 따라서가 아니라 1, 2학년 학생들에게 등록금을 무상으로 해주는 방안이 더 나을 것입니다. 증세할 경우는 기업이 더 내라고 할 수도 있습니다. 왜냐하면 대학교육은 기업에 필요한 인력을 양성하는 과정이기 때문에 기업은 앉아서 좋은 인력을 뽑아가는 등 혜택을 보기 때문이죠.

김상곤 그야말로 발상의 전환이군요, 좀더 보충해주시죠.

조흥식 산업혁명 이래 공교육씨스템의 역사를 돌이켜보면, 근대 고등교육은 대부분 기업이 자신에게 필요한 인력의 교육을 위탁한 데서 기원한다는 것을 알 수 있습니다. 그런데 지금은 거꾸로 되어 가족과 국가가 키워놓은 인력을 기업이 공짜로 상층만 뽑아가는, 한마디로 사회가 기업에 인력을 바쳐주는 꼴입니다. 이건 정말 반(反)복지현상입니다. 국가는 뭐합니까? 반값등록금보다 대학 1, 2학년부터 무상화하고 필요한 재원을 증세해나가는 것이 낫습니다.

김윤자 기업에 증세하면 당장은 손해가 되는 것 같지만, 장기적으로는 기업에 이익이 된다는 논리 또는 기업이 필요한 인재를 양성하는 데 들어가는 비용을 기업이 내게 해야 한다는 말씀이신 것 같습니다.

강남훈 홍장표 선생의 글과 관련해 말하자면, 고등교육의 공공적 편익이란 대학졸업생이 고교졸업생보다 세금을 더 내는 것, 사회보장기여금을 더 내는 것, 복지혜택을 덜 받는 것, 실업자가 적어 실업수당이 절약되는 것 등을 넣어 계산한 것이더군요. OECD 통계에서 구매력평가환율을 기준으로 이러한 총편익을 보니, 한국의 경우 정부가 고등교육비를 4년 동안 대학생 1인당 6566달러만큼 부담하고 있는데 공적 편익은 대학생 1인당 3만 560달러였습니다. 이 통계는 정부가 고등교육비를 3만 560달러까지 부담하더라도 사회적으로 이득이라는 것을 의미합니다. 참고로 선진국의 공적 편익은 한국의 공적 편익보다 큰데, 그 이유는 한국의 대졸자들이 선진국 대졸자보다 세금을 적게 내기 때문입니다.

이성대 대학등록금 면제가 사회적으로 호응받을지는 의문입니다. 등록금 후불제는 어떻게 되었나요?

강남훈 등록금 후불제에 대한 교수노조의 입장은 절반은 정부가 대고, 나머지 절반은 후불제로 하자는 것이었습니다. 그런데 조흥식 선생의 의견은 전액 무상을 검토해야 한다는 거죠.

홍장표 제가 몸담고 있는 대학의 교육원가는 일인당 연간 1000만원, 등록금은 연간 500만원입니다. 즉 현재 정부는 국립대에 대해 교육원가 절반을 지원해주고 있는 셈이죠. 지방국립대 원가구조가 대체로 비슷하니 현실적으로 반값등록금이 실현된 셈입니다. 사립대도 동일하게 접근하면 반값등록금이 되는 거죠.

남기곤 재정 문제와 관련해서는 BK21이나 누리사업, 에이스사업, 각종 특성화지원사업 등 정부에서 실시하고 있는 각종 재정사업을 재조정하면 상당한 재원을 마련할 수 있다고 봅니다. 사실 현재 이 사업들은 제대로 된 성과를 내고 있다고 보기 어렵습니다. 지원서를 잘 써낸 몇몇 대학 및 학과만 집중적으로 지원한다고 우리나라의 전체적인 교육수준이 향상될 수 있겠습니까? 오히려 교수의 숫자와 자질을 높이고, 학생들이 공부에 집중할 수 있도록 여건을 마련해주는 것 등 교육의 기초여건을 튼튼히 다지는 데 교육예산이 사용되어야 합니다.

안현효 정부가 대학을 불신한 결과 등록금을 지원하지 않고 특정 사업을 지원하는 방식으로 간 거죠. 결국 거래비용만 늘렸죠.

강남훈 연구비 지원방식도 선별방식과 보편방식이 있습니다. 우리나라는 신자유주의 정책에 따라 선별주의, 승자독식주의가 일반화되어 있지만, 이런 방식은 장기적으로 매우 좋지 않다는 것이 드러나고 있어요. 상지대 박정원 교수의 연구에 따르면, 스코틀랜드의 경우 대학원에 연구비를 선별적으로 지원했더니 승자독식으로 인해 승자만 살아남고 다른 대학원들이 모두 사라져 결과적으로 독점화되고 경쟁 자체가 사라지는 폐해가 나타났다고 합니다.

그래서 지금은 연구비의 70%는 보편적으로 배분하고, 30%만 선별적으로 배분한답니다. 미국의 경우 교수인사제도에서 테뉴어(tenure, 종신직)라는 제도가 있는데, 종신직을 받기 전까지는 교수의 단기적 업적을 중시하지만, 종신직 이후에는 교수를 믿고 장기적 업적을 중시하고 있습니다. 한마디로 보편주의와 선별주의를 혼합해 사용하고 있는 셈이지요.

안현효 그런 방침의 이론적 기반은 교육학에 이미 나와 있어요. 외적 동기와 내적 동기의 문제 아니겠습니까? 다시 말해 선별은 외적 동기며, 보편은 내적 동기의 문제입니다. 아이들에게 벽돌쌓기게임의 과업을 주고 상을 주는 경우와 주지 않는 경우로 나누었더니, 상을 준 그룹은 보상이 없어지면 바로 과업을 중단한다는 연구결과가 있습니다.

무상보육과 복지를 위해서는 증세가 답이다

김상곤 순서로 보면 무상교육은 유아교육, 그다음 순서는 고교교육이 아닐까 생각하는데요.

조흥식 저출산 사회에서 보육은 상당히 중요합니다. 보육에서 국공립보육과 사립보육의 차이는 신뢰의 문제입니다. 국공립보육은 대부분 4년제 전공자가 들어갑니다. 그래서 사회적 수요는 국공립보육에 가 있습니다. 그런데 우리나라는 사립보육이 절대적 비중을 차지하죠. 이것과 관련해서는 역사적 배경을 봐야 하는데, 경제부문은 국가가 많이 맡아온 반면, 복지부문은 예산부족으로 주로 민간이 맡아왔습니다. 이 상태에서 국가가 바우처(voucher)제도 등으로 시민들에게 선택권을 주니, 민영화가 활성화된다는 것입니다. 이러다보니 차라리 고등교육을 무상화하고, 보육은 조합 등을 육성하는 쪽으로 가는 것이 어떨까 싶습니다. 이것은 일종의 중산층운동이긴 하지만 주목할 필요가 있습니다.

안현효 일종의 사회적 기업 같은 발상이군요.

김상곤　그렇다면 영유아 보육과 관련해서는 사회적 책임제, 고등학교는 의무화, 대학교육은 무상화하는 것으로 정리할 수 있겠네요. 자연스럽게 이야기를 복지라는 주제로 이어가봅시다.

강남훈　일본 민주당의 자녀수당 공약을 보면 한달 3만 5000엔으로 12살까지 주겠다고 합니다. 영국은 20세까지 아동수당을 주는데, 이렇게 아동수당 지급연령을 넓히는 것은 증세에 대한 동의를 구한다는 측면에서 현명합니다. 그런데 일본 민주당이 야당과 타협하는 과정에서 금액을 반으로 줄이면서 1년만 시범적으로 해보자고 한 것은 잘못입니다. 노무현정부의 종부세 같은 실수입니다. 종부세를 부과해 복지를 늘린 것이 잘못이 아니라, 너무 작게 너무 단계적으로 접근한 것이죠. 일본 자녀수당은 2011년 3월 말로 끝났는데 마침 지진이 일어나 막대한 복구비가 필요하게 되어 중단될 위험까지도 생겼습니다.

송주명　좀더 구체적으로 말하자면, 자녀수당이 신설되는 거고, 원래 아동수당이라는 선별복지(저소득층지원)가 있었습니다. 1만 7000엔으로 증액한 법안이 통과되지 않았는데, 이 과정을 보면 단계론의 오류가 있습니다. 오건호 선생이 말한 대로 무상급식을 실행할 때의 두 가지 옵션 중에서 저소득 중심인가 학년별 중심인가라는, 쉬운 길과 어려운 길 가운데 어려운 길로 간 것이 아주 현명한 선택이었다는 이야기입니다. 보편복지를 선택한 것이 주어진 현실에서 쉬운 일은 아니었지만, 결과적으로 미래사회의 방향과 관련해 정답을 보여준 것이었다는 말입니다.

오건호　보편복지의 또다른 힘은 재원을 마련하는 에너지를 만들어낼 수 있다는 점입니다. 사실 중산층 이상 시민들이 복지체험을 해야만 스스로 세금을 내는 데 동의할 수 있지 않겠습니까? 저는 개인

적으로 부자들에게 세금을 내라고 요구하는 운동도 좋지만, 더 나아가 일반시민들이 모두 보편복지 재정을 마련하는 데 참여하면서 '낼테니 내라' 운동을 벌이는 것이 더 강력하지 않을까 싶습니다. 이후이 주제를 두고 진보진영과 시민사회에서 활발한 토론이 벌어졌으면 좋겠어요.

강남훈 많은 정치인들은 증세를 두려워하고 있죠. 간단히 말해 '증세하면 부엉이바위에서 떨어진다'는 생각을 하고 있습니다. 그래서 민주당이 3+1복지를 공약하면서도 증세라는 말을 쓰지 않고, "MB 감세 철폐를 통해 재원을 마련하겠다"고 한 것입니다. 노무현정부의 종부세에 대해 정치권과는 전혀 다른 시각에서 볼 필요가 있습니다. 종부세 실패의 원인은 저항(하는 집단)은 집중시켰는데, 혜택(받는 집단)은 분산시켰다는 데 있습니다. 선별복지를 하다보니 수혜집단도 적고 수혜규모도 미미했던 거죠. 수혜자가 수혜를 못 느낄 정도였습니다.

여기서의 교훈은 보편복지로 과감하게 나가고, 보편적 증세로 접근하는 전략을 써야 한다는 것입니다. 증세가 문제가 아니라, 증세 트라우마에 빠진 것이 문제입니다. 오늘날 민주진보정치의 과제를 한마디로 말하라면, 진보정당들은 집권욕이 없고, 개혁정당은 증세 트라우마에 빠져 있는 것이라고 말하고 싶어요. 보편복지를 위해 상당한 규모의 증세를 하겠다는 용기있는 정치인이 필요한 시점입니다.

김윤자 역설적이지만 현정부 '덕분에' 오히려 진보진영이 전문화하고 섬세하게 접근하게 된 면이 있지 않나요?

강남훈 그렇습니다. 민주당이 보편복지로 더 가게 하기 위해서라도 진보통합이 필요합니다. 그런 의미에서 진보통합운동이 매우 중요하다고 생각해요.

쏘셜네트워크 중심의 시민운동을 기대한다

김상곤 이제 대안적 시민운동에 대해 이야기를 나눠보죠.

강남훈 무상급식이 현실화되면서 사람들 사이에서 힘을 합치면 뭔가 바꿀 수 있다는 공감대가 생긴 것 같습니다. 시민운동에 활기가 많이 생겼어요. 따라서 보편복지 같은 운동도 큰 가닥을 잡게 되었죠. 이 요구들을 잘 조직하고 설계해 정치권에서 받아들이게 만든다면 좋겠습니다.

이성대 시민운동세력이 예전의 운동방식이 지녔던 한계를 여전히 가지고 있는 거 아닌가라는 의구심이 들기도 합니다. 정치권만 탓할 일은 아니죠. 시민사회단체 역시 기층으로 내려갔나, 이른바 풀뿌리로 들어갔나 자문할 필요가 있습니다. 여전히 회비를 못 거둬 애로를 겪고 있고 참여를 독려하는 방식도 미흡하고 뭔가 들떠 있기만 한 느낌입니다. 교육운동도 보면 학부모 속으로 들어가지 못하는 양상은 비슷한 것 같아요.

안현효 시민이 활성화되어 있지 않다는 문제도 있지 않나요? 거꾸로 시민들에게 깊이 파고든 성공적인 사례도 있을 것 같은데요.

강남훈 최근 북콘서트 등의 사례도 흥미롭습니다. 시민운동에도 새로운 방식이 생기고 있는 것 같아요. 주민참여예산제에 대한 열의도 매우 높습니다. 광주, 울산, 고양 등에서 활성화되어 있습니다. 올 초 대구의 시민단체들이 김상곤 교육감을 초청했는데 좌석이 모자라 서서 들으면서도 끝까지 자리를 떠나지 않고 교육개혁에 뜨거운 관심과 토론의 열기를 보였다더군요. 그런 자발성과 열의를 보면 새로운 시민운동에 대한 욕구는 많이 있는 것 같습니다.

이성대 재작년 경기도교육감 보궐선거 이후 무상급식, 혁신학교 외에 새로 도입된 제도로서 제로베이스예산, 주민참여예산제가 있습니다. 이 제도들은 그동안 기초지자체에서만 시도했지 광역지자체 수준에서는 처음 시행된 것이었죠. 작년 8월에 조례 통과, 2011년 본예산부터 적용합니다. 주민참여예산에 참여한 인원은 위원 50여명에다 지역별로 또 인원을 50명씩 뽑았고 약 50개 지청이 있으니, 연인원 1000명이 넘는다고 볼 수 있습니다.

이건범 무상급식의 경우 다양한 이해당사자들이 어느 시점에 정책으로 묶여 확산이 빨랐던 면이 있습니다. 교육문제도 현장의 선생님들, 학부모 수준에서 실제적 대안을 만들려는 노력이 일어나고 있습니다. 현정부를 겪으면서 사람들은 매우 구체적이고 설득력있는 정책대안을 만들어야 한다고 생각하게 된 것 같아요. 이와 같이 초중등대학 교육의 전반적 문제가 수미일관하게 대중적으로 알려지는 통로가 필요합니다.

복지 문제도 이제는 박근혜 등 보수진영까지 가세하면서 사회적·정치적 담론 수준으로 올라섰다는 느낌이 듭니다. 교육문제 역시 이러한 화두가 되어야 하지 않을까요? 개인적으로는 복지보다도 교육이 우선 바뀌어야 한다고 봅니다. 일상생활에서 자녀교육이 국민의 삶을 옥죄고 있는 것이 현실이니까요. 시골에서 돼지 키우는 친구가 잘 지내다가 아이가 학교 갈 시점이 되니 기러기아빠가 될 판이라고 걱정하더군요. 교육양극화 문제 때문에 모두 서울로 몰려오니 수도권 집중이 부동산 문제로 연결되는 상황 아닙니까?

이성대 지방선거에서 혁신학교가 상당히 이슈화되긴 했습니다. 혁신학교가 학부모의 참여와 희망을 제공했죠. 다음으로는 학교단위를 넘어 지역단위로 교육의 질을 높이는 시도가 혁신교육지구라는 이름으로 진행중인데, 만약 이것이 효과를 나타내면 새로운 모델을 제시할 수 있지 않을까 기대됩니다.

박도영 무상급식 정책이 힌트를 많이 줬는데, 보편적 혜택이라는 주제에 국민들이 열광한다는 것을 확인했죠. 어쩌면 대학교육 문제도 그렇게 풀어야 하는 것이 아닐까요? 본질은 등록금 문제라기보다는 경쟁체제 아니겠습니까? 카이스트 문제도 본질은 징벌적 등록금이라기보다는 경쟁의 압박, 경쟁에서 질 때의 '낙오자 낙인'이 문제였죠. 고등학교에서 대학 갈 때의 경쟁을 줄여주는 것이 더 근본적입니다.

송주명 그런 문제 때문에 4+2(중학교 4년에 고교 2년)학제 등의 문제가 제기됩니다. 중고등학교를 하나로 묶어 창의성 교육을 위주로 하되, 그럼에도 입시 문제가 있으니 고등 2, 3학년에게는 타협적으로 접근하는 방안입니다. 고등학교에서 혁신학교가 가동되고 새로운 유형의 인재가 배출된 후 대학의 판단이 과연 어떻게 될 거냐… 상당부분 새로운 평가가 나오지 않겠느냐고 낙관합니다. 예를 들어 이우고등학교 같은 사례에서 볼 수 있듯이 실제 학력성과가 나오고 있습니다. 입시 문제가 반드시 딜레마는 아니라는 거죠.

김상곤　혁신대학 이야기가 나왔지만, 혁신을 브랜드화하는 새로운 사회 전망을 제시할 수 있을 걸로 기대합니다. 모든 학교가 자사고(자립형 사립고)가 될 순 없지만, 혁신학교는 모든 학교가 다 혁신학교가 된다는 전망을 기반으로 삼죠.

이건범　그런 점에 대해서는 부인하지 않습니다. 하지만 시민운동의 활성화를 말할 때 우리가 유념할 것은 시민들이 매우 바쁘다는 사실입니다. 시민들이 바쁘니 시민운동단체는 몇몇의 상근간사 중심으로 힘들게 꾸려갈 수밖에 없죠. 정치권이나 시민운동 쪽에서 근래 들어 미국의 시민정치조직인 무브온(move on) 이야기를 많이 하는데, 우리에게도 이미 노사모 같은 앞선 사례가 있습니다. 반면 전국에서 정치적·사회적 고민을 나누고 토론해온 기존의 온라인 공간은 최근 들어 더 위축된 분위기입니다.

요즘에는 오프라인으로 사람 모으는 일이 너무 힘드니 사람들이 모여 있는 공간 속으로 들어가자는 생각이 더 강해집니다. 페이스북이나 트위터 같은 온라인 사회망을 이용하는 등 시민운동의 유형이 바뀌어가야 하지 않을까 싶어요. 네트워크 중심의 시민운동을 '세심하고 꾸준하게' 개발해야 합니다. 사실 시민들은 회비 내주는 정도가 다라고 해도 지나친 말은 아닐 겁니다. 그 바쁜 시민들이 온라인에 모여 있다면 바로 거기서 시민운동을 펼쳐야 합니다. 고기를 잡으려면 바다로 가야죠.

김상곤　경기도교육청은 모두 스마트폰 소지를 권장하고 있습니다. 모든 교사가 페이스북으로 소통하는 것도 검토중이죠. 이미 시흥

조리과학고에서는 800명 학생 전원이 페이스북을 하고 있어요. 대학과 초중등교육의 관계에 대해 앞으로는 대학에 종속된 중등교육이 아니라 두개의 독립변수로 접근하는 관점이 도입될 전망입니다. 종합적 구상과 인프라를 확충하는 작업이 진척되고 있죠.

송주명 대학이 바뀌어야 초중등이 바뀐다가 아니라 거꾸로 초중등이 바뀌어야 대학이 스스로를 바꾼다는 발상이죠.

안현효 혁신학교의 파급력이 대단합니다. 게다가 4+2모델이 성공한다면 학부모 지지가 폭발적일 것이라 예상되네요. 그런 것이 개혁의 힘 아니겠습니까? 경기도의 혁신학교가 지역 내 학교의 4% 가량이라고 했는데, 이미 교육개혁에서 자율고 같은 시민권을 획득했다고 보입니다.

김상곤 경기도 내에 71개 학교가 지정됐고 금년에 30개 정도 추가할 예정입니다. 그리고 2013년까지 경기도 전체에 200개 학교로 늘려갈 계획입니다. 경기도 외에도 5개 시도에서 혁신학교가 지정되고 있습니다.

이건범 종속변수에서 독립변인으로 되는 것인데, 그렇다면 대학개혁이나 노동시장 개선도 그런 구도로 이루어질 수는 없을까요? 이를테면 아까 이성대 선생이 말한 '혁신대학' 같은…(웃음)

안현효 이우학교 같은 혁신학교의 활동을 교육청이 받아 확산시키면 되겠죠. 문제는 교사인 것 같습니다. 교사의 헌신성을 이끌어내는 것이 중요하고, 그래서 교장공모제 같은 제도가 중요합니다. 대학은 교과부 소관이니 교과부를 바꿔야 하겠죠.

송주명 혁신학교아카데미가 체계화되면 기초연수에서 120시간 집중연수까지 나아갈 수 있습니다. 2011년 여름엔 교양프로그램 강화 등을 구상하고 있어요.

김상곤 종합적 구상과 함께 인프라를 확충하는 작업이 진행중에 있습니다. 혁신학교, 혁신대학, 혁신사회, 이런 식으로 새로운 의미를 부여하면서 브랜드로 자리잡으면 좋겠어요. 앨빈 토플러가 다음 세대에는 중국이든 어느 나라든 누구든지 공장형 교육을 먼저 탈피하는 나라가 먼저 선진국이 되리라 말한 바 있죠. 우리가 이 문제에 모든 답을 줄 수는 없지만, 그러한 접근에 화두를 던진 셈입니다.

오랜 시간 동안 진지하고 열띤 이야기를 이어주셨습니다. 고맙습니다.

* 이 좌담은 이 책의 저자들이 2011년 3월 26일과 4월 9일 두차례에 걸쳐 나눈 대화를 간추려 정리한 것이다.

제1부 교육은 계층이동의 사다리인가

1 알랭 드 보통 『불안』, 정영목 옮김, 이레 2005, 105~06면.
2 어떤 죄를 저지른 두명의 공범이 잡혀와 있다. 물증은 없고 심증만 있다. 따라서 둘 중 하나가 자백해야 범죄가 입증된다. 검사는 공범보다 먼저 자백하면 그 댓가로 석방 시켜주겠다는 거래를 제의한다. 공범이 자백했는데도 버티면 무거운 형을 살게 된다. 그러나 둘 다 끝까지 자백하지 않는다면, 이미 밝혀져 있는 가벼운 죄에 대한 가벼운 형만 살면 된다. 만약 당신이 이러한 상황에서 홀로 취조실에 갇혀 있다면 어떤 선택을 하겠는가? 공범을 믿고 '의리'를 지킬 것인가? 아니면 자백해 빨리 이곳을 벗어날 것인가? 만약 공범이 자백하지 않는다면, 당신은 빨리 자백하는 것이 이득이다. 만약 공범이 자백한다면, 버티다가는 당신만 무거운 형을 살 것이므로 역시 자백해야 한다. 그렇다면, 공범이 어떤 행동을 취하는 경우에도 당신은 자백하는 것이 이득이다. 문제는 당신의 공범도 당신과 똑같이 생각한다는 것이다. 결론은? 당신과 당신의 공범은 기다렸다는 듯이 동시에 자백함으로써 석방의 혜택도 얻지 못하고 둘 다 꽤 무거운 형을 살게 된다. 이러한 상황을 표로 정리하면 다음과 같다. 두 공범이 만약 끝까지 서로를 배신하지 않고 버틴다면 각자 6개월씩만 복역하면 될 것이다. 그러나 이들은

각자 자기 형량만을 생각하고 자백하기 때문에 결국 둘 다 5년씩이나 복역하는 더 나쁜 결과를 맞이하게 되는 것이다.

	죄수B 자백하지 않음	죄수B 자백함
죄수A 자백하지 않음	죄수A, B 모두 6개월씩 복역	죄수A 징역 7년, 죄수B 석방
죄수A 자백함	죄수A 석방, 죄수B 징역 7년	죄수A, B 모두 징역 5년

아래의 표는 죄수의 딜레마 상황에 놓인 학벌경쟁게임의 구조를 나타내고 있다. 사교육에 드는 비용까지 감안한 좀더 엄밀한 수리적 분석은 다음을 참조할 수 있다. 노웅원 「한국 과열 과외교육의 메커니즘과 대책」, 『경제발전연구』 제5권 제1호, 1999년 6월.

	학부모(학생)B 사교육에 참가하지 않음	학부모(학생)B 사교육에 참가함
학부모(학생)A 사교육에 참가하지 않음	학벌획득 여부 불명확하나 공교육만으로 경쟁하므로 사교육비용은 발생하지 않음	B는 학벌획득 A는 실패
학부모(학생)A 사교육에 참가함	A는 학벌획득, B는 실패	A, B 모두 학벌획득 여부 불명확, 사교육비용 발생

3 슬라보예 지젝 『처음에는 비극으로, 다음에는 희극으로』, 김성호 옮김, 창비 2010.

4 이범 『이범의 교육특강』, 다산에듀 2009, 116면.

5 G. Psacharopoulos & H. A. Patrinos, "Returns to Investment in Education: A Further Update," *Education Economics* Vol. 12, No. 2, 2004.

6 전재식 외 『교육과 노동시장 연계와 성과』, 한국직업능력개발원 2009.

7 최근의 연구 가운데 국민의 교육수준이 높아질수록 경제성장이 촉진된다는 결과로는 D. Cohen & M. Soto, "Growth and Human Capital: Good Data, Good Results," OECD Development Centre and CEPR 2007; R. Barro & J. H. Lee, "A New Data Set of Educational Attainment in the World: 1950~2010," *NBER Working Paper* 2010 참조. 이에 비해 한 나라의 교육수준이 늘어나더라도 경제성장 효과가 나타나지 않는다는 결과는 L. Pritchett, "Does Learning to add up add up? The Returns to Schooling in Aggregate Data," *BREAD Working Paper* 2004 참조.

8 Jong-Wha Lee & Kiseok Hong, "Economic Growth in Asia: Determinants and Prospects", *ADB Economics Working Paper*, Asian Development Bank 2010.

9 장하준 『그들이 말하지 않는 23가지』, 부키 2010, 제17장 참조.

10 이와 관련해서는 '세계 소득수준별 대륙별 교육투자의 개인수익률과 사회수익률'을 다룬 아래의 표를 참고할 수 있다.

		개인수익률(%)	사회수익률(%)
선진국	OECD 가입국	7.5	13.3
개발도상국	아시아	9.9 13.5(한국)	10.3~11.3
	중동/북아프리카	7.1	7.8
	중남미	12.0	10.3
	사하라 이남 아프리카	11.7	6.6
세계 전체		9.7	12.1

위의 표에서 개인수익률은 G. Psacharopoulos & H. A. Patrinos, "Returns to Investment in Education: A Further Update," 사회수익률은 R. Barro & J. H. Lee, "A New Data Set of Educational Attainment in the World: 1950-2010"에 따른다. 또한 개인수익률은 교육년수 1년 증가가 임금에 미치는 효과로, 사회수익률은 1인당 국내총생산에 미치는 효과로 측정한다.

11 한국 교육투자의 경제발전 기여도를 추정한 연구로는 김동석·김진면·김민수「한국경제의 성장요인 분석: 1963-2000」, 한국개발연구원 2002; 곽소희·김호범「노동력 공급감소와 질적 향상이 경제성장에 미치는 효과」,『산업경제연구』제20권 제1호, 2007; 한국교육개발원「지속가능한 성장을 위한 교육·인재 정책방향 연구」, 한국교육개발원 2010 참조.

12 장수명「대학서열의 경제적 수익 분석」,『한국교육』제33권 제2호, 2006.

13 김희삼·이삼호『고등교육의 노동시장 성과와 서열구조 분석』, 한국개발연구원 2007.

14 김태준 외「한국의 사회적 자본 실태분석 연구」, 한국교육개발원 2009.

15 사교육이 대학에서의 학점과 노동시장에 미치는 부정적인 영향은 우천식 편『사교육의 효과, 수요 및 그 영향요인에 관한 연구』, 한국개발연구원 2004; 이찬영「사교육투자의 효율성 분석」,『금융경제연구』, 한국은행 2008 참조.

16 국정브리핑 특별기획팀『대한민국 교육 40년』, 한스미디어 2007, 238면.

17 강준만『강남, 낯선 대한민국의 자화상』, 인물과사상사 2006, 58~66면.

18 신규섭 외『대한민국 교육특구 부동산 투자 지도』, 김&정 2009, 20면.

19 국정브리핑 특별기획팀, 앞의 책, 230면.

20 같은 책, 232~33면.

21 같은 책, 238~40면; 김상현『대한민국 강남특별시』, 위즈덤하우스 2004, 93~99면.

22 국정브리핑 특별기획팀『대한민국 부동산 40년』, 한스미디어 2007, 266면.

23 국정브리핑 특별기획팀『대한민국 교육 40년』, 240~41면.

24 전강수 『부동산 투기의 종말』, 시대의창 2010, 217면.

25 같은 책, 217~18면.

26 장상환 「21세기에 평가하는 농지개혁의 의의」, 『한국 농업구조의 변화와 발전』, 한국농촌경제연구원 2003, 306면.

27 헨리 조지 『진보와 빈곤』, 김윤상 옮김, 비봉출판사 1997, 502~03면.

28 김윤상 『지공주의』, 경북대학교출판부 2009, 57면.

29 전강수 「공공성의 관점에서 본 한국 토지보유세의 역사와 의미」, 『역사비평』 2011년 봄호, 98면.

제2부 대학개혁을 위한 5가지 제안

30 이명원 「대학과 지식생산」, 『좌우파사전』, 위즈덤하우스 2010.

31 이 순위는 영국의 대학평가기관 Times Higher Education의 2010 세계대학 순위(World Reputation Rangkings)를 참고했다.

32 서울대학교 김신복 교수, 이주호 당시 한국개발연구원 연구위원 등이 그 교육기획의 대표적인 학자들이다.

33 김신복 「대학정원 관리의 자율화 방안」, 『대학정원 자율화의 의의와 추진방안』(쎄미나자료집) 1994 참조.

34 교육부 『대학정원 자율조정 안내 자료집』 1998 및 연도별 교육통계연보 등 참조.

35 교육부의 연도별 교육통계연보를 토대로 작성.

36 이 정책에 대한 소개 및 평가에 대해서는 다음의 두 책을 참조했다. J. E. Rosenbaum, *Beyond College For All*, New York: Russell Sage Foundation 2001; J. E. Rosenbaum, Regina Deil-Amen, Ann E. Person, *After Admission*, New York: Russell Sage Foundation 2006.

37 장하준의 주장에 대해서는 장하준 『그들이 말하지 않는 23가지』, 부키 2010, 제17장 237면과 249면 참고.

38 인적자본이론과 신호이론에 대한 외국의 실증분석 결과에 대해서는 다음의 책을 참조할 수 있다. 로널드 에헨베르그 『현대 노동경제학』, 한홍순·김중렬 옮김, 피어슨에듀케이션코리아 2009, 제9장.

39 전문대학과 관련된 각종 통계수치는 다음의 자료를 기초로 분석한 결과다. 교육과학기술부·한국교육개발원 『교육통계연보』; 한국대학교육협의회 『대학교육 현황 분석 자료집』; 한국교육개발원 교육통계써비스 싸이트(http://cesi.kedi.re.kr/index.jsp); 한국고용정보원 대졸자 직업이동경로 조사 중 2007년 졸업자에 대한 2008년 조사 원자료.

40 〈그림 1〉은 통계청의 경제활동인구조사 2007~10년 원자료를 분석해 얻은 결과에

대한 그래프다. 예를 들어 2007년에 대학을 졸업한 사람에 대해서는 2007~08년 자료를 이용해 월별 실업률을 추계하고, 마찬가지로 2008년 졸업자는 2008~09년 자료를, 2009년 졸업자는 2009~10년 자료를 이용해 졸업 이후 22개월 시점까지의 월별 실업률을 추계했다. 세 집단의 월별 실업률의 평균값을 구했고 모든 분석에서 가중치를 이용했다. 이 기간 동안 고졸 이하 학력을 가진 25~29세 연령층의 실업률은 7% 수준으로, 대학졸업자들의 졸업 이후 1년여가 지난 시점에서의 실업률과 거의 비슷하다.

41 OECD, *Education at a glance*, 2010.

42 한국연구재단 「2009년도 전국대학 대학연구활동 실태조사 연구」, 한국연구재단 2010.

43 박정원 「대학특성화 및 선택과 집중 원칙의 문제」, 전국교수노동조합 『우리대학, 절망에서 희망으로』, 노기연 2006.

44 한국교육개발원 「2009 교육통계 분석 자료집」, 한국교육개발원 2009.

45 OECD, *Education at a glance*, 2010.

46 OECD, *Education at a glance*, 2010. OECD 국가 중에서 등록금을 전혀 내지 않는 나라는 핀란드, 아일랜드, 스웨덴이며, 다른 나라들은 그 액수가 아주 상징적이거나 9학기 이상부터 받는 식이다. 또한 여기서 구매력평가환율(PPP, Purchasing Power Parities)이란 한 나라의 화폐가 어느 나라에서나 동일한 구매력을 지닌다는 가정 아래, 각국 통화의 구매력을 비교해 결정하는 환율을 말한다.

47 OECD, *Education at a glance*, 2010.

48 이 글은 필자 개인의 아이디어가 아니라 여러 사람이 함께 토론한 결과다. 찬성과 반대를 떠나 토론에 참가해주신 교수노조, 민교협, 학단협, 함께교육, 참교육학부모회, 전교조, 범국민교육연대, 교수노조 서울대 지회·대구경북지부·부산지부·강원지부 소속 회원들과 전국교수공공부문연구회 소속 교수들, 서울시교육청과 경기도교육청의 활동가들께 감사드린다. 이 글에 있을 수 있는 잘못은 전적으로 필자의 책임이다.

49 현대경제연구원 「사교육, 노후불안의 주된 원인: 사교육 실태조사 및 시장규모 추정」, 현대경제연구원 2007.

50 국정브리핑(www.korea.kr) 「실록 교육정책사」, 국정홍보처 2007년 9월.

51 정진상 『국립대 통합네트워크: 입시지옥과 학벌사회를 넘어』, 책세상 2004.

52 한국대학교육연구소 『미친 등록금의 나라』, 개마고원 2011.

제3부 초·중·고 개혁을 위한 5가지 제안

53 최근의 정치적 변화로서 특기할 것은 수월성과 소비자선택권을 강조하는 견해가 주를 이루면서, 오히려 이 입장의 자기모순에 대한 새로운 발견이 이루어지고 있다는

점이다. 소비자선택권을 강조하는 학자들은 평준화를 폐지하면 과열된 교육열도 해소되며 효율성도 강화된다고 믿는다. 심지어는 이 정책을 통해 형평성도 제고된다는 논리를 제시하면서 다수의 시민들도 이런 논리에 빠지게 되었다. 하지만 수월성과 소비자선택권만을 강조한 결과, 역설적이게도 교육소비자인 학부모들은 교육에 대해 더욱 비관적인 인식을 갖게 되었다.

54 서민철 「수능성적 공개를 둘러싼 담론과 교육개혁의 방향」, 사회경제학계 제7회 연합학술대회 2010년 11월 26일 발표문.

55 김진영 외 「수능점수 분포를 통해 본 학교간 지역간 학력편차 연구」, 2009 수능 및 학업성취도 평가결과 분석 심포지엄(한국교육과정평가원).

56 성기선 「교육의 평등성과 수월성」, 사회경제학계 제7회 연합학술대회 2010년 11월 26일 발표문.

57 교육구 내의 재산세에 기초해 교육예산이 확정되는 미국 초중등교육제도의 특이성과 이로 인한 미국 고유의 초중등교육 문제에 대해서는 다음의 두 책을 참고할 수 있다. 마이클 애플 『미국 교육개혁, 옳은 길로 가고 있나』, 성열관 옮김, 우리교육 2003; 조너선 코졸 『야만적 불평등』, 김명신 옮김, 문예출판사 2010.

58 홍훈 「입시와 학벌의 정치경제학」, 사회경제학계 제7회 연합학술대회 2010년 11월 26일 발표문, 142면.

59 그렇다면 이러한 지대에서 완전히 해방된 사교육체제는 지위경쟁의 대상이 아니지 않은가? 사교육은 지위경쟁의 수단으로서 존재한다. 즉 적나라한 경쟁에 벌거벗은 상태로 노출되는 것이다. 이는 공교육이 정상화되면 도태될 운명에 처한다.

60 제니스 페트로비치·에이미 스튜어트 웰즈 엮음 『교육의 수월성과 형평성: 미국 교육개혁의 교훈』, 김안나·정회욱 옮김, 교육과학사 2008, 327면.

61 수행평가와 관련된 참평가의 구체적 내용에 대해서는 다음의 책을 참조할 수 있다. 로버트 J. 스턴버그·웬디 M. 윌리엄스 『교육심리학』, 김정섭 외 옮김, 시그마프레스 2010.

62 제니스 페트로비치·에이미 스튜어트 웰즈 엮음, 앞의 책, 24면.

63 이러한 인문학적 전통을 중세 이후 자유교양(liberal arts)이라고 불렀는데 기원후 5세기 마르띠아누스 까뻴라(Martianus Capella)는 이 자유교양을 7학문, 즉 문법(grammar), 변증법(dialectic), 수사학(rhetoric), 기하학(geometry), 산술학(arithmetic), 천문학(astronomy), 음악(music)으로 정의했다. 르네쌍스 시기에 이 자유교양은 좀더 적극적으로 재해석되는데, 인간이 그들의 목적을 성취하고 그들의 잠재력을 충분히 실현할 수 있도록 하는 자유(freedom)의 핵심으로 간주되었다. 이 자유교양은 철학, 역사, 수사학, 수학, 시학, 음악, 천문학 등으로 구성된다고 여겨졌다.

64 이 글은 다음 두 글의 내용을 상당부분 수정·보완한 것이다. 조흥식 「친환경 무상급

식의 당위성과 실현방안」,『시민과 세계』제17호, 참여사회연구소 2010; 조흥식 「친환경무상급식운동의 성취와 연대의 특성」,『시민과 세계』제18호, 참여사회연구소 2010..

65 N. Gilbert & P. Terrell, *Dimensions of Social Welfare Policy*, Englewood Cliffs, New Jersey: Prentice-Hall 2002.

66 J. Cook & K. Jeng, "Child Food Insecurity: The Economic Impact on our Nation," Feeding America and the ConAgra Foods Foundation 2009.

67 이호 「주민자치·주민자치운동의 현황과 과제」, 시민자치정책센터,『풀뿌리는 느리게 질주한다』, 갈무리 2002.

68 하승우 「시민자치운동과 민주주의의 미래」, 시민자치정책센터,『풀뿌리는 느리게 질주한다』, 갈무리 2002.

69 이 글을 작성할 때 다음의 문헌들을 주로 참고했다. 경기도학생인권조례제정자문위원회 「경기도학생인권조례제정자문위원회 결과보고서」, 경기도학생인권조례제정자문위원회 2010; 경기도교육청 「경기도학생인권조례 제정을 위한 추진대회」자료집, 경기도교육청 2009; 전국교직원노동조합·참교육을위한전국학부모회·학생인권조례제정운동서울본부 「81돌 학생의 날 맞이 토론회: "학생인권조례시대" 무엇을 어떻게 할 것인가?」자료집, 2010; 경기도학생인권조례제정자문위원회 「경기도학생인권조례 초안을 둘러싼 논쟁에 대한 조례제정자문위원회의 입장」, 경기도학생인권조례제정자문위원회 2010 등.

70 EBS 지식채널e 「대한민국에서 초딩으로 산다는 것」; 교육과학기술부(2009), 질병관리본부(2007), 한국청소년상담원(2008), 통계청(2009) 등 조사자료 참조.

71 아울러 「교육기본법」제12조 제3항은 "학생은 학습자로서의 윤리의식을 확립하고, 학교의 규칙을 준수해야 하며, 교원의 교육·연구활동을 방해하거나 학내의 질서를 문란하게 해서는 아니된다"고 학생의 책무도 규정하고 있다.

72 인권연구소 창, 성공회대 인권평화센터 「인권친화적 학교문화 조성을 위한 지침서」, 국가인권위원회 2007.

73 2006년 3월 13일 민주노동당 최순영 의원은 이른바 '학생인권법안', 즉 '초·중등교육법 개정안'을 대표발의했다. 그 내용은 학교장에게 학칙의 학생인권 침해 방지의무 부과, 학생회 및 학생자치활동 보장, 학생인권의 보장, 학생인권 침해행위의 금지, 교육공무원 및 학생에 대한 인권교육 실시 등이었다. 이 법안은 2008년 5월 29일 제17대 국회의원의 임기만료로 폐기되었다. 다만 2007년 12월 14일 초·중등교육법 제18조의4로서 "학교의 설립자·경영자와 학교의 장은 '헌법'과 국제인권조약에 명시된 학생의 인권을 보장해야 한다"는 규정이 신설되었다.

74 2011년 6월 현재 서울에서는, 곽노현 주민직선 교육감이 취임한 후 '학생인권조례

제정운동 서울본부'가 발족(2010년 7월)되어 서울시민의 힘으로 학생인권 조례를 제정하기 위한 10만명의 주민발의 서명작업을 추진하고 있다. 전북에서도 김승환 주민직선 교육감이 취임한 후 2010년 10월 학생 인성·인권 신장을 위한 TF팀을 구성해 학생인권 조례 제정의 자문을 하고 있다.

75 경기도교육청은 조례의 원활한 시행을 위해 「경기도 학생인권 조례 시행규칙」(경기도교육청 교육규칙 제617호, 2011년 3월 1일 제정·시행)을 제정했다. 학생인권 조례 시행규칙의 주요 내용은 다음과 같다.

　　－인권실태조사 등(제2장): 경기도 내 학생인권 실태조사 실시 시기(매년 11월), 실태조사 결과 공표(도교육청 홈페이지), 인권실천계획에 포함될 사항.

　　－학생인권심의위원회(제3장): 20명 이내, 임기 2년, 학기마다 정기회의 소집, 학생인권에 관한 교육청의 정책수립 및 평가에 관한 사항 심의.

　　－학생참여위원회(제4장): 권역별 학생수를 고려해 100명 이내, 임기 1년, 학생인권 조례 개정, 인권실태조사, 인권실현 및 학생참여 활성화 등 학생관련 정책 의견 수렴에 참여.

　　－학생인권옹호관(제5장): 학생인권 침해에 대한 상담 및 구제기구, 3~5개 권역별로 1명, 학생인권 침해의 구제신청에 대한 직권조사, 시정조치 및 제도개선 권고.

76 개정된 시행령의 주요 내용은, 이른바 '간접체벌' 허용(제31조 제8항), 1회 10일 이내, 연간 30일 이내의 '출석정지'제도의 도입(제31조 제1항 제4호. 1997년에 폐지되었던 '정학'제도의 사실상 부활), '학생의 지도방법, 학교 내 교육·연구활동 보호와 질서유지에 관한 사항 등 학생의 학교생활에 관한 사항'을 학칙 기재사항으로 추가(제9조 제1항 제7호) 등이다.

77 종전의 제31조 제7항 "학교의 장은 (…) 지도를 하는 때에는 교육상 불가피한 경우를 제외하고는 학생에게 신체적 고통을 가하지 아니하는 훈육·훈계 등의 방법으로 행해야 한다"를 제31조 제8항 "학교의 장은 (…) 지도를 할 때에는 학칙으로 정하는 바에 따라 훈육·훈계 등의 방법으로 하되, 도구·신체 등을 이용해 학생의 신체에 고통을 가하는 방법을 사용해서는 아니된다"로 개정했다.

78 국가인권위원회는 2011년 3월 4일 교과부의 '초·중등교육법 시행령 개정안'과 관련해 인권침해의 소지가 있다며 '반대의견'을 표명했다.

79 유엔아동권리위원회는 '신체적인 처벌은 항상 굴욕적'이라고 밝히며 '불편한 자세를 유지하도록 하는 것'을 비롯해 모든 체벌의 금지를 요구하고 있다. '굴리는' 체벌이든 '때리는' 체벌이든 모든 체벌은 금지되어야 한다는 것이다.

80 학교생활에서 학생의 정서불안, 부적응, 비행, 폭력행위, 수업방해 및 교권침해행위 등을 말한다.

81 '학교장 통고제'란 수사기관을 거치지 않고 학교장이 법원 소년부에 사안을 알려 소

년보호재판을 청구하는 제도를 말한다.

82 「단계별 학생지도방안」에서 각 단계별 지도내용은 다음과 같다.

　　1단계: 인권친화적인 학생생활지도에서 가장 중요한 역할을 수행해야 할 담임교사와 학부모들은 학생들이 행복하게 학업에 열중할 수 있는 학습환경을 제공하며, 학생사안 발생시 담임과 학부모 간에 연계지도를 강화한다. 그리고 단위학교 Wee 클래스를 통해 정서불안·학교부적응 학생에 대한 상담 및 맞춤형 친한 친구 교실 프로그램을 운영한다.

　　2단계: 지속적인 상담지도를 통해 대처했음에도 불구하고, 개선의 여지가 없을 경우, 학교생활인권규정에 명시된 조항에 따라 선도위원회나 학교폭력대책자치위원회를 개최해 비행 정도에 따라 학교 내 봉사, 사회봉사 처분을 하고, 업무담당 교사로 하여금 처분내용에 따라 철저히 지도하도록 한다. 또한, 단위학교에서 지도하기 어려운 부적응학생을 대상으로 지역교육지원청의 Wee센터에서 '진단-상담-치료'가 가능한 원스톱 상담 및 치유 프로그램을 적용한다.

　　3단계: 학교 내 봉사나 사회봉사 처분 후에도 유사한 비행을 지속적으로 반복하는 학생은, 경기도교육청이 지정한 52개의 대안교육 단기위탁기관에서 특별교육 프로그램을 이수하도록 한다. 이러한 상황에서도 부적응을 보이는 경우 경기도교육청이 지정한 대안교육 장기위탁기관에서 교육과정 이수 및 적응 교육을 받도록 한다.

　　4단계: 대안교육 위탁기관의 지도에도 불구하고, 계속적으로 지도불응으로 인해 수업을 방해하거나 다른 학생들에게 악영향을 준다고 판단되는 학생은, 학교장 통고제를 활용해 비행 사실 및 동기, 범죄전력, 가정환경 등을 조사하도록 하고, 사안이 경미하면 상담·교육을 받게 하고, 중하면 심리상담이나 소년보호처분 결정을 내려 지도하도록 한다.

　　5단계: 학교장 통고제로도 행동의 변화가 없는 학생은, 학부모를 내교하게 해 효과적인 학생지도방안을 함께 모색하고, 환경의 변화를 통해 행동을 개선할 수 있도록 학교생활인권규정에 따라 처분한다.

제4부 교육은 사회개혁의 견인차다

83 유경준 「빈곤감소적 성장(Pro-poor Growth): 정의와 한국에의 적용」, 한국개발연구원 2008 참조.

84 홍헌호 「감세·토목사업과 교육·보건·복지사업의 경제적 효율성 비교」, 『광장』 2011년 1월호 참조.

85 Roger C. Altman et al eds., *The Hamilton Project: An Economic Strategy to Advance*

Opportunity, Prosperity and Growth, Brookings Institute 2006(한국개발연구원 경제정보 센터『해밀턴 프로젝트: 기회와 번영, 성장을 위한 경제전략』, 한국개발연구원 2006, 35~36면).

86 김득갑「금융위기로 명암이 엇갈리는 유럽 강소국 경제」,『SERI 경제포커스』제264 호, 삼성경제연구소 2009년 10월 20일; 김용기 외「위기 이후 한국경제의 진로: 미래 10년의 도전과 과제」, 삼성경제연구소 2010년 12월 22일 참조.

87 교육개혁위원회「신교육체제의 목표」, 1996년 5월 31일.

88 이하의 내용은 김용일「복지국가 건설을 위한 교육개혁 과제」,『광장』10호, 2011 참조.

89 OECD, *Education at a glance*, 2010.

90 공은배「지방교육재정 발전방안 연구」, 한국교육개발원 2008, 89면.

91 교육비특별회계 재원구조에 대해서는 아래의 '시도교육청 교육비특별회계 세입예 산표'(교육통계연보)를 참고하라. 출처는 고선「우리나라 지방자치단체의 교육재정 지원 분석」,『재정포럼』2010년 9월호, 한국조세연구원.

	당초예산(조원)	구성비(%)
중앙정부 이전수입	29.1	70.9
지방자치단체 이전수입	7.6	18.5
교육비특별회계 자체수입	2.4	5.9
지방교육채	1.9	4.5
기타	0.1	0.2
계		100.0

92 권영길「시도교육청 지방교육채 상환 예산 폭증」, 2010.

93 오건호『대한민국 금고를 열다』, 레디앙 2010, 223면.

94 행정안전부「재정고: 지방재정의 창고」(http://lofin.mopas.go.kr), 2010.

95 한국사회조사연구소『청소년종합실태조사』, 2003; 조고은「아직도 계속되는 학교급 식의 문제점, 그 해결책은?」,『메디컬투데이』2006년 5월 8일자.

96 배옥병「국민과의 약속, 친환경 무상급식 어떻게 실현할 것인가?」, 국민과의 약속 친환경 무상급식 실천방안 대토론회 발표자료, 2010.

97 양일선 외「학교급식 식재료 공급체계개발 및 지원방안」, 연세대학교 2003.

98 정연태「경기학교급식 지역농산물 연계방안」,『학교급식비 지원확대 방안 및 지역 농산물 연계방안에 대한 연구』, 경기도교육청 2010.

99 양일선 외, 앞의 글.

100 농수산물유통공사『2009 주요농산물 유통실태』, 농수산물유통공사 2010.

101 박영범「지역우수식재료 학교급식 공급망(SCM)개발 연구」, 지역농업네트워크

2010.

102 교육과학기술부 「학교급식구매방법 개선방안」, 교육과학기술부 2010.

103 권영근·송동흠·안진용 「2006년 학교급식 우리농산물 공급 시범사업 평가 및 학교 급식 개선방안에 대한 연구」, 한국농어촌사회연구소 2006.

104 권영근 외, 앞의 글.

105 국승용 「경기도 친환경 학교급식 식재료 공급체계 타당성 분석」, 한국농촌경제연 구원 2010.

106 박영범, 앞의 글.

107 김연철 『냉전의 추억』, 후마니타스 2009.

108 이하는 다음의 토론회 자료 참조. 참여연대 평화군축센터·인하대학교 법학연구소 (평화와 법센터) 주최, "아시아태평양 지역 군비축소를 위한 국제워크숍: 안보권력에 대한 시민사회의 통제 방안" 심포지엄 자료집, 국가인권위원회 배움터 2010년 11월 17일.

109 김성욱(한국자유연합대표) 「통일비용, 따로 계산하고 걱정할 필요도 없다」, 리버 티헤럴드(http://libertyherald.co.kr) 2011년 2월 5일자.

강남훈(康南勳)　한신대학교 경제학과 교수, 전국교수노동조합 위원장. 쓴 책으로『정보혁명의 정치경제학』『즉각적이고 무조건적인 기본소득을 위하여』등이 있다.

김상곤(金相坤)　경기도교육감. 한신대학교 경영학과 교수, 민주화를 위한 전국교수협의회 공동의장, 전태일을 따르는 사이버노동대학 총장 등을 역임했고, 쓴 책으로『김상곤 행복한 학교 유쾌한 교육혁신을 말하다』등이 있다.

김윤자(金潤子)　한신대학교 국제경제학과 교수. 쓴 책으로『자본주의, 빛과 그림자』등이 있고, 쓴 글로「이명박정부의 공기업 민영화에 대하여」등이 있다.

김인재(金仁在)　인하대학교 법학전문대학원 교수. 국가인권위원회 인권정책본부장을 역임했고, 쓴 책으로『장애우법률입문』(공저)『노동법강의』(공저) 등이 있다.

남기곤(南奇坤)　한밭대학교 경제학과 교수. 교육부 자립형사립고제도협의회 위원(2005년)과 지방대학·전문대학발전위원회 위원(2010년)을 역임했고, 쓴 글로「시장의 힘은 한국의 교육을 구원할 수 있을까?」「교육문제의 실타래, 어디서부터 풀어야 하나?」등 다수의 교육경제학 관련 논문이 있다.

류동민(柳東民) 충남대학교 경제학과 교수. 쓴 책으로『프로메테우스의 경제학: 새로운 세대를 위한 맑스경제학 강의』『경제학의 숲에서 길을 찾다』등이 있으며, 옮긴 책으로『맑스의 경제학』『자본주의에 대한 비판적 이해』등이 있다.

박도영(朴度映) 영산대학교 부동산·금융학과 교수. 대학에서 다년간 기획처장과 교무처장 등을 역임했고, 쓴 책으로『자유주의비판』(공저), 쓴 글로는「두 개의 하이에크」「트랜스크리틱: 도덕적 명령과 진리에 대한 강박 사이」등이 있다.

송주명(宋柱明) 한신대학교 일본지역학과 교수, 경기도교육청 혁신학교추진위원회 위원장. 일본 토오꾜오대학 사회과학연구소 객원연구원과 서울대학교 국제지역원 연구원을 역임했고, 쓴 책으로『탈냉전기 일본의 국가전략』, 쓴 글로「일본의 개헌논의와 양원제의 개혁방향」등이 있다.

안현효(安賢孝) 대구대학교 사회교육학과 교수. 한국사회경제학회 연구위원장을 역임했고, 쓴 책으로『자본주의의 역사로 본 경제학이야기』『신자유주의 시대 이후, 한국경제의 정치경제학』『좌우파사전』(공저) 등이 있다.

오건호(吳建昊) 사회공공연구소 연구실장. 쓴 책으로『대한민국 금고를 열다』『국민연금, 공공의 적인가 사회연대 임금인가』등이 있으며, 옮긴 책으로『탈선: 영국 철도 대란의 원인과 경과, 그리고 해법』등이 있다.

이건범 작가이자 출판기획자. 서울교육희망네트워크 정책팀과 한글문화

연대 정책위원으로 일하고 있고, 쓴 책으로 『내 청춘의 감옥』 『좌우파사전』(공저) 등이 있다.

이성대(李成大) 경기도교육청 기획예산담당관. 신안산대학교 부교수, 교무처장 등을 역임했고, 쓴 책으로 『우리대학 절망에서 희망으로』, 쓴 글로 「How Could Support Interarntional Student」 「지방자치의 현황과 과제」 등이 있다.

전강수(田剛秀) 대구가톨릭대학교 경제금융부동산학과 교수. 토지정의시민연대 정책위원장, 토지+자유 연구소 소장을 역임했고, 쓴 책으로 『부동산 투기의 종말』 『부동산 신화는 없다』(공저) 등이 있다.

조흥식(曺興植) 서울대학교 사회복지학과 교수. 한국학교사회복지학회장을 역임했고, 쓴 책으로 『인간생활과 사회복지』 『학교사회복지의 이론과 실제』(공저) 『한국복지국가의 전망』(공저) 등이 있으며, 옮긴 책으로 『질적연구 방법론』 등이 있다.

최영찬(崔英璨) 서울대학교 농경제사회학부 교수. 쓴 글로 「농산물 이력추적시스템의 생산자 지속적 사용 의도에 관한 연구」 「웹기반 농업정보시스템 성공요인에 관한 연구」 등이 있다.

홍장표(洪長杓) 부경대학교 경제학부 교수. 대통령자문 정책기획위원회 위원을 역임했고, 쓴 책으로 『사회적 자본과 인적 자원 개발』(공저) 『세계화시대 한국경제의 진로』(공저) 『세계화시대의 지역경제』(공저) 등이 있다.

경제학자, 교육혁신을 말하다

초판 1쇄 발행/2011년 6월 27일
초판 2쇄 발행/2011년 12월 9일

지은이/김상곤·김윤자·강남훈 외
펴낸이/고세현
책임편집/박대우
펴낸곳/(주)창비
등록/1986년 8월 5일 제85호
주소/413-756 경기도 파주시 교하읍 문발리 513-11
전화/031-955-3333
팩시밀리/영업 031-955-3399 편집 031-955-3400
홈페이지/www.changbi.com
전자우편/human@changbi.com
인쇄/한교원색

ⓒ 전국교수공공부문연구회 2011
ISBN 978-89-364-8570-2 03300